真宗勤行聖典

三歸依文

人身《にんじん》受け難《がた》し、今已《いますで》に受《う》く。佛法聞《ぶっぽうき》き難《がた》し、今已《いますで》に聞《き》く。此身《このみ》今生《こんじょう》において度《ど》せずんば、更《さら》に何《いず》れの生《しょう》に向《む》つてか此身《このみ》を度《ど》せん。大衆《だいしゅ》もろともに、至心《ししん》に三寶《さんぼう》に歸依《きえ》し奉《たてまつ》るべし。

自《みずか》ら佛《ぶつ》に歸依《きえ》し奉《たてまつ》る。當《まさ》に願《ねが》わくは衆生《しゅじょう》とともに、大道《だいどう》を體解《たいげ》して、無上意《むじょうい》を發《おこ》さん。

自《みずか》ら法《ほう》に歸依《きえ》し奉《たてまつ》る。當《まさ》に願《ねが》わくは衆生《しゅじょう》とともに、深《ふか》く經藏《きょうぞう》に入《い》りて、智慧《ちえ》海《うみ》の如くならん。

自《みずか》ら僧《そう》に歸依《きえ》し奉《たてまつ》る。當《まさ》に願《ねが》わくは衆生《しゅじょう》とともに、大衆《だいしゅ》を統理《とうり》して、一切無碍《いっさいむげ》ならん。

無《む》上甚深微妙《じょうじんじんみみょう》の法《ほう》は、百千萬劫《ひゃくせんまんごう》にも遭遇《あいお》うこと難《かた》し。我今見聞《われいまけんもん》し受持《じゅじ》することを得《え》たり。願《ねが》わくは如來《にょらい》の眞實義《しんじつぎ》を解《げ》したてまつらん。

目次

附録

昭和法要式次第

三部經式

先　伽陀
次　表白（二文のうちいずれかを用いる）
次　御經
無量壽經終つて　初重念佛　和讃　經後念佛
觀無量壽經終つて　二重念佛　和讃　經後念佛
阿彌陀經終つて　三重念佛　和讃
次　總禮
次　正信偈（中拍子又は草四句目下）又は歸敬の文
次　念佛（同朋奉讃式第二の念佛を用いる）
次　和讃（同朋奉讃式第二の和讃の中から一組を用いる）
次　回向
次　法話
次　拜讀文

無量壽經
觀無量壽經
阿彌陀經　式

先　伽陀
次　表白（二文のうちいずれかを用いる）
次　經文
一段終つて　初重念佛　和讃
二段終つて　二重念佛　和讃
三段終つて　三重念佛　和讃
次　總禮
次　正信偈（中拍子又は草四句目下）又は歸敬の文
次　念佛（同朋奉讃式第二の念佛を用いる）
次　和讃（同朋奉讃式第二の和讃の中から一組を用いる）
次　回向
次　法話
次　拜讀文

昭和法要式

○先《ぜん》請《しょう》彌《み》陀《だ》入《にう》道《どう》場《じょう》

不《ふ》違《い》弘《ぐ》願《ぐわん》應《おう》時《じ》迎《こう》

觀《くわん》音《のん》勢《せい》至《し》塵《じん》沙《じゃ》衆《しゅ》

從《じゅう》佛《ぶ》乘《じょう》華《け》來《らい》入《にう》會《え》

凡例

一、振り假名は大谷派聲明の發音に最も近似せる音にて表示した、從って現今の假名遣と相違した點もある。

一、連聲音便による變音は元來の字音をすてて變音の方を用いた。

一、ツメル音の表示

佛《ぶッ》教《きょう》　一《いッ》心《しん》

一、ノム音の表示

語尾を全くのむ音

成《じょう》佛《ぶ》

語尾をあたってのむ音

決《けッ》定《じょう》

表白（第二）

本日《ほんじつ》ここに
釈《しゃく》　（法位）の　忌《き》にあたり、
有縁《うえん》の同朋《どうぼう》集《つど》いて　この法縁《ほうえん》にあいたてまつる。
惟《おも》うに、如来《にょらい》の本願《ほんがん》は　われらの業苦《ごうく》を悲《かな》しみてあらわれたまい、　無碍《むげ》の光明《こうみょう》は群生《ぐんじょう》の無明《むみょう》をみそなわして照《てら》したもう。
これによって罪《つみ》深《ふか》く悩《なや》み多《おお》きわれら、大悲《だいひ》の願《がん》船《せん》に乗《じょう》じて生死《しょうじ》の苦海《くかい》を　わたらしめらる。しか

年中行事

毎月行事

平日晨朝

裝束　黒衣青袈裟（墨袈裟）色服

正信偈　舌々
念佛讃　淘二
和讃　回り口　次第六首
回向　願以此功徳
御文　回り口

内陣三尊前雙燈、土香爐燃香。
兩餘間片燈、土香爐燃香せず。
但し太子、七高僧及び法名の命日に相當する日は其間のみ雙燈燃香。
御文過ぎ、三尊前及び前住法名前等、御佛供御影供をそなえる。

れば如來《にょらい》の御名《みな》は悪《あく》を轉《てん》じて徳《とく》となす智慧《ちえ》にして、金剛《こんごう》の信心《しんじん》は疑《うたが》いを除《のぞ》き證《さとり》を得《え》しむる真理《しんり》なり。これ まことに凡夫《ぼんぶ》の修《しゅ》し易《やす》き教《おしえ》にして愚《ぐ》鈍《どん》の往《ゆ》き易《やす》き道《みち》なり。ここに釋尊《しゃくそん》の勸《すす》めを あおぎて彌陀《みだ》の本願《ほんがん》を信《しん》じ、 專《もっぱ》ら念佛《ねんぶつ》して易往《いおう》の大道《だいどう》に歸《き》したてまつる。

ああ、 如來《にょらい》の本願《ほんがん》には多生《たしょう》にも遇《あ》い難《がた》く、 真《しん》實の信心《しんじん》は億劫《おくこう》にも獲《え》がたし。 たまたま行信《ぎょうしん》を獲《う》れば遠《とお》く宿縁《しゅくえん》を喜《よろこ》ぶべきなり。

正午御控。

太子、七高僧の御命日にはその御影前にもそなえる。

備考
聖徳太子　廿二日
龍樹菩薩　十八日
天親菩薩　三日
曇鸞大師　七日
道綽禪師　廿七日
善導大師　廿七日
源信和尚　十　日
源空聖人　廿五日

右の内廿二日、廿五日、廿七日の三御命日は晨朝和讃を左の如く勤める。

廿二日　佛智不思議ノ誓願ヲ　次第六首
廿五日　本師源空世ニイデ、　次第六首
廿七日　本師道綽禪師ハ

いま幸《さいわ》いに同《どう》信《しん》同行《どうぎょう》の縁《えん》、茲《ここ》に むすばれ歓《かん》喜《ぎ》胸《むね》に満《み》つ。

いよいよ恩《おん》徳《どく》の深《ふか》きことを知《し》り、如《にょ》来《らい》廣《こう》大《だい》の威《い》徳《とく》を讃《たた》えまつらん。

敬《うやま》つて白《もう》す

次第三首

大心海ヨリ化シテコソ　次第三首

廿五日は蓮如上人御命日につき雙幅御影又は蓮師御影安置の向は、勤行前両尊及び右御影前のみ御佛供御影供をそなえ、その三尊前立燭。

晨朝兼日中

装束　平日の通　但白服

正信偈　中拍子

念佛讃　淘　三

和　讃　本師源空世ニイデ、　次第六首

回　向　願以此功徳

御　文　回り口

御文過ぎ、他の御影供をそなえる。

表白（第二）

本日《ほんじつ》ここに
釋《しゃく》　（法位）の　忌《き》にあたり
有縁《うえん》の　ひとびと相寄《あいよ》り集《つど》い
亡《な》きひとを偲《しの》びつつ
如來《にょらい》の　みおしえに遇《あ》いたてまつる
それ
阿弥陀如來《あみだにょらい》は久遠《くおん》の　いにしえ
われら凡夫《ぼんぶ》のために大悲《だいひ》の本願《ほんがん》をおこしたまい

平日日沒

装束　平日晨朝に同じ

正信偈　舌々
短念佛　ナミタフ
回　向　願以此功徳
内陣三尊前雙燈、燃香。

前住上人　例月御命日

逮　夜　（五日）

装束　黒衣五條

正信偈　草四句目下
又は中拍子
念佛讃　淘五三
和　讃　回り口　次第六首
回　向　我説彼尊
御　文　末代無智
逮夜前總掃除、御花立替。
内陣餘間共總燈明、總燃香。

われらの　すくいを誓《ちか》いたまえり
釋尊《しゃくそん》　世《よ》に出《い》でまして
如來《にょらい》の悲願《ひがん》を説《と》きたもうや
世世《よよ》の高僧《こうそう》これを承《う》け繼《つ》ぎ
正法《しょうぼう》を明《あき》らかにし
宗祖《しゅうそ》　親鸞聖人《しんらんしょうにん》
したしく教行信證《きょうぎょうしんしょう》を　あらわして
本願《ほんがん》の正意《しょうい》を顯彰《けんしょう》したまえり
われら今《いま》　宿縁《しゅくえん》の　もよおしにより

三尊前立燭、燒香。

晨　朝　（六日）
　裝束　黒衣青袈裟（墨袈裟）白服
正信偈　中讀
念佛讃　淘五三
和　讃　回り口　　次第六首
回　向　世尊我一心
御　文　毎月兩度
總燈、總香。御文過ぎ、三尊前に御佛供御影供をそなえる。

日　中　（六日）
　裝束　黒衣五條
文類偈又は正信偈
　草四句目下又は中拍子
念佛讃　淘五三
和　讃　回り口　　次第六首
回　向　願以此功德

真實《しんじつ》のみおしえに遇《あ》いたてまつり
慈光《じこう》のうち　歡喜《かんぎ》の日々《ひび》に生《い》く
いま　この法會《ほうえ》に値《あ》いて
報謝《ほうしゃ》のおもい　いよいよ新《あら》たなり
あいともに
如來大悲《にょらいだいひ》の恩徳《おんどく》を　あおぎ
師主知識《ししゅちしき》の遺徳《いとく》を　よろこび
つつしみて報恩《ほうおん》の大行《だいぎょう》に　いそしまん
敬《うやま》つて白《もう》す

總燈、總香。
三尊前立燭燒香。

宗祖大師　例月御命日

逮夜（廿七日）
装束　黒衣五條
正信偈　草四句目下
又は中拍子
念佛讃　淘五三
和讃　回り口　次第六首
但し正月は
彌陀成佛ノコノカタハ　次第六首
回向　我說彼尊
御文　聖人一流
逮夜前總掃除、御花立替。
總燈、總香。兩尊前立燭、燒香。

晨朝（廿八日）
装束　黒衣青袈裟（墨袈裟）白服

○佛《ぶッ》説《せ》無《む》量《りよう》壽《じゆ》經《きよう》

曹魏天竺三藏康僧鎧譯

我《が》聞《もん》如《によ》是《ぜ》・一《いち》時《じ》佛《ぶつ》・住《じゆ》王《おう》舍《しや》城《じよう》・耆《ぎ》闍《しや》崛《くッ》山《せん》中《じゆ》・與《よ》大《だい》比《び》丘《く》衆《しゆ》・萬《まん》二《に》千《せん》人《にん》倶《く》・一《いッ》切《さい》大《だい》聖《しよう》・神《じん》通《づう》已《い》達《だつ》・其《ご》名《みよう》曰《わ》・尊《そん》者《じや》了《りよう》本《ほん》際《ざい》・尊《そん》者《じや》正《しよう》願《ぐわん》・尊《そん》者《じや》正《しよう》語《ご》・尊《そん》者《じや》大《だい》號《ごう》・尊《そん》者《じや》仁《にん》賢《げん》・尊《そん》者《じや》離《り》垢《く》・尊《そん》者《じや》名《みようもん》聞・尊《そん》者《じや》善《ぜん》實《じつ》・尊《そん》者《じや》具《ぐ》足《そく》・尊《そん》者《じや》牛《ご》王《おう》・尊《そん》者《じや》優《う》樓《る》頻《びん》贏《ら》迦《か》葉《しよう》・尊《そん》者《じや》伽《が》耶《や》迦《か》葉《しよう》・尊《そん》者《じや》那《な》提《だい》迦《か》葉《しよう》・尊《そん》者《じや》摩《ま》訶《か》迦《か》葉《しよう》・尊《そん》者《じや》舍《しや》利《り》弗《ほッ》・尊《そん》者《じや》大《だい》目《もッ》揵《けん》連《れん》・尊《そん》者《じや》劫《こう》賓《ひん》

正信偈　中讀
念佛讃　淘五三
和　讃　回り口　次第六首
但し正月は
道光明朗超絶セリ　次第六首
回　向　世尊我一心
御　文　鸞聖人
總燈、總香。御文過ぎ、御佛供
御影供をそなえる。

日　中（廿八日）
裝束　黒衣五條
文類偈又は正信偈
草四句目下又は中拍子
念佛讃　淘五三
和　讃　回り口　次第六首
但し正月は
光明月日ニ勝過シテ　次第六首
回　向　願以此功徳

那《な》・尊《そん》者《じや》大《だい》住《じゆ》・尊《そん》者《じや》大《だい》淨《じよう》志《し》・尊《そん》者《じや》摩《ま》訶《か》周《しゆ》那《な》・尊《そん》者《じや》滿《まん》願《ぐわん》子《し》・尊《そん》者《じや》離《り》障《しよう》・尊《そん》者《じや》流《る》灌《くわん》・尊《そん》者《じや》堅《けん》伏《ぶく》・尊《そん》者《じや》面《めん》王《のう》・尊《そん》者《じや》異《い》乘《じよう》・尊《そん》者《じや》仁《にん》性《しよう》・尊《そん》者《じや》嘉《か》樂《らく》・尊《そん》者《じや》善《ぜん》來《らい》・尊《そん》者《じや》羅《ら》云《うん》・尊《そん》者《じや》阿《あ》難《なん》・皆《かい》如《によ》斯《し》等《とう》・上《じよう》首《しゆ》者《しや》也《や》・

又《う》與《よ》大《だい》乘《じよう》・衆《しゆ》菩《ぼ》薩《さツ》俱《く》・普《ふ》賢《げん》菩《ぼ》薩《さ》・妙《みよう》德《とく》菩《ぼ》薩《さ》・慈《じ》氏《し》菩《ぼ》薩《さツ》等《とう》・此《し》賢《げん》劫《ごう》中《ちゆう》・一《いツ》切《さい》菩《ぼ》薩《さ》・又《う》賢《げん》護《ご》等《とう》・十《じゆう》六《ろく》正《しよう》士《じ》・善《ぜん》思《し》議《ぎ》菩《ぼ》薩《さ》・信《しん》慧《ね》菩《ぼ》薩《さ》・空《く》無《む》菩《ぼ》薩《さ》・神《じん》

開基・先住　例月御命日

逮夜

装束　黒衣青袈裟（墨袈裟）白服
木珠　中啓

正信偈　草四句目下
念佛讃　淘三
和讃　回り口　次第六首
回向　世尊我一心
總燈、總香。兩尊前及び法名前立燭、燒香。

晨朝兼日中

装束　逮夜に同じ

正信偈　草四句目下
念佛讃　淘三
和讃　回り口　次第六首
回向　願以此功德
御文　回り口

通《つう》華《け》菩《ぼ》薩《さ》・光《こう》英《おう》菩《ぼ》薩《さ》・慧《え》上《じょう》菩《ぼ》薩《さ》・智《ち》幢《どう》菩《ほ》薩《さ》・寂《じゃッ》根《こん》菩《ぼ》薩《さ》・願《ぐわん》慧《ね》菩《ぼ》薩《さ》・香《こう》象《ぞう》菩《ぼ》薩《さ》・寶《ほう》英《おう》菩《ぼ》薩《さ》・中《ちゅう》住《じゅ》菩《ぼ》薩《さ》・制《せい》行《ぎょう》菩《ぼ》薩《さ》・解《げ》脱《だつ》菩《ぼ》薩《さ》・皆《かい》遵《じゅん》普《ふ》賢《げん》・大《だい》士《じ》之《し》德《とく》・（乃至）

爾《に》時《じ》世《せ》尊《そん》・諸《しょ》根《こん》悦《えツ》豫《ちょ》・姿《し》色《しき》清《しょう》淨《じょう》・光《こう》顏《げん》巍《ぎ》巍《ぎ》・尊《そん》者《じゃ》阿《あ》難《なん》・承《じょう》佛《ぶ》聖《しょう》旨《し》・即《そく》從《じゅ》座《ざ》起《き》・偏《へん》袒《だん》右《う》肩《けん》・長《ちょう》跪《き》合《がッ》掌《しょう》・而《に》白《びゃく》佛《ぶつ》言《ごん》・今《こん》日《にち》世《せ》尊《そん》・諸《しょ》根《こん》悦《えツ》豫《ちょ》・姿《し》色《しき》清《しょう》淨《じょう》・光《こう》顏《げん》巍《ぎ》巍《ぎ》・如《にょ》明《みょう》淨《じょう》鏡《きょう》・影《よう》暢《ちょう》表《ひょう》裏《り》・威《い》容《よう》顯《けん》曜《にょう》・

總燈、總香（其他逮夜の通り）。
勤行前兩尊及法名前に御佛供御影供をそなえる。

前坊守　例月御命日

諸式、先住の命日に準ずる

定例法要

修正會

元旦　一日より三日間又は五日間

裝束　色裳附又は色直綴五條

小經
短念佛　十遍
回向　我說彼尊
正信偈　中讀
念佛讃　淘五
和讃　彌陀成佛ノコノカタ

超《ちょう》絶《ぜつ》無《む》量《りょう》・未《み》曽《ぞう》瞻《せん》覩《と》・殊《しゅ》妙《みょう》如《にょ》今《こん》・唯《ゆい》然《ねん》大《だい》聖《しょう》・我《が》心《しん》念《ねん》言《ごん》・今《こん》日《にち》世《せ》尊《そん》・住《じゅ》奇《き》特《どく》法《ほう》・今《こん》日《にち》世《せ》雄《おう》・住《じゅ》諸佛《ぶッ》所《しょ》住《じゅ》・今《こん》日《にち》世《せ》眼《げん》・住《じゅ》導《どう》師《し》行《ぎょう》・今《こん》日《にち》世《せ》英《よう》・住《じゅ》最《さい》勝《しょう》道《どう》・今《こん》日《にち》天《てん》尊《そん》・行《ぎょう》如《にょ》來《らい》德《とく》・去《こ》來《らい》現《げん》佛《ぶ》・佛《ぶつ》佛《ぶッ》相《そう》念《ねん》・得《とく》無《む》今《こん》佛《ぶ》・念《ねん》諸《しょ》佛《ぶつ》耶《や》・何《が》故《こ》威《い》神《じん》・光《こう》光《こう》乃《ない》爾《に》・於《お》是《ぜ》世《せ》尊《そん》・告《ごう》阿《あ》難《なん》曰《わ》・云《うん》何《が》阿《あ》難《なん》・諸《しょ》天《てん》教《きょう》汝《にょ》・來《らい》問《もん》佛《ぶつ》耶《や》・自《じ》以《い》慧《え》見《けん》・問《もん》威《い》顔《げん》乎《こ》・阿《あ》難《なん》白《びゃく》佛《ぶつ》・無《む》有《う》諸《しょ》天《てん》・來《らい》教《きょう》我《が》者《しゃ》・自《じ》以《い》所《しょ》見《けん》・問《もん》斯《し》義《ぎ》耳《に》・佛《ぶっ》言《ごん》善《ぜん》

八　　　次第六首

回向　願以此功德

御文　一帖目初通

注　和讃御文は元旦より順次拜讀、但し御文中、兩度御命日、報恩講、同御逮の御文はこれを除く。

○國式許可の向は登盤隨意（元旦のみ）

前日大晦日、內陣總掃除、御代御影及び自坊先代法名等兩餘間に懸ける。三尊前及び餘間打敷を掛ける（餘間は略すも可）。御鏡餅をそなえる。立花は若松眞、水仙の小眞、梅、柳、笹等挿し交ぜる。（歳末行事參照）總燈、總香。三尊前立燭燒香。餘間立燭のみ。御文過ぎ、各尊前に御佛供御影供をそなえる。正午御控。

哉《さい》・阿《あ》難《なん》所《しょ》問《もん》甚《じん》快《け》・發《ほっ》深《じん》智《ち》慧《え》・真《しん》妙《みょう》辯《べん》才《ざい》・愍《みん》念《ねん》衆生《しゅじょう》・問《もん》斯《し》慧《え》義《ぎ》・如《にょ》來《らい》以《い》無《む》蓋《がい》大《だい》悲《ひ》・矜《こう》哀《あい》三《さん》界《がい》・所《しょ》以《い》出《しゅッ》興《こう》於《お》世《せ》・光《こう》闡《せん》道《どう》教《きょう》・欲《よく》拯《じょう》群《ぐん》萌《もう》・恵《え》以《い》真《しん》實《じッ》之《し》利《り》・無《む》量《りょう》億《おッ》劫《こう》・難《なん》値《ち》難《なん》見《けん》・猶《ゆ》靈《れい》瑞《ずい》華《け》・時《じ》時《じ》乃《ない》出《しゅつ》・今《こん》所《しょ》聞《もん》者《しゃ》・多《た》所《しょ》饒《にょう》益《やく》・開《かい》化《け》一《いッ》切《さい》・諸《しょ》天《てん》人《にん》民《みん》・阿《あ》難《なん》當《とう》知《ち》・如《にょ》來《らい》正《しょう》覺《がく》・其《ご》智《ち》難《なん》量《りょう》・多《た》所《しょ》導《どう》御《ご》・慧《え》見《けん》無《む》礙《げ》・無《む》能《のう》遏《あつ》絶《ぜつ》・以《い》一《いち》飡《ざん》之《し》力《りき》・能《のう》住《じゅ》壽《じゅ》命《みょう》・億《おく》百《ひゃく》千《せん》劫《ごう》・無《む》數《しゅ》無《む》量《りょう》・復《ぶ》過《くわ》於《お》此《し》・諸《しょ》根《こん》悦《えッ》豫《ちょ》・不《ふ》

二日、三日晨朝

装束　色直綴又は黒衣五條

正信偈　中讀

（二日、双幅御影安置の向は中拍子）

念佛讃　淘五三又は三

和　讃　回り口　次第六首

回　向　願以此功徳

御　文　回り口

諸式元旦に準ずる、御佛供同斷

昏時勤行（修正會中）

装束　黒衣青袈裟（墨袈裟）白服

木珠　中啓

正信偈　舌々

念佛讃　淘二

和　讃　回り口　次第六首

回　向　願以此功徳

總燈、總香。

以《い》毀《き》損《そん》・姿《し》色《しき》不《ふ》變《へん》・光《こう》顔《げん》無《む》異《い》・所《しよ》以《い》者《しや》何《が》・如《によ》來《らい》定《じよう》慧《え》・究《く》暢《ちよう》無《む》極《ごく》・於《お》一《いッ》切《さい》法《ほう》・而《に》得《とく》自《じ》在《ざい》・阿《あ》難《なん》諦《たい》聽《ちよう》・今《こん》為《に》汝《によ》說《せつ》・對《たい》曰《わ》唯《ゆい》然《ねん》・願《ぐわん》樂《ぎよう》欲《よく》聞《もん》・

佛《ぶつ》告《ごう》阿《あ》難《なん》・（乃至）

爾《に》時《じ》次《し》有《う》佛《ぶ》・名《みよう》世《せ》自《じ》在《ざい》王《おう》・如《によ》來《らい》・應《おう》供《ぐ》・等《とう》正《しよう》覺《がく》・明《みよう》行《ぎよう》足《そく》・善《ぜん》逝《ぜい》・世《せ》間《けん》解《げ》・無《む》上《じよう》士《じ》調《じよう》御《ご》丈《じよう》夫《ぶ》・天《てん》人《にん》師《し》・佛《ぶッ》・世《せ》尊《そん》・時《じ》有《う》國《こく》王《おう》・聞《もん》佛《ぶッ》說《せッ》法《ぽう》・心《しん》懷《ね》悅《えッ》豫《ちよ》・尋《じん》發《ほつ》無《む》上《じよう》・正《しよう》真《しん》道《どう》意《い》・棄《き》國《こく》捐《えん》王《のう》・行《ぎよう》作《さ》沙《しや》門《もん》・號《ごう》曰《わ》

兩尊前立燭のみ、燒香せず。

彼岸會

春　三月十八日より
秋　九月廿日又は廿一日より｝一週間

初中結の三日は晨朝兼日中、或は別日中。

彼岸前日、内陣總掃除、兩尊前打敷かける。

杉形華束一具ずつそなえる。

立花、春は桃又は蓮翹の眞、秋は紫苑又は薄の眞にそれぞれ色花挿し交ぜる。

晨朝

裝束　黒衣青袈裟（墨袈裟）　白服
木珠　中啓

正信偈　中讀
（双幅御影安置の向は御代御命日中拍子）

念佛讃　淘三

法藏《ほうぞう》・高才勇哲《こうざいゆてつ》・與世超異《よせちょうい》・詣世自在王如來《けいせじざいおうにょらい》
所《しょ》・稽首佛足《けいしゅぶッそく》・右繞三帀《うにょうさんぞう》・長跪合掌《ちょうきがッしょう》・以頌讃曰《いじゅさんわ》・
光顔巍巍《こうげんぎぎ》・威神無極《いじんむごく》・如是焰明《にょぜえんみょう》・無與等者《むよとうしゃ》・
日月摩尼《にちぐわつまに》・珠光焰耀《しゅこうえんにょう》・皆悉隱蔽《かいしつおんぺい》・猶若聚墨《ゆにゃくじゅもく》・
如來容顔《にょらいようげん》・超世無倫《ちょうせむりん》・正覺大音《しょうがくだいおん》・響流十方《こうるじッぽう》・
戒聞精進《かいもんしょうじん》・三昧智慧《さんまいちえ》・威德無侶《いとくむりょ》・殊勝希有《しゅしょうけう》・
深諦善念《じんたいぜんねん》・諸佛法海《しょぶほうかい》・窮深盡奥《ぐじんじんのう》・究其涯底《くごがいてい》・
無明欲怒《むみょうよくぬ》・世尊永無《せそんようむ》・人雄師子《にんのうしし》・神德無量《じんとくむりょう》・

和讃　回り口　次第六首
回向　願以此功德（別日中のある日のみ世尊我一心）
御文　回り口
總燈、總香。
兩尊前立燭のみ、燒香せず。
御文過ぎ、御佛供御影供をそなえる。

兼日中（初中結）
裝束　黑衣五條
正信偈　草四句目下
念佛讃　淘三
和讃　回り口　次第六首
回向　願以此功德
御文　回り口
總燈、總香。兩尊前立燭、燒香。
勤行前より御佛供御影供をそなえる。

功《く》勳《くん》廣《こう》大《だい》・智《ち》慧《え》深《じん》妙《みよう》・光《こう》明《みよう》威《い》相《そう》・震《しん》動《どう》大《だい》千《せん》・
願《ぐわん》我《が》作《さ》佛《ぶ》ノ・齊《さい》聖《しよう》法《ほう》王《おう》・過《くわ》度《ど》生《しよう》死《じ》・靡《み》不《ふ》解《げ》脱《だ》・
布《ふ》施《せ》調《じよう》意《い》・戒《かい》忍《にん》精《しよう》進《じん》・如《によ》是《ぜ》三《さん》昧《まい》・智《ち》慧《え》為《い》上《じよう》・
吾《ご》誓《せい》得《とく》佛《ぶ》ノ・普《ふ》行《ぎよう》此《し》願《ぐわん》・一《いツ》ツ切《さい》恐《く》懼《く》・為《い》作《さ》大《だい》安《あん》・
假《け》使《し》有《う》佛《ぶ》ノ・百《ひやく》千《せん》億《のく》萬《まん》・無《む》量《りよう》大《だい》聖《しよう》・數《しゆ》如《によ》恒《ごう》沙《じや》・
供《く》養《よう》一《いツ》ツ切《さい》・斯《し》等《とう》諸《しよ》佛《ぶ》ノ・不《ふ》如《によ》求《ぐ》道《どう》・堅《けん》正《しよう》不《ふ》卻《きやく》ス・
譬《ひ》如《によ》恒《ごう》沙《じや》・諸《しよ》佛《ぶツ》ツ世《せ》界《かい》・復《ぶ》ノ不《ふ》可《か》計《け》ス・無《む》數《しゆ》刹《せツ》ツ土《ど》・
光《こう》明《みよう》悉《しツ》ツ照《しよう》・徧《へん》此《し》諸《しよ》國《こく》・如《によ》是《ぜ》精《しよう》進《じん》・威《い》神《じん》難《なん》量《りよう》・

別日中（初中結）
装束　黒衣五條
正信偈　草四句目下
念佛讃　淘三
和讃　回り口　次第六首
回向　願以此功德
又は
往生禮讃偈　行四句目下の格
念佛讃　淘三
和讃　回り口　次第三首
回向　願以此功德
總燈、總香。
兩尊前立燭、燒香。

昏時（彼岸會中毎日）
装束　平日の通
正信偈　舌々
念佛讃　淘二

令《りよう》我《が》作《さ》佛《ぶ》・國《こく》土《ど》第《だい》一《いち》・其《ご》衆《しゆ》奇《き》妙《みよう》・道《どう》場《じよう》超《ちよう》絕《ぜツ》・
國《こく》如《によ》泥《ない》洹《おん》・而《に》無《む》等《とう》雙《そう》・我《が》等《とう》哀《あい》愍《みん》・度《ど》脱《だツ》一《いツ》切《さい》・
十《じツ》方《ぼう》來《らい》生《しよう》・心《しん》悅《ねツ》清《しよう》淨《じよう》・已《い》到《とう》我《が》國《こく》・快《け》樂《らく》安《あん》穩《のん》・
幸《こう》佛《ぶ》信《しん》明《みよう》・是《ぜ》我《が》真《しん》證《しよう》・發《ほつ》願《ぐわん》於《お》彼《ひ》・力《りき》精《しよう》所《しよ》欲《よく》・
十《じツ》方《ぼう》世《せ》尊《そん》・智《ち》慧《え》無《む》礙《げ》・常《じよう》令《りよう》此《し》尊《そん》・知《ち》我《が》心《しん》行《ぎよう》・
假《け》令《りよう》身《しん》止《し》・諸《しよ》苦《く》毒《どく》中《ちゆう》・我《が》行《ぎよう》精《しよう》進《じん》・忍《にん》終《じゆ》不《ふ》悔《け》・
佛《ぶつ》告《ごう》阿《あ》難《なん》・法《ほう》藏《ぞう》比《び》丘《く》・説《せツ》此《し》頌《じゆ》已《い》・而《に》白《びやく》佛《ぶつ》言《ごん》・唯《ゆい》
然《ねん》世《せ》尊《そん》・我《が》發《ほつ》無《む》上《じよう》正《しよう》覺《がく》之《し》心《しん》・願《ぐわん》佛《ぶ》為《い》我《が》・廣《こう》宣《せん》

和讃　回り口　次第三首
回向　願以此功德
總燈、總香。
兩尊前立燭のみ、燒香せず。

盂蘭盆會

七月十五日又は八月十五日

逮夜前日、御歴代御影、自坊先住法名等餘間にかけること修正會の通り。兩餘間には切籠を釣る。兩尊前莊嚴、杉形華束一具ずつそなえる。
立花、槇の眞、蓮の小眞、其他色花挿し交ぜる。

十四日　晨朝
裝束　黑衣五條又は墨袈裟　白服
勤行平日の通
總燈、總香。切籠點火せず。

經法《きようぼう》・我《が》當《とう》修行《しゆぎよう》・攝《せツ》取《しゆ》佛《ぶツ》國《こく》・清淨莊嚴《しようじようしようごん》・無量妙《むりようみよう》土《ど》・令我《りようが》於《お》世《せ》・速成正覺《そくじようしようがく》・拔《ばツ》諸生死《しよしようじ》・勤《ごん》苦《く》之《し》本《ほん》・佛《ぶつ》語《ごう》阿《あ》難《なん》・時《じ》世《せ》饒王《にようおう》佛《ぶ》・告《ごう》法《ほう》藏《ぞう》比《び》丘《く》・汝《によ》所《しよ》修《しゆ》行《ぎよう》・莊嚴《しようごん》佛《ぶつ》土《ど》・汝《によ》自《じ》當《とう》知《ち》・比《び》丘《く》白佛《びやくぶ》・斯《し》義《ぎ》弘《ぐ》深《じん》・非《ひ》我《が》境界《きようがい》・唯願《ゆいぐわん》世《せ》尊《そん》・廣《こう》為《い》敷《ふ》演《えん》・諸《しよ》佛《ぶ》如來《によらい》・淨《じよう》土《ど》之《し》行《ぎよう》・我《が》聞《もん》此《し》已《い》・當《とう》如《によ》說《せツ》修行《しゆぎよう》・成滿《じようまん》所願《しよぐわん》・爾《に》時《じ》世《せ》自《じ》在《ざい》王《おう》佛《ぶ》・知《ち》其《ご》高明《こうみよう》・志《し》願《ぐわん》深《じん》廣《こう》・即《そく》為《い》法《ほう》藏《ぞう》比《び》丘《く》・而《に》說《せツ》經言《きようごん》・譬《ひ》如《によ》大《だい》海《かい》・一《いち》人《にん》升量《しようりよう》・經歷《きようりやツ》

十四日　逮夜
裝束　黒衣五條
正信偈　草四句目下
念佛讃　淘三
和　讃　回り口　次第六首
回　向　我說彼尊
御　文　回り口
總燈、總香。兩尊前立燭、燒香。御代前及び餘間は立燭のみ。切籠點火。

十五日　晨朝
裝束　黒衣五條
正信偈　中讀(又は中拍子)
念佛讃　淘三
和　讃　回り口　次第六首
回　向　世尊我一心
御　文　回り口

劫數《こうしゆ》・尚可窮底《しようかぐてい》・得其妙寶《とくごみようほう》・人有至心《にんぬししん》・精進求《しようじんぐ》道不止《どうふし》・會當剋果《えとうこツくわ》・何願不得《がぐわんふとく》・於是世自在王《おぜせじざいおう》佛《ぶ》・即為廣說《そくいこうせ》・二百一十億《にひやくいちじゆうおく》・諸佛剎土《しよぶツせツど》・天人之《てんにんし》善惡《ぜんあく》・國土之麁妙《こくどしそみよう》・應其心願《おうごしんぐわん》・悉現與之《しつげんよし》・時彼《じひ》比丘《びく》・聞佛所說《もんぶツしよせツ》・嚴淨國土《ごんじようこくど》・皆悉覩見《かいしツとけん》・超發無《ちようほつむ》上殊勝之願《じようしゆしようしぐわん》・其心寂靜《ごしんじやくじよう》・志無所著《しむしよじやく》・一切世間《いツさいせけん》・無能及者《むのうぎツしや》・具足五劫《ぐそくごこう》・思惟攝取莊嚴佛國《しゆいせツしゆしようごんぶツこく》・清《しよう》淨之行《じようしぎよう》・阿難白佛《あなんびやくぶ》・彼佛國土《ひぶツこくど》・壽量幾何《じゆりようきが》・佛言《ぶつごん》

總燈、總香。切籠點火。
立燭なし。
御文過ぎ、御佛供御影供を諸尊にそなえ、正午御控。

十五日　日中
裝束　色直綴又は黒衣五條
正信偈　草四句目下
念佛讚　淘三
和　讚　回り口　次第六首
回　向　願以此功德
總燈、總香。三尊前立燭、燒香。
餘間の御影前法名前同斷。

十五日　昏時
裝束　黒衣青袈裟(墨袈裟)　白服
木珠　中啓
正信偈　舌々
念佛讚　淘二

其《ご》佛《ぶ》壽命《じゆみよう》四《し》十二《じゆうに》劫《こう》・時《じ》法《ほう》藏《ぞう》比《び》丘《く》・攝《せツ》取《しゆ》二《に》百《ひやく》一十億《いちじゆうおく》・諸《しよ》佛《ぶ》妙《みよう》土《ど》・清淨《しようじよう》之《し》行《ぎよう》・如《によ》是《ぜ》修《しゆ》已《い》・詣《けい》彼《ひ》佛《ぶツ》所《しよ》・稽《けい》首《しゆ》禮《らい》足《そく》・繞《によう》佛《ぶ》三《さん》帀《ぞう》・合《かツ》掌《しよう》而《に》住《じゆ》・白《びやく》佛《ぶつ》言《ごん》世《せ》尊《そん》・我《が》已《い》攝《せツ》取《しゆ》・莊嚴《しようごん》佛《ぶつ》土《ど》・清淨《しようじよう》之《し》行《ぎよう》・佛《ぶつ》告《ごう》比《び》丘《く》・汝《によ》今《こん》可《か》說《せ》・宜《ぎ》知《ち》是《ぜ》時《じ》・發《ほツ》起《き》悅《えツ》可《か》・一《いツ》切《さい》大《だい》衆《しゆ》・菩《ほ》薩《さ》聞《もん》已《に》・修行《しゆぎやう》此《し》法《ほう》・緣《えん》致《ち》滿《まん》足《ぞく》・無《む》量《りよう》大《だい》願《ぐわん》・比《び》丘《く》白《びやく》佛《ぶ》・唯《ゆい》垂《すい》聽《ちよう》察《さつ》・如《によ》我《が》所《しよ》願《ぐわん》・當《とう》具《ぐ》說《せツ》之《し》・

和讃　回り口　次第三首
回向　願以此功德
總燈、總香。
兩尊前のみ立燭、燒香。
切籠は晨朝より日沒まで終日點火。

十六日　晨朝
勤行幷裝束平常の通
但、總燈、總香。切籠は點火。
晨朝過莊嚴拂、御影法名等卷納

宗祖大師御正忌　十一月廿八日

逮夜（廿七日）
裝束　色直綴又は黑衣五條
正信偈　行四句目下
又は草四句目下
念佛讃　淘五

○初重

南無阿彌陀佛

南無阿彌陀佛

南無阿彌陀佛

南無阿彌陀佛

南無阿彌陀佛

南無

○無《む》导《げ》光《こう》佛《ぶ》のひかりには　清《しょう》淨《じょう》歡《くわん》喜《ぎ》智《ち》慧《え》光《こう》

その徳《とく》不《ふ》可《か》思《し》議《ぎ》にして　十《じッ》方《ぽう》諸《しょ》有《う》を利《り》益《やく》せり●

和　讃　彌陀成佛ノコノカタハ　次第六首

回　向　我說彼尊

御　文　聖人一流

逮夜前御花立替、兩尊前莊嚴、杉盛華束一具ずつそなえる。

總燈、總香。兩尊前立燭、燒香。

晨　朝（廿八日）

裝束　黑衣五條又は墨袈裟

正信偈　中讀

念佛讃　淘五

和　讃　本師龍樹菩薩ハ　次第六首

回　向　世尊我一心

御　文　鸞聖人

總燈、總香。御文過ぎ、御佛供御影供をそなえる。

○設《せッ》我《が》得《とく》佛《ぶ》・國《こく》有《う》地《じ》獄《ごく》餓《が》鬼《き》畜《ちく》生《しょう》者《しゃ》・不《ふ》取《しゅ》正《しょう》覺《がく》・
設《せつ》我《が》得《とく》佛《ぶ》・國《こく》中《ちゅう》人《にん》天《でん》・壽《じゅ》終《じゅう》之《し》後《ご》・復《ぶ》更《きょう》三《さん》惡《まく》道《どう》
者《しゃ》・不《ふ》取《しゅ》正《しょう》覺《がく》・
設《せつ》我《が》得《とく》佛《ぶ》・國《こく》中《ちゅう》人《にん》天《でん》・不《ふ》悉《しツ》真《しん》金《こん》色《じき》者《しゃ》・不《ふ》取《しゅ》正《しょう》
覺《かく》・
設《せつ》我《が》得《とく》佛《ぶ》・國《こく》中《ちゅう》人《にん》天《でん》・形《ぎょう》色《しき》不《ふ》同《どう》・有《う》好《こう》醜《しゅ》者《しゃ》・不《ふ》
取《しゅ》正《しょう》覺《がく》・
設《せつ》我《が》得《とく》佛《ぶ》・國《こく》中《ちゅう》人《にん》天《でん》・不《ふ》識《しき》宿《しゅく》命《みょう》・下《げ》至《し》不《ふ》知《ち》百《ひゃく》

日中（廿八日）
装束　色直綴又は黒衣五條
文類偈（又は正信偈）
行四句目下又は草四句目下
念佛讃　淘五
和讃　彌陀大悲ノ誓願ヲ
次第六首
回向　願以此功徳
總燈、總香。兩尊前立燭、燒香。
正午御佛供御影供御控。
ひきつづき荘嚴取除。

報恩講

寺格に依り一晝夜乃至五晝夜、適宜勤修する。
初日の朝、内陣總掃除、御花總立替。（三晝夜以上勤修の節は結願逮夜前、兩尊前のみ再度立替するも可）
御繪傳右餘間（向つて左）に懸け

千《せん》億《のく》那《な》由《ゆ》他《た》・諸《しよ》劫《こう》事《じ》者《しや》・不《ふ》取《しゆ》正覺《しようがく》・
設《せつ》我《が》得《とく》佛《ぶ》・國中人《こくちゆうにん》天《でん》・不《ふ》得《とく》天《てん》眼《げん》・下《げ》至《し》不《ふ》見《けん》百《ひやく》
千《せん》億《のく》那《な》由《ゆ》他《た》・諸《しよ》佛《ぶッ》國《こく》者《しや》・不《ふ》取《しゆ》正覺《しようがく》・
設《せつ》我《が》得《とく》佛《ぶ》・國中人《こくちゆうにん》天《でん》・不《ふ》得《とく》天《てん》耳《に》・下《げ》至《し》聞《もん》百千《ひやくせん》
億《のく》那《な》由《ゆ》他《た》・諸《しよ》佛《ぶッ》所《しよ》說《せッ》・不《ふ》悉《しッ》受《じゆ》持《じ》者《しや》・不《ふ》取《しゆ》正覺《しようがく》・
設《せつ》我《が》得《とく》佛《ぶ》・國中人《こくちゆうにん》天《でん》・不《ふ》得《とッ》見《けん》△他《た》心《しん》智《ち》・下《げ》至《し》不《ふ》
知《ち》百千《ひやくせん》億《のく》那《な》由《ゆ》他《た》・諸《しよ》佛《ぶッ》國中《こくちゆう》・衆《しゆ》生《じよう》心《しん》念《ねん》者《しや》・不《ふ》
取《しゆ》正覺《しようがく》・

る。卓を撤し、三具足、土香爐菊燈臺をかざる。

兩尊前輪燈瓔珞を釣り、打敷をかける。華束須彌盛又は杉形をそなえる。

御傳鈔拜讀は、三晝夜の節は二日目、二晝夜又は一晝夜の節は初日逮夜後、五晝夜の節は三日目の逮夜後拜讀。

御佛供御影供晨朝過ぎにそなえ正午に御控。但し兩尊前幷に御繪傳前のみ翌日晨朝過ぎにそなえかえる。

逮　夜

装束　色直綴又は黒衣五條

正信偈　眞四句目下
又は行四句目下

念佛讃　淘五

設《せつ》我《が》得《とく》佛《ぶ》・國《こく》中《ちゅう》人《にん》天《でん》・不《ふ》得《とく》神《じん》足《そく》・於《お》一《いち》念《ねん》頃《きょう》・下《げ》至《し》不《ふ》能《のう》超《ちよう》過《くわ》ス百《ひゃく》千《せん》億《のく》那《な》由《ゆ》他《た》・諸《しょ》佛《ぶつ》ツ國《こく》者《しゃ》・不《ふ》取《しゅ》正覺《しょうがく》・

設《せつ》我《が》得《とく》佛《ぶ》・國《こく》中《ちゅう》人《にん》天《でん》・若《にゃッ》ツ起《き》想《そう》念《ねん》・貪《とん》計《げ》身《しん》者《しゃ》・不《ふ》取《しゅ》正覺《しょうがく》・

設《せつ》我《が》得《とく》佛《ぶ》・國《こく》中《ちゅう》人《にん》天《でん》・不《ふ》住《じゅ》定《じょう》聚《じゅ》・必《ひッ》ツ至《し》滅《めつ》度《ど》者《しゃ》・不《ふ》取《しゅ》正覺《しょうがく》・

設《せつ》我《が》得《とく》佛《ぶ》・光《こう》明《みょう》有《う》能《のう》限《げん》量《りょう》・下《げ》至《し》不《ふ》照《しょう》百《ひゃく》千《せん》億《のく》

（但し結願は淘八も可）
和讃　（別記）
回向　我說彼尊
御文　（別記）
（但し結願は御俗姓）
總燈、總香。兩尊前立燭、燒香。

晨朝
装束　黒衣五條（結願は色直綴も可）
正信偈　中讀（結願は眞讀も可）
（双幅御影安置の向は御歴代御命日は中拍子）
念佛讃　淘五
（但し結願は淘八も可）
和讃　（別記）
回向　世尊我一心
御文　（別記）
總燈、總香。

那《な》由《ゆ》他《た》・諸《しょ》佛《ぶッ》國《こく》者《しゃ》・不《ふ》取《しゅ》正《しょう》覺《がく》・
設《せつ》我《が》得《とく》佛《ぶ》・壽《じゅ》命《みょう》有《う》能《のう》限《げん》量《りょう》・下《げ》至《し》百《ひゃく》千《せん》億《のく》那《な》由《ゆ》他《た》
劫《こう》者《しゃ》・不《ふ》取《しゅ》正《しょう》覺《がく》・
設《せつ》我《が》得《とく》佛《ぶ》・國《こく》中《ちゅう》聲《しょう》聞《もん》・有《う》能《のう》計《け》量《りょう》・下《げ》至《し》三《さん》千《ぜん》大《だい》
千《せん》世《せ》界《かい》・聲《しょう》聞《もん》縁《えん》覺《がく》・於《お》百《ひゃく》千《せん》劫《ごう》・悉《しっ》共《ぐ》計《け》校《きょう》・知《ち》其《ご》
數《しゅ》者《しゃ》・不《ふ》取《しゅ》正《しょう》覺《がく》・
設《せつ》我《が》得《とく》佛《ぶ》・國《こく》中《ちゅう》人《にん》天《でん》・壽《じゅ》命《みょう》無《む》能《のう》限《げん》量《りょう》・除《じょ》其《ご》本《ほん》
願《ぐわん》・脩《しゅ》短《たん》自《じ》在《ざい》・若《にゃく》不《ふ》爾《に》者《しゃ》・不《ふ》取《しゅ》正《しょう》覺《がく》・

日中

裝束　色直綴又は黒衣五條
但し登高座の節は色裳附五條（登盤者指貫依用）

文類偈又は正信偈
眞四句目下又は行四句目下

念佛讃　淘五
（但し結願は淘八も可）

和　讃（別記）

回　向　願以此功德

國式傳授濟の向は結願日中登高座隨意

伽　陀　五章、淘八

登高座

式嘆德文

文類偈　草四句目下

念佛讃　三首、淘五又は淘八

回　向　願以此功德

總燈、總香。兩尊前立燭、燒香。

設《せつ》我《が》得《とく》佛《ぶ》・國中人天《こくちゆうにんでん》・乃至《ないし》聞有《もんぬ》・不《ふ》善名者《ぜんみやうしや》・不《ふ》取正覺《しゆしようがく》・

設《せつ》我《が》得《とく》佛《ぶ》・十《じツ》方《ぼう》世《せ》界《かい》・無量諸《むりようしよ》佛《ぶ》・不《ふ》悉《しツ》咨《し》嗟《しや》・稱《しよう》我名者《がみようしや》・不《ふ》取正覺《しゆしようがく》・

設《せつ》我《が》得《とく》佛《ぶ》・十《じツ》方《ぼう》衆生《しゆじよう》・至心《ししん》信樂《しんぎよう》・欲生我國《よくしようがこく》・乃《ない》至十念《しじゆうねん》・若不生者《にやくふしようじや》・不《ふ》取正覺《しゆしようがく》・唯除《ゆいじよ》五逆《ごぎやく》・誹謗《ひほう》正法《しようぼう》・

設《せつ》我《が》得《とく》佛《ぶ》・十《じツ》方《ぼう》衆生《しゆじよう》・發《ほつ》菩《ぼ》提《だい》心《しん》・修《しゆ》諸《しよ》功《く》德《どく》・至《し》

▽報恩講三晝夜和讃

第一日逮夜　彌陀成佛ノコノカタハ　次第六首

第二日晨朝　道光明朗超絶セリ　次第六首

同　日中　光明月日ニ勝過シテ　次第六首

同　逮夜　十方微塵世界ノ　次第五首　彌陀ノ名號トナヘツ、　第六首目

第三日晨朝　本師龍樹菩薩ハ　次第六首

同　日中　生死ノ苦海ホトリナシ　次第七首

同　逮夜　五十六億七千萬　次第六首

第四日晨朝　無碍光佛ノミコトニハ　次第六首

心《しん》發願《ほつぐわん》・欲生我國《よくしようがこく》・臨壽終時《りんじゆじゆじ》・假令不與《けりようふよ》・大衆《だいしゆ》圍繞《いにょう》・現其人前者《げんごにんぜんしや》・不取正覺《ふしゆしようがく》・

設我得佛《せつがとくぶ》・十方衆生《じつぽうしゆじよう》・聞我名號《もんがみようごう》・係念我國《けねんがこく》・植《じき》諸徳本《しよとくほん》・至心廻向《ししんえこう》・欲生我國《よくしようがこく》・不果遂者《ふくわすいしや》・不取《ふしゆ》正覺《しようがく》・

設我得佛《せつがとくぶ》・國中人天《こくちゆうにんでん》・不悉成滿《ふしつじようまん》・三十二大人《さんじゆうにだいにん》相者《そうしや》・不取正覺《ふしゆしようがく》・

設我得佛《せつがとくぶ》・他方佛土《たほうぶつど》・諸菩薩衆《しよぼさつしゆ》・來生我國《らいしようがこく》・究《く》

同　日中　彌陀大悲ノ誓願ヲ　次第六首

○但第四日、日中登高座の節は

第四日晨朝　南無阿彌陀佛ノ回向ノ　次第六首

同　日中　三朝淨土ノ大師等　次第三首

○二晝夜の節は右の中、「道光明朗」、「光明月日」、「十方微塵」を除き第二日晨朝を「本師龍樹」とし以下右に同じ。

○五晝夜の節は右の外、第二晝夜に「十方衆生」「安樂國ヲ」「自餘ノ九方」を、第四晝夜に「イツツノ不思議」「專修ノヒト」「淨土ノ大菩提心」を差し加え、初結日中登高座添勤三首引を普通とする。

竟《きよう》必《ひツ》至《し》・一《いツ》生《しよう》補《ふ》處《しよ》・除《じよ》其《ご》本《ほん》願《ぐわん》・自《じ》在《ざい》所《しよ》化《け》・為《い》衆《しゆ》生《じよう》故《こ》・被《ひ》弘《ぐ》誓《ぜい》鎧《がい》・積《しやく》累《るい》徳《とく》本《ほん》・度《ど》脱《だツ》一《いツ》切《さい》・遊《ゆ》諸《しよ》佛《ぶツ》國《こく》・修《しゆ》菩《ぼ》薩《さつ》行《ぎよう》・供《く》養《よう》十《じツ》方《ぽう》・諸《しよ》佛《ぶツ》如《によ》來《らい》・開《かい》化《け》恒《ごう》沙《じや》・無《む》量《りよう》衆《しゆ》生《じよう》・使《し》立《りう》無《む》上《じよう》正《しよう》真《しん》之《し》道《どう》・超《ちよう》出《しゆツ》常《じよう》倫《りん》・諸《しよ》地《じ》之《し》行《ぎよう》・現《げん》前《ぜん》修《しゆ》習《しう》・普《ふ》賢《げん》之《し》徳《とく》・若《にやく》不《ふ》爾《に》者《しや》・不《ふ》取《しゆ》正《しよう》覺《がく》・

設《せつ》我《が》得《とく》佛《ぶ》・國《こく》中《ちゆう》菩《ぼ》薩《さ》・承《じよう》佛《ぶ》神《じん》力《りき》・供《く》養《よう》諸《しよ》佛《ぶ》・一《いち》食《じき》之《し》頃《きよう》・不《ふ》能《のう》徧《へん》至《し》・無《む》數《しゆ》無《む》量《りよう》那《な》由《ゆ》他《た》・諸《しよ》佛《ぶツ》國《こく》

▽報恩講三晝夜御文

第一日逮夜　中古以來（又は大阪建立）
第二日晨朝　御正忌
同　逮夜　毎年不闕
第三日晨朝　三ケ條
同　逮夜　御俗姓
第四日晨朝　鸞聖人

○五晝夜の節は右の外、「六ケ條」「八ケ條」を差し加える。

御　浚　報恩講の翌日晨朝
裝束　平日の通
正信偈　舌々
念佛讃　淘二
和　讃　不了佛智　次第六首
御　文　多屋内方（二ノ初）
但し双幅御影安置の寺にして翌日御浚勤修時、御代御命日なれば中拍子淘三のこと。

者《しゃ》・不《ふ》取《しゅ》正《しょう》覚《がく》・
設《せつ》我《が》得《とく》佛《ぶ》・國《こく》中《ちゅう》菩《ぼ》薩《さ》・在《ざい》諸《しょ》佛《ぶつ》前《ぜん》・現《げん》其《ご》徳《とく》本《ほん》・諸《しょ》
所《しょ》欲《よく》求《ぐ》・供《く》養《よう》之《し》具《ぐ》・若《にゃく》不《ふ》如《にょ》意《い》者《しゃ》・不《ふ》取《しゅ》正《しょう》覚《がく》・
設《せつ》我《が》得《とく》佛《ぶ》・國《こく》中《ちゅう》菩《ぼ》薩《さ》・不《ふ》能《のう》演《えん》説《ぜッ》・一《いッ》切《さい》智《ち》者《しゃ》・不《ふ》
取《しゅ》正《しょう》覚《がく》・
設《せつ》我《が》得《とく》佛《ぶ》・國《こく》中《ちゅう》菩《ぼ》薩《さ》・不《ふ》得《とッ》金《こん》剛《ごう》那《な》羅《ら》延《えん》身《しん》者《しゃ》・
不《ふ》取《しゅ》正《しょう》覚《がく》・
設《せつ》我《が》得《とく》佛《ぶ》・國《こく》中《ちゅう》人《にん》天《でん》・一《いッ》切《さい》萬《まん》物《もつ》・嚴《ごん》淨《じょう》光《こう》麗《れい》・形《ぎょう》

煤拂　（十二月二十日頃）
廿日前後御堂内陣外陣煤拂行事
御本尊始諸尊御拂奉仕

歳末行事　（十二月三十一日）
晨朝過内陣總掃除、御花不残立替。若松の眞、水仙の小眞、松竹梅立添え。
本間三尊前荘嚴　（餘間荘嚴適宜）。御歴代御影、自坊先代法名等餘間に懸ける。餘間に卓、三具足菊燈臺をかざる。
諸尊御鏡餅備える。

日沒（歳暮勤行）
装束　黒衣青袈裟（墨袈裟）白服
正信偈　舌々
念佛讃　淘三

色《しき》殊《しゆ》特《どく》・窮《ぐ》微《み》極《ごく》妙《みよう》・無《む》能《のう》稱《しよう》量《りよう》・其《ご》諸《しよ》衆《しゆ》生《じよう》・乃《ない》至《し》逮《たい》得《とく》天《てん》眼《げん》・有《う》能《のう》明《みよう》了《りよう》・辯《べん》其《ご》名《みよう》數《しゆ》者《しや》・不《ふ》取《しゆ》正《しよう》覺《がく》・

設《せつ》我《が》得《とく》佛《ぶ》・國《こく》中《ちゆう》菩《ぼ》薩《さ》・乃《ない》至《し》少《しよう》功《く》德《どく》者《しや》・不《ふ》能《のう》知《ち》見《けん》・其《ご》道《どう》場《じよう》樹《じゆ》・無《む》量《りよう》光《こう》色《しき》・高《こう》△四《し》百《ひやく》萬《まん》里《り》者《しや》・不《ふ》取《しゆ》正《しよう》覺《がく》・

設《せつ》我《が》得《とく》佛《ぶ》・國《こく》中《ちゆう》菩《ぼ》薩《さ》・若《にやく》受《じゆ》讀《どツ》經《きよう》法《ぼう》・諷《ふ》誦《じゆ》持《じ》說《せ》・而《に》不《ふ》得《とく》辯《べん》才《ざい》智《ち》慧《え》者《しや》・不《ふ》取《しゆ》正《しよう》覺《がく》・

設《せつ》我《が》得《とく》佛《ぶ》・國《こく》中《ちゆう》菩《ぼ》薩《さ》・智《ち》慧《え》辯《べん》才《ざい》・若《にやツ》可《か》限《げん》量《りよう》者《しや》・

和　讃　南無阿彌陀佛ノ回向ノ　次第六首

回　向　願以此功德　淘二

御　文　なし

總燈、總香。

兩尊前立燭のみ、燒香なし。

臨時特修法要

前住上人年忌法事

一晝夜又は二晝夜、或は一座又は二座。それぞれ寺格と慣例に應じて勤修する。

兩尊前輪燈に瓔珞を釣り、御代の御影前の菊燈臺を撤して輪燈瓔珞を釣るす。三尊前に打敷を掛け、華束は須彌盛又は杉形一具ずつ。

立花、三尊前とも軒眞、他は若

不《ふ》取《しゅ》正《しょう》覺《がく》・
設《せっ》我《が》得《とく》佛《ぶ》・國《こく》土《ど》清《しょう》淨《じょう》・皆《かい》悉《しッ》照《しょう》見《けん》・十《じッ》方《ぼう》一《いッ》切《さい》・無《む》
量《りょう》無《む》數《しゅ》・不《ふ》可《か》思《し》議《ぎ》・諸《しょ》佛《ぶッ》世《せ》界《かい》・猶《ゆ》如《にょ》明《みょう》鏡《きょう》・覩《と》其《ご》
面《めん》像《ぞう》・若《にゃく》不《ふ》爾《に》者《しゃ》・不《ふ》取《しゅ》正《しょう》覺《がく》・
設《せっ》我《が》得《とく》佛《ぶ》・自《じ》地《じ》已《い》上《じょう》・至《し》于《う》虚《こ》空《く》・宮《く》殿《でん》樓《ろう》觀《くわん》・池《ち》
流《る》華《け》樹《じゅ》・國《こく》中《ちゅう》所《しょ》有《う》・一《いッ》切《さい》萬《まん》物《もッ》・皆《かい》以《い》無《む》量《りょう》雜《ざッ》寶《ぼう》・
百《ひゃく》千《せん》種《じゅ》香《こう》・而《に》共《ぐ》合《ごう》成《じょう》・嚴《ごん》飾《じき》奇《き》妙《みょう》・超《ちょう》諸《しょ》人《にん》天《でん》・其《ご》
香《こう》普《ふ》熏《くん》・十《じッ》方《ぼう》世《せ》界《かい》・菩《ぼ》薩《さ》聞《もん》者《しゃ》・皆《かい》修《しゅ》佛《ぶッ》行《ぎょう》・若《にゃく》不《ふ》

松眞に色花挿交。

一晝夜法要の例

逮夜　装束　色直綴五條
文類偈　眞四句目下
念佛讃　淘五　六首引　（讃別記）
回向　我説彼尊
御文　（別記）
總燈、總香。三尊前立燭、燒香。

晨朝　装束　黒衣五條
正信偈　中讃
（双幅御影安置の向きで、御代御命日に當る時は、中拍子）
念佛讃　淘五　六首引　（讃別記）
回向　世尊我一心
御文　（別記）
總燈、總香。晨朝過ぎ、御佛供御影供をそなえる。

如《によ》是《ぜ》者《しや》・不《ふ》取《しゆ》正《しよう》覺《がく》・
設《せつ》我《が》得《とく》佛《ぶ》・十《じツ》方《ぼう》無《む》量《りよう》・不《ふ》可《か》思《し》議《ぎ》・諸《しよ》佛《ぶツ》世《せ》界《かい》・衆《しゆ》
生《じよう》之《し》類《るい》・蒙《む》我《が》光《こう》明《みよう》・觸《そく》其《ご》身《しん》者《しや》・身《しん》心《じん》柔《にゆ》軟《なん》・超《ちよう》過《くわ》
人《にん》天《でん》・若《にやく》不《ふ》爾《に》者《しや》・不《ふ》取《しゆ》正《しよう》覺《がく》・
設《せつ》我《が》得《とく》佛《ぶ》・十《じツ》方《ぼう》無《む》量《りよう》・不《ふ》可《か》思《し》議《ぎ》・諸《しよ》佛《ぶツ》世《せ》界《かい》・衆《しゆ》
生《じよう》之《し》類《るい》・聞《もん》我《が》名《みよう》字《じ》・不《ふ》得《とく》菩《ぼ》薩《さ》・無《む》生《しよう》法《ぼう》忍《にん》・諸《しよ》深《じん》
總《そう》持《じ》者《しや》・不《ふ》取《しゆ》正《しよう》覺《がく》・
設《せつ》我《が》得《とく》佛《ぶ》・十《じツ》方《ぼう》無《む》量《りよう》・不《ふ》可《か》思《し》議《ぎ》・諸《しよ》佛《ぶツ》世《せ》界《かい》・其《ご》

日中　装束　色直綴五條
伽陀　先請彌陀
御經　上卷　（音木依用隨意）
伽陀　直入彌陀
願生偈
念佛讃　淘五　三首引　（讃別記）
回向　願以此功德
總燈、總香。三尊前立燭、焼香。

二晝夜法要の節

前記の一晝夜法要の後
第二日逮夜　装束　色直綴五條
伽陀　一一光明
御經　下卷　（音木依用隨意）
伽陀　直入彌陀
（この伽陀を省略し、短念佛止にするも可）
文類偈　草四句目下
念佛讃　淘五　三首引　（讃別記）
回向　我說彼尊

有《う》女人《にょにん》・聞我名字《もんがみょうじ》・歡喜《くわんぎ》信樂《しんぎょう》・發菩提心《ほつぼだいしん》・厭惡《えんの》
女身《にょしん》・壽終之後《じゅじゅしご》・復爲女像者《ぶいにょぞうしゃ》・不取正覺《ふしゅしょうがく》・
設我得佛《せつがとくぶ》・十方無量《じッぼうむりょう》・不可思議《ふかしぎ》・諸佛世界《しょぶッせかい》・諸《しょ》
菩薩衆《ぼさッしゅ》・聞我名字《もんがみょうじ》・壽終之後《じゅじゅしご》・常修梵行《じょうしゅぼんぎょう》・至成《しじょう》
佛道《ぶつどう》・若不爾者《にゃくふにしゃ》・不取正覺《ふしゅしょうがく》・
設我得佛《せつがとくぶ》・十方無量《じッぽうむりょう》・不可思議《ふかしぎ》・諸佛世界《しょぶッせかい》・諸《しょ》
天人民《てんにんみん》・聞我名字《もんがみょうじ》・五體投地《ごたいとうじ》・稽首作禮《けいしゅさらい》・歡喜《ぐわんぎ》
信樂《しんぎょう》・修菩薩行《しゅぼさつぎょう》・諸天世人《しょてんせにん》・莫不致敬《まくふちきょう》・若不爾《にゃくふに》

御文　(別記)

第三日晨朝　裝束　色直綴五條
(第二日晨朝の通)

第三日日中　裝束　色裳附五條
(登高座の節は指貫を用いるも可)

伽陀　瓔珞經中
御經　觀經　(音木依用隨意)
伽陀　萬行之中　(省略も可)
御經　小經　(音木依用隨意)
伽陀　直入彌陀
願生偈
念佛讃　淘五　三首引（讃別記）
回向　願以此功德

○國式傳授濟の向は、結願日中登高座適宜。

者《しゃ》・不《ふ》取《しゅ》正《しょう》覺《がく》・
設《せつ》我《が》得《とく》佛《ぶ》・國《こく》中《ちゅう》人《にん》天《でん》・欲《よく》得《とく》衣《え》服《ぶく》・隨《ずい》念《ねん》即《そく》至《し》・如《にょ》
佛《ぶツ》所《しょ》讃《さん》・應《おう》法《ほう》妙《みょう》服《ぶく》・自《じ》然《ねん》在《ざい》身《しん》・若《にゃく》有《う》裁《さい》縫《ふ》・擣《とう》染《ぜん》
浣《くわん》濯《だく》者《しゃ》・不《ふ》取《しゅ》正《しょう》覺《がく》・
設《せつ》我《が》得《とく》佛《ぶ》・國《こく》中《ちゅう》人《にん》天《でん》・所《しょ》受《じゅ》快《け》樂《らく》・不《ふ》如《にょ》漏《ろ》盡《じん》比《び》
丘《く》者《しゃ》・不《ふ》取《しゅ》正《しょう》覺《がく》・
設《せつ》我《が》得《とく》佛《ぶ》・國《こく》中《ちゅう》菩《ぼ》薩《さ》・隨《ずい》意《い》欲《よツ》見《けん》・十《じツ》方《ぽう》無《む》量《りょう》・嚴《ごん》
淨《じょう》佛《ぶつ》土《ど》・應《おう》時《じ》如《にょ》願《がん》・於《お》寶《ほう》樹《じゅ》中《ちゅう》・皆《かい》悉《しツ》照《しょう》見《けん》・猶《ゆ》如《にょ》

▽二晝夜法要和讃

第一日逮夜　彌陀成佛ノコノカタハ　次第六首
第二日晨朝　光明月日ニ勝過シテ　次第六首
同　日中　無碍光佛ノヒカリニハ　次第三首
同　逮夜　イツヽノ不思議ヲトクナカニ　次第三首
第三日晨朝　智慧ノ念佛ウルコトハ　次第六首
同　日中　三朝淨土ノ大師等　次第三首

○一晝夜法要の節は右の中、第一日逮夜、第二日逮夜、第三日日中の各和讃をそれぞれ逮夜、晨朝、日中に配當して勤修する。

明鏡《みようきよう》・観《と》其《ご》面《めん》像《ぞう》・若《にやく》不《ふ》爾《に》者《しや》・不《ふ》取《しゆ》正《しよう》覺《がく》・

設《せつ》我《が》得《とく》佛《ぶ》・他《た》方《ほう》國《こく》土《ど》・諸《しよ》菩《ぼ》薩《さツ》衆《しゆ》・聞《もん》我《が》名《みよう》字《じ》・至《し》于《う》得《とく》佛《ぶ》・諸《しよ》根《こん》闕《けツ》陋《る》・不《ぶ》具《ぐ》足《そく》者《しや》・不《ふ》取《しゆ》正《しよう》覺《がく》・

設《せつ》我《が》得《とく》佛《ぶ》・他《た》方《ほう》國《こく》土《ど》・諸《しよ》菩《ぼ》薩《さツ》衆《しゆ》・聞《もん》我《が》名《みよう》字《じ》・皆《かい》悉《しツ》逮《たい》得《とく》・清《しよう》淨《じよう》解《げ》脱《だツ》三《さん》昧《まい》・住《じゆ》是《ぜ》三《さん》昧《まい》・一《いち》發《ほつ》意《い》頃《きよう》・供《く》養《よう》無《む》量《りよう》・不《ふ》可《か》思《し》議《ぎ》・諸《しよ》佛《ぶツ》世《せ》尊《そん》・而《に》不《ふ》失《しつ》定《じよう》意《い》・若《にやく》不《ふ》爾《に》者《しや》・不《ふ》取《しゆ》正《しよう》覺《がく》・

設《せつ》我《が》得《とく》佛《ぶ》・他《た》方《ほう》國《こく》土《ど》・諸《しよ》菩《ぼ》薩《さツ》衆《しゆ》・聞《もん》我《が》名《みよう》字《じ》・壽《じゆ》

▽二晝夜御文

第一日逮夜　抑開山聖人ノ御一流ニハ（二ノ二）

又は、マヅ當流ノ安心ノオモムキハ（二ノ三）

第二日晨朝　五重ノ義（二ノ十二）

同　逮夜　夫、南無阿彌陀佛ト申ハ（三ノ六）

又は、末代無智（五ノ二）

第三日晨朝　一流安心ノ體トイフコト（四ノ十四）

又は、毎月兩度（四ノ十二）

○一晝夜の節は右の中適宜選之

終《じゅ》之《し》後《ご》・生《しょう》尊《そん》貴《き》家《け》・若《にゃく》不《ふ》爾《に》者《しゃ》・不《ふ》取《しゅ》正《しょう》覺《がく》・
設《せっ》我《が》得《とく》佛《ぶ》・他《た》方《ほう》國《こく》土《ど》・諸《しょ》菩《ぼ》薩《さッ》衆《しゅ》・聞《もん》我《が》名《みょう》字《じ》・歡《くわん》
喜《ぎ》踊《ゆ》躍《やく》・修《しゅ》菩《ぼ》薩《さつ》行《ぎょう》・具《ぐ》足《そく》德《とく》本《ほん》・若《にゃく》不《ふ》爾《に》者《しゃ》・不《ふ》取《しゅ》
正《しょう》覺《がく》・
設《せっ》我《が》得《とく》佛《ぶ》・他《た》方《ほう》國《こく》土《ど》・諸《しょ》菩《ぼ》薩《さッ》衆《しゅ》・聞《もん》我《が》名《みょう》字《じ》・皆《かい》
悉《しッ》逮《たい》得《とく》普《ふ》等《とう》三《さん》昧《まい》・住《じゅ》是《ぜ》三《さん》昧《まい》・至《し》于《う》成《じょう》佛《ぶ》・常《じょう》見《けん》
無《む》量《りょう》・不《ふ》可《か》思《し》議《ぎ》・一《いッ》切《さい》諸《しょ》佛《ぶ》・若《にゃく》不《ふ》爾《に》者《しゃ》・不《ふ》取《しゅ》正《しょう》
覺《がく》・

自坊先住年忌法事

（開基年忌準之）

一晝夜又は二晝夜勤修のこと。似影又は法名を餘間正中へ安置
兩尊前輪燈瓔珞を釣る。兩尊前幷に法名前莊嚴、杉形華束一具ずつそなえ、御花總立替。每座總燈、總香。逮夜日中兩尊前幷に法名前立燭、燒香。御佛供御影供、晨朝御文過ぎにそなえ、正午御控。

逮　夜　　裝束　色直綴五條

正信偈　行四句目下
念佛讃　淘五又は五三
和　讃　道光明朗　次第六首
回　向　我說彼尊
御　文　回り口

設《せつ》我《が》得《とく》佛《ぶ》ノ・國中《こくちゅう》菩薩《ぼさ》ノ・隨《ずい》其《ご》志《し》願《がん》・所《しょ》欲《よく》聞《もん》法《ぼう》・自《じ》
然《ねん》得《とく》聞《もん》・若《にゃく》不《ふ》爾《に》者《しゃ》・不《ふ》取《しゅ》正《しょう》覺《がく》・
設《せつ》我《が》得《とく》佛《ぶ》ノ・他《た》方《ほう》國《こく》土《ど》・諸《しょ》菩《ぼ》薩《さツ》ツ衆《しゅ》・聞《もん》我《が》名《みょう》字《じ》・不《ふ》
即《そく》得《とく》至《し》・不《ふ》退《たい》轉《てん》者《しゃ》・不《ふ》取《しゅ》正《しょう》覺《がく》・
設《せつ》我《が》得《とく》佛《ぶ》ノ・他《た》方《ほう》國《こく》土《ど》・諸《しょ》菩《ぼ》薩《さツ》ツ衆《しゅ》・聞《もん》我《が》名《みょう》字《じ》・不《ふ》
即《そく》得《とく》至《し》・第《だい》一《いち》第《だい》二《に》・第《だい》三《さん》法《ぼう》忍《にん》・於《お》諸《しょ》佛《ぶツ》ツ法《ぼう》・不《ふ》能《のう》
即《そく》得《とく》・不《ふ》退《たい》轉《てん》者《しゃ》・不《ふ》取《しゅ》正《しょう》覺《がく》・
佛《ぶつ》告《ごう》阿《あ》難《なん》・爾《に》時《じ》法《ほう》藏《ぞう》比《び》丘《く》ツ・說《せツ》此《し》願《ぐわん》已《に》・而《に》ノ說《せ》頌《じゅ》曰《わ》・

晨朝　裝束　黒衣五條
正信偈　中讀又は中拍子
念佛讃　淘五又は五三
和讃　光明月日ニ勝過シテ　次第六首
回向　世尊我一心
御文　回り口

日中　裝束　色直綴五條
伽陀　先請彌陀
御經　上卷　(音木依用適宜)
伽陀　直入彌陀　又は短念佛止
願生偈
念佛讃　淘五又は五三
和讃　神力自在ナルコトハ　次第三首
回向　願以此功德

我《が》建《ごん》超《ちょう》世《せ》願《ぐわん》・必《ひッ》至《し》無《む》上《じょう》道《どう》・斯《し》願《ぐわん》不《ふ》滿《まん》足《ぞく》・誓《せい》不《ふ》成《じょう》正《しょう》覺《がく》

我《が》於《お》無《む》量《りよう》劫《こう》・不《ふ》為《い》大《だい》施《せ》主《しゅ》・普《ふ》濟《さい》諸《しょ》貧《びん》苦《ぐ》・誓《せい》不《ふ》成《じょう》正《しょう》覺《がく》

我《が》至《し》成《じょう》佛《ぶつ》道《どう》・名《みよう》聲《しょう》超《ちょう》十《じッ》方《ぽう》・究《く》竟《きょう》靡《み》所《しょ》聞《もん》・誓《せい》不《ふ》成《じょう》正《しょう》覺《がく》

離《り》欲《よく》深《じん》正《しょう》念《ねん》・淨《じょう》慧《え》修《しゅ》梵《ぼん》行《ぎょう》・志《し》求《ぐ》無《む》上《じょう》道《どう》・為《い》諸《しょ》天《てん》人《にん》師《し》

神《じん》力《りき》演《えん》大《だい》光《こう》・普《ふ》照《しょう》無《む》際《さい》土《ど》・消《しょ》除《じょ》三《さん》垢《く》冥《みよう》・廣《こう》濟《さい》衆《しゅ》厄《やく》難《なん》

開《かい》彼《ひ》智《ち》慧《え》眼《げん》・滅《めッ》此《し》昏《こん》盲《もう》闇《あん》・閉《へい》塞《そく》諸《しょ》惡《あく》道《どう》・通《つう》達《だッ》善《ぜん》趣《しゅ》門《もん》

功《こう》祚《そ》成《じょう》滿《まん》足《ぞく》・威《い》曜《よう》朗《ろう》十《じッ》方《ぽう》・日《にち》月《ぐわつ》戢《しう》重《じゅう》暉《き》・天《てん》光《こう》隱《おん》不《ふ》現《げん》

為《い》衆《しゅ》開《かい》法《ほう》藏《ぞう》・廣《こう》施《せ》功《く》德《どく》寶《ほう》・常《じょう》於《お》大《だい》衆《しゅ》中《ちゅう》・說《せッ》法《ぽう》獅《し》子《し》吼《く》

二晝夜の節

第二日逮夜

裝束　初日逮夜に同じ

伽陀　一一光明

御經　下卷　（音木依用適宜）

短念佛止

正信偈　草四句目下

念佛讃　淘五又は五三

和讃　安樂國ヲネガフヒト　次第三首

回向　我說彼尊

御文　回り口

第三日晨朝

裝束　第二日晨朝に同じ

勤行第二日晨朝の通

但し和讃は

安樂佛土ノ依正ハ　次第六首

供養《くよう》一切《いッさい》佛《ぶ》・具足《ぐそく》衆徳本《しゅとくほん》・願慧《ぐわんね》悉成満《しつじょうまん》・得為《とくい》三界雄《さんがいおう》
如佛《にょぶッ》無礙智《むげち》・通達《つうだッ》靡不照《みふしょう》・願我《ぐわんが》功慧力《くえりき》・等此《とうし》最勝尊《さいしょうそん》
斯願《しぐわん》若剋果《にゃッこッくわ》・大千《だいせん》應感動《おうかんどう》・虚空《こく》諸天人《しょてんにん》・當雨《とうう》珍妙華《ちんみょうけ》

（乃至）

○二重
南無阿彌陀佛
南無阿彌陀佛
南無阿彌陀佛

南無阿彌陀佛
南無阿彌陀佛
南無

第三日日中
装束　第二日日中に同じ
伽陀　瓔珞經中
御經　觀經（音木依用適宜）
伽陀　萬行之中（省略も可）
御經　小經（音木依用適宜）
伽陀　直入彌陀
願生偈
念佛讃　淘五又は五三
和讃　自餘ノ九方ノ佛國モ
次第三首
回向　願以此功徳

世代年忌法事
（寺族年忌準之）
内陣荘厳、法名安置諸式、先住年忌の節に準ずる。

逮夜　装束　色直綴又は黒衣五條

○至《し》心《しん》信《しん》樂《げう》欲《よく》生《しょう》と
十《じッ》方《ぽう》諸《しょ》有《う》をすゝめてぞ
不《ふ》思《し》議《ぎ》の誓《せい》願《ぐわん》あらはして
眞《しん》實《じ》報《ほう》土《ど》の因《いん》とする

○阿《あ》難《なん》白《びやく》佛《ぶ》・法《ほう》藏《ぞう》菩《ぼ》薩《さ》・為《い》已《い》成《じよう》佛《ぶ》・而《に》取《しゅ》滅《めッ》度《ど》・為《い》未《み》成《じよう》佛《ぶ》・為《い》今《こん》現《げん》在《ざい》・佛《ぶっ》告《ごう》阿《あ》難《なん》・法《ほう》藏《ぞう》菩《ぼ》薩《さ》・今《こん》已《に》成《じよう》佛《ぶ》・現《げん》在《ざい》西《さい》方《ほう》・去《こ》此《し》十《じゆう》萬《まん》億《のく》刹《せッ》・其《ご》佛《ぶっ》世《せ》界《かい》・名《みよう》曰《わ》安《あん》樂《らく》・阿《あ》難《なん》又《う》問《もん》・其《ご》佛《ぶッ》成《じよう》道《どう》已《い》來《らい》・為《い》逕《きよう》幾《き》時《じ》・

正信偈 草四句目下
念佛讃 淘五三又は三
和 讃 回り口 次第六首
回 向 我説彼尊

晨朝 裝束 黒衣五條
正信偈 中讀
念佛讃 淘五三又は三
和 讃 回り口 次第六首
回 向 世尊我一心
御 文 回り口

日中 裝束 色直綴又は黒衣五條
伽 陀 先請彌陀
御 經 上卷
短念佛 十遍
三重念佛 淘五三又は三
和 讃 信心スナハチ一心ナリ
添 無上

佛《ぶつ》言《ごん》成《じよう》佛《ぶツ》已《い》來《らい》・凡《ぼん》歴《りやく》十《じツ》劫《こう》・其《ご》佛《ぶツ》國《こく》土《ど》・自《じ》然《ねん》七《しツ》寶《ぼう》・金《こん》銀《ごん》瑠《る》璃《り》・珊《さん》瑚《ご》琥《こ》珀《はく》・硨《しや》磲《こ》碼《め》碯《のう》・合《ごう》成《じよう》為《い》地《じ》・恢《くわい》廓《くわく》曠《こう》蕩《とう》・不《ふ》可《か》限《げん》極《ごく》・悉《しツ》相《そう》雜《ざツ》廁《し》・轉《てん》相《そう》入《にゆう》間《けん》・光《こう》赫《かく》焜《こん》耀《によう》・微《み》妙《みよう》奇《き》麗《れい》・清《しよう》淨《じよう》莊《しよう》嚴《ごん》・超《ちよう》踰《ゆ》十《じツ》方《ぼう》・一《いツ》切《さい》世《せ》界《かい》・衆《しゆ》寶《ぼう》中《ちゆう》精《しよう》・其《ご》寶《ほう》猶《ゆ》如《によ》・第《だい》六《ろく》天《てん》寶《ぼう》・又《う》其《ご》國《こく》土《ど》・無《む》須《しゆ》彌《み》山《せん》・及《ぎゆう》金《こん》剛《ごう》鐵《てツ》圍《ち》・一《いツ》切《さい》諸《しよ》山《せん》・亦《やく》無《む》大《だい》海《かい》小《しよう》海《かい》・谿《けい》渠《こ》井《しよう》谷《こく》・佛《ぶつ》神《じん》力《りツ》故《こ》・欲《よツ》見《けん》則《そく》現《げん》・亦《やく》無《む》地《じ》獄《ごく》・餓《が》鬼《き》畜《ちく》生《しよう》・諸《しよ》難《なん》之《し》趣《しゆ》・亦《やく》無《む》四《し》時《じ》・春《しゆん》秋《じゆ》冬《とう》

（或は　和讃　適宜選之）

回　向　願以此功徳

○坊守年忌等の節は御經を觀經小經とし伽陀和讃等これに從つて適宜變更勤修してもよい

追弔會

兩尊前莊嚴、杉形華束一具ずつそなえる。

總儀ある時は中尊の前卓に安置別に華束一具前卓にそなえる。

法要前御佛供等備替。

總燈、總香。兩尊前立燭、燒香。

一座法要

装束　色裳附又は色直綴五條

伽　陀　先請彌陀

又は、稽首天人

御　經　上巻又は小經

夏《げ》・不《ふ》寒《かん》不《ふ》熱《ねツ》・常《じよう》和《わ》調《じよう》適《ちやく》・爾《に》時《じ》阿《あ》難《なん》・白《びやく》佛《ぶつ》言《ごん》世《せ》尊《そん》・若《にやく》彼《ひ》國《こく》土《ど》・無《む》須《しゆ》彌《み》山《せん》・其《ご》四《し》天《てん》王《のう》・及《ぎゆう》忉《とう》利《り》天《てん》・依《え》何《が》而《に》住《じゆ》・佛《ぶつ》語《ご》阿《あ》難《なん》・第《だい》三《さん》燄《えん》天《でん》・乃《ない》至《し》色《しき》究《く》竟《きよう》天《でん》・皆《かい》依《え》何《が》住《じゆ》・阿《あ》難《なん》白《びやく》佛《ぶ》・行《ぎよう》業《ごう》果《くわ》報《ほう》・不《ふ》可《か》思《し》議《ぎ》・

佛《ぶつ》語《ご》阿《あ》難《なん》・行《ぎよう》業《ごう》果《くわ》報《ほう》・不《ふ》可《か》思《し》議《ぎ》・諸《しよ》佛《ぶツ》世《せ》界《かい》・亦《やく》不《ふ》可《か》思《し》議《ぎ》・其《ご》諸《しよ》衆《しゆ》生《じよう》・功《く》德《どく》善《ぜん》力《りき》・住《じゆ》行《ぎよう》業《ごう》之《し》地《じ》・故《こ》能《のう》爾《に》耳《に》・阿《あ》難《なん》白《びやく》佛《ぶ》・我《が》不《ふ》疑《ぎ》此《し》法《ほう》・但《たん》爲《に》將《しよう》來《らい》衆《しゆ》生《じよう》・欲《よく》除《じよ》其《ご》疑《ぎ》惑《わく》・故《こ》問《もん》斯《し》義《ぎ》・（乃至）

伽陀　直入彌陀

伽陀終つて磬一下

三重念佛　淘五又は五三

和讃　十方衆生ノタメニトテ

添　慈光

（或は　和讃適宜選之）

回向　願以此功德

國式許可の向は登高座隨意。

佛《ぶつ》告《ごう》阿《あ》難《なん》・其《ご》有《う》衆生《しゆじよう》・生《しよう》彼《ひ》國《こく》者《しや》・皆《かい》悉《しつ》住《じゆ》於《お》正《しよう》定《じよう》之《し》聚《じゆ》・所《しよ》以《い》者《しや》何《が》・彼《ひ》佛《ぶツ》國《こく》中《ちゆう》・無《む》諸《しよ》邪《じや》聚《じゆ》・及《ぎツ》不《ぶ》定《じよう》聚《じゆ》・十《じツ》方《ぽう》恒《ごう》沙《じや》・諸《しよ》佛《ぶ》如《によ》來《らい》・皆《かい》共《ぐ》讃《さん》歎《だん》・無《む》量《りよう》壽《じゆ》佛《ぶ》・威《い》神《じん》功《く》德《どく》・不《ふ》可《か》思《し》議《ぎ》・諸《しよ》有《う》衆生《しゆじよう》・聞《もん》其《ご》名號《みようごう》・信《しん》心《じん》歡《くわん》喜《ぎ》・乃《ない》至《し》一《いち》念《ねん》・至《し》心《しん》廻《え》向《こう》・願《ぐわん》生《しよう》彼《ひ》國《こく》・即《そく》得《とく》往《おう》生《じよう》・住《じゆ》不《ふ》退《たい》轉《てん》・唯《ゆい》除《じよ》五《ご》逆《ぎやく》・誹《ひ》謗《ほう》正《しよう》法《ぼう》・(乃至)佛《ぶつ》語《ご》彌《み》勒《ろく》・其《ご》有《う》得《とく》聞《もん》・彼《ひ》佛《ぶ》名號《みようごう》・歡《くわん》喜《ぎ》踊《ゆ》躍《やく》・乃《ない》至《し》一《いち》念《ねん》・當《とう》知《ち》此《し》人《にん》・為《い》得《とく》大《だい》利《り》・則《そく》是《ぜ》具《ぐ》足《そく》・無《む》上《じよう》

佛前結婚式（眞宗各派協和會の議定のものによる）

莊嚴

一、御本尊の上卓・前卓に打敷(水引)をかける。

一、御本尊前に紅白鏡餅一對、或は根菓餅各一臺をそなえる。

一、立花、若松の眞に色花を挿交ぜ。又は松一式。

一、三尊前に燈明を點け、中尊前立燭(金蠟又は朱蠟)燒香。

一、金障子は三尊前だけ開いて他は閉めておく。

一、外陣の正面金障子の際に小卓を置き、これに香爐と香合とを載せておく。

功《く》德《どく》・是《ぜ》故《こ》彌《み》勒《ろく》・設《せツ》有《う》大《だい》火《くわ》・充《じゆ》滿《まん》三《さん》千《ぜん》大《だい》千《せん》世《せ》界《かい》・要《よう》當《とう》過《くわ》此《し》・聞《もん》是《ぜ》經《きよう》法《ぼう》・歡《くわん》喜《ぎ》信《しん》樂《ぎよう》・受《じゆ》持《じ》讀《どく》誦《じゆ》・如《によ》說《せツ》修《しゆ》行《ぎよう》・所《しよ》以《い》者《しや》何《が》・多《た》有《う》菩《ぼ》薩《さ》・欲《よく》聞《もん》此《し》經《きよう》・而《に》不《ふ》能《のう》得《とく》・若《にやく》有《う》衆《しゆ》生《じよう》・聞《もん》此《し》經《きよう》者《しや》・於《お》無《む》上《じよう》道《どう》・終《じゆ》不《ふ》退《たい》轉《てん》・是《ぜ》故《こ》應《おう》當《とう》・專《せん》心《しん》信《しん》受《じゆ》・持《じ》誦《じゆ》說《せつ》行《ぎよう》・佛《ぶつ》言《ごん》吾《ご》今《こん》・為《い》諸《しよ》衆《しゆ》生《じよう》・說《せツ》此《し》經《きよう》法《ぼう》・令《りよう》見《けん》無《む》量《りよう》壽《じゆ》佛《ぶ》・及《ぎゆう》其《ご》國《こく》土《ど》・一《いツ》切《さい》所《しよ》有《う》・所《しよ》當《とう》為《い》者《しや》・皆《かい》可《か》求《ぐ》之《し》・無《む》得《とく》以《い》我《が》・滅《めつ》度《ど》之《し》後《ご》・復《ぶ》生《しよう》疑《ぎ》惑《わく》・當《とう》來《らい》之《し》世《せ》・經《きよう》道《どう》滅《めつ》盡《じん》・

(在家において擧式の場合は佛壇を以て內陣に準ずる)

式次第

一、喚鐘三打。

一、司婚者、祖師前外陣に斜に着席。

次に仲介者は新郎新婦ならびに双方の列席者を導きて出席(新郎側は祖師前外陣に、新婦側は御代前外陣に、それぞれ横面して相對して着席。仲介者は末席中央に御本尊に正面して着席)

一、司婚者正面に進み着席。つづいて新郎新婦は立って司婚者の後方に佛前に向つて左右に並んで着席。

一、司婚者燒香禮拜。總禮。

一、司婚者、佛前に敬白文を朗讀す。

我《が》以《い》慈《じ》悲《ひ》哀《あい》愍《みん》・特《どく》留《る》此《し》經《きよう》・止《し》住《じゆ》百《ひやく》歳《さい》・其《ご》有《う》衆《しゆ》生《じよう》・値《ち》斯《し》經《きよう》者《しや》・隨《ずい》意《い》所《しよ》願《がん》・皆《かい》可《か》得《とく》度《ど》・佛《ぶつ》語《ご》彌《み》勒《ろく》・如《によ》來《らい》興《こう》世《せ》・難《なん》値《ち》難《なん》見《けん》・諸《しよ》佛《ぶツ》經《きよう》道《どう》・難《なん》得《とく》難《なん》聞《もん》・菩《ぼ》薩《さツ》勝《しよう》法《ほう》・諸《しよ》波《は》羅《ら》蜜《みツ》・得《とく》聞《もん》亦《やく》難《なん》・遇《ぐ》善《ぜん》知《ち》識《しき》・聞《もん》法《ぼう》能《のう》行《ぎよう》・此《し》亦《やく》為《い》難《なん》・若《にやく》聞《もん》斯《し》經《きよう》・信《しん》樂《ぎよう》受《じゆ》持《じ》・難《なん》中《ちゆう》之《し》難《なん》・無《む》過《くわ》此《し》難《なん》・是《ぜ》故《こ》我《が》法《ほう》・如《によ》是《ぜ》作《さ》・如《によ》是《ぜ》說《せ》・如《によ》是《ぜ》教《きよう》・應《おう》當《とう》信《しん》順《じゆん》・如《によ》法《ほう》修《しゆ》行《ぎよう》・

爾《に》時《じ》世《せ》尊《そん》・說《せツ》此《し》經《きよう》法《ぼう》・無《む》量《りよう》衆《しゆ》生《じよう》・皆《かい》發《ほつ》無《む》上《じよう》正《しよう》

○敬白文の例

敬って三佛賢聖照臨の影前に白す。

それ以れば、夫婦は人倫の大本にして、婚姻は萬姓の原始なり。統を祖先に繼ぎ、裔を後昆に垂るるは、職としてこの則による。その禮典の重き敬愼せざるべけんや。

ここに本日

□□□□士

□□□□女

新に夫婦の約を結び、長えに偕老の契を誓う。これもとより多生因緣の感ずるところにして、またおのずから佛祖善巧の導きたもう所なり。冀くば爾今以後、身を端し行を正しくし、己を修め體を潔くし

覺《がく》之《し》心《しん》・萬《まん》二《に》千《せん》那《な》由《ゆ》他《た》人《にん》・得《とく》清《しよう》淨《じよう》法《ほう》眼《げん》・二《に》十《じゆう》二《に》億《おく》・諸《しよ》天《てん》人《にん》民《みん》・得《とく》阿《あ》那《な》含《ごん》果《くわ》・八《はち》十《じゆう》萬《まん》比《び》丘《く》・漏《ろ》盡《じん》意《い》解《げ》・四《し》十《じゆう》億《おく》菩《ぼ》薩《さ》・得《とく》不《ふ》退《たい》轉《てん》・以《い》弘《ぐ》誓《ぜい》功《く》德《どく》・而《に》自《じ》莊《しよう》嚴《ごん》・於《お》將《しよう》來《らい》世《せ》・當《とう》成《じよう》正《しよう》覺《がく》・爾《に》時《じ》三《さん》千《ぜん》大《だい》千《せん》世《せ》界《かい》・六《ろく》種《しゆ》震《しん》動《どう》・大《だい》光《こう》普《ふ》照《しよう》十《じツ》方《ぽう》國《こく》土《ど》・百《ひやく》千《せん》音《おん》樂《がく》・自《じ》然《ねん》而《に》作《さ》・無《む》量《りよう》妙《みよう》華《け》・紛《ふん》紛《ぷん》而《に》降《ごう》・佛《ぶツ》說《せ》經《きよう》已《い》・彌《み》勒《ろく》菩《ぼ》薩《さ》・及《ぎゆう》十《じツ》方《ぼう》來《らい》・諸《しよ》菩《ぼ》薩《さツ》衆《しゆ》・長《ちよう》老《ろう》阿《あ》難《なん》・諸《しよ》大《だい》聲《しよう》聞《もん》・一《いツ》切《さい》大《だい》衆《しゆ》・聞《もん》佛《ぶツ》所《しよ》說《せ》・靡《み》不《ふ》歡《くわん》喜《ぎ》・

心垢を洗除し、言行忠信に表裏相應し、以て敬愛修齋の德を全うすべし。

今や嚴かに兩姓親故の會同を求め、恭しく三佛賢聖の降臨を請い奉り、現當に通貫して、盟を渝る無きを誓わしむ。伏して乞う、佛祖照鑑し哀愍攝護したまえ。

年　月　日

司式□□
敬って白す

一、新郎新婦に向い司婚辭を讀み聞かす。

○司婚辭の例

□年□月□日、新郎□□士、新婦□□女の婚儀を佛陀の尊前に擧ぐるに當り、兩者に誓言を求む。

佛説無量壽經《ぶつせむりょうじゅきょう》

○三重

南無阿彌陀佛
南無阿彌陀佛

南無阿彌陀佛
南無阿彌陀佛

南無阿彌陀佛
南無

○眞實信心《しんじつしんじん》うるひとは
すなはち定聚《じょうじゅ》のかずにいる
不退《ふたい》のくらゐにいりぬれば
かならず滅度《めつど》にいたらしむ

新郎□□士に告ぐ、
敬に伴うの愛を以て能く夫たるの本分を盡し、終生苦樂を共にせんことを期せらるべし。
（新郎は默禮して誓意を表す）

新婦□□女に告ぐ、
愛に伴うの敬を以て能く妻たるの本分を盡し、終生苦樂を共にせんことを期せらるべし。
（新婦は默禮して誓意を表す）

茲に一同來會の諸氏と共に圓滿なる婚儀の成立を認む。重ねて佛祖の示教を聞信し、祖宗の遺德を敬仰し、永えに報恩の行業に力を致されんことを冀う。

一、司婚者、佛前にかざりある

三部経式

○初重　南無阿彌陀佛

南無阿彌陀佛

南無阿彌陀佛

南無阿彌陀佛

南無阿彌陀佛

南無

○如來《にょらい》の作願《さぐわん》をたずぬれば　苦惱《くのう》の有情《うじょう》をすてずして

迴向《えこう》を首《しゅ》としたまひて　大悲心《だいひしん》をば成就《じょうじゅ》せり●

念珠を新郎新婦に授く。

一、司婚者禮拜、最初の席に復す。

一、新郎新婦の順に燒香禮拜の上、最初の席に復す。

一、總禮、司婚者退席、ついで新郎新婦が仲介者に導かれて退席ののち一同退席。

一、終つて金障子を閉じ、燒香卓を撤す。

夫婦交杯式

一、酌人、島臺熨斗を捧げて下陣正面の長卓（八足臺）に置く。次で盃肴銚子を長卓の前に置く。

一、仲介者は案内を待つて新夫婦を式場に導き着席。次で酌人出でて定めの席に着く。

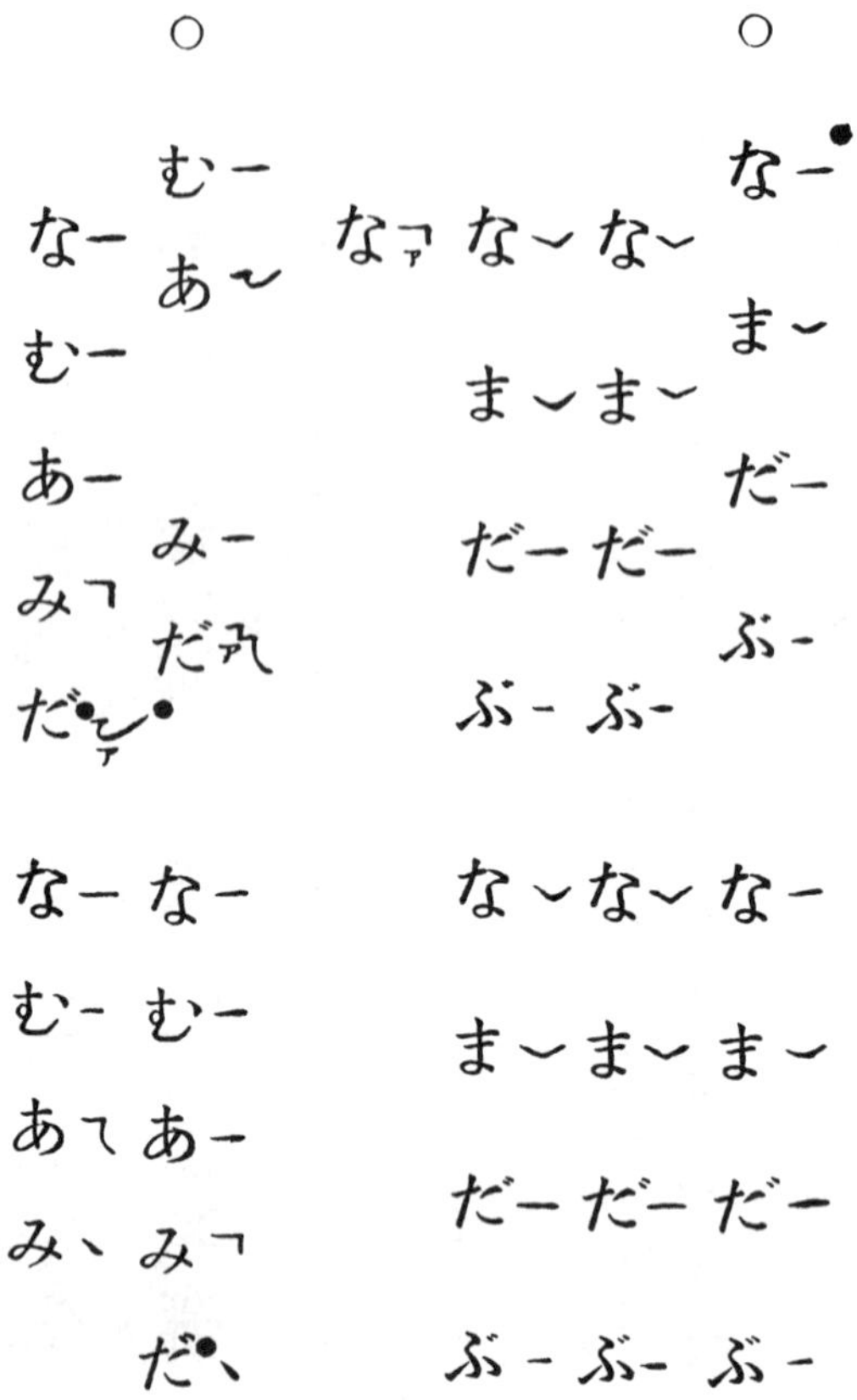

一、夫婦交杯（三々九度）
一、仲介者納杯の上退席。

親族交杯式

一、仲介者は双方の親族及び新夫婦を式場に導き定めの席に着く。（新夫婦は双方の末席）
一、酌人出でて左の順序に肴を取る。
新郎側は首席より順次に肴を取り、さらに新婦側の首席より順次に取つて、仲介者取り終つた後、肴を元の所に据える。
一、次に酌人出でて杯を取り新郎の前に置き、銚子を取りて酌む。次にその杯を新婦側首席より順次に廻して末席（即ち新婦）に至り、さらに新郎

○佛《ぶつ》説《せ》觀《くわん》無《む》量壽經《りようじゆきよう》

宋元嘉中畺良耶舍譯

如《によ》是《ぜ》我《が》聞《もん》・一《いち》時《じ》佛《ぶつ》・在《ざい》王《おう》舍《しや》城《じよう》・耆《ぎ》闍《しや》崛《くツ》山《せん》中《ちゆう》・與《よ》大《だい》比《び》丘《く》衆《しゆ》・千《せん》二《に》百《ひやく》五《ご》十《じゆう》人《にん》倶《く》・菩《ぼ》薩《さ》三《さん》萬《まん》二《に》千《せん》・文《もん》殊《じゆ》師《し》利《り》法《ほう》王《おう》子《じ》・而《に》為《い》上《じよう》首《しゆ》・

爾《に》時《じ》王《おう》舍《しや》大《だい》城《じよう》・有《う》一《いち》太《たい》子《し》・名《みよう》阿《あ》闍《じや》世《せ》・隨《ずい》順《じゆん》調《じよう》達《だつ》・惡《あく》友《う》之《し》教《きよう》・收《しゆ》執《しう》父《ぶ》王《おう》・頻《びん》婆《ば》娑《しや》羅《ら》・幽《ゆ》閉《へい》置《ち》於《お》七《しち》重《じゆう》室《しつ》内《ない》・制《せい》諸《しよ》群《ぐん》臣《しん》・一《いツ》不《ぶ》得《とく》往《おう》・國《こく》大《だい》夫《ぶ》人《にん》・名《みよう》韋《い》提《だい》希《け》・恭《く》敬《ぎよう》大《だい》王《おう》・澡《そう》浴《よく》清《しよう》淨《じよう》・以《い》酥《そ》蜜《みつ》和《わ》麨《しよう》・用《よう》

側首席に廻す新郎側順次に末席に至り（新郎は除く）、最後に仲介者納杯。

一、杯銚子を舊位置に復して酌人退場。

一、仲介者式の終了を告げ、新夫より順次退席。

塗《づ》其《ご》身《しん》・諸《しよ》瓔《よう》珞《らく》中《ちゆう》・盛《じよう》蒲《ぶ》桃《どう》漿《しよう》・密《みツ》以《ち》上《じよう》王《おう》・爾《に》時《じ》大《だい》王《おう》・食《じき》麨《しよう》飲《おん》漿《しよう》・求《ぐ》水《すい》漱《そう》口《く》・漱《そう》口《く》畢《ひツ》已《ち》・合《がツ》掌《しよう》恭《く》敬《ぎよう》・向《こう》耆《ぎ》闍《しや》崛《くツ》山《せん》・遙《よう》禮《らい》世《せ》尊《そん》・而《に》作《さ》是《ぜ》言《ごん》・大《だい》目《もツ》揵《けん》連《れん》・是《ぜ》吾《ご》親《しん》友《ぬ》・願《ぐわん》興《こう》慈《じ》悲《ひ》・授《じゆ》我《が》八《はツ》戒《かい》・時《じ》目《もツ》揵《けん》連《れん》・如《によ》鷹《おう》隼《じゆん》飛《ぴ》・疾《しツ》至《し》王《おう》所《しよ》・日《にち》日《にち》如《によ》是《ぜ》・授《じゆ》王《おう》八《はツ》戒《かい》・世《せ》尊《そん》亦《やツ》遣《けん》・尊《そん》者《じや》富《ふ》樓《る》那《な》・爲《い》王《おう》説《せツ》法《ぼう》・如《によ》是《ぜ》時《じ》間《けん》・經《きよう》三《さん》七《しち》日《にち》・王《おう》食《じき》麨《しよう》蜜《みツ》・得《とく》聞《もん》法《ぼう》故《こ》・顏《げん》色《しき》和《わ》悦《えつ》・時《じ》阿《あ》闍《じや》世《せ》・問《もん》守《しゆ》門《もん》者《しや》・父《ぶ》王《おう》今《こん》者《しや》・猶《ゆ》存《ぞん》在《ざい》耶《や》・時《じ》

葬儀に關する諸式

枕直し勤行

（入棺勤行、別れの勤行も同じ）

正信偈　舌々

短念佛　ナミダブ

回向　願以此功德

出棺勤行

總禮

十四行偈

世尊我一心の調聲上つて家族燒香

短念佛　十遍

回向

肩入れの式を行う。

出列の用意成つて三匝（サソウ）を打ち出し、出列始まつて路念佛一匝。葬場に

守門人《しゅもんにん》・白言大王《びゃくごんだいおう》・國大夫人《こくだいぶにん》・身塗漿蜜《しんづしょうみつ》ッ・瓔珞《ようらく》盛漿《じょうしょう》・持用上王《じようじょうおう》・沙門目連《しゃもんもくれん》・及富樓那《ぎゅうふるな》・從空而《じゅくに》來《らい》・為王說《いおうせッ》ッ法《ぽう》・不可禁制《ふかきんぜい》・時阿闍世《じあじゃせ》・聞此語已《もんしごい》・怒其母《ぬごも》ノ曰《わ》・我母是賊《がもぜぞく》・與賊為伴《よぞくいばん》・沙門惡人《しゃもんあくにん》・幻《げん》惑《なく》ス咒術《しゅじゅつ》・令此惡王《りょうしあくおう》・多日不死《たにちふし》・即執利劍《そくしゅりけん》・欲害《よくがい》其母《ごも》・時有《じう》ッ一臣《いッしん》・名曰《みょうわ》ノ月《ぐわッ》ッ光《こう》・聰明多智《そうみょうたち》・及與耆《ぎゅうよぎ》婆《ば》・為王作禮《いおうさらい》・白言大王《びゃくごんだいおう》・臣聞毗陀論經說《しんもんびだろんぎょうせッ》ッ・劫《こッ》ッ初已來《しょいらい》・有諸惡王《うしょあくおう》・貪國位故《とんごくいこ》・殺害其父《せつがいごぶ》・一萬《いちまん》

到着して鈴一下、路念佛一匝。

葬場の勤行

正信偈　中讀

五劫思惟の調聲上つて喪主以下燒香

短念佛　十遍

三重念佛　淘五又は五三

讃　至心信樂欲生ト

（この一首略するもよし）

同音　本願力ニアヒヌレハ

添　正覺ノ

又は

讃　至心信樂欲生ト

添　スナハチ

婦人の時

讃　眞實信心ウルヒトハ

添　佛智ノ

回向　願以此功德

八《はツ》千《せん》・未《み》曾《ぞう》聞《もん》有《ぬ》・無《む》道《どう》害《がい》母《も》・王《おう》今《こん》為《い》此《し》・殺《せつ》逆《ぎやく》之《し》事《じ》・汗《わ》刹《せツ》利《り》種《しゅ》・臣《しん》不《ぷ》忍《にん》聞《もん》・是《ぜ》栴《せん》陀《だ》羅《ら》・不《ふ》宜《ぎ》住《じゅ》此《し》・時《じ》二《に》大《だい》臣《じん》・説《せツ》此《し》語《ご》竟《きょう》・以《い》手《しゅ》按《あん》劔《けん》・郤《きやく》行《ぎょう》而《に》退《たい》・時《じ》阿《あ》闍《じや》世《せ》・驚《きょう》怖《ふ》惶《おう》懼《く》・告《ごう》耆《ぎ》婆《ば》言《ごん》・汝《にょ》不《ふ》為《い》我《が》耶《や》・耆《ぎ》婆《ば》白《びやく》言《ごん》大《だい》王《おう》・慎《しん》莫《まく》害《がい》母《も》・王《おう》聞《もん》此《し》語《ご》・懺《さん》悔《げ》求《ぐ》救《く》・即《そく》便《べん》捨《しや》劔《けん》・止《し》不《ふ》害《がい》母《も》・敕《ちよく》語《ご》内《ない》官《かん》・閉《へい》置《ち》深《じん》宮《ぐ》・不《ふ》令《りよう》復《ぶ》出《しゆつ》・

時《じ》韋《い》提《だい》希《け》・被《ひ》幽《ゆ》閉《へい》已《い》・愁《しゅ》憂《う》憔《しよう》悴《すい》・遙《よう》向《こう》耆《ぎ》闍《しゃ》崛《く》

灰葬勤行

正信偈　中讀
五劫思惟の調聲上つて喪主以下燒香
短念佛
三重念佛　淘五又は五三
時により三重念佛を略しても可
讃　無始流轉ノ苦ヲステテ
添　恩徳
又は
讃　本願力ニアヒヌレハ
添　正覺ノ
回向　願以此功德

還骨勤行

正信偈　中拍子
念佛讃　淘五三又は三
讃　浄土ノ大菩提心ハ
次第六首
回向　我說彼尊
御文　夫人間ノ浮生ナル相ヲ

山《せん》・為《い》佛《ぶツ》作《さ》禮《らい》・而《に》作《さ》是《ぜ》言《ごん》・如《によ》來《らい》世《せ》尊《そん》・在《ざい》昔《しやく》此《し》時《じ》・恒《ごう》遣《けん》阿《あ》難《なん》・來《らい》慰《い》問《もん》我《が》・我《が》今《こん》愁《しゆ》憂《う》・世《せ》尊《そん》威《い》重《じゆう》・無《む》由《ゆ》得《とツ》見《けん》・願《ぐわん》遣《けん》目《もく》連《れん》・尊《そん》者《じや》阿《あ》難《なん》・與《よ》我《が》相《そう》見《けん》・作《さ》是《ぜ》語《ご》已《い》・悲《ひ》泣《きゆう》雨《う》涙《るい》・遙《よう》向《こう》佛《ぶつ》禮《らい》・未《み》擧《こ》頭《ず》頃《きよう》・爾《に》時《じ》世《せ》尊《そん》・在《ざい》耆《ぎ》闍《しや》崛《く》山《せん》・知《ち》韋《い》提《だい》希《け》・心《しん》之《し》所《しよ》念《ねん》・即《そく》敕《ちよく》大《だい》目《もツ》犍《けん》連《れん》・及《ぎゆう》以《い》阿《あ》難《なん》・從《じゆ》空《く》而《に》來《らい》・佛《ぶつ》從《じゆ》耆《ぎ》闍《しや》崛《く》山《せん》沒《もつ》・於《お》王《おう》宮《ぐ》出《しゆつ》・時《じ》韋《い》提《だい》希《け》・禮《らい》已《い》擧《こ》頭《ず》・見《けん》世《せ》尊《そん》釋《しや》迦《か》牟《む》尼《に》佛《ぶ》・身《しん》紫《し》金《こん》色《じき》・坐《ざ》百《ひやツ》寶《ぽう》蓮《れん》華《げ》・目《もく》連《れん》侍《じ》左《さ》・

中陰每七日及び月忌の和讃

初七日　三途苦難ナカクトヂ
添　オナシク
二七日　阿彌陀佛ノ御名ヲキキ
添　ミテラン
三七日　彌陀ノ淨土ニ歸シヌレハ
添　十方ノ
四七日　信心スナハチ一心ナリ
添　無上
月忌　往相ノ回向トトクコトハ
添　利他
五七日　五濁惡世ノワレラコソ
添　サタマル
六七日　像末五濁ノ世トナリテ
添　選擇
盡七日　彌陀ノ尊號トナヘツツ
添　選擇

阿《あ》難《なん》在《ざい》右《う》・釋《しやく》梵《ぼん》護《ご》世《せ》・諸《しよ》天《てん》在《ざい》虚《こ》空《く》中《ちゆう》・普《ふ》雨《う》天《てん》華《げ》・持《じ》用《よう》供《く》養《よう》・時《じ》韋《い》提《だい》希《け》・見《けん》佛《ぶッ》世《せ》尊《そん》・自《じ》絶《ぜッ》瓔《よう》珞《らく》・擧《こう》身《しん》投《とう》地《じ》・號《ごう》泣《きう》向《こう》佛《ぶッ》・白《びやく》言《ごん》世《せ》尊《そん》・我《が》宿《しゆく》何《が》罪《ざい》・生《しよう》此《し》惡《あく》子《し》・世《せ》尊《そん》復《ぶ》有《う》何《が》等《とう》因《いん》縁《ねん》・與《よ》提《だい》婆《ば》達《だッ》多《た》・共《ぐ》為《い》眷《けん》屬《ぞく》・

唯《ゆい》願《ぐわん》世《せ》尊《そん》・為《い》我《が》廣《こう》說《せッ》・無《む》憂《う》惱《のう》處《しよ》・我《が》當《とう》往《おう》生《じよう》・不《ふ》樂《ぎよう》閻《えん》浮《ぶ》提《だい》・濁《じよく》惡《あく》世《せ》也《や》・此《し》濁《じよく》惡《あく》處《しよ》・地《じ》獄《ごく》餓《が》鬼《き》畜《ちく》生《しよう》・盈《よう》滿《まん》多《た》不《ふ》善《ぜん》聚《じゆ》・願《ぐわん》我《が》未《み》來《らい》・不《ふ》聞《もん》惡《あく》聲《しよう》・不《ふ》見《けん》

莊嚴作法の常識

立花について

當派の立花は池の坊流より發達し、佛花として現今の如き様式に發展してきたもので、普通の生花や、盛花、投げ挿し等とは趣を異にした所謂立花式の挿し方を正方とする。

華束について

當派に用いる華束は杉形（杉盛ともいう）と、須彌盛の二様式がある。杉形とは同じ大きさの白餅ばかり杉形に盛り上げた形式をいい、盆、正月、彼岸、其他祥月年忌等の輕い法要に用いる。これは白木地の供笥に、須彌盛赤い白裏の方立を使う。

悪《あく》人《にん》・今《こん》向《こう》世《せ》尊《そん》・五《ご》體《たい》投《とう》地《じ》・求《く》哀《あい》懺《さん》悔《げ》・唯《ゆい》願《ぐわん》佛《ぶつ》日《にち》・教《きよう》我《が》観《くわん》於《の》清《しよう》淨《じよう》業《ごツ》處《しよ》・爾《に》時《じ》世《せ》尊《そん》・放《ほう》眉《み》間《けん》光《こう》・其《ご》光《こう》金《こん》色《じき》・徧《へん》照《じよう》十《じツ》方《ぼう》・無《む》量《りよう》世《せ》界《かい》・還《げん》住《じゆ》佛《ぶツ》頂《ちよう》・化《け》為《い》金《こん》臺《だい》・如《によ》須《しゆ》彌《み》山《せん》・十《じツ》方《ぼう》諸《しよ》佛《ぶ》・淨《じよう》妙《みよう》國《こく》土《ど》・皆《かい》於《お》中《ちゆう》現《げん》・或《わく》有《う》國《こく》土《ど》・七《しツ》寶《ぽう》合《ごう》成《じよう》・復《ぶ》有《う》國《こく》土《ど》・純《じゆん》是《ぜ》蓮《れん》華《げ》・復《ぶ》有《う》國《こく》土《ど》・如《によ》自《じ》在《ざい》天《てん》宮《ぐ》・復《ぶ》有《う》國《こく》土《ど》・如《によ》玻《は》瓈《り》鏡《きよう》・十《じツ》方《ぼう》國《こく》土《ど》・皆《かい》於《お》中《ちゆう》現《げん》・有《う》如《によ》是《ぜ》等《とう》・無《む》量《りよう》諸《しよ》佛《ぶツ》國《こく》土《ど》・嚴《ごん》顯《けん》可《か》観《くわん》・令《りよう》韋《い》提《だい》希《け》見《けん》・時《じ》韋《い》提《だい》希《け》・白《びやく》佛《ぶつ》

とは大形小形の餅に紅、藍の色をつけ、これに蜜柑や海苔を挟み須彌形に盛り上げた形式のものをいう。例年にあつては報恩講或は重い法要の節に用いる。これは金供笥に盛つて金の赤裏の方立を使用する。

又杉形華束は中尊に於ては上卓に、其他の尊前では前卓に備えるのが普通であつて、中尊の前卓に杉形を備えることとは、前卓に「總儀」等を安置した場合等の特別な場合に限る。須彌盛は中尊・祖師前はそれぞれ須彌壇上に、御代前其他に用いる際は卓の向側に臺を置いてこれに載せる。

蠟燭について

現在當派に依用する蠟燭は凡

言《ごん》世《せ》尊《そん》・是《ぜ》諸《しょ》佛《ぶつ》土《ど》・雖《すい》復《ぶ》清《しょう》淨《じょう》・皆《かい》有《う》光《こう》明《みょう》・我《が》今《こん》樂《ぎょう》生《しょう》・極《ごく》樂《らく》世《せ》界《かい》・阿《あ》彌《み》陀《だ》佛《ぶつ》所《しょ》・唯《ゆい》願《ぐわん》世《せ》尊《そん》・教《きょう》我《が》思《し》惟《ゆい》・教《きょう》我《が》正《しょう》受《じゅ》・

爾《に》時《じ》世《せ》尊《そん》・即《そく》便《べん》微《み》笑《しょう》・有《う》五《ご》色《しき》光《こう》・從《じゅ》佛《ぶ》口《く》出《しゅつ》・一《いち》一《いち》光《こう》照《しょう》・頻《びん》婆《ば》娑《しゃ》羅《ら》頂《ちょう》・爾《に》時《じ》大《だい》王《おう》・雖《すい》在《ざい》幽《ゆ》閉《へい》・心《しん》眼《げん》無《む》障《しょう》・遙《よう》見《けん》世《せ》尊《そん》・頭《づ》面《めん》作《さ》禮《らい》・自《じ》然《ねん》增《ぞう》進《しん》・成《じょう》阿《あ》那《な》含《ごん》・

爾《に》時《じ》世《せ》尊《そん》・告《ごう》韋《い》提《だい》希《け》・汝《にょ》今《こん》知《ち》不《ふ》・阿《あ》彌《み》陀《だ》佛《ぶ》・去《こ》

そ左の四通りである。

白蠟　平常一般法要
朱蠟　年忌法事、報恩講等
金蠟　慶事法要（落慶法要、
　　佛前結婚式等）
銀蠟　葬式、中陰法要。

なお各尊前とも立燭しない場合は必ず朱塗木蠟を立てて置く。

燈明について

　兩度御命日や報恩講其他重い法要で總燈明の時は餘間まで双燈にするが、そうでない平日は餘間は片燈でよい。片燈の場合は右餘間でも左餘間でも卓に向つて右側即ち鶴龜寄りの燈明のみ點じ、その燈臺を斜め内側に向け火口を斜め内に向け置く。因に太子七高僧、又は先住の命日にはその前だけ双燈にする。

此《し》不《ふ》遠《おん》・汝《にょ》當《とう》繫《け》念《ねん》・諦《たい》觀《くわん》彼《ひ》國《こく》・淨《じょう》業《ごう》成《じょう》者《しゃ》・我《が》今《こん》為《い》汝《にょ》・廣《こう》説《せツ》衆《しゅ》譬《ひ》・亦《やく》令《りょう》未《み》來《らい》世《せ》・一《いツ》切《さい》凡《ぼん》夫《ぶ》・欲《よく》修《しゅ》淨《じょう》業《ごう》者《しゃ》・得《とく》生《しょう》西《さい》方《ほう》・極《ごく》樂《らツ》國《こく》土《ど》・欲《よく》生《しょう》彼《ひ》國《こく》者《しゃ》・當《とう》修《しゅ》三《さん》福《ぷく》・一《いツ》者《しゃ》孝《きょう》養《よう》父《ぶ》母《も》・奉《ぶ》事《じ》師《し》長《ちょう》・慈《じ》心《しん》不《ふ》殺《せツ》・修《しゅ》十《じゅう》善《ぜん》業《ごう》・二《に》者《しゃ》受《じゅ》持《じ》三《さん》歸《き》・具《ぐ》足《そく》衆《しゅ》戒《かい》・不《ふ》犯《ぼん》威《い》儀《ぎ》・三《さん》者《じゃ》發《ほつ》菩《ぼ》提《だい》心《しん》・深《じん》信《しん》因《いん》果《が》・讀《どく》誦《じゅ》大《だい》乘《じょう》・勸《くわん》進《じん》行《ぎょう》者《じゃ》・如《にょ》此《し》三《さん》事《じ》・名《みょう》為《い》淨《じょう》業《ごう》・佛《ぶつ》告《ごう》韋《い》提《だい》希《け》・汝《にょ》今《こん》知《ち》不《ふ》・此《し》三《さん》種《じゅ》業《ごう》・過《くわ》去《こ》未《み》來《らい》現《げん》在《ざい》・三《さん》世《ぜ》諸《しょ》佛《ぶ》・淨《じょう》

本間三所は常に双燈であるが御代前は御命日以外は片燈も可。

佛供に就いて

本尊前の佛供は二幅、その他の各影前の影供は一幅ずつ備える。本尊前の佛供は上卓火舎の左右に火舎を中心に一直列に、上卓に杉形華束を備えた際は火舎の斜前方左右一對に備える。其他の各影供は普通の場合卓上金香爐の向側に備える。但し祖師前に大佛供を備える時は月形香盤を出し須彌壇上に置く。又餘間の似影前、法名前等は壇上に直に香盤を置き其上に備えることもある。

次に佛供、影供共に平常にあつては晨朝勤行過ぎに備え、正午十二時に御控（撤去）する。

業正因《ごうしょういん》・（乃至）

○初重

南無阿彌陀佛

南無阿彌陀佛

南無阿彌陀佛

南無阿彌陀佛

南無阿彌陀佛

南無

○恩徳《おんとく》廣《こう》大《だい》釋《しゃ》迦《か》如《にょ》來《らい》

韋《い》提《だい》夫《ぶ》人《にん》に勅《ちょく》してぞ

光《こう》臺《だい》現《げん》國《こく》のそのなかに

安《あん》樂《らく》世《せ》界《かい》をえらばしむ・

但し兼日中とて晨朝に日中の勤行を兼ねて勤める場合には兩尊前とその法要に主たる尊前のみは晨朝勤行前に備える。これを前備（まえそなえ）という。又幾晝夜にも亙る報恩講等の重い法要の節には初逮夜は備えず、初日晨朝（第二日朝）過ぎに奉備し、その儘にして翌日晨朝過ぎに別に新しいものと備え替える。これを備替（そなえかえ）と稱する。但し備替は兩尊前と御繪傳前、又はその法要の主たる尊前に限り、其他の各影前は平常通り毎晨朝過ぎに備え正午に控える。又一晝夜限りの報恩講等は之に準じて特に逮夜前より奉備するも差支えない。

○佛《ぶツ》告《ごう》阿《あ》難《なん》・及《ぎゆう》韋《い》提《だい》希《け》・諦《たい》聽《ちよう》諦《たい》聽《ちよう》・善《ぜん》思《し》念《ねん》之《し》・佛《ぶツ》
當《とう》爲《い》汝《によ》・分《ふん》別《べツ》解《げ》説《せツ》・除《じよ》苦《く》惱《のう》法《ぼう》・汝《によ》等《とう》憶《おく》持《じ》・廣《こう》爲《い》
大《だい》衆《しゆ》・分《ふん》別《べツ》解《げ》説《せツ》・説《せつ》是《ぜ》語《ご》時《じ》・無《む》量《りよう》壽《じゆ》佛《ぶ》・住《じゆ》立《りう》空《く》
中《ちゆう》・觀《くわん》世《ぜ》音《おん》・大《だい》勢《せい》至《し》・是《ぜ》二《に》大《だい》士《じ》・侍《じ》立《りう》左《さ》右《う》・光《こう》明《みよう》
熾《し》盛《じよう》・不《ふ》可《か》具《ぐ》見《けん》・百《ひやく》千《せん》閻《えん》浮《ぶ》檀《だん》金《こん》色《じき》・不《ふ》得《とく》爲《い》比《ひ》・
時《じ》韋《い》提《だい》希《け》・見《けん》無《む》量《りよう》壽《じゆ》佛《ぶツ》已《ち》・接《せツ》足《そく》作《さ》禮《らい》・白《びやく》佛《ぶつ》言《ごん》
世《せ》尊《そん》・我《が》今《こん》因《いん》佛《ぶツ》力《りツ》故《こ》・得《とツ》見《けん》無《む》量《りよう》壽《じゆ》佛《ぶ》・及《ぎゆう》二《に》菩《ぼ》
薩《さ》・未《み》來《らい》衆《しゆ》生《じよう》・當《とう》云《うん》何《が》觀《くわん》・無《む》量《りよう》壽《じゆ》佛《ぶ》・及《ぎゆう》二《に》菩《ぼ》薩《さ》・

勤行作法の常識

出仕退出の心得

内陣出仕及び退出の仕方

入内陣出仕の節には平日及び軽い法要の時は藺草履（板金剛ともいう）を、又重い法要の際には草鞋（そうかい）を履いて出る。而して藺草履又は草鞋は導師以外は概ね後門壇下に備附けて置き出仕の節これを手に取つて後門に上り然る後これを着用して出仕する。

出仕に當つては上﨟出仕の時は後門沓柱際にて左右兩首座見合せ共に一禮の後出仕する、他はこれに隨つて順次出仕する。

佛《ぶつ》告《ごう》韋《い》提《だい》希《け》・欲《よッ》觀《くわん》彼《ひ》佛《ぶッ》者《しゃ》・當《とう》起《き》想《そう》念《ねん》・於《お》七《しッ》寶《ぽう》地《じ》上《じよう》・作《さ》蓮《れん》華《げ》想《そう》・令《りよう》其《ご》蓮《れん》華《げ》・一《いち》一《いち》葉《よう》・作《さ》百《ひやッ》寶《ぽう》色《しき》・有《う》八《はち》萬《まん》四《し》千《せん》脈《みやく》・猶《ゆ》如《によ》天《てん》畫《ぐわ》・脈《みやく》有《う》八《はち》萬《まん》四《し》千《せん》光《こう》・了《りよう》了《りよう》分《ふん》明《みよう》・皆《かい》令《りよう》得《とッ》見《けん》・華《け》葉《よう》小《しよう》者《じや》・縱《じゆ》廣《こう》二《に》百《ひやく》五《ご》十《じゆう》由《ゆ》旬《じゆん》・如《によ》是《ぜ》蓮《れん》華《げ》・有《う》八《はち》萬《まん》四《し》千《せん》葉《によう》・一《いち》一《いち》葉《よう》間《けん》・各《かく》有《う》百《ひやく》億《おく》摩《ま》尼《に》珠《しゆ》王《おう》・以《い》為《い》映《えい》飾《じき》・一《いち》一《いち》摩《ま》尼《に》・放《ほう》千《せん》光《こう》明《みよう》・其《ご》光《こう》如《によ》蓋《がい》・七《しッ》寶《ぽう》合《ごう》成《じよう》・徧《へん》覆《ぶ》地《じ》上《じよう》・釋《しゃ》迦《か》毗《び》楞《りよう》伽《が》寶《ほう》・以《い》為《い》其《ご》臺《だい》・此《し》蓮《れん》華《げ》臺《だい》・八《はち》萬《まん》金《こん》剛《ごう》・甄《けん》

又壇行事にて下﨟出仕の場合は式事又は座配の指揮に従い各員左右見合せ一禮の後出仕する。

　普通の場合、出仕は竪疊の側に近づいて歩み、退出の時は須彌壇寄りを歩むものとする。

　但し入槃法要にて下﨟出仕、下﨟退出の場合はほぼ前記の反對となり、中より出仕し竪疊に沿うて退出すべきものとする。而して後門より出仕の後自己の着座すべき疊の前に到り、座禮（恭敬禮）の後、上位に向って背を向けないよう廻轉し着座する。この場合上位というは外陣側を指すので従って内陣の左座右座で廻轉の仕方は左右反對となることに注意すべきである。

若し藺草履の場合ならば廻轉し

叔迦《しゆくが》寶《ほう》・梵《ぼん》摩《ま》尼《に》寶《ほう》・妙真《みようしん》珠網《じゆもう》・以為《いい》交飾《きようじき》・於其《おご》臺上《だいじよう》・自然《じねん》而有《にう》・四柱《しちゆ》寶幢《ほうどう》・一一《いちいち》寶幢《ほうどう》・如百千《によひやくせん》萬億《まんのく》須彌山《しゆみせん》・幢上《どうじよう》寶幔《ほうまん》・如夜摩天宮《によやまてんぐう》・有五百《うごひやく》億《おく》・微妙《みみよう》寶珠《ほうしゆ》・以為《いい》映飾《えいじき》・一一《いちいち》寶珠《ほうしゆ》・有八萬四《うはちまんし》千光《せんこう》・一一光《いちいちこう》・作八萬四千《さはちまんしせん》・異種《いしゆ》金色《こんじき》・一一《いちいち》金《こん》色《じき》・偏其《へんご》寶土《ほうど》・處處《しよしよ》變化《へんげ》・各作《かくさ》異相《いそう》・或為《わくい》金剛《こんごう》臺《だい》・或作《わくさ》真珠網《しんじゆもう》・或作《わくさ》雜華雲《ざツけうん》・於十方面《おじツぼうめん》・隨意《ずいい》變現《へんげん》・施作《せさ》佛事《ぶつじ》・是為《ぜい》華座想《けざそう》・名第七觀《みようだいしちくわん》・佛告《ぶつごう》

た後正しくこれを揃え脱ぎ、疊の上に後退して着座する。草鞋の節は座禮の後、やや兩足の間を開き、先ず右足を脱ぎ草鞋の中間板間に踏み込み、次に左足を脱いで疊の上に進み、然る後廻轉して着座するのである。

次に退出に當つては上﨟より順次退出の節は、上席の者の藺草履又は草鞋を履く頃を見計らつて起座、上位の足より履物を履いて後門に入る。壇行事にて下﨟退出の場合は起座は式事又は座配の指揮に從う。而して履物は後門壇上にてこれを脱ぎ導師以外一般はそれぞれ手に持つて壇下所定の場所に置く。

後座出仕及退出の仕方

後座の出仕及退出は其の心構

阿難《あなん》・如《によ》此《し》妙《みよう》華《け》・是《ぜ》本《ほん》法《ほう》藏《ぞう》比《び》丘《く》・願《ぐわん》力《りき》所《しよ》成《じよう》・若《にやく》欲《よく》念《ねん》彼《ぴ》佛《ぶツ》者《しや》・當《とう》先《せん》作《さ》此《し》華《け》座《ざ》想《そう》・作《さ》此《し》想《そう》時《じ》・不《ふ》得《とく》雜《ぞう》觀《くわん》・皆《かい》應《おう》一《いち》一《いち》觀《くわん》之《し》・一《いち》一《いち》葉《よう》・一《いち》一《いち》珠《しゆ》・一《いち》一《いち》光《こう》・一《いち》一《いち》臺《だい》・一《いち》一《いち》幢《どう》・皆《かい》令《りよう》分《ふん》明《みよう》・如《によ》於《お》鏡《きよう》中《ちゆう》・自《じ》見《けん》面《めん》像《ぞう》・此《し》想《そう》成《じよう》者《しや》・滅《めつ》除《じよ》五《ご》萬《まん》劫《ごう》・生《しよう》死《じ》之《し》罪《ざい》・必《ひつ》定《じよう》當《とう》生《しよう》・極《ごく》樂《らく》世《せ》界《かい》・作《さ》是《ぜ》觀《くわん》者《しや》・名《みよう》為《い》正《しよう》觀《くわん》・若《にやく》他《た》觀《くわん》者《しや》・名《みよう》為《い》邪《じや》觀《くわん》・
佛《ぶつ》告《ごう》阿《あ》難《なん》・及《ぎゆう》韋《い》提《だい》希《け》・見《けん》此《し》事《じ》已《い》・次《し》當《とう》想《そう》佛《ぶ》・所《しよ》

えに於ては全く內陣出仕と同様であるが、餘間の竪疊に着座する場合は內陣の着座とは反對に席の後方の板間を通り後より疊の上に上つて着座するが作法である。

退出の際は着座の時と反對の動作にて最前列の首座より起立後退し二番三番と必ず順次に靜かに起立し一人ずつ一列となり席後の板間を通り壇上際を経て後門へ退入する。

外陣出仕及退出の仕方

外陣出仕の場合は先ずその心構えとして內陣出仕の節と同じく後堂にある間に衣紋を繕い姿勢を正しくし、首座より一列となり、御代前側の餘間切戸口より出て餘間の最外側の疊を通つ

以《い》者《しゃ》何《が》・諸《しょ》佛《ぶ》如《にょ》來《らい》・是《ぜ》法《ほう》界《かい》身《しん》・入《にゅう》一《いッ》切《さい》衆《しゅ》生《じょう》心《しん》想《そう》中《ちゅう》・是《ぜ》故《こ》汝《にょ》等《とう》・心《しん》想《そう》佛《ぶつ》時《じ》・是《ぜ》心《しん》即《そく》是《ぜ》・三《さん》十《じゅう》二《に》相《そう》・八《はち》十《じゅう》隨《ずい》形《ぎょう》好《こう》・是《ぜ》心《しん》作《さ》佛《ぶ》・是《ぜ》心《しん》是《ぜ》佛《ぶ》・諸《しょ》佛《ぶッ》正《しょう》徧《へん》知《ち》海《かい》・從《じゅう》心《しん》想《そう》生《しょう》・是《ぜ》故《こ》應《おう》當《とう》・一《いッ》心《しん》繫《け》念《ねん》・諦《たい》觀《くわん》彼《ひ》佛《ぶ》・多《た》陀《だ》阿《あ》伽《か》度《ど》・阿《あ》羅《ら》訶《か》・三《さん》藐《みゃく》三《さん》佛《ぶつ》陀《だ》・想《そう》彼《ひ》佛《ぶッ》者《しゃ》・先《せん》當《とう》想《そう》像《ぞう》・閉《へい》目《もく》開《かい》目《もく》・見《けん》一《いち》寶《ほう》像《ぞう》・如《にょ》閻《えん》浮《ぶ》檀《だん》金《こん》色《じき》・坐《ざ》彼《ひ》華《け》上《じょう》・見《けん》像《ぞう》坐《ざ》已《い》・心《しん》眼《げん》得《とッ》開《かい》・了《りょう》了《りょう》分《ふん》明《みょう》・見《けん》極《ごく》樂《らッ》國《こく》・七《しッ》寶《ぼう》莊《しょう》嚴《ごん》・寶《ほう》地《じ》寶《ほう》池《ち》・寶《ほう》樹《じゅ》行《ぎょう》

て金障子の出仕口より外陣に下り、概ね障子際より二疊目の疊を通って本間正面又は祖師前を首座に着座する。

退出の時は内陣出仕の概ね後門に入るを見計らつて前列のみは席次に拘らず最左翼より起座し、出仕の節を逆に出仕口より餘間に入り、切戸口より後堂に退入する。後列の者はこの前列の後尾に隨い右翼より起座して順次始の如く退入する。

着座起座その他の心得

着座　直綴、道服を着用した時は、着座の直前に、姿勢を崩すことなく、兩手にて裳の上

列《れつ》・諸《しょ》天《てん》寶《ほう》幔《まん》・彌《み》覆《ふ》其《ご》上《じょう》・衆《しゅ》寶《ほう》羅《ら》網《もう》・滿《まん》虚《こ》空《く》中《ちゅう》・見《けん》如《によ》此《し》事《じ》・極《ごく》令《りょう》明《みょう》了《りょう》・如《によ》觀《くわん》掌《しょう》中《ちゅう》・見《けん》此《し》事《じ》已《い》・復《ぶ》當《とう》更《きょう》作《さ》・一《いち》大《だい》蓮《れん》華《げ》・在《ざい》佛《ぶツ》左《さ》邊《へん》・如《によ》前《ぜん》蓮《れん》華《げ》・等《とう》無《む》有《う》異《い》・復《ぶ》作《さ》一《いち》大《だい》蓮《れん》華《げ》・在《ざい》佛《ぶツ》右《う》邊《へん》・想《そう》一《いち》觀《くわん》世《ぜ》音《おん》菩《ぼ》薩《さつ》像《ぞう》・坐《ざ》左《さ》華《け》座《ざ》・亦《やく》放《ほう》金《こん》光《こう》・如《によ》前《ぜん》無《む》異《い》・想《そう》一《いち》大《だい》勢《せい》至《し》菩《ぼ》薩《さつ》像《ぞう》・坐《ざ》右《う》華《け》座《ざ》・此《し》想《そう》成《じょう》時《じ》・佛《ぶつ》菩《ぼ》薩《さつ》像《ぞう》・皆《かい》放《ほう》光《こう》明《みょう》・其《ご》光《こう》金《こん》色《じき》・照《しょう》諸《しょ》寶《ほう》樹《じゅ》・一《いち》一《いち》樹《じゅ》下《げ》・復《ぶ》有《う》三《さん》蓮《れん》華《げ》・諸《しょ》蓮《れん》華《げ》上《じょう》・各《かく》有《う》一《いち》佛《ぶツ》・二《に》菩《ぼ》薩《さつ》像《ぞう》・

前と下前を探り少し開いて着座する。裳附の場合は両手にて左右脇の裳の上部の邊を少し引き上げ乍ら着座すると自然に前が少し開く。法服七條の節は横被を少し上部へ引き上げるのみで前を開くことなく檜扇にて膝に裳と七條の前が添うようにしてそのまま着座する。間衣は勤行時の正しい装束ではないが坐る時はやはり前を開かないでそのまま前を膝に敷いて坐るのが正しい。

起座　起座する時には中啓のある場合には先ず右手にこれを探りその手にて軽く疊を突いて立ち上る。立つ時は左足より立ち、坐るときは右足より下につける。又進むときは左足より

徧《へん》滿《まん》彼《ひ》國《こく》・此《し》想《そう》成《じよう》時《じ》・行《ぎよう》者《じや》當《とう》聞《もん》・水《すい》流《る》光《こう》明《みよう》・及《ぎツ》
諸《しよ》寶《ほう》樹《じゆ》・鳧《ふ》鴈《がん》鴛《えん》鴦《のう》・皆《かい》說《せつ》妙《みよう》法《ほう》・出《しゆつ》定《じよう》入《にゆう》定《じよう》・恒《ごう》聞《もん》
妙《みよう》法《ほう》・行《ぎよう》者《じや》所《しよ》聞《もん》・出《しゆつ》定《じよう》之《し》時《じ》・憶《おく》持《じ》不《ふ》捨《しや》・令《りよう》與《よ》修《しゆ》
多《た》羅《ら》合《ごう》・若《にやく》不《ふ》合《がツ》者《しや》・名《みよう》為《い》妄《もう》想《そう》・若《にやく》有《う》合《がツ》者《しや》・名《みよう》為《い》
麤《そ》想《そう》・見《けん》極《ごく》樂《らく》世《せ》界《かい》・是《ぜ》為《い》像《ぞう》想《そう》・名《みよう》第《だい》八《はち》觀《くわん》・作《さ》是《ぜ》
觀《くわん》者《しや》・除《じよ》無《む》量《りよう》億《おツ》劫《こう》・生《しよう》死《じ》之《し》罪《ざい》・於《お》現《げん》身《しん》中《ぢゆう》・得《とく》念《ねん》
佛《ぶツ》三《ざん》昧《まい》・
佛《ぶつ》告《ごう》阿《あ》難《なん》・及《ぎゆう》韋《い》提《だい》希《け》・此《し》想《そう》成《じよう》已《い》・次《し》當《とう》更《きよう》觀《くわん》・無《む》

退くときは右足よりというのが作法である。但し内陣出仕の場合等に當つては首座の方に手にても足にても殘さぬというのが作法である。

正座　正座するには両足の拇指のみを少しく重ね、膝の間をやや少し開き臀部を両足裏に載せ、上體を正しく据え、體の重心を丹田において坐す。両手は衣の袖の中で両膝の上に輕く置く。眼は正面を見て常に眼の高さに保ち、合掌や勤行中猥りに右顧左眄するのはよろしくない。又勤行中は瞑目することも忌まれている。

直立並に歩行　起立したる時の姿勢は両足の踵をやや接近せしめ、爪先を少し開き、両腕は

量壽《りようじゆ》佛《ぶ》・身相《しんそう》光明《こうみよう》・阿難《あなん》當知《とうち》・無量壽《むりようじゆ》佛身《ぶッしん》・如《によ》百千《ひやくせん》萬億《まんのく》・夜摩天《やまてん》閻浮檀《えんぶだん》金色《こんじき》・佛身高《ぶッしんこう》・六十《ろくじゆう》萬億《まんのく》・那由他《なゆた》・恒河沙《ごうがしや》由旬《ゆじゆん》・眉間《みけん》白毫《びやくごう》・右旋婉《うせんえん》轉《でん》・如《によ》五須彌山《ごしゆみせん》・佛眼《ぶつげん》如《によ》四大海水《しだいかいすい》・青白《しようびやく》分明《ふんみよう》・身諸毛孔《しんしよもうく》・演出《えんじゆつ》光明《こうみよう》・如《によ》須彌山《しゆみせん》・彼佛《ひぶ》圓光《えんこう》・如《によ》百億《ひやくおく》・三千大千世界《さんぜんだいせんせかい》・於《お》圓光中《えんこうちゆう》・有《う》百萬億《ひやくまんのく》那由他《なゆた》・恒河沙《ごうがしや》化佛《けぶ》・一一《いちいち》化佛《けぶ》・亦有《やくう》衆多《しゆだ》・無數《むしゆ》化菩薩《けぼさ》・以為《いい》侍者《じしや》・無量壽佛《むりようじゆぶ》・有《う》八萬四千《はちまんしせん》相《そう》・

眞直に體の兩脇に着け、肘は左右の下腹部に控える。中啓を持つ右手と念珠を持つ左手とが下腹部の前面に稍接近するのがよい。この場合兩肘を外に張ってはいけない。

又歩行に際してはこのままの姿勢にて、ただ大衣念珠等大形裝束念珠を持った時は左手の念珠をややかかげる程度に保つだけで靜かに歩を運ぶ。足音を立てないよう常に地板又は疊をするような心持で緩やかに歩行すべきである。

蹲踞　蹲踞は多く立禮禮拜の後に續く動作であって、先ず中啓を襟元深く指し、合掌しつつ正面を瞻仰、ついで兩膝を少し開き乍ら靜かに體を屈し、爪

一《いち》一《いち》相《そう》・各《かく》有《う》八《はち》萬《まん》四《し》千《せん》隨形好《ずいぎようこう》・一《いち》一《いち》好《こう》・復《ぶ》有《う》八《はち》萬《まん》四《し》千《せん》光明《こうみよう》・一《いち》一《いち》光明《こうみよう》・徧照《へんじよう》十《じツ》方《ぼう》世《せ》界《かい》・念《ねん》佛《ぶツ》衆生《しゆじよう》・攝《せツ》取《しゆ》不《ふ》捨《しや》・其《ご》光明《こうみよう》相《そう》好《ごう》・及《ぎゆう》與《よ》化《け》佛《ぶ》・不《ふ》可《か》具《ぐ》説《せ》・但《たん》當《とう》憶《おく》想《そう》・令《りよう》心《しん》眼《げん》見《けん》・見《けん》此《し》事《じ》者《しや》・即《そツ》見《けん》十《じツ》方《ぼう》・一《いツ》切《さい》諸《しよ》佛《ぶ》・以《い》見《けん》諸《しよ》佛《ぶ》・故《こ》名《みよう》念《ねん》佛《ぶツ》三《さん》昧《まい》・作《さ》是《ぜ》觀《くわん》者《しや》・名《みよう》觀《くわん》一《いツ》切《さい》佛《ぶツ》身《しん》・以《い》觀《くわん》佛《ぶつ》身《しん》故《こ》・亦《やツ》見《けん》佛《ぶツ》心《しん》・佛《ぶツ》心《しん》者《しや》大《だい》慈《じ》悲《ひ》是《ぜ》・以《い》無《む》緣《えん》慈《じ》・攝《せツ》諸《しよ》衆生《しゆじよう》・作《さ》此《し》觀《くわん》者《しや》・捨《しや》身《しん》他《た》世《せ》・生《しよう》諸《しよ》佛《ぶつ》前《ぜん》・得《とく》無《む》生《しよう》忍《にん》・是《ぜ》故《こ》

先にて保ちつつ上體を前に屈し頭を下げる。終つて直立の姿勢に復して合掌を解き中啓を元の如く右手にとる。又單に蹲踞のみにて合掌しない場合には、左手は床に輕く突き右手の中啓の握りを床に立て頭をさげ上體を屈する。

膝行　膝行は膝進、膝退ともに先ず跪き、爪先にて小きざみに且つ疾速に前進或は後退する姿勢をいうのであつて、多く内陣にて上長の前に物具を捧げ又は撤去する場合にこの動作を用いる。その距離は上長の前四五尺を以て、適當とする。

智《ち》者《しや》・應《おう》當《とう》繫《けい》心《しん》・諦《たい》観《くわん》無《む》量《りよう》壽《じゆ》佛《ぶ》・観《くわん》無《む》量《りよう》壽《じゆ》佛《ぶツ》
者《しや》・從《じゆ》一《いち》相《そう》好《ごう》入《にゆう》・但《たん》観《くわん》眉《み》間《けん》白《びやく》毫《ごう》・極《ごく》令《りよう》明《みよう》了《りよう》・見《けん》
眉《み》間《けん》白《びやく》毫《ごう》者《しや》・八《はち》萬《まん》四《し》千《せん》相《そう》好《ごう》・自《じ》然《ねん》當《とう》現《げん》・見《けん》無《む》
量《りよう》壽《じゆ》佛《ぶツ》者《しや》・即《そツ》見《けん》十《じツ》方《ぽう》・無《む》量《りよう》諸《しよ》佛《ぶ》・得《とツ》見《けん》無《む》量《りよう》諸《しよ》
佛《ぶツ》故《こ》・諸《しよ》佛《ぶツ》現《げん》前《ぜん》授《じゆ》記《き》・是《ぜ》為《い》徧《へん》観《くわん》・一《いツ》切《さい》色《しき》身《しん》想《そう》・
名《みよう》第《だい》九《く》観《くわん》・作《さ》此《し》観《くわん》者《しや》・名《みよう》為《い》正《しよう》観《くわん》・若《にやく》他《た》観《くわん》者《しや》・名《みよう》
為《い》邪《じやく》観《わん》・（乃至）

御經と和讃の扱い方

御経の扱い方　卓上の經本又は經巻を右手にとり、左手を持ち添えて、折經ならば左右の手共に經本の下部の両端を、或は又左手をやや上、右手を下部に當て、拇指を表に他の指を裏側に廻し持ち、次に靜かに頂戴する。頂戴は両肘を適當に張り、上體と共に頭を深く前に屈して額に經本の中央部が近づく程に頂く、而して後靜かに上體を起すと同時に両肘を體の両脇に復して後、表紙を開くのである。

盤は導師の表紙を抜き終るを待つて初の一打を下するものであるから、従つて**導師**以外の者は

○二重
南無阿彌陀佛　南無阿彌陀佛
南無阿彌陀佛　南無阿彌陀佛
南無阿彌陀佛　南無

○大聖《だいしょう》おの〱もろともに　凡愚《ぼんぐ》底下《ていげ》のつみひとを
逆惡《ぎゃくあく》もらさぬ誓願《せいぐわん》に　方便《ほうべん》引入《いんにゅう》せしめけり●

磬一打を聞いて一齊に經を開くのである。

讀誦に際しては常に四十五度位の角度に經本を胸邊に捧げ持ち、四頁に開いて常時二頁三頁を讀むようにして三頁の終に近づいて紙を翻して讀み進む。

一卷の讀誦終れば靜かに閉じて後頂戴する。經後の頂戴は經題の終りにて御經を頂く場合と經後の短念佛の調聲終つてその第二句にて頂く場合と兩様あり前者は經後に伽陀のある場合でこの時は伽陀の句頭上の四文字の間頂戴する。又後者は助音念佛の第一句の間頂戴するのがよい。

讀經中は終始手に捧げて讀誦するのが本儀であつて、たとえ

○佛《ぶッ》告《ごう》阿《あ》難《なん》・及《ぎゅう》韋《い》提《だい》希《け》・上《じょう》品《ぼん》上《じょう》生《しょう》者《しゃ》・若《にゃく》有《う》衆《しゅ》生《じょう》・
願《ぐわん》生《しょう》彼《ひ》國《こく》者《しゃ》・發《ほッ》三《さん》種《じゅ》心《しん》・即《そく》便《べん》往《おう》生《じょう》・何《が》等《とう》為《い》三《さん》・
一《いッ》者《しゃ》至《し》誠《じょう》心《しん》・二《に》者《しゃ》深《じん》心《しん》・三《さん》者《じゃ》廻《え》向《こう》發《ほつ》願《ぐわん》心《しん》・具《ぐ》
三《さん》心《じん》者《しゃ》・必《ひッ》生《しょう》彼《ひ》國《こく》・復《ぶ》有《う》三《さん》種《じゅ》衆《しゅ》生《じょう》・當《とう》得《とく》往《おう》生《じょう》・
何《が》等《とう》為《い》三《さん》・一《いッ》者《しゃ》慈《じ》心《しん》不《ふ》殺《せつ》・具《ぐ》諸《しょ》戒《かい》行《ぎょう》・二《に》者《しゃ》讀《どく》
誦《じゅ》大《だい》乘《じょう》・方《ほう》等《どう》經《きょう》典《でん》・三《さん》者《じゃ》修《しゅ》行《ぎょう》六《ろく》念《ねん》・廻《え》向《こう》發《ほつ》願《ぐわん》・
願《ぐわん》生《しょう》彼《ひ》國《こく》・具《ぐ》此《し》功《く》德《どく》・一《いち》日《にち》乃《ない》至《し》七《しち》日《にち》・即《そく》得《とく》往《おう》
生《じょう》・生《しょう》彼《ひ》國《こく》時《じ》・此《し》人《にん》精《しょう》進《じん》・勇《ゆ》猛《みょう》故《こ》・阿《あ》彌《み》陀《だ》如《にょ》來《らい》・

經卓を前に控えた時でも卓上に置くことは不可である。これは和讃卓を控えた場合と全く作法を異にしている。

和讃の扱い方　内陣に於て和讃卓を控えた時は、調聲する導師先ずこれを披き、その他の巡讃の者は和讃始まつて後にこれを披くものとする。

導師は念佛の調聲終つて直ちに最上部の一帖の兩前端を持ち胸邊に引き寄せ、字指しの箇所を見乍らこれを披き、そのまま卓上の殘餘和讃の上に一寸ばかり手前に引出してこれを載せる

導師以外の巡讃の者は第一首目の和讃の第三句目の中淘に至つて一齊にこれを披く。披き方及び載せ方は前同樣である。

與《よ》觀《くわん》世《ぜ》音《おん》・大《だい》勢《せい》至《し》・無《む》數《しゆ》化《け》佛《ぶ》・百《ひやく》千《せん》比《び》丘《く》・聲《しよう》聞《もん》大《だい》衆《しゆ》・無《む》數《しゆ》諸《しよ》天《てん》・七《しツ》寶《ぽう》宮《く》殿《でん》・觀《くわん》世《ぜ》音《おん》菩《ぼ》薩《さ》・執《しゆ》金《こん》剛《ごう》臺《だい》・與《よ》大《だい》勢《せい》至《し》菩《ぼ》薩《さ》・至《し》行者《ぎようじや》前《ぜん》・阿《あ》彌《み》陀《だ》佛《ぶ》・放《ほう》大《だい》光明《こうみよう》・照《しよう》行者《ぎようじや》身《しん》・與《よ》諸《しよ》菩《ぼ》薩《さ》・授《じゆ》手《しゆ》迎接《こうしよう》・觀《くわん》世《ぜ》音《おん》大《だい》勢《せい》至《し》・與《よ》無《む》數《しゆ》菩《ぼ》薩《さ》・讃《さん》歎《だん》行者《ぎようじや》・勸《くわん》進《じん》其《ご》心《しん》・行者《ぎようじや》見《けん》已《に》・歡《くわん》喜《ぎ》踊《ゆ》躍《やく》・自《じ》見《けん》其《ご》身《しん》・乘《じよう》金《こん》剛《ごう》臺《だい》・隨《ずい》從《じゆ》佛《ぶつ》後《ご》・如《によ》彈《たん》指《じ》頃《きよう》・往《おう》生《じよう》彼《ひ》國《こく》・生《しよう》彼《ひ》國《こく》已《い》・見《けん》佛《ぶツ》色《しき》身《しん》・衆《しゆ》相《そう》具《ぐ》足《そく》・見《けん》諸《しよ》菩《ぼ》薩《さ》・色《しき》相《そう》具《ぐ》足《そく》・光明《こうみよう》寶《ほう》

　次の頁に翻すは念佛の第三句目の終りにて導師以下一齊に右手を以てこれをかえす。勸行終つて和讃を閉じるには總禮の中間、鏧の響きのおよそ消える頃を見計らい、導師先ず合掌を解いて両手にて重なりたるままこれを閉じ、終つて下部の和讃に正しく重ね揃え再度合掌する。其他巡讃の者は導師の動作に準じて同じ作法でこれをしまう。なお、和讃は御經とちがつて開閉の前後ともこれを頂戴しないのが法である。

　寸珍（小型の和讃）は自分の目安、心覺えまでに懐中に忍ばせて持つのであるから、前後の頂戴はその必要がない。

林《りん》・演《えん》説《ぜつ》妙《みよう》法《ほう》・聞《もん》已《に》即《そく》悟《ご》・無《む》生《しよう》法《ぼう》忍《にん》・經《きよう》須《しゆ》臾《ゆ》間《けん》・歴《りやく》事《じ》諸《しよ》佛《ぶ》・徧《へん》十《じツ》方《ぼう》界《かい》・於《お》諸《しよ》佛《ぶつ》前《ぜん》・次《し》第《だい》授《じゆ》記《き》・還《げん》到《とう》本《ほん》國《ごく》・得《とく》無《む》量《りよう》百《ひやく》千《せん》陀《だ》羅《ら》尼《に》門《もん》・是《ぜ》名《みよう》上《じよう》品《ぼん》上《じよう》生《しよう》者《しや》・（乃至）

佛《ぶつ》告《ごう》阿《あ》難《なん》・及《ぎゆう》韋《い》提《だい》希《け》・（乃至）

中《ちゆう》品《ぼん》下《げ》生《しよう》者《しや》・若《にやく》有《う》善《ぜん》男《なん》子《し》善《ぜん》女《によ》人《にん》・孝《きよう》養《よう》父《ぶ》母《も》・行《ぎよう》世《せ》仁《にん》慈《じ》・此《し》人《にん》命《みよう》欲《よく》終《じゆ》時《じ》・遇《ぐ》善《ぜん》知《ち》識《しき》・為《い》其《ご》廣《こう》説《せツ》・阿《あ》彌《み》陀《だ》佛《ぶ》・國《こく》土《ど》樂《らく》事《じ》・亦《やく》説《せツ》法《ほう》藏《ぞう》比《び》丘《く》・四《し》十《じゆう》八《はち》願《ぐわん》・聞《もん》此《し》事《じ》已《い》・尋《じん》即《そく》命《みよう》終《じゆ》・譬《ひ》如《によ》壯《そう》士《し》・屈《くツ》伸《しん》臂《び》

巡讃の心得

初讃は祖師前の調聲人先ずこれを出し、二首目は御代前に移り、三首目、四首目は同じく御代前側出仕の人にてこれを出し、五首目、六首目は祖師前側に廻りてこれを出すのである。

三首引の時は初讃は祖師前、第二首は御代前、第三音は祖師前側にてこれを出す。

若し轉座法要にて調聲人が御代前の首座に出仕した時は、初讃はやはり調聲人これを出し、二首三首は御代前側にて、四首五首六首は祖師前側に廻つてこれを出すのであつて逆に廻るようなことはない。

頃《きよう》・即《そく》生《しよう》西《さい》方《ほう》・極《ごく》樂《らく》世《せ》界《かい》・生《しよう》經《きよう》七《しち》日《にち》・遇《ぐ》觀《くわん》世《ぜ》音《おん》・及《ぎゆう》大《だい》勢《せい》至《し》・聞《もん》法《ぼう》歡《くわん》喜《ぎ》・經《きよう》一《いち》小《しよう》劫《こう》・成《じよう》阿《あ》羅《ら》漢《かん》・是《ぜ》名《みよう》中《ちゆう》品《ぼん》下《げ》生《しよう》者《しや》・(乃至)

佛《ぶつ》告《ごう》阿《あ》難《なん》・及《ぎゆう》韋《い》提《だい》希《け》・下《げ》品《ぼん》下《げ》生《しよう》者《しや》・或《わく》有《う》衆《しゆ》生《じよう》・作《さ》不《ふ》善《ぜん》業《ごう》・五《ご》逆《ぎやく》十《じゆう》惡《あく》・具《ぐ》諸《しよ》不《ふ》善《ぜん》・如《によ》此《し》愚《ぐ》人《にん》・以《い》惡《あく》業《ごう》故《こ》・應《おう》墮《だ》惡《あく》道《どう》・經《きよう》歷《りやく》多《た》劫《こう》・受《じゆ》苦《く》無《む》窮《ぐ》・如《によ》此《し》愚《ぐ》人《にん》・臨《りん》命《みよう》終《じゆ》時《じ》・遇《ぐ》善《ぜん》知《ち》識《しき》・種《しゆ》種《じゆ》安《あん》慰《に》・為《い》説《せツ》妙《みよう》法《ほう》・教《きよう》令《りよう》念《ねん》佛《ぶ》・此《し》人《にん》苦《く》逼《ひつ》・不《ふ》遑《おう》念《ねん》佛《ぶ》・善《ぜん》友《ぬ》告《ごう》言《ごん》・

焼香の心得

内陣焼香、自身の焼香

先ず内陣各尊前に於て住職自身焼香する場合には各尊前に到つて先ず御尊を瞻仰し、中啓を持つた場合はこれを懐に挿す。ついで左手は珠數を持つたまま卓の前端香爐の左側にかけ、右手のみにて香盒の蓋をとり香盒の右側に置き、然る後静かに香を撮み二回香爐の中に投じ、次に香盒の中の香の亂れを指先にて直し香盒の蓋を閉じ最後に香爐の蓋を両手にてこれを覆う。

香盒の蓋の開閉に當つては手前の方に圓を畫くようにしてこれをとり又その反対の所作にて

汝《にょ》若《にゃく》不《ふ》能《のう》念《ねん》者《しゃ》・應《おう》稱《しょう》無《む》量《りょう》壽《じゅ》佛《ぶ》・如《にょ》是《ぜ》至《し》心《しん》・令《りょう》
聲《しょう》不《ふ》絶《ぜツ》・具《ぐ》足《そく》十《じゅう》念《ねん》・稱《しょう》南《な》無《む》阿《あ》彌《み》陀《だ》佛《ぶ》・稱《しょう》佛《ぶツ》名《みょう》
故《こ》・於《お》念《ねん》念《ねん》中《ちゅう》・除《じょ》八《はち》十《じゅう》億《おツ》劫《こう》・生《しょう》死《じ》之《し》罪《ざい》・命《みょう》終《じゅ》之《し》
時《じ》・見《けん》金《こん》蓮《れん》華《げ》・猶《ゆ》如《にょ》日《にち》輪《りん》・住《じゅ》其《ご》人《にん》前《ぜん》・如《にょ》一《いち》念《ねん》頃《きょう》・
即《そく》得《とく》往《おう》生《じょう》・極《ごく》樂《らく》世《せ》界《かい》・於《お》蓮《れん》華《げ》中《ちゅう》・滿《まん》十《じゅう》二《に》大《だい》劫《こう》・
蓮《れん》華《げ》方《ほう》開《かい》・觀《くわん》世《ぜ》音《おん》大《だい》勢《せい》至《し》・以《い》大《だい》悲《ひ》音《おん》聲《じょう》・為《い》其《ご》
廣《こう》説《せツ》・諸《しょ》法《ほう》實《じツ》相《そう》・除《じょ》滅《めツ》罪《ざい》法《ほう》・聞《もん》已《に》歡《くわん》喜《ぎ》・應《おう》時《じ》即《そく》
發《ほつ》菩《ぼ》提《だい》之《し》心《しん》・是《ぜ》名《みょう》下《げ》品《ぼん》下《げ》生《しょう》者《しゃ》・(乃至)

これを閉じる。又香爐の蓋をしたる後左右の手の引き方等總ての動作は左右交互に進退して同時にしないのは一般茶事の作法と同様である。

焼香終つて再び御尊を瞻仰し合掌、禮拜、蹲踞し、起立合掌を解き、中啓を襟より抜き元の姿勢に戻つて退下する。

代香　次に住職等に代つて院代役僧等の焼香する場合には念珠中啓は後堂に置いてこれを持たず、所定の時に中尊ならば後門御代前側より出で須彌壇の脇にて外陣の方に向いて平伏、起座して正面上卓の前に到り前述の作法にて焼香する。但しこの場合は一撮である。

焼香終つて御尊を瞻仰し軽く

爾《に》時《じ》阿《あ》難《なん》・即《そく》從《じゆ》座《ざ》起《き》・前《ぜん》白《びやく》佛《ぶつ》言《ごん》世《せ》尊《そん》・當《とう》何《が》名《みよう》此《し》經《きよう》・此《し》法《ほう》之《し》要《よう》・當《とう》云《うん》何《が》受《じゆ》持《じ》・佛《ぶつ》告《ごう》阿《あ》難《なん》・此《し》經《きよう》名《みよう》觀《くわん》極《ごく》樂《らッ》國《こく》土《ど》・無《む》量《りよう》壽《じゆ》佛《ぶ》・觀《くわん》世《ぜ》音《おん》菩《ぼ》薩《さ》・大《だい》勢《せい》至《し》菩《ぼ》薩《さ》・亦《やく》名《みよう》淨《じよう》除《じよ》業《ごッ》障《しよう》・生《しよう》諸《しよ》佛《ぶつ》前《ぜん》・汝《によ》當《とう》受《じゆ》持《じ》・無《む》令《りよう》忘《もう》失《しッ》・行《ぎよう》此《し》三《さん》昧《まい》者《しや》・現《げん》身《しん》得《とッ》見《けん》・無《む》量《りよう》壽《じゆ》佛《ぶ》・及《ぎゆう》二《に》大《だい》士《し》・若《にやく》善《ぜん》男《なん》子《し》善《ぜん》女《によ》人《にん》・但《たん》聞《もん》佛《ぶつ》名《みよう》・二《に》菩《ぼ》薩《さつ》名《みよう》・除《じよ》無《む》量《りよう》劫《こう》・生《しよう》死《じ》之《し》罪《ざい》・何《が》況《きよう》憶《おく》念《ねん》・若《にやく》念《ねん》佛《ぶッ》者《しや》・當《とう》知《ち》此《し》人《にん》・是《ぜ》人《にん》中《ちゆう》分《ふん》陀《だ》利《り》華《け》・觀《くわん》世《ぜ》音《おん》菩《ぼ》薩《さ》・

頭禮し初めに平伏の場所に戻り須彌壇に向つて右に廻り前の如く平伏一禮、終つて左方に廻り退下し後門に入るのである。

又祖師前、御代前の焼香の場合には中尊前の焼香と同時になるよう見計つて後門より出で、それぞれ御影正中の一歩手前にて横面のまゝ平伏一禮し、起座一歩前に進み、正しく御影の方に向き直り焼香一撮、頭禮の後初の如く餘間の方へ向き直り一歩後退、元の位置にて平伏し、上壇の方に向つて廻轉し後門に入る。

代香に出る時機は普通の勤行の場合は總禮の時、伽陀のある時はその三句目の頭にて出る。登高座のある場合、脇々の合焼

大《だい》勢《せい》至《し》菩《ぼ》薩《さ》・為《い》其《ご》勝《しょう》友《う》・當《とう》坐《ざ》道場《どうじょう》・生《しょう》諸《しょ》佛《ぶツ》家《け》・佛《ぶつ》告《ごう》阿《あ》難《なん》・汝《にょ》好《こう》持《じ》是《ぜ》語《ご》・持《じ》是《ぜ》語《ご》者《しゃ》・即《そく》是《ぜ》持《じ》無《む》量《りよう》壽《じゅ》佛《ぶつ》名《みよう》・佛《ぶツ》説《せ》此《し》語《ご》時《じ》・尊《そん》者《じゃ》目《もツ》犍《けん》連《れん》・阿《あ》難《なん》及《ぎゅう》韋《い》提《だい》希《け》等《とう》・聞《もん》佛《ぶツ》所《しょ》説《せツ》・皆《かい》大《だい》歡《くわん》喜《ぎ》・

爾《に》時《じ》世《せ》尊《そん》・足《そく》歩《ぶ》虚《こ》空《く》・還《げん》耆《ぎ》闍《しや》崛《くツ》山《せん》・爾《に》時《じ》阿《あ》難《なん》・廣《こう》為《い》大《だい》衆《しゅ》・説《せつ》如《にょ》上《じょう》事《じ》・無《む》量《りよう》諸《しょ》天《てん》・及《ぎゅう》龍《りゅ》夜《や》叉《しゃ》・聞《もん》佛《ぶツ》所《しょ》説《せツ》・皆《かい》大《だい》歡《くわん》喜《ぎ》・禮《らい》佛《ぶツ》而《に》退《たい》・

佛《ぶツ》説《せ》觀《くわん》無《む》量《りよう》壽《じゅ》經《きよう》

香は登壇者の焼香を見計らい、内陣出仕の者の合圖を受けて同時にこれを行うのである。

葬場の燒香　導師は三匝の鈴の打上げ打下げの時を待つて曲彔を離れて野机の前に進み、先ず中啓又は檜扇を襟に挿し、焼香二撮、香盒香爐の順序に前述の作法にて蓋をなし、扇は襟にさしたまま珠數のみにて合掌立禮、終つて後、中啓又は檜扇を襟より抜きとり姿勢を整え、二三歩後退の上、廻轉して退下、靜かに曲彔に着床する。

なおよく焼香の節一撮毎に頂戴して香を投ずる風習があるがこれは他宗の式であつて當流には採らないところである。

○三重
南無阿彌陀佛
南無阿彌陀佛
南無阿彌陀佛

南無阿彌陀佛
南無阿彌陀佛
南無

○定《じょう》散《さん》諸《しょ》機《き》各《かく》別《べツ》の

自《じ》力《りき》の三《さん》心《じん》ひるがへ《エ》し

如《にょ》來《らい》利《り》他《た》の信《しん》心《じん》に

通《つう》入《にう》せんとねがうべし

登高座の所作法

式導師及び經導師の登高座の作法に就いては正規の手續により本山より傳本の下附を受けたものは自坊に於てのみ登盤することが出來るが他寺院に於ては爲すことを得ない規定である。

若し他寺院に於てこれを爲さんとする者は、本山に於てその讀法並に所作法の傳授を受けた後これが許狀を得ることを要するから注意せねばならぬ。

自坊限りに於て爲す諸作法の概略を說示すれば凡そ左の通りである。

式嘆德文拜讀の所作法

先ず出仕、總禮、次伽陀、「稽

三部経式

○二重

南無阿彌陀佛 南無阿彌陀佛

南無阿彌陀佛 南無阿彌陀佛

南無阿彌陀佛 南無

○

煩悩《ぼんのう》にまなこさへ《エ》られて 攝取《せッしゅ》の光明《こうみょう》みざれども

大悲《だいひ》ものうきことなくて つねにわが身《み》をてらすなり●

首天人」始つて第三句の七字目の淘にて起座する。若し登盤者が御代前に出仕した時は第三句目の首より起座して後門を祖師前の方に廻る。祖師前より起座せる際は一應後門の方に向い、須彌壇の横中央邊まで進み、其所より須彌壇側へ廻轉して中尊前正面に向ぅ。

正面に到れば直ちに懷啓、柄香爐を執り、一拜の後脱履、中啓を磬臺の脚に置いて登禮盤する。この時が丁度伽陀の四句目の終り以前になるよう留意を要する。

次に柄香爐を脇卓に置き焼香二撮（此時香爐の蓋はせず）、式を抜きかけて置き三禮する。

三禮は柄香爐を執つて先づ偈

○

なーまーだーぶー

なまだーぶー

なまだーぶー

なァ

○

むーあみーだ

なーむーあーみだァ

なーまーだーぶー

なまだーぶー

なまだーぶー

なーむーあーみだ

なーむーあみ

前二磬を下し偈後一磬を下す。

自《居テ》歸依佛　當《立チカヽル》願衆生
體《居カヽル》解大道　發無上意
自《居テ》歸依法　當《立チカヽル》願衆生
深《居カヽル》入經藏　智慧如海
自《居テ》歸依僧　當《立チカヽル》願衆生
統《居カヽル》理大衆　一切無碍

右の偈を微音にて口誦し乍ら三禮を行い、端座終つて如來唄を誦する。

　如來妙色身　世間無與等
　一切法常住　是故我歸依

右誦し終つて磬撥を磬臺の脚部に立てかけ置き、威儀を整え、柄香爐を脇卓に返し、念珠を四匝として脇卓上に置き、徐ろに式巻を執つて拜讀を始める。

○佛《ぶッ》說《せ》阿《あ》彌《み》陀《だ》經《きよう》

姚秦三藏法師鳩摩羅什奉詔譯

如《によ》是《ぜ》我《が》聞《もん》・一《いち》時《じ》佛《ぶつ》・在《ざい》舍《しや》衛《え》國《こく》・祇《ぎ》樹《じゆ》給《ぎッ》孤《こ》獨《どく》園《おん》・與《よ》大《だい》比《び》丘《く》衆《しゆ》・千《せん》二《に》百《ひやく》五《ご》十《じゆう》人《にん》倶《く》・皆《かい》是《ぜ》△大《だい》阿《あ》羅《ら》漢《かん》・衆《しゆ》所《しよ》知《ち》識《しき》・長《ちよう》老《ろう》舍《しや》利《り》弗《ほ》・摩《ま》訶《か》目《もッ》揵《けん》連《れん》・摩《ま》訶《か》迦《か》葉《しよう》・摩《ま》訶《か》迦《か》旃《せん》延《ねん》・摩《ま》訶《か》倶《く》絺《ち》羅《ら》・離《り》婆《は》多《だ》・周《しゆ》利《り》槃《はん》陀《だ》伽《か》・難《なん》陀《だ》・阿《あ》難《なん》陀《だ》・羅《ら》睺《ご》羅《ら》・憍《きよう》梵《ぼん》波《は》提《だい》・賓《びん》頭《づ》盧《る》頗《は》羅《ら》墮《だ》・迦《か》留《る》陀《だ》夷《い》・摩《ま》訶《か》劫《こん》賓《ぴん》那《な》・薄《はッ》拘《く》羅《ら》・阿《あ》㝹《ど》樓《ろ》駄《だ》・如《によ》是《ぜ》等《とう》・諸《しよ》大《だい》弟《でい》子《し》・幷《びよう》諸《しよ》菩《ぼ》薩《さ》摩《ま》訶《か》薩《さ》・

初段拜讃終つて伽陀「若非釋迦」始まる時、卷を向卓へ返し念珠を手にとつて端座、式間念佛の調聲始まると同時に合掌、念佛止まりかかるを聞いて合掌を解き、念珠を脇卓へ戻し式卷を執つて第二段の拜讃に移る。

第二段終つて第三段に移る作法は前記と同樣である。

第三段終つて「身心毛孔」の伽陀始まり、その四句目より合掌、念佛始まつて三度目に合掌を解き別廻向を修する。

卽ち右手に磬撥を執り、左手に式卷を卓上に抑え、右手にてこれを披きつつ二廻向を誦し磬一下、ついで二廻向、磬一下、なお二廻向を誦し終り卷を閉じ左手は膝の上に復し、磬一下の

文《もん》殊《じゆ》師《し》利《り》法《ほう》王《おう》子《じ》・阿《あ》逸《いツ》多《た》菩《ぼ》薩《さ》・乾《けん》陀《だ》訶《か》提《だい》菩《ぼ》薩《さ》・常《じよう》精《しよう》進《じん》菩《ぼ》薩《さ》・與《よ》如《によ》是《ぜ》等《とう》・諸《しよ》大《だい》菩《ぼ》薩《さ》・及《ぎツ》釋《しやく》提《だい》桓《くわん》因《いん》等《とう》・無《む》量《りよう》諸《しよ》天《てん》・大《だい》衆《しゆ》倶《く》・

爾《に》時《じ》佛《ぶつ》告《ごう》・長《ちよう》老《ろう》舍《しや》利《り》弗《ほ》・從《じゆう》是《ぜ》西《さい》方《ほう》・過《くわ》十《じゆう》萬《まん》億《のく》佛《ぶつ》土《ど》・有《う》世《せ》界《かい》・名《みよう》曰《わ》極《ごく》樂《らく》・其《ご》土《ど》有《う》佛《ぶ》・號《ごう》阿《あ》彌《み》陀《だ》・今《こん》現《げん》在《ざい》説《せツ》法《ぼう》・舍《しや》利《り》弗《ほ》・彼《ひ》土《ど》何《が》故《こ》・名《みよう》為《い》極《ごく》樂《らく》・其《ご》國《こく》衆《しゆ》生《じよう》・無《む》有《う》衆《しゆ》苦《く》・但《だん》受《じゆ》諸《しよ》樂《らく》・故《こ》名《みよう》極《ごく》樂《らく》・

又《う》舍《しや》利《り》弗《ほ》・極《ごく》樂《らツ》國《こく》土《ど》・七《しち》重《じゆう》欄《らん》楯《じゆん》・七《しち》重《じゆう》羅《ら》網《もう》・七《しち》

後、撥を磬臺の釘に懸ける。

次に換軸、卽ち式卷を嘆德文の左に移してその位置を直し終つて、焼香一撮、この時香爐の蓋をする。

次に嘆德文を披きかけ卓上に返し、威儀を正し、念佛の調聲人に念佛止の挨拶をする。

念佛止まりかかる時、念珠を置いて嘆德文をとりその拜讀に移る。

嘆德文の終「敬て白す」で卷を閉じて頂戴。この時「直入彌陀」の伽陀始まるによつてその五字目にて卷を卓上に返して念珠をとる。

伽陀二句目助音にかかつて柄香爐を執つて下高座する。

禮盤を下りて直ちに脱履の所

重《じゅう》行《ぎょう》樹《じゅ》・皆《かい》是《ぜ》四《し》寶《ほう》・周《しゅう》帀《そう》圍《い》繞《にょう》・是《ぜ》故《こ》彼《ひ》國《こく》・名《みょう》曰《わ》
極《ごく》樂《らく》・
又《う》舍《しゃ》利《り》弗《ほ》・極《ごく》樂《らっ》國《こく》土《ど》・有《う》七《しっ》寶《ほ》池《ち》・八《はっ》功《く》德《どく》水《すい》・充《じゅ》
滿《まん》其《ご》中《ちゅう》・池《ち》底《てい》純《じゅん》以《に》・金《こん》沙《しゃ》布《ふ》地《ぢ》・四《し》邊《へん》階《かい》道《どう》・金《こん》銀《ごん》
瑠《る》璃《り》・玻《は》瓈《り》合《ごう》成《じょう》・上《じょう》有《う》樓《ろ》閣《かく》・亦《やく》以《い》金《こん》銀《ごん》瑠《る》璃《り》・玻《は》
瓈《り》硨《しゃ》磲《こ》・赤《しゃく》珠《しゅ》碼《め》碯《のう》・而《に》嚴《ごん》飾《じき》之《し》・池《ち》中《ちゅう》蓮《れん》華《げ》・大《だい》如《にょ》
車《しゃ》輪《りん》・青《しょう》色《しき》青《しょう》光《こう》・黄《おう》色《しき》黄《おう》光《こう》・赤《しゃく》色《しき》赤《しゃっ》光《こう》・白《びゃく》色《しき》白《びゃっ》
光《こう》・微《み》妙《みょう》香《こう》潔《けっ》・舍《しゃ》利《り》弗《ほ》・極《ごく》樂《らっ》國《こく》土《ど》・成《じょう》就《じゅ》如《にょ》是《ぜ》・功《く》

まで後退し、鞫草履又は草鞋を履き二拜の後、一足後退して更に一拜、終つて柄香爐を返し、中啓を執つて、御本尊を瞻仰の後、始め出仕の際の自分の本座に復するのである。（以上は便宜上、伽陀五章の時の作法を述べた。）

經導師の時の所作法

先ず出仕、總禮、伽陀、「先請彌陀」（其他）にて登禮盤、焼香までは前述の式作法と同様である。但し焼香二撮にて直ちに香爐の蓋をし、式卷の代りに御經匣の紐を除き、蓋を開き御經を引き出し置いて三禮に移る。

三禮文は前記と同じく終つて直ちに磬撥を釘に懸ける。卽ち御經の節には如來唄はこれを誦せず。

德《どく》莊《しょう》嚴《ごん》・
又《う》舍《しゃ》利《り》弗《ほ》・彼《ひ》佛《ぶッ》國《こく》土《ど》・常《じょう》作《さ》天《てん》樂《がく》・黄《おう》金《ごん》爲《い》地《ぢ》・晝《ちゅう》
夜《や》六《ろく》時《じ》・而《に》雨《う》曼《まん》陀《だ》羅《ら》華《け》・其《ご》國《こく》衆《しゅ》生《じょう》・常《じょう》以《い》清《しょう》旦《たん》・
各《かく》以《い》衣《え》裓《こく》・盛《じょう》衆《しゅ》妙《みょう》華《け》・供《く》養《よう》他《た》方《ほう》・十《じゅう》萬《まん》億《のく》佛《ぶ》・即《そく》
以《い》食《じき》時《じ》・還《げん》到《とう》本《ほん》國《ごく》・飯《ぼん》食《じき》經《きょう》行《ぎょう》・舍《しゃ》利《り》弗《ほ》・極《ごく》樂《らッ》國《こく》
土《ど》・成《じょう》就《じゅ》如《にょ》是《ぜ》・功《く》德《どく》莊《しょう》嚴《ごん》・
復《ぶ》次《し》舍《しゃ》利《り》弗《ほ》・彼《ひ》國《こく》常《じょう》有《う》・種《しゅ》種《じゅ》奇《き》妙《みょう》・雜《ざッ》色《しき》之《し》鳥《ちょう》・
白《びゃッ》鵠《こう》孔《く》雀《じゃく》・鸚《おう》鵡《む》舍《しゃ》利《り》・迦《か》陵《りょう》頻《びん》伽《が》・共《ぐ》命《みょう》之《し》鳥《ちょう》・是《ぜ》

次に威儀を正して御經を頂戴始經、經終つて頂戴、下高座の伽陀發聲あり、その五字目にて經匣の中に返し、蓋を覆うことなくそのまま下高座する。以下の所作は前述式導師の場合と全く同様である。

外陣拜讀物の作法

御文（**御俗姓、夏御文**）

御文箱は平常は黑塗紋附の箱に五帖共これを收め、御代前側の餘間壇上の内陣寄り菊燈臺の内側に莊附けて置く。

拜讀に際しては先ず勤行の終る頃回向文の時を見計らい右餘間の切戸口より出仕、餘間の外より二疊目、中尊の正側面の見

諸《しょ》衆《しゅ》鳥《ちょう》・晝《ちゅう》夜《や》六《ろく》時《じ》・出《しゅつ》和《わ》雅《げ》音《おん》・其《ご》音《おん》演《えん》暢《ちょう》・五《ご》根《こん》
五《ご》力《りき》・七《しち》菩《ほ》提《だい》分《ぶん》・八《はッ》聖《しょう》道《どう》分《ぶん》・如《にょ》是《ぜ》等《とう》法《ほう》・其《ご》土《ど》衆《しゅ》
生《じょう》・聞《もん》是《ぜ》音《おん》已《に》・皆《かい》悉《しッ》念《ねん》佛《ぶ》念《ねん》法《ほう》念《ねん》僧《そう》・舎《しゃ》利《り》弗《ほ》・汝《にょ》
勿《も》謂《い》此《し》鳥《ちょう》・實《じつ》是《ぜ》罪《ざい》報《ほう》所《しょ》生《しょう》・所《しょう》以《い》者《しゃ》何《が》・彼《ひ》佛《ぶッ》國《こく》
土《ど》・無《む》三《さん》惡《まく》趣《しゅ》・舎《しゃ》利《り》弗《ほ》・其《ご》佛《ぶッ》國《こく》土《ど》・尚《しょう》無《む》三《さん》惡《まく》道《どう》
之《し》名《みょう》・何《が》況《きょう》有《う》實《じつ》・是《ぜ》諸《しょ》衆《しゅ》鳥《ちょう》・皆《かい》是《ぜ》阿《あ》彌《み》陀《だ》佛《ぶ》・欲《よく》
令《りょう》法《ほう》音《おん》宣《せん》流《る》・變《へん》化《げ》所《しょ》作《さ》・舎《しゃ》利《り》弗《ほ》・彼《ひ》佛《ぶッ》國《こく》土《ど》・微《み》
風《ふ》吹《すい》動《どう》・諸《しょ》寶《ほう》行《ぎょう》樹《じゅ》・及《ぎッ》寶《ほう》羅《ら》網《もう》・出《しゅつ》微《み》妙《みょう》音《おん》・譬《ひ》如《にょ》

當に着座拜禮。勤行終つて内陣衆の後門へ退出するを見合せ起座、上壇際を通つて御文箱のある位置に到り、先ず箱の蓋を開いてこれを反し其日拜讀する御文一帖のみをこの蓋に收めて、内陣際滑敷居の外一疊目を眞直に外陣に下る。そして金障子際一疊目を御代前に進み正中に側面して着座する。着座に際しては御代前正中より一歩先に進み兩足を揃えて止まり、然る後凡そ一足後に退き先ず腰を下して着座、ついで御文箱を正しく膝の前に置き、徐ろに衣の裾をさばき、袈裟等威儀を整えて蓋の中の御文をとる。卽ち左手右手の順に御文の兩端を持ち一度膝の上に構え、更めて頂戴する。

百千《ひやくせん》種《じゆ》樂《がく》・同時《どうじ》倶作《くさ》・聞是音者《もんぜおんしや》・皆自然生《かいじねんしよう》・念《ねん》佛《ぶ》念《ねん》法《ぽう》念《ねん》僧《そう》之《し》心《しん》・舍利《しやり》弗《ほ》・其佛《ごぶツ》國土《こくど》・成就如《じようじゆによ》是《ぜ》・功《く》徳《どく》莊嚴《しようごん》・

○初重

南無阿彌陀佛

南無阿彌陀佛

南無阿彌陀佛

南無阿彌陀佛

南無阿彌陀佛

南無

頂戴は御文を水平に捧げて鼻邊まで頂く。頂戴終つて胸の邊に保ち字指のある箇所を披いて、その讀むべき頁の下部兩端を兩手に持ち拜讀を始める。

若し法談のある場合には御文を披いた後蓋の内に開いたまま置いて法談を始め、法談終れば其儘直ちに手にとり拜讀する。

讀み進んで次の頁に移るときは左手を左の端に右手を綴目に移して持つ。そして拜讀中に拇指を次の頁に廻して頁を翻す時右手拇指にこれを受け、左手は綴目に、右手は本の右端を持つ斯様に常に御文の右半分、又は左半分を綴目と端を持たすようにして讀み進むのである。

かくて末尾の御言葉まで拜讀

○十《じッ》方《ぼう》微《み》塵《じん》世《せ》界《かい》の
念《ねん》佛《ぶ》の衆生《しゅじょう》をみそなはし
攝《せッ》取《しゅ》してすてざれば
阿《あ》彌《み》陀《だ》となづけたてまつる●

○舍《しゃ》利《り》弗《ほ》・於《お》汝《にょ》意《い》云《うん》何《が》・彼《ひ》佛《ぶ》何《が》故《こ》・號《ごう》阿《あ》彌《み》陀《だ》・舍《しゃ》
利《り》弗《ほ》・彼《ひ》佛《ぶ》光明《こうみょう》無量《むりょう》・照《しょう》十《じッ》方《ぽう》國《こく》・無《む》所《しょ》障《しょう》礙《げ》・是《ぜ》
故《こ》號《ごう》為《い》阿《あ》彌《み》陀《だ》・又《う》舍《しゃ》利《り》弗《ほ》・彼《ひ》佛《ぶ》壽命《じゅみょう》・及《ぎゅう》其《ご》人《にん》
民《みん》・無量《むりょう》無《む》邊《へん》・阿《あ》僧《そう》祇《ぎ》劫《こう》・故《こ》名《みょう》阿《あ》彌《み》陀《だ》・舍《しゃ》利《り》弗《ほ》・
阿《あ》彌《み》陀《だ》佛《ぶ》・成《じょう》佛《ぶ》已《い》來《らい》・於《お》今《こん》十《じッ》劫《こう》・又《う》舍《しゃ》利《り》弗《ほ》・彼《ひ》

終つて静かに御文を閉じ、最初の如く頂戴、ついで蓋の内へ納め、ついで先ずこの御文箱を捧げて後、腰を上げて起座、其儘左廻りして出仕の時と同じ道を通つて元の餘間壇上に返し、初の拜禮の位置にて拜禮退出す。平日は木念珠のみにて中啓は持たない。

兩度御命日、報恩講、法事、其他特別法要の節には、梨地散蓮の御文箱を用い、これに其の日拜讀する御文を選びその一帖のみ収めて荘附けて置く。而して梨地御文箱の節には必ず念珠は長房、中啓を持たねばならぬ。拜禮の場所、荘附の位置等は前記同斷。

御文箱は蓋を覆いたるまま右

佛《ぶ》有《う》無《む》量《りよう》無《む》邊《へん》・聲《しよう》聞《もん》弟《でい》子《し》・皆《かい》阿《あ》羅《ら》漢《かん》・非《ひ》是《ぜ》算《さん》數《じゆ》之《し》所《しよ》能《のう》知《ち》・諸《しよ》菩《ほ》薩《さつ》衆《しゆ》・亦《やく》復《ぶ》如《によ》是《ぜ》・舍《しや》利《り》弗《ほ》・彼《ひ》佛《ぶつ》國《こく》土《ど》・成《じよう》就《じゆ》如《によ》是《ぜ》・功《く》德《どく》莊《しよう》嚴《ごん》・

又《う》舍《しや》利《り》弗《ほ》・極《ごく》樂《らつ》國《こく》土《ど》・衆《しゆ》生《じよう》生《しよう》者《しや》・皆《かい》是《ぜ》阿《あ》鞞《び》跋《ばつ》致《ち》・其《ご》中《ちゆう》多《た》有《う》・一《いつ》生《しよう》補《ふ》處《しよ》・其《ご》數《しゆ》甚《じん》多《た》・非《ひ》是《ぜ》算《さん》數《じゆ》・所《しよ》能《のう》知《ち》之《し》・但《たん》可《か》以《い》無《む》量《りよう》無《む》邊《へん》・阿《あ》僧《そう》祇《ぎ》劫《こう》說《せつ》・舍《しや》利《り》弗《ほ》・衆《しゆ》生《じよう》聞《もん》者《しや》・應《おう》當《とう》發《ほつ》願《ぐわん》・願《ぐわん》生《しよう》彼《ひ》國《こく》・所《しよ》以《い》者《しや》何《が》・得《とく》與《よ》如《によ》是《ぜ》・諸《しよ》上《じよう》善《ぜん》人《にん》・俱《く》會《え》一《いつ》處《しよ》・舍《しや》利《り》弗《ほ》・不《ふ》

手の中啓を御文箱の右側に水平にあて、左手は長房念珠の親玉のところを拇指に抑えて持つたまま、両手の四指を箱の底に廻してこれを捧げる。

　持ち方は両腕を脇に付け、肘は手先の方をやや高く保ち、御文箱の前の下らぬよう、概ね胸の邊に保つのである。この持ち方は、平日、箱の蓋のみに收めて捧げる時も同じ要領である。

　外陣着座後の所作も概ね前記同様であるが箱を座前に据えて後、中啓を右膝の前に置き、衣をさばき次に箱の蓋を執つて反すことなく其儘右側に並べて置く、然る後、御文をとり出す。

　拜讀後は両手にて靜かに蓋を覆い、右手に中啓を持つてこれ

可《か》以《い》少《しよう》善《ぜん》根《ごん》・福《ふく》徳《とく》因《いん》縁《ねん》・得《とく》生《しよう》彼《ひ》國《こく》・
舎《しや》利《り》弗《ほ》・若《にやく》有《う》善《ぜん》男《なん》子《し》善《ぜん》女《によ》人《にん》・聞《もん》説《せツ》阿《あ》彌《み》陀《だ》佛《ぶ》・
執《しう》持《じ》名《みよう》號《ごう》・若《にやく》一《いち》日《にち》・若《にやく》二《に》日《にち》・若《にやく》三《さん》日《にち》・若《にやく》四《し》日《にち》・若《にやく》五《ご》日《にち》・若《にやく》六《ろく》日《にち》・若《にやく》七《しち》日《にち》・一《いツ》心《しん》不《ふ》亂《らん》・其《ご》人《にん》臨《りん》命《みよう》終《じゆう》時《じ》・阿《あ》彌《み》陀《だ》佛《ぶ》・與《よ》諸《しよ》聖《しよう》衆《じゆ》・現《げん》在《ざい》其《ご》前《ぜん》・是《ぜ》人《にん》終《じゆ》時《じ》・
心《しん》不《ぷ》顛《てん》倒《どう》・即《そく》得《とく》往《おう》生《じよう》・阿《あ》彌《み》陀《だ》佛《ぶ》・極《ごく》樂《らツ》國《こく》土《ど》・舎《しや》利《り》弗《ほ》・我《が》見《けん》是《ぜ》利《り》・故《こ》説《せツ》此《し》言《ごん》・若《にやく》有《う》衆《しゆ》生《じよう》・聞《もん》是《ぜ》説《せツ》者《しや》・應《おう》當《とう》發《ほつ》願《ぐわん》・生《しよう》彼《ひ》國《こく》土《ど》・

を箱の右側にあて、左手に長房を持つたままこれを捧げること最初と同じである。

御俗姓

報恩講結願逮夜に拝讀する御俗姓は御俗姓御文とも稱し、その取扱い所作進退等總て五帖の御文と同様に心得てよい。

夏の御文

暑中に拝讀する夏の御文は一通ずつ巻物に仕立て四巻とも黒塗蒔繪の箱に納め、後門の正中壁際に卓を設けて載せて置く。拝讀者は總て後門より進退す。

拝讀者先ず後堂の拝禮席を立ち御文の場所に進み、箱を開いて蓋を反し、今日讀むべき一巻をこの蓋に収め、次に前日拝讀した御文の巻を巻き返して箱の

舍《しゃ》利《り》弗《ほ》・如《によ》我《が》今《こん》者《しゃ》・讃《さん》歎《だん》阿《あ》彌《み》陀《だ》佛《ぶ》・不《ふ》可《か》思《し》議《ぎ》功《く》德《どく》・東《とう》方《ぼう》亦《やく》有《う》・阿《あ》閦《しゅく》鞞《び》佛《ぶ》・須《しゅ》彌《み》相《そう》佛《ぶ》・大《だい》須《しゅ》彌《み》佛《ぶ》・須《しゅ》彌《み》光《こう》佛《ぶ》・妙《みょう》音《おん》佛《ぶ》・如《によ》是《ぜ》等《とう》・恒《ごう》河《が》沙《しゃ》數《しゅ》諸《しょ》佛《ぶ》・各《かく》於《お》其《ご》國《こく》・出《しゅッ》廣《こう》長《ちょう》舌《ぜッ》相《そう》・徧《へん》覆《ぷ》三《さん》千《ぜん》大《だい》千《せん》世《せ》界《かい》・說《せつ》誠《じょう》實《じつ》言《ごん》・汝《にょ》等《とう》衆《しゅ》生《じょう》・當《とう》信《しん》是《ぜ》稱《しょう》讃《さん》・不《ふ》可《か》思《し》議《ぎ》功《く》德《どく》・一《いッ》切《さい》諸《しょ》佛《ぶ》・所《しょ》護《ご》念《ねん》經《ぎょう》・

舍《しゃ》利《り》弗《ほ》・南《なん》方《ぼう》世《せ》界《かい》・有《う》日《にち》月《ぐわッ》燈《とう》佛《ぶ》・名《みょう》聞《もん》光《こう》佛《ぶ》・大《だい》焰《えん》肩《けん》佛《ぶ》・須《しゅ》彌《み》燈《とう》佛《ぶ》・無《む》量《りょう》精《しょう》進《じん》佛《ぶ》・如《によ》是《ぜ》等《とう》・恒《ご》河《が》

身にある他の二巻の左側下方に納め、然る後今日の御文を內見の要あらばこれをなし蓋ぐるみ兩手に捧げて後門より出で、御代前を横切り（頭禮）餘間に入り滑敷居際の疊を外陣に下りて着座する。着座の場所、幷に所作は普通御文と同様である。

但し法談の節は頂戴の後、卷を適當に開き一應御文面に眼を通したる後、これを卷き寄せ蓋の內、向側によせ掛けた上、法談を始める。法談終れば其儘手に執つて拜讀に移ること五帖の御文と同様である。拜讀終れば元の路を後門の卓前に戻り、卷を卷き返すことなく其儘箱の中左側上部に納めて蓋をなし、其場にて拜禮退下する。

沙《しゃ》數《しゅ》諸《しょ》佛《ぶ》・各《かく》於《お》其《ご》國《こく》・出《しゅッ》廣《こう》長《ちょう》舌《ぜッ》相《そう》・徧《へん》覆《ぶ》三《さん》千《ぜん》大《だい》千《せん》世《せ》界《かい》・説《せつ》誠《じょう》實《じつ》言《ごん》・汝《にょ》等《とう》衆《しゅ》生《じょう》・當《とう》信《しん》是《ぜ》稱《しょう》讃《さん》・不《ふ》可《か》思《し》議《ぎ》功《く》德《どく》・一《いッ》切《さい》諸《しょ》佛《ぶ》・所《しょ》護《ご》念《ねん》經《ぎょう》・

舍《しゃ》利《り》弗《ほ》・西《さい》方《ほう》世《せ》界《かい》・有《う》無《む》量《りょう》壽《じゅ》佛《ぶ》・無《む》量《りょう》相《そう》佛《ぶ》・無《む》量《りょう》幢《どう》佛《ぶ》・大《だい》光《こう》佛《ぶ》・大《だい》明《みょう》佛《ぶ》・寶《ほう》相《そう》佛《ぶ》・淨《じょう》光《こう》佛《ぶ》・如《にょ》是《ぜ》等《とう》・恒《ごう》河《が》沙《しゃ》數《しゅ》諸《しょ》佛《ぶ》・各《かく》於《お》其《ご》國《こく》・出《しゅッ》廣《こう》長《ちょう》舌《ぜッ》相《そう》・徧《へん》覆《ぶ》三《さん》千《ぜん》大《だい》千《せん》世《せ》界《かい》・説《せつ》誠《じょう》實《じつ》言《ごん》・汝《にょ》等《とう》衆《しゅ》生《じょう》・當《とう》信《しん》是《ぜ》稱《しょう》讃《さん》・不《ふ》可《か》思《し》議《ぎ》功《く》德《どく》・一《いッ》切《さい》諸《しょ》佛《ぶ》・所《しょ》護《ご》念《ねん》經《ぎょう》・

夏の御文は正午御控過に拜讀する慣例で、その前に勤行はこれ無く、ただ御文拜讀の前に拜讀者自身が兩尊前の土香爐に燃香することになつている。裝束は白服、黒衣、墨袈裟で、長房念珠と中啓を持つ。

御傳鈔

御傳鈔は國式と同じく自坊以外に於て拜讀せんとする者はその許可の上、更に傳授師より、讀法、幷に所作法の傳授を受け證狀の下附を受けることを要するものであるから注意すべきである。

拜讀前の準備と行事

御傳鈔は拜讀の日の逮夜前に餘間御繪傳の間の壇上に莊附けする。莊附け方は鶴龜を中心にそ

舍《しゃ》利《り》弗《ほ》・北《ほッ》方《ぽう》世《せ》界《かい》・有《う》焰《えん》肩《けん》佛《ぶ》・最《さい》勝《しよう》音《おん》佛《ぶ》・難《なん》沮《そう》佛《ぶ》・日《にッ》生《しよう》佛《ぶ》・網《もう》明《みよう》佛《ぶ》・如《によ》是《ぜ》等《とう》・恒《ごう》河《が》沙《しゃ》數《しゅ》諸《しよ》佛《ぶ》・各《かく》於《お》其《ご》國《こく》・出《しゅッ》廣《こう》長《ちよう》舌《ぜッ》相《そう》・徧《へん》覆《ぶ》三《さん》千《ぜん》大《だい》千《せん》世《せ》界《かい》・説《せつ》誠《じよう》實《じつ》言《ごん》・汝《によう》等《とう》衆《しゅ》生《じよう》・當《とう》信《しん》是《ぜ》稱《しよう》讃《さん》・不《ふ》可《か》思《し》議《ぎ》功《く》德《どく》・一《いッ》切《さい》諸《しよ》佛《ぶ》・所《しよ》護《ご》念《ねん》經《ぎよう》・

舍《しゃ》利《り》弗《ほ》・下《げ》方《ほう》世《せ》界《かい》・有《う》師《し》子《し》佛《ぶ》・名《みよう》聞《もん》佛《ぶ》・名《みよう》光《こう》佛《ぶ》・達《だつ》摩《ま》佛《ぶ》・法《ほう》幢《どう》佛《ぶ》・持《じ》法《ほう》佛《ぶ》・如《によ》是《ぜ》等《とう》・恒《ごう》河《が》沙《しゃ》數《しゅ》諸《しよ》佛《ぶ》・各《かく》於《お》其《ご》國《こく》・出《しゅッ》廣《こう》長《ちよう》舌《ぜッ》相《そう》・徧《へん》覆《ぶ》三《さん》千《ぜん》大《だい》千《せん》世《せ》

の手前に卓を据え、箱を卓の長みの通り横にして頭を内陣寄にして載せて置く。箱の中の御傳は二巻物ならば上下と並べ、四巻物ならば上層に「上ノ本」、「上ノ末」と並べ、下層に「下ノ本」、「下ノ末」と並べて入れて置く。若し御繪傳の餘間が狹少で荘附不能の時は次の間、又は適宜の場所に荘ることも止むを得ない。

時刻、兩尊前金燈籠點火、御繪傳の間立燭、土香爐に燃香。

初夜の勤行

正信偈舌々、念佛讃淘二、

和讃　現世利益讃次第六首

回向　願以此功徳

右勤行終つて切戸口より練り出す。

界《かい》・説誠實言《せつじょうじつごん》・汝等衆生《にょとうしゅじょう》・當信是稱讚《とうしんぜしょうさん》・不可思《ふかし》議《ぎ》功德《くどく》・一切諸佛《いッさいしょぶ》・所護念經《しょごねんぎょう》・

舍利弗《しゃりほ》・上方世界《じょうほうせかい》・有梵音佛《うぼんのんぶ》・宿王佛《しゅくおうぶ》・香上佛《こうじょうぶ》・香光佛《こうこうぶ》・大焰肩佛《だいえんけんぶ》・雜色寶華嚴身佛《ざッしきほうけごんしんぶ》・娑羅樹《しゃらじゅ》王佛《おうぶ》・寶華德佛《ほうけとくぶ》・見一切義佛《けんいッさいぎぶ》・如須彌山佛《にょしゅみせんぶ》・如《にょ》是等《ぜとう》・恒河沙數諸佛《ごうがしゃしゅしょぶ》・各於其國《かくおごこく》・出廣長舌相《しゅッこうちょうぜッそう》・徧覆三千大千世界《へんぶさんぜんだいせんせかい》・說誠實言《せつじょうじつごん》・汝等衆生《にょとうしゅじょう》・當《とう》信是稱讚《しんぜしょうさん》・不可思議功德《ふかしぎくどく》・一切諸佛《いッさいしょぶ》・所護念《しょごねん》

練り出しをしない時は勤行後直ちに外陣祖師前の所定の位置に御傳の卓、燭臺等を運び出して荘附ける。

拜讀者は案内によつて切戸口より出仕、餘間二疊目にて拜禮の後、外陣に下り正面のみは平伏、他の尊前は頭禮にて通過し拜讀の座に着く。

練出し

時刻を見計らい燭持二人、拜讀者、卓持二人の順序に一列に整列して餘間切戸口より出る。歩幅に繼足、中尊の正側面に到つて左折し燭持二人並びその中央背後に拜讀者、その後左右に卓持二人並び一齊に着座拜禮、拜禮終つて起座前進、燭持は右折、卓持は壇上の卓を二人にて

經《ぎょう》・
舍《しゃ》利《り》弗《ほ》・於《お》汝《にょ》意《い》云《うん》何《が》・何《が》故《こ》名《みょう》為《い》・一《いッ》切《さい》諸《しょ》佛《ぶ》・所《しょ》
護《ご》念《ねん》經《ぎょう》・舍《しゃ》利《り》弗《ほ》・若《にゃく》有《う》善《ぜん》男《なん》子《し》善《ぜん》女《にょ》人《にん》・聞《もん》是《ぜ》諸《しょ》
佛《ぶ》所《しょ》說《せつ》名《みょう》・及《ぎッ》經《きょう》名《みょう》者《しゃ》・是《ぜ》諸《しょ》善《ぜん》男《なん》子《し》善《ぜん》女《にょ》人《にん》・皆《かい》
為《い》一《いッ》切《さい》諸《しょ》佛《ぶ》・共《ぐ》所《しょ》護《ご》念《ねん》・皆《かい》得《とく》不《ふ》退《たい》轉《てん》・於《お》阿《あ》耨《のく》
多《た》羅《ら》三《さん》藐《みゃく》三《さん》菩《ぼ》提《だい》・是《ぜ》故《こ》舍《しゃ》利《り》弗《ほ》・汝《にょ》等《とう》皆《かい》當《とう》・信《しん》
受《じゅ》我《が》語《ご》・及《ぎッ》諸《しょ》佛《ぶ》所《しょ》說《せッ》・舍《しゃ》利《り》弗《ほ》・若《にゃく》有《う》人《にん》・已《い》發《ほつ》願《ぐわん》・
今《こん》發《ほつ》願《ぐわん》・當《とう》發《ほつ》願《ぐわん》・欲《よく》生《しょう》阿《あ》彌《み》陀《だ》佛《ぶッ》國《こく》者《しゃ》・是《ぜ》諸《しょ》人《にん》

舁いでこれに續き、拜讀者その後に隨つて外陣に下る。

外陣の二疊目を挾みて正面を横切り祖師前に向う。拜讀者は中尊前平伏、他は頭禮にて通過祖師前正中外陣にて卓を据え、燭臺は其前斜め左右に、拜讀者は卓の向側に廻つて五人同時に着座。燭持一人殘つて卓前に侍し拜讀者所作終り一揖する迄居殘る。

拜讀者の所作

着座終つて先ず衣紋を整え威儀を正し、卓上の御傳の箱（頭内陣寄りに横向に載せてある）を卓上に兩手にて竪に直し、ついで箱の紐を解きその兩側にそつて左右の順に置く。次に兩掌を蓋の兩側にあて靜かに向う上りに蓋を除

等《とう》・皆《かい》得《とく》不《ふ》退《たい》轉《てん》・於《お》阿《あ》耨《のく》多《た》羅《ら》三《さん》藐《みやく》三《さん》菩《ぼ》提《だい》・於《お》
彼《ひ》國《こく》土《ど》・若《にやく》已《い》生《しよう》・若《にやッ》今《こん》生《しよう》・若《にやく》當《とう》生《しよう》・是《ぜ》故《こ》舍《しや》利《り》弗《ほ》・
諸《しよ》善《ぜん》男《なん》子《し》善《ぜん》女《によ》人《にん》・若《にやく》有《う》信《しん》者《しや》・應《おう》當《とう》發《ほつ》願《がん》・生《しよう》彼《ひ》
●國《こく》土《ど》・

○二重

南無阿彌陀佛
南無阿彌陀佛
南無阿彌陀佛

南無阿彌陀佛
南無阿彌陀佛
南無

り、身と離れると同時に靜かに右ににじり廻り内陣に直角に向き直り蓋を膝の前右寄りに伏せたまま疊の上に置く。次に箱の中の御傳を兩手にて取り出し、卓の左端の方に「上ノ本」より順次「下ノ末」まで並べて置く。次に箱の紐を左右の順序に身の中に納め、身の兩側やや手前に兩手をあてて持ち上げそのまま右に廻轉して蓋の左側に並べて置く。

終って左に向き直り正側面に復し、更めて「上ノ本」を卓中央に移し直す。

拜　讀

先ず頂戴、左手を卷の紐の下部、右手をその下部にあて兩肘を張り頭を下げると同時に卷を

○恒《ごう》沙《じゃ》塵《じん》数《じゅ》の如《にょ》来《らい》は　萬《まん》行《ぎょう》の少《せう》善《ぜん》きらひつゝ
名《みょう》號《ごう》不《ふ》思《し》議《ぎ》の信《しん》心《じん》を　ひとしくひとえにすゝめしむ●

○舎《しゃ》利《り》弗《ほ》・如《にょ》我《が》今《こん》者《しゃ》・稱《しょう》讃《さん》諸《しょ》佛《ぶ》・不《ふ》可《か》思《し》議《ぎ》功《く》德《どく》・彼《ひ》諸《しょ》佛《ぶ》等《とう》・亦《やく》稱《しょう》說《せつ》我《が》・不《ふ》可《か》思《し》議《ぎ》功《く》德《どく》・而《に》作《さ》是《ぜ》言《ごん》・釋《しゃ》迦《か》牟《む》尼《に》佛《ぶ》・能《のう》為《い》甚《じん》難《なん》・希《け》有《う》之《し》事《じ》・能《のう》於《お》娑《しゃ》婆《ば》國《こく》土《ど》・五《ご》濁《じょく》惡《あく》世《せ》・劫《こう》濁《じょく》・見《けん》濁《じょく》・煩《ぼん》惱《のう》濁《じょく》・衆《しゅ》生《じょう》

眉の邊までやや向う上りにして頂く。

ついで巻の紐を解き表紙の端に巻きつけ、見返しの所を堅く巻き、巻を卓の右端に移して凡そ卓一ぱい左に擴げる。斯くて一應その面の御文に目を通した上拜讀を始める。讀み進むに從い常に讀むべき箇所が巻の中央にあるよう左右の手で巻き進める。然して繪畫の部分に至らば一應その面の繪に目を通し右手にて巻の左端まで巻き寄せ、ついで兩手にて巻を卓の右端に移動し、左手にて卓一ぱいに擴げ更にこの面の繪に目を通して再び右より左に巻き寄せる。繪の部分はこの動作を反復して巻くのがよい。

濁《じよく》・命濁《みようじよく》中《ちゆう》・得《とく》阿《あ》耨《のく》多《た》羅《ら》三藐《さんみやく》三《さん》菩《ぼ》提《だい》・為《い》諸《しよ》衆生《しゆじよう》・
説《せつ》是《ぜ》一《いツ》切《さい》世《せ》間《けん》・難《なん》信《しん》之《し》法《ほう》・舎《しや》利《り》弗《ほ》・當《とう》知《ち》我《が》於《お》・
五《ご》濁《じよく》悪《あく》世《せ》・行《ぎよう》此《し》難《なん》事《じ》・得《とく》阿《あ》耨《のく》多《た》羅《ら》三藐《さんみやく》三《さん》菩《ぼ》
提《だい》・為《い》一《いツ》切《さい》世《せ》間《けん》・説《せツ》此《し》難《なん》信《しん》之《し》法《ほう》・是《ぜ》為《い》甚《じん》難《なん》・佛《ぶツ》
説《せツ》此《し》經《きよう》已《い》・舎《しや》利《り》弗《ほ》・及《ぎツ》諸《しよ》比《び》丘《く》・一《いツ》切《さい》世《せ》間《けん》・天《てん》人《にん》
阿《あ》修《しゆ》羅《ら》等《とう》・聞《もん》佛《ぶツ》所《しよ》説《せツ》・歡《くわん》喜《ぎ》信《しん》受《じゆ》・作《さ》禮《らい》而《に》去《こ》・

佛《ぶツ》説《せ》阿《あ》彌《み》陀《だ》經《きよう》●

若し四巻の御傳ならば「上ノ本」の終りは頂戴することなく箱の身の方に納め、更に「上ノ末」を卓の中央に直してこれ亦頂戴することなく前記の如く拜讀する。二巻本の節は上巻の終りにて頂戴後、箱の身に納め、下巻の初めに再び頂戴を要すること言をまたぬ。又上巻と下巻と拜讀者交代する時は上巻拜讀終って下巻を卓の中央に直し置き、衣紋を繕い御代前敷居際に豫め控えいる下巻の拜讀者と見合せ双方同時に起座交代する。上巻の拜讀者は外陣寄、下巻拜讀者は内陣寄に歩み中尊前にて行違う時、共に平伏する。

斯くて下巻拜讀者卓の前に着座、先ず衣紋を整正する。其間

○三重

南無阿彌陀佛
南無阿彌陀佛
南無阿彌陀佛

南無阿彌陀佛
南無阿彌陀佛
南無

○諸《しょ》佛《ぶっ》の護《ご》念《ねん》證《しょう》誠《じょう》は　悲《ひ》願《ぐわん》成《じょう》就《じゅ》のゆへなれば

金《こん》剛《ごう》心《しん》をえんひとは　彌《み》陀《だ》の大《だい》恩《おん》報《ほう》ずべし

三部経式

○三重

南無阿彌陀佛
南無阿彌陀佛

南無阿彌陀佛
南無阿彌陀佛

に卓前燭臺切燭、御繪傳の間切燭する。上卷拜讀者は御代前敷居際に着座、下卷初段を拜聽して退下する。拜禮は餘間の初めの座。下卷の拜讀所作法は總て上卷と同様。

「下ノ末」拜讀終つて最後の奥書まで卷き詰め頂戴、次にこれを卓の左端に移し置き、次に箱の身より「下ノ本」「上ノ末」「上ノ本」と順次取り出し卓上に並べる。次に箱の身を卓の中央に移し載せ、先ず紐を左右の順に取り出し箱の左右に置き、次に「上ノ本」より順次箱の中に納め、蓋を執つて靜かに閉じる。箱の紐を結ぶこと初めの如く箱の頭を右（内陣の側）にして最初の如く卓上に横に直して置く

南無阿彌陀佛　南無

○佛《ぶッ》慧《て》功《く》徳《どく》をほめしめて　十《じッ》方《ぽう》の有《う》縁《えん》にきかしめん
信《しん》心《じん》すでにえんひとは　つねに佛《ぶッ》恩《とん》報《ほう》ずべし

總禮

歸敬文

○つきせぬいのちの　ほとけにきみようし
はてなきひかりの　ほとけにきみようす

終つて拜讀者はその位置のまま斜めに内陣の方に向直つて拜禮。復座。

卓外陣莊附の時は拜讀者は其まま退下、又練り込みの時は、復座見合せ燭持出て燭臺を執つて開いて着座、卓持出て卓の兩端に坐し五人同時に起座、順路を餘間に、餘間より壇上際を後門へ退入する。

退入後直ちに後夜の勤行あり。

正信偈舌々　短念佛

回向　願以此功德

裝束。御傳鈔拜讀者は其日の逮夜の裝束

卓持、燭持は共に黑衣墨袈裟

歸《き》命《みよう》無《む》量《りよう》壽《じゆ》如《によ》來《らい》
南《な》無《む》不《ふ》可《か》思《し》議《ぎ》光《こう》
法《ほう》藏《ぞう》菩《ぼ》薩《さ》因《いん》位《に》時《じ》
在《ざい》世《せ》自《じ》在《ざい》王《おう》佛《ぶ》所《しよ》
覩《と》見《けん》諸《しよ》佛《ぶ》淨《じよう》土《ど》因《いん》
國《こく》土《ど》人《にん》天《でん》之《し》善《ぜん》惡《まく》
建《こん》立《りう》無《む》上《じよう》殊《しゆ》勝《しよう》願《ぐわん》
超《ちよう》發《ほッ》希《け》有《う》大《だい》弘《ぐ》誓《ぜい》

無量壽如來《むりようじゆにょらい》に歸命《きみよう》し
不可思議光《ふかしぎこう》に南無《なむ》したてまつる
法藏菩薩《ほうぞうぼさつ》の因位《いんに》の時《とき》
世自在王佛《せじざいおうぶつ》の所《みもと》に在《まし》まして
諸佛《しよぶつ》の淨土《じようど》の因《いん》
國土人天《こくどにんでん》の善惡《ぜんまく》を覩見《とけん》して
無上殊勝《むじようしゆしよう》の願《がん》を建立《こんりゆう》し
希有《けう》の大弘誓《だいぐぜい》を超發《ちようほつ》せり

五《ご》劫《こう》思《し》惟《ゆい》之《し》攝《しょう》受《じゅ》
上重《じゅう》誓《せい》名《みょう》聲《しょう》聞《もん》十《じっ》方《ぽう》
普《ふ》放《ほう》無《む》量《りょう》無《む》邊《へん》光《こう》
無《む》礙《げ》無《む》對《たい》光《こう》炎《えん》王《のう》
清《しょう》淨《じょう》歡《くゎん》喜《ぎ》智《ち》慧《え》光《こう》
上不《ふ》斷《だん》難《なん》思《し》無《む》稱《しょう》光《こう》
超《ちょう》日《にち》月《がっ》光《こう》照《しょう》塵《じん》刹《せ》
一《いっ》切《さい》群《ぐん》生《じょう》蒙《む》光《こう》照《しょう》

五劫《ごこう》これを思惟《しゆい》して攝受《しょうじゅ》す
重《かさ》ねて誓《ちか》うらくは 名聲《みょうしょう》十方《じっぽう》に聞《きこ》えんと
普《あまね》く無量無邊光《むりょうむへんこう》
無礙無對光炎王《むげむたいこうえんのう》
清淨歡喜智慧光《しょうじょうかんぎちえこう》
不斷難思無稱光《ふだんなんしむしょうこう》
超日月光《ちょうにちがっこう》を放《はな》つて塵刹《じんせつ》を照《て》らす
一切《いっさい》の群生光照《ぐんじょうこうしょう》を蒙《こうむ》る

本《ほん》願《ぐわん》名《みよう》號《ごう》正《しよう》定《じよう》業《ご》
至《し》心《しん》信《しん》樂《ぎよう》願《ぐわん》為《に》因《いん》
成《じよう》等《とう》覺《がく》證《しよう》大《だい》涅《ね》槃《はん》
必《ひッ》至《し》滅《めッ》度《ど》願《ぐわん》成《じよう》就《じゆ》
如《によ》來《らい》所《しよ》以《い》興《こ》出《しゆッ》世《せ》
唯《ゆい》説《せ》彌《み》陀《だ》本《ほん》願《ぐわん》海《かい》
五《ご》濁《じよく》惡《あく》時《じ》群《ぐん》生《じよう》海《かい》
應《おう》信《しん》如《によ》來《らい》如《によ》實《じッ》言《ごん》

本願《ほんがん》の名號《みようごう》は正定《しようじよう》の業《ごう》なり
至心信樂《ししんしんぎよう》の願《がん》を因《いん》となす
等覺《ごうがく》を成《な》り大涅槃《だいねはん》を證《しよう》することは
必至滅度《ひっしめつご》の願成就《がんじようじゆ》なり
如來《によらい》世《よ》に興出《こうしゆつ》したもう所以《ゆえん》は
唯《ただ》彌陀《みだ》本願海《ほんがんかい》を説《さ》かんとなり
五濁惡時《ごじよくあくじ》の群生海《ぐんじようかい》
應《まさ》に如來如實《によらいによじつ》の言《みこと》を信《しん》ずべし

能《のう》發《ほ》一《いち》念《ねん》喜《き》愛《あい》心《しん》
不《ふ》斷《だん》煩《ぼん》惱《のう》得《とく》涅《ね》槃《はん》
凡《ぼん》聖《しょう》逆《ぎゃく》謗《ほう》齊《さい》廻《え》入《にゅう》
如《にょ》衆《しゅ》水《し》入《にゅう》海《かい》一《いち》味《み》
攝《せッ》取《しゅ》心《しん》光《こう》常《じょう》照《しょう》護《ご》
已《いッ》能《の》雖《すい》破《は》無《む》明《みょう》闇《あん》
貪《とん》愛《ない》瞋《しん》憎《ぞう》之《し》雲《うん》霧《む》
常《じょう》覆《ふ》真《しん》實《じッ》信《しん》心《じん》天《てん》

能《よ》く一念喜愛《いちねんきあい》の心《こころ》を發《ほっ》すれば
煩惱《ぼんのう》を斷《だん》ぜずして涅槃《ねはん》を得《う》るなり
凡聖逆謗《ぼんしょうぎゃくほう》齊《ひと》しく廻入《えにゅう》すれば
衆水《しゅすい》海《うみ》に入《い》りて一味《いちみ》なるが如《ごと》し
攝取《せっしゅ》の心光《しんこう》常《つね》に照護《しょうご》したもう
已《すで》に能《よ》く無明《むみょう》の闇《やみ》を破《は》すと雖《いえど》も
貪愛瞋憎《とんないしんぞう》の雲霧《うんむ》
常《つね》に眞實信心《しんじつしんじん》の天《てん》に覆《おお》えり

譬《ひ》如《によ》日《にッ》光《こう》覆《ふ》雲《うん》霧《む》
雲《うん》霧《む》之《し》下《げ》明《みよう》無《む》闇《あん》
獲《ぎやく》信《しん》見《けん》敬《きよう》大《だい》慶《きよう》喜《き》
即《そく》横《おう》超《ちよう》截《ぜッ》五《ご》惡《あく》趣《しゆ》
一《いッ》切《さい》善《ぜん》惡《まく》凡《ぼん》夫《ぶ》人《にん》
聞《もん》信《しん》如《によ》來《らい》弘《ぐ》誓《ぜい》願《ぐわん》
佛《ぶッ》言《ごん》廣《こう》大《だい》勝《しよう》解《げ》者《しや》
是《ぜ》人《にん》名《みよう》分《ふん》陀《だ》利《り》華《け》

譬《たと》えば日光《にっこう》の雲霧《うんむ》に覆《おお》わるれども
雲霧《うんむ》の下《した》明《あきらか》にして闇《やみ》なきが如《ごと》し
信《しん》を獲《う》て　見《み》て敬《うやま》い大《おおき》に慶喜《きょうき》すれば
即《すなわ》ち　横《よこさま》に五惡《ごあく》の趣《しゅ》を超截《ちょうぜつ》す
一切善惡《いっさいぜんまく》の凡夫人《ぼんぶにん》
如來《にょらい》の弘誓願《ぐぜいがん》を聞信《もんしん》すれば
佛《ぶつ》　廣大勝解《こうだいしょうげ》の者《ひと》と言《のたま》えり
この人《ひと》を分陀利華《ふんだりけ》と名《なづ》く

彌《み》陀《だ》佛《ぶ》本《ほん》願《ぐわん》念《ねん》佛《ぶ》
邪《じや》見《けん》憍《きよう》慢《まん》惡《あく》衆《しゆ》生《じよう》
信《しん》樂《ぎよう》受《じゆ》持《ぢ》甚《じん》以《に》難《なん》
難《なん》中《ちゆう》之《し》難《なん》無《む》過《くわ》斯《し》
印《いん》度《ど》西《さい》天《てん》之《し》論《ろん》家《げ》
上
中《ちゆう》夏《か》日《じち》域《いき》之《し》高《こう》僧《そう》
顯《けん》大《だい》聖《しよう》興《こう》世《せ》正《しよう》意《い》
明《みよう》如《によ》來《らい》本《ほん》誓《ぜい》應《おう》機《き》

彌《み》陀《だ》佛《ぶつ》の本願念佛《ほんがんねんぶつ》は
邪見憍慢《じやけんきようまん》の惡衆生《あくしゆじよう》
信樂受持《しんぎようじゆじ》すること甚《はなは》だ以《もつ》て難《かた》し
難《なん》の中《なか》の難《なん》これに過《す》ぎたるはなし
印度西天《いんどさいてん》の論家《ろんげ》
中夏日域《ちゆうかじちいき》の高僧《こうそう》
大聖興世《だいしようこうせ》の正意《しようい》を顯《あらわ》し
如來《によらい》の本誓機《ほんぜいき》に應《おう》ぜることを明《あか》す

釋《しゃ》迦《か》如《にょ》來《らい》楞《りょう》伽《が》山《せん》
為《い》衆《しゅ》告《ごう》命《みょう》南《なん》天《てん》竺《じく》
龍《りゅう》樹《じゅ》大《だい》士《じ》出《しゅッ》於《とう》世《せ》
悉《しッ》能《のう》摧《ざい》破《は》有《う》無《む》見《けん》
宣《せん》説《ぜッ》大《だい》乘《じょう》無《む》上《じょう》法《ほう》
證《しょう》歡《くわん》喜《ぎ》地《ち》生《しょう》安《あん》樂《らく》
顯《けん》示《じ》難《なん》行《ぎょう》陸《ろく》路《ろ》苦《く》
信《しん》樂《ぎょう》易《い》行《ぎょう》水《し》道《どう》樂《らく》

釋迦如來《しゃかにょらい》　楞伽山《りょうがせん》にして
衆《しゅ》の爲《ため》に告命《ごうみょう》したまわく　南天竺《なんてんじく》に
龍樹大士《りゅうじゅだいじ》世《よ》に出《い》でて
悉《ことごと》く能《よ》く有無《うむ》の見《けん》を摧破《ざいは》せん
大乘無上《だいじょうむじょう》の法《ほう》を宣説《せんぜつ》し
歡喜地《かんぎじ》を證《しょう》して安樂《あんらく》に生《しょう》ぜんと
難行《なんぎょう》の陸路《ろくろ》苦《くる》しきことを顯示《けんじ》して
易行《いぎょう》の水道《しいどう》樂《たの》しきことを信樂《しんぎょう》せしむ

憶《おく》念《ねん》彌《み》陀《だ》佛《ぶ》本《ほん》願《ぐわん》
上
自《じ》然《ねん》即《そく》時《じ》入《にゅう》必《ひッ》定《じょう》
唯《ゆい》能《のう》常《じょう》稱《しょう》如《にょ》來《らい》號《ごう》
應《おう》報《ほう》大《だい》悲《ひ》弘《ぐ》誓《ぜい》恩《おん》
天《てん》親《じん》菩《ほ》薩《さ》造《ぞう》論《ろん》説《せ》
上
歸《き》命《みょう》無《む》礙《げ》光《こう》如《にょ》來《らい》
依《え》修《しゅ》多《た》羅《ら》顯《けん》眞《しん》實《じ》
光《こう》闡《せん》横《おう》超《ちょう》大《だい》誓《せい》願《ぐわん》

彌《み》陀《だ》佛《ぶつ》の本願《ほんがん》を憶念《おくねん》すれば
自然《じねん》に即《そく》の時《とき》必定《ひつじょう》に入《い》る
唯《ただ》能《よ》く常《つね》に如來《にょらい》の號《みな》を稱《しょう》し
大悲弘誓《だいひぐぜい》の恩《おん》を報《ほう》ずべしといえり
天親菩薩《てんじんぼさつ》　論《ろん》を造《つく》りて説《と》かく
無礙光如來《むげこうにょらい》に歸命《きみょう》したてまつる
修多羅《しゅたら》に依《よ》つて眞實《しんじつ》を顯《あらわ》して
横超《おうちょう》の大誓願《だいせいがん》を光闡《こうせん》す

廣《こう》由《ゆ》本《ほん》願《ぐわん》力《りき》迴《え》向《こう》
爲《い》度《ど》群《ぐん》生《じやう》彰《しよう》一《いッ》心《しん》
歸《き》入《にゆう》功《く》德《どく》大《だい》寶《ほう》海《かい》
必《ひッ》獲《ぎやく》入《にゆう》大《だい》會《え》衆《しゆ》數《しゆ》
得《とく》至《し》蓮《れん》華《げ》藏《ぞう》世《せ》界《かい》
即《そく》證《しよう》眞《しん》如《によ》法《ほッ》性《しよう》身《しん》
遊《ゆ》煩《ぼん》惱《のう》林《りん》現《げん》神《じん》通《づう》
入《にゆう》生《しよう》死《じ》園《おん》示《じ》應《おう》化《げ》

廣《ひろ》く本願力《ほんがんりき》の迴向《えこう》に由《よ》つて
群生《ぐんじよう》を度《ご》せんがために一心《いつしん》を彰《あらわ》す
功德大寶海《くどくだいほうかい》に歸入《きにゆう》すれば
必《かなら》ず大會衆《だいえしゆ》の數《かず》に入《い》ることを獲《う》
蓮華藏世界《れんげぞうせかい》に至《いた》ることを得《う》れば
即《すなわ》ち眞如法性《しんによほつしよう》の身《しん》を證《しよう》せしむ
煩惱《ほんのう》の林《はやし》に遊《あそ》んで神通《じんづう》を現《あらわ》し
生死《しようじ》の薗《その》に入《い》りて應化《おうげ》を示《しめ》すといえり

本《ほん》師《じ》曇《どん》鸞《らん》梁《りょう》天《てん》子
常《じょう》向《こう》鸞《らん》處《しょ》菩《ぼ》薩《さ》禮《らい》
三《さん》藏《ぞう》流《る》支《し》授《じゅ》淨《じょう》教《きょう》
梵《ぼん》燒《しょう》仙《せん》經《ぎょう》歸《き》樂《らく》邦《ほう》
天《てん》親《じん》菩《ぼ》薩《さ》論《ろん》註《ちゅう》解《げ》
報《ほう》土《ど》因《いん》果《ぐわ》顯《けん》誓《せい》願《ぐわん》
往《おう》還《げん》廻《え》向《こう》由《ゆ》他《た》力《りき》
正《しょう》定《じょう》之《し》因《いん》唯《ゆい》信《しん》心《じん》

本師曇鸞《ほんじどんらん》は　梁《りょう》の天子《てんし》
常《つね》に鸞《らん》の處《ところ》に向《むか》つて菩薩《ぼさつ》と禮《らい》したてまつる
三藏《さんぞう》流支《るし》淨教《じょうきょう》を授《さず》けしかば
仙經《せんぎょう》を梵燒《ぼんしょう》して樂邦《らくほう》に歸《き》したまいき
天親《てんじん》菩薩《ぼさつ》の論《ろん》　註解《ちゅうげ》して
報土《ほうど》の因果《いんがせいがん》誓願に顯《あらわ》す
往還《おうげん》の廻向《えこう》は他力《たりき》に由《よ》る
正定《しょうじょう》の因《いん》は唯信心《ただしんじん》なり

惑《わく》染《ぜん》凡《ぼん》夫《ぶ》信《しん》心《じん》發《ほ》
證《しょう》知《ち》生《しょう》死《じ》即《そく》涅《ね》槃《はん》
必《ひッ》至《し》無《む》量《りょう》光《こう》明《みょう》土《ど》
諸《しょ》有《う》衆《しゅ》生《じょう》皆《かい》普《ふ》化《け》
道《どう》綽《しゃッ》決《けッ》聖《しょう》道《どう》難《なん》證《しょう》
唯《ゆい》明《みょう》淨《じょう》土《ど》可《か》通《つう》入《にゅう》
萬《まん》善《ぜん》自《じ》力《りき》貶《へん》勤《ごん》修《しゅう》
圓《えん》満《まん》徳《どく》號《ご》勸《くわん》專《せん》稱《しょう》

惑染《わくぜん》の凡夫《ぼんぶ》信心發《しんじんほっ》すれば
生死即涅槃《しょうじそくねはん》なりと證知《しょうち》せしむ
必《かなら》ず無量光明土《むりょうこうみょうど》に至《いた》れば
諸有《しょう》の衆生皆《しゅじょうみな》普《あまね》く化《け》すといえり
道綽《どうしゃく》　聖道《しょうどう》の證《しょう》し難《がた》きことを決《けっ》して
唯淨土《ただじょうど》の通入《つうにゅう》すべきことを明《あか》す
萬善《まんぜん》の自力勤修《じりきごんしゅ》を貶《へん》す
圓滿《えんまん》の徳號專稱《とくごうせんしょう》を勸《すす》む

三《さん》不《ぷ》三《さん》信《しん》誨《け》慇《おん》懃《ごん》
像《ぞう》末《ま》法《ほう》滅《め》同《どう》悲《ひ》引《いん》
一《いッ》生《しょう》造《ぞう》惡《あく》値《ち》弘《ぐ》誓《ぜい》
至《し》安《あん》養《にょう》界《かい》證《しょう》妙《みょう》果《くゎ》
善《ぜん》導《どう》獨《どく》明《みょう》佛《ぶッ》正《しょう》意《い》
矜《こう》哀《あい》定《じょう》散《さん》與《よ》逆《ぎゃく》惡《あく》
光《こう》明《みょう》名《みょう》號《ごう》顯《けん》因《いん》緣《ねん》
開《かい》入《にゅう》本《ほん》願《ぐゎん》大《だい》智《ち》海《かい》

三不三信《さんぷさんしん》の誨慇懃《おしえおんごん》にして
像末法滅《ぞうまつほうめつ》同《おな》じく悲引《ひいん》す
一生惡《いっしょうあく》を造《つく》れども弘誓《ぐぜい》に値《もうあ》いぬれば
安養界《あんにょうかい》に至《いた》って妙果《みょうか》を證《しょう》せしむといえり
善導獨佛《ぜんどうひとりぶつ》の正意《しょうい》を明《あか》せり
定散《じょうさん》と 逆惡《ぎゃくあく》とを矜哀《こうあい》して
光明名號《こうみょうみょうごう》 因緣《いんねん》を顯《あらわ》す
本願《ほんがん》の大智海《だいちかい》に開入《かいにゅう》すれば

行《ぎよう》者《じや》正《しよう》受《じゆ》金《こん》剛《ごう》心《しん》
慶《きよう》喜《き》一《いち》念《ねん》相《そう》應《おう》後《ご》
與《よ》韋《い》提《だい》等《とう》獲《ぎやく》三《さん》忍《にん》
即《そく》證《しよう》法《ほッ》性《しよう》之《し》常《じよう》樂《らく》
源《げん》信《しん》廣《こう》開《かい》一《いち》代《だい》教《きよう》
偏《へん》歸《き》安《あん》養《にようう》勸《くわん》一《いッ》切《さい》
專《せん》雜《ぞう》執《しゆう》心《しん》判《はん》淺《せん》深《じん》
報《ほう》化《け》二《に》土《ど》正《しよう》辨《べん》立《りゆう》

行者《ぎようじや》正《まさ》しく金剛心《こんごうしん》を受《う》けしむ
慶喜《きようき》の一念相應《いちねんそうおう》して後《のち》
韋提《いだい》と等《ひと》しく三忍《さんにん》を獲《え》
即《すなわ》ち法性《ほつしよう》の常樂《じようらく》を證《しよう》せしむといえり
源信《げんしん》廣《ひろ》く一代《いちだい》の教《きよう》を開《ひら》きて
偏《ひとえ》に安養《あんによう》に歸《き》して一切《いつさい》を勸《すす》む
專雜《せんぞう》の執心淺深《しゆうしんせんじん》を判《はん》じて
報化二土《ほうけにど》正《まさ》しく辨立《べんりゆう》せり

極《ごく》重《じゅう》惡《あく》人《にん》唯《ゆい》稱《しょう》佛《ぶ》
我《が》亦《やく》在《ざい》彼《ひ》攝《せッ》取《しゅう》中《ちゅう》
煩《ぼん》惱《のう》障《しょう》眼《げん》雖《すい》不《ふ》見《けん》
大《だい》悲《ひ》無《む》倦《けん》常《じょう》照《しょう》我《が》
本《ほん》師《じ》源《げん》空《くう》明《みょう》佛《ぶッ》教《きょう》
憐《れん》愍《みん》善《ぜん》惡《まく》凡《ぼん》夫《ぶ》人《にん》
真《しん》宗《しゅう》教《きょう》證《しょう》興《こう》片《へん》州《しゅう》
選《せん》擇《じゃく》本《ほん》願《ぐゎん》弘《ぐ》惡《あく》世《せ》

極重《ごくじゅう》の惡人《あくにん》は唯《ただ》佛《ぶつ》を稱《しょう》すべし
我《われ》亦《また》彼《か》の攝取《せっしゅ》の中《なか》に在《あ》れども
煩惱《ぼんのう》眼《まなこ》を障《さ》えて見《み》ずと雖《いえど》も
大悲《だいひ》倦《もの》きことなく常《つね》に我《われ》を照《てら》したもうといえり
本師《ほんじ》源空《げんくう》は佛教《ぶっきょう》に明《あき》らかにして
善惡《ぜんまく》の凡夫人《ぼんぶにん》を憐愍《れんみん》せしむ
眞宗《しんしゅう》の 教證《きょうしょう》 片州《へんしゅう》に興《おこ》す
選擇本願《せんじゃくほんがん》惡世《あくせ》に弘《ひろ》む

還《げん》來《らい》生《しょう》死《じ》輪《りん》轉《でん》家《げ》
決《けツ》以《ち》疑《ぎ》情《じょう》為《い》所《しょ》止《し》
速《そく》入《にゅう》寂《じゃく》靜《じょう》無《む》為《い》樂《らく》
必《ひッ》以《ち》信《しん》心《じん》為《い》能《のう》入《にゅう》
弘《ぐ》經《きょう》大《だい》士《じ》宗《しゅう》師《し》等《とう》
拯《じょう》濟《さい》無《む》邊《へん》極《ごく》濁《じょく》惡《あく》
道《どう》俗《ぞく》時《じ》衆《しゅ》共《ぐ》同《どう》心《しん》
唯《ゆい》可《か》信《しん》斯《し》高《こう》僧《そう》說《せ》

生死輪轉《しょうじりんでん》の家《いえ》に還來《かえ》ることは
決《けっ》するに疑情《ぎじょう》を以《もっ》て所止《しょし》となす
速《すみやか》に寂靜《じゃくじょう》無爲《むい》の樂《みやこ》に入《い》ることは
必《かなら》ず信心《しんじん》を以《もっ》て能入《のうにゅう》となすといえり
弘經《ぐきょう》の大士宗師等《だいじしゅうしごう》
無邊《むへん》の極濁惡《ごくじょくあく》を拯濟《じょうさい》したもう
道俗時衆《どうぞくじしゅ》共《とも》に同心《どうしん》に
唯《ただ》この高僧《こうそう》の說《せつ》を信《しん》ずべしと

初重 三淘

南无阿彌陀佛

南无阿彌陀佛

南无阿彌陀佛

南无阿彌陀佛

南无阿彌陀佛

南无

彌《み》陀《だ》成《じょう》佛《ぶ》のこのかたは

いまに十劫《じッこう》をへ《え》たまへり

法身《ほッしん》の光輪《こうりん》きは《わ》もなく

世《せ》の盲冥《もうみょう》をてらすなり

南无阿彌陀佛

南无阿彌陀佛

南无阿彌陀佛

南无阿彌陀佛

南无

智慧《ちえ》の光明《こうみょう》はかりなし

有量《うりょう》の諸相《しょそう》ことごとく

光曉《こうけう》かぶ《む》らぬものは《わ》なし

眞實明《しんじツみょう》に歸命《きみょう》せよ

南无阿彌陀佛

南无阿彌陀佛

南无阿彌陀佛

南无

二重

阿彌陀佛

南无阿彌陀佛
南无阿彌陀佛
南无阿彌陀佛
南无阿彌陀佛
南无

解《げ》脱《だ》の光輪《こうりん》きはもなし
光觸《こうそく》かぶるものはみな
有《う》无《む》をはなるとのべたまふ

平等覺《びょうどうかく》に歸命《きみょう》せよ
南无阿彌陀佛
南无阿彌陀佛
南无阿彌陀佛
南无阿彌陀佛
南无

光雲《こううん》无导《むげ》如《にょ》虚空《こく》
一切《いっさい》の有导《うげ》にさはりなし

光澤《こうたく》かぶらぬものぞなき
難思議《なんしぎ》を歸命《きみょう》せよ
南无阿彌陀佛
南无阿彌陀佛
南无阿彌陀佛
重三
南无阿彌陀佛
南无阿彌陀佛
南无阿彌陀佛

南无阿彌陀佛
南无阿彌陀佛
南无
清淨光明《しょうじょうこうみょう》ならびなし
遇斯光《ぐしこう》のゆへ《え》なれば
一切《いっさい》の業繫《ごうけ》ものぞこりぬ
畢竟依《ひっきょうえ》を歸命《きみょう》せよ
南无阿彌陀佛

南无阿彌陀佛
南无阿彌陀佛
南无阿彌陀佛
南无
佛光照曜最第一《ぶっこうしょうようさいだいいち》
光炎王佛《こうえんのうぶつ》となづけたり
三塗《さんづ》の黑闇《こくあん》ひらくなり
大應供《だいおうぐ》を歸命《きみょう》せよ

三淘回向

願《ぐわん》以《に》此《し》功《く》德《どく》
平《びょう》等《どう》施《せ》一《いっ》切《さい》
同《どう》發《ほ》菩《ぼ》提《だい》心《しん》
往《おう》生《じょう》安《あん》樂《ら》國《こ》
世《せ》尊《そん》我《が》一《いっ》心《しん》
歸《き》命《みょう》盡《じん》十《じ》方《ぽう》
无《む》㝵《げ》光《こう》如《にょ》來《らい》
願《ぐわん》生《しょう》安《あん》樂《ら》國《こ》

○我《が》説《せ》彼《ぴ》尊《そん》功《く》徳《どく》事《じ》
衆《しゅ》善《ぜん》无《む》邊《へん》如《にょ》海《かい》水《し》
所《しょ》獲《ぎゃく》善《ぜん》根《ごん》清《しょう》淨《じょう》者《しゃ》
迴《え》施《せ》衆《しゅ》生《じょう》生《しょう》彼《ひ》國《こ》

○彌《み》陀《だ》の名號《みょうごう》となへ《え》つゝ
信心《しんじん》まことにうるひとは《わ》
憶念《おくねん》の心《しん》つねにして
佛恩報《ぶっとんほう》ずるおもひ《い》あり

誓願不思議をうたがひて
御名を稱ずる往生は
宮殿のうちに五百歳
むなしくすぐとぞときたまふ

讃阿彌陀佛偈和讃
南无阿彌陀佛
愚禿親鸞作

○彌《み》陀《だ》成《じょう》佛《ぶ》のこのかたは《わ》
いまに十劫《じっこう》をへたまへ《え》り
法身《ほっしん》の光輪《こうりん》きは《わ》もなく
世《せ》の盲冥《もうみょう》をてらすなり

智《ち》慧《え》の光明《こうみょう》はかりなし
有量《うりょう》の諸相《しょそう》ことごとく
光曉《こうけう》かふ《む》らぬものは《わ》なし
眞實明《しんじつみょう》に歸命《きみょう》せよ

解脱《げだ》の光輪《こうりん》きは《わ》もなし
光触《こうそく》かぶ《む》るものは《わ》みな
有無《うむ》をはなるとのべたまふ《もう》
平等覚《びょうどうかく》に帰命《きみょう》せよ

光雲无导《こううんむげ》如虚空《にょこく》
一切《いっさい》の有导《うげ》にさは《わ》りなし
光澤《こうたく》かぶ《む》らぬものぞなき
難思議《なんしぎ》を帰命《きみょう》せよ

清浄光明《しょうじょうこうみょう》ならびなし
遇斯光《ぐしこう》のゆへ《え》なれば
一切《いっさい》の業繋《ごうけ》ものぞこりぬ
畢竟依《ひっきょうえ》を帰命《きみょう》せよ

佛《ぶ》光《こう》照《せう》曜《えう》最《さい》第一《だいいち》
光炎王佛《こうえんのうぶ》となづけたり
三塗《さんず》の黒闇《こくあん》ひらくなり
大應供《だいおうぐ》を帰命《きみょう》せよ

○道光明朗超絶《どうこうみょうろうてうぜ》せり
清浄光佛《しょうじょうこうぶ》とまふ《もう》すなり
ひとたび光照《こうせう》かぶ《む》るもの
業垢《ごうく》をのぞき解脱《げだ》をう

慈光《じこう》はるかにかぶ《む》らしめ
ひかりのいたるところには
法喜《ほうき》をうとぞのべたまふ《もう》
大安慰《だいあんに》を帰命《きみょう》せよ

无《む》明《みよう》の闇《あん》を破《は》するゆへ《え》
智《ち》慧《え》光《こう》佛《ぶツ》となづけたり
一《いツ》切《さい》諸《しよ》佛《ぶ》三《さん》乘《じよう》衆《しゆ》
ともに嘆《たん》譽《によ》したまへ《え》り

光《こう》明《みよう》てらしてたへ《え》ざれば
不《ふ》斷《だん》光《こう》佛《ぶツ》となづけたり
聞《もん》光《こう》力《りき》のゆへ《え》なれば
心《しん》不《ふ》斷《だん》にて往《おう》生《じよう》す

佛《ぶツ》光《こう》測《しき》量《りよう》なきゆへ《え》に
難《なん》思《し》光《こう》佛《ぶツ》となづけたり
諸《しよ》佛《ぶツ》は往《おう》生《じよう》嘆《たん》じつゝ
彌《み》陀《だ》の功《く》德《どく》を稱《しよう》ぜしむ

神《じん》光《こう》の離《り》相《そう》をとかざれば
无《む》稱《しよう》光《こう》佛《ぶツ》となづけたり
因《いん》光《こう》成《じよう》佛《ぶ》のひかりをば
諸《しよ》佛《ぶ》の嘆《たん》ずるところなり

○光《こう》明《みよう》月《つき》日《ひ》に勝《しよう》過《くわ》して
超《てう》日《にち》月《ぐわツ》光《こう》となづけたり
釋《しや》迦《か》嘆《たん》じてなをつきず
无《む》等《とう》等《どう》を歸《き》命《みよう》せよ

彌《み》陀《だ》初《しよ》會《え》の聖《しよう》衆《じゆ》は
算《さん》數《じゆ》のおよぶことぞなき
淨《じよう》土《ど》をねがは《わ》んひとは《わ》みな
廣《こう》大《だい》會《え》を歸《き》命《みよう》せよ

安樂无量《あんらくむりょう》の大菩薩《だいぼさ》
一生補處《いッしょうふしょ》にいたるなり
普賢《ふげん》の徳《とく》に歸《き》してこそ
穢國《えこく》にかならず化《け》するなれ

十方衆生《じッぽうしゅじょう》のためにとて
如來《にょらい》の法藏《ほうぞう》あつめてぞ
本願弘誓《ほんぐわんぐぜい》に歸《き》せしむる
大心海《だいしんかい》を歸命《きみょう》せよ

觀音勢至《くわんのんせいし》もろともに
慈光世界《じこうせかい》を照曜《せうえう》し
有縁《うえんの》を度《ど》してしばらくも
休息《くそく》あることなかりけり

安樂淨土《あんらくじょうど》にいたるひと
五濁惡世《ごぢょくあくせ》にかへ《え》りては《わ》
釋迦牟尼佛《しゃかむにぶ》のごとくにて
利益衆生《りやくしゅじょう》は《わ》きは《わ》もなし

神力自在《じんりきじざい》なることは
測量《しきりょう》すべきことぞなき
不思議《ふしぎ》の徳《とく》をあつめたり
无上尊《むじょうそんの》を歸命《きみょう》せよ

安樂聲聞菩薩衆《あんらくしょうもんぼさツじゅ》
人天智慧《にんでんちえ》ほがらかに
身相莊嚴《しんそうしょうごん》みなおなじ
他方《たほう》に順《じゅん》じて名《な》をつらぬ

顔容端政《げんにょうたんじょう》たぐひ《い》なし
精微妙軀《しょうみめうく》非人天《ひにんでん》
虚无之身《こむしいしん》无極體《むごくたい》
平等力《びょうどうりき》を歸命《きみょう》せよ

安樂國《あんらツこく》をねがふ《ごー》ひと
正定聚《しょうぢょうじゅ》にこそ住《じゅう》すなれ
邪定不定聚《じゃぢょうふぢょうじゅ》くにゝなし
諸佛讃嘆《しょぶさんだん》したまへ《え》り

十方諸有《じッぽうしょう》の衆生《しゅじょう》は《わ》
阿彌陀至德《あみだしとく》の御名《みな》をきゝ
眞實信心《しんじしんじん》いたりなば
おほ《お》きに所聞《しょもん》を《の》慶喜《きょうき》せん

若不生者《にゃくふしょうじゃ》のちかひ《い》ゆへ《え》
信樂《しんげう》まことにときいたり
一念慶喜《いちねんきょうき》するひとは《わ》
往生《おうじょう》かならずさだまりぬ

○安樂佛土《あんらくぶツど》の依正《えしょう》は《わ》
法藏願力《ほうぞうぐわんりき》のなせるなり
天上天下《てんじょうてんげ》にたぐひ《い》なし
大心力《だいしんりき》を歸命《きみょう》せよ

安樂國土《あんらツこくど》の莊嚴《しょうごん》は《な》
釋迦无㝵《しゃかむげ》のみことにて
とくともつきじとのべたまふ《もう》
无稱佛《むしょうぶツと》を歸命《きみょう》せよ

己《い》今《こん》當《とう》の往生《おうじょう》は《わ》
この土《ど》の衆生《しゅじょう》のみならず
十方《じッぽう》佛土《ぶッど》よりきたる
无量《むりょう》无數《むしゅ》不可計《ふかけ》なり

阿《あ》彌《み》陀《だ》佛《ぶ》の御名《みな》をきゝ
歡喜《くわんぎ》讚仰《さんごう》せしむれば
功德《くどく》の寶《ほう》を具足《ぐそく》して
一念《いちねん》大利《だいり》无上《むじょう》なり

たとひ《い》大千《だいせん》世界《せかい》に
みてらん火《ひ》をもすぎゆきて
佛《ぶ》の御名《みな》をきくひとは《わ》
ながく不退《ふたい》にかなふ《のう》なり

神力《じんりき》无極《むごく》の阿彌陀《あみだ》は《わ》
无量《むりょう》の諸佛《しょぶ》ほめたまふ《もう》
東方《とうぼう》恒沙《ごうじゃ》の佛國《ぶッこく》より
无數《むしゅ》の菩薩《ぼさ》ゆきたまふ《もう》

○自餘《じよ》の九方《くほう》の佛國《ぶッこく》も
菩薩《ぼさ》の往觀《おうごん》みなおなじ
釋迦牟尼《しゃかむに》如來偈《にょらいげ》をときて
无量《むりょう》の功德《くどく》をほめたまふ《もう》

十方《じッぽう》の无量《むりょう》菩薩衆《ぼさッしゅ》
德本《とくほん》うへ《え》んためにとて
恭敬《くぎょう》をいたし歌嘆《かたん》す
みなひと婆伽婆《ばかば》を歸命《きみょう》せよ

七《しッ》寶《ぽう》講《こう》堂《どう》道《どう》場《じょう》樹《じゅ》
方《ほう》便《べん》化《け》身《しん》の淨《じょう》土《ど》なり
十《じッ》方《ぽう》來《らい》生《しょう》きは《わ》もなし
講《こう》堂《どう》道《どう》場《ぢょう》禮《らい》すべし

妙《めう》土《ど》廣《こう》大《だい》超《てう》數《しゅ》限《げん》
本《ほん》願《ぐわん》莊《しょう》嚴《ごん》よりおこる
清《しょう》淨《じょう》大《だい》攝《せう》受《じゅ》に
稽《けい》首《しゅ》歸《き》命《みょう》せしむべし

自《じ》利《り》々《り》他《た》圓《えん》滿《まん》して
歸《き》命《みょう》方《ほう》便《べん》巧《げう》莊《しょう》嚴《ごん》
こころもことばもたへ《え》たれば
不《ふ》可《か》思《し》議《ぎ》尊《そん》を《の》歸《き》命《みょう》せよ

神《じん》力《りき》本《ほん》願《ぐわん》及《ぎう》滿《まん》足《ぞく》
明《みょう》了《れう》堅《けん》固《ご》究《く》竟《きょう》願《ぐわん》
慈《じ》悲《ひ》方《ほう》便《べん》不《ぶ》思《し》議《ぎ》なり
眞《しん》无《む》量《りょう》を歸《き》命《みょう》せよ

○寶《ほう》林《りん》寶《ほう》樹《じゅ》微《み》妙《めう》音《おん》
自《じ》然《ねん》清《しょう》和《わ》の伎《ぎ》樂《がく》にて
哀《あい》婉《えん》雅《が》亮《りょう》すぐれたり
清《しょう》淨《じょう》樂《がく》を歸《き》命《みょう》せよ

七《しッ》寶《ぽう》樹《じゅ》林《りん》くにゝみつ
光《こう》曜《えう》たがひ《い》にかゞやけり
華《け》果《くわ》枝《し》葉《えう》またおなじ
本《ほん》願《ぐわん》功《く》德《どく》聚《じゅ》を歸《き》命《みょう》せよ

清風《しょうふう》寶樹《ほうじゅ》をふくときは《わ》
いつゝの音聲《おんじょう》いだしつゝ
宮商《きゅうしょう》和《わ》して自然《じねん》なり
清淨《しょうじょう》勲《くん》を《の》禮《らい》すべし

一一《いち》のはなのなかよりは《わ》
三《さん》十《じゅう》六《ろっ》百《ぴゃく》千《せん》億《のく》の
光明《こうみょう》てらしてほがらかに
いたらぬところは《わ》さらになし

一一《いち》のはなのなかよりは《わ》
三《さん》十《じゅう》六《ろっ》百《ぴゃく》千《せん》億《のく》の
佛身《ぶっしん》もひかりもひとしくて
相好《そうごう》金山《こんぜん》のごとくなり

相好《そうごう》ごとに百千《ひゃくせん》の
ひかりを十方《じっぽう》にはなちてぞ
つねに妙法《みょうほう》ときひろめ
衆生《しゅじょう》を佛道《ぶつどう》にいらしむる

七寶《しっぽう》の寶池《ほうち》いさぎよく
八功德水《はっくどくすい》みちみてり
无漏《むろ》の依果《えくわ》不思議《ふしぎ》なり
功德藏《くどくぞう》を歸命《きみょう》せよ

三塗苦難《さんづくなん》ながくとぢ
但有《たんぬ》自然《じねん》快樂《けらく》音《おん》
このゆへ《え》安樂《あんらく》となづけたり
无極尊《むごくそん》を《の》歸命《きみょう》せよ

十《じッ》方《ぽう》三《さん》世《ぜ》の无《む》量《りよう》慧《え》
おなじく一如《いちによ》に乗《じよう》じてぞ
二《に》智《ち》圓《えん》満《まん》道《どう》平等《びようどう》
攝《せッ》化《け》随《ずい》縁《えん》不《ふ》思《し》議《ぎ》なり

彌《み》陀《だ》の淨土《じようど》に歸《き》しぬれば
すなはち諸佛《しよぶツ》に歸《き》するなり
一心《いッしん》をもちて一《いち》佛《ぶツ》を
ほむるは无《む》导《げ》人《にん》をほむるなり

信《しん》心《じん》歡《くわん》喜《ぎ》慶《きよう》所《しよ》聞《もん》
乃《ない》曁《かい》一《いち》念《ねん》至《し》心《しん》者《しや》
南《な》无《む》不《ふ》可《か》思《し》議《ぎ》光《こう》佛《ぶツ》
頭《づ》面《めん》に禮《らい》したてまつれ

佛《ぶツ》慧《ゑ》功《く》徳《どく》をほめしめて
十《じッ》方《ぽう》の有《う》縁《えん》にきかしめん
信《しん》心《じん》すでにえんひとは
つねに佛《ぶツ》恩《とん》報《ほう》ずべし

已上四十八首　愚禿親鸞作

淨土和讃　愚禿親鸞作

大經意　二十二首

○尊《そん》者《じや》阿《あ》難《なん》座《ざ》よりたち
世《せ》尊《そん》の威《い》光《こう》を瞻《せん》仰《ごう》し
生《しよう》希《け》有《う》心《しん》とおどろかし
未《み》曾《ぞう》見《けん》とぞあやしみし

如《によ》來《らい》の光《こう》瑞《ずい》希《け》有《う》にして
阿《あ》難《なん》はなはだこころよく
如《によ》是《ぜ》之《し》義《ぎ》ととへ《え》りしに
出《しゅツ》世《せ》の本《ほん》意《に》あらは《わ》せり

大《だい》寂《じゃく》定《じょう》にいりたまひ《い》
如《によ》來《らい》の光《こう》顔《げん》たへ《え》にして
阿《あ》難《なん》の慧《え》見《けん》をみそなは《わ》し
問《もん》斯《し》慧《え》義《ぎ》とほめたまふ《もう》

如《によ》來《らい》興《こう》世《せ》の本《ほん》意《に》には《わ》
本《ほん》願《ぐわん》眞《しん》實《じ》ひらきてぞ
難《なん》値《ち》難《なん》見《けん》ととききたまひ《い》
猶《ゆ》靈《れい》瑞《ずい》華《け》としめしける

彌《み》陀《だ》成《じょう》佛《ぶ》のこのかたは《わ》
いまに十《じッ》劫《こう》とときたれど
塵《じん》點《でん》久《く》遠《おん》劫《ごう》よりも
ひさしき佛《ぶツ》とみへ《え》たまふ《もう》

南《な》无《む》不《ふ》可《か》思《し》議《ぎ》光《こう》佛《ぶ》
饒《ねう》王《おう》佛《ぶ》のみもとにて
十《じッ》方《ぽう》淨《じょう》土《ど》のなかよりぞ
本《ほん》願《ぐわん》選《せん》擇《じゃく》攝《せツ》取《しゅ》する

○无《む》㝵《げ》光《こう》佛《ぶ》のひかりには《わ》
清《しょう》淨《じょう》歡《くわん》喜《ぎ》智《ち》慧《え》光《こう》
その德《とく》不《ふ》可《か》思《し》議《ぎ》にして
十《じッ》方《ほう》諸《しょ》有《う》を利《り》益《やく》せり

至《し》心《しん》信《しん》樂《げう》欲《よく》生《しやう》と
十《じツ》方《ぽう》諸《しよ》有《う》をすゝめてぞ
不《ふ》思《し》議《ぎ》の誓《せい》願《ぐわん》あらは《わ》して
眞《しん》實《じツ》報《ほう》土《ど》の因《いん》とする

眞《しん》實《じツ》信《しん》心《じん》うるひとは《わ》
すなは《わ》ち定《じやう》聚《じゆ》のかずにいる
不《ふ》退《たい》のくらゐにいりぬれば
かならず滅《めツ》度《ど》にいたらしむ

彌《み》陀《だ》の大《だい》悲《ひ》ふかければ
佛《ぶツ》智《ち》の不《ふ》思《し》議《ぎ》をあらは《わ》して
變《へん》成《じやう》男《なん》子《し》の願《ぐわん》をたてて
女《によ》人《にん》成《じやう》佛《ぶ》ちかひ《い》たり

至《し》心《しん》發《ほツ》願《ぐわん》欲《よく》生《しやう》と
十《じツ》方《ぽう》衆《しゆ》生《じやう》を方《ほう》便《べん》し
衆《しゆ》善《ぜん》の假《け》門《もん》ひらきてぞ
現《げん》其《ご》人《にん》前《ぜん》と願《ぐわん》じける

臨《りん》終《じゆ》現《げん》前《ぜん》の願《ぐわん》により
釋《しや》迦《か》は《わ》諸《しよ》善《ぜん》をことごとく
觀《くわん》經《ぎやう》一《いち》部《ぶ》にあらは《わ》して
定《じやう》散《さん》諸《しよ》機《き》をすゝめけり

○諸《しよ》善《ぜん》萬《まん》行《ぎやう》ことごとく
至《し》心《しん》發《ほツ》願《ぐわん》せるゆへ《え》に
往《おう》生《じやう》淨《じやう》土《ど》の方《ほう》便《べん》の
善《ぜん》とならぬは《わ》なかりけり

至《し》心《しん》廻《ゑ》向《こう》欲《よく》生《しやう》と
十《じツ》方《ぱう》衆生《しゆじやう》を方便《はうべん》し
名號《みやうごう》の眞門《しんもん》ひらきてぞ
不《ふ》果遂《くわすい》者《しや》と願《ぐわん》じける

果遂《くわすい》の願《ぐわん》によりてこそ
釋迦《しやか》は《わ》善《ぜん》本《ぼん》徳《とく》本《ほん》を《の》
彌《み》陀《だ》經《きやう》にあらは《わ》して
一乘《いちじやう》の機《き》をすゝめける

定散《ぢやうさん》自《じ》力《りき》の稱名《しやうみやう》は《わ》
果遂《くわすい》のちかひ《い》に歸《き》してこそ
おしへ《え》ざれども自《じ》然《ねん》に
眞如《しんによ》の門《もん》に轉入《てんにう》する

安樂淨《あんらくじやう》土《ど》をねがひ《い》つゝ
他《た》力《りき》の信《しん》を《の》えぬひとは《わ》
佛《ぶツ》智《ち》不思議《ふしぎ》をうたがひ《い》て
邊地《へんぢ》懈慢《けまん》にとまるなり

如來《によらい》の興世《こうせ》にあひ《い》がたく
諸佛《しよぶ》の經道《きやうどう》きゝがたし
菩薩《ぼさ》の勝法《しようぼう》きくことも
无《む》量劫《りやうこう》にもまれらなり

○善《ぜん》知《ぢ》識《しき》にあふ《お》ことも
おしふ《う》ることもまたかたし
よくきくこともかたければ
信《しん》ずることもなをかたし

一代《いちだい》諸教《しよけう》の信《しん》よりも
弘願《ぐぐわん》の信樂《しんげう》なをかたし
難中之難《なんちうしなん》とときたまひ
无過此難《むくわしなん》とのべたまふ《もう》

念佛《ねんぶ》成佛《じようぶ》これ眞宗《しんしゆ》
萬行《まんぎよう》諸善《しよぜん》これ假門《けもん》
權實《ごんじ》眞假《しんけ》をわかずして
自然《じねん》の淨土《じようど》をえぞしらぬ

聖道《しようどう》權假《ごんけ》の方便《ほうべん》に
衆生《しゆじよう》ひさしくとどまりて
諸有《しよう》に流轉《るてん》の身《み》とぞなる
悲願《ひぐわん》の一乘《いちじよう》歸命《きみよう》せよ

已上大經意

觀經意　九首

恩德《おんどく》廣大《こうだい》釋迦《しやか》如來《によらい》
韋提《いだい》夫人《ぶにん》に勅《ちよく》してぞ
光臺《こうだい》現國《げんこく》のそのなかに
安樂《あんらく》世界《せかい》をえらばしむ

頻婆娑羅《びんばしやら》王《おう》勅《ちよく》せしめ
宿因《しゆくいん》その期《ご》をまたずして
仙人《せんにん》殺害《せつがい》のむくひには《わ》
七重《しちぢう》のむろにとぢられき

○阿《あ》闍《じや》世《せ》王《おうわ》は瞋《しん》怒《ぬ》して
我《が》母《も》是《ぜ》賊《ぞく》としめしてぞ
无《む》道《どう》に母《ぼ》を害《がい》せんと
つるぎをぬきてむかひける

耆《ぎ》婆《ば》月《ぐわツ》光《こう》ねんごろに
是《ぜ》旃《せん》陁《だ》羅《ら》とはぢしめて
不《ふ》宜《ぎ》住《じう》此《し》と奏《そう》してぞ
闍《しや》王《おう》の逆《ぎやく》心《しん》いさめける

耆《ぎ》婆《ば》大《だい》臣《じん》おさへ《え》てぞ
却《きやく》行《ぎやう》而《に》退《たい》せしめつゝ
闍《しや》王《おう》つるぎをすてしめて
韋《い》提《だい》をみやに禁《きん》じける

彌《み》陁《だ》釋《しや》迦《か》方《ほう》便《べん》して
阿《あ》難《なん》目《もく》連《れん》富《ふ》樓《る》那《な》韋《い》提《だい》
達《だツ》多《た》闍《しや》王《おう》頻《びん》婆《ば》娑《しや》羅《ら》
耆《ぎ》婆《ば》月《ぐわツ》光《こう》行《ぎやう》雨《う》等《とう》

大《だい》聖《しやう》おの〱もろともに
凡《ぼん》愚《ぐ》底《てい》下《げ》のつみひとを
逆《ぎやく》惡《あく》もらさぬ誓《せい》願《ぐわん》に
方《ほう》便《べん》引《いん》入《にう》せしめけり

釋《しや》迦《か》韋《い》提《だい》方《ほう》便《べん》して
淨《じやう》土《ど》の機《き》縁《えん》熟《じゆく》すれば
雨《う》行《ぎやう》大《だい》臣《じん》證《しよう》として
闍《しや》王《おう》逆《ぎやく》惡《あく》興《こう》ぜしむ

定散《ぢやうさん》諸機《しよき》各別《かくべツ》の
自力《じりき》の三心《さんじん》ひるがへ《え》し
如來《によらい》利他《りた》の信心《しんじん》に
通入《つうにツ》せんとねがふべし

已上觀經意

彌陀經意　　五首

○十方《じツぽう》微塵《みぢん》世界《せかい》の
念佛《ねんぶツ》の衆生《しゆじやう》をみそなは《わ》し
攝取《せツしゆ》してすてざれば
阿彌陀《あみだ》となづけたてまつる

恒沙《ごうじや》塵數《ぢんじゆ》の如來《によらい》は
萬行《まんぎやう》の少善《せうぜん》きらひつゝ
名號《みやうがう》不思議《ふしぎ》の信心《しんじん》を
ひとしくひとへ《え》にすゝめしむ

十方《じツぽう》恒沙《ごうじや》の諸佛《しよぶツ》は
極難信《ごくなんしん》ののりをとき
五濁惡世《ごじよくあくせ》のためにとて
證誠護念《しようじやうごねん》せしめたり

諸佛《しよぶツ》の護念《ごねん》證誠《しようじやう》は
悲願《ひぐわん》成就《じやうじゆ》のゆへ《え》なれば
金剛心《こんがうしん》をえんひとは《わ》
彌陀《みだ》の大恩報《だいおんほう》ずべし

五《ご》濁《じよく》惡《あく》時《じ》惡《あく》世《せ》界《かい》
濁《じよく》惡《あく》邪《じや》見《けん》の衆《しゆ》生《じよう》には《わ》
彌《み》陀《だ》の名《みよう》號《ごう》あたへ《え》てぞ
恒《ごう》沙《じや》の諸《しよ》佛《ぶ》すゝめたる

已上彌陀經意

諸經のこゝろによりて

彌陀和讃　九首

○
无《む》明《みよう》の大《たい》夜《や》をあはれ《わ》みて
法《ほツ》身《しん》の光《こう》輪《りん》きは《わ》もなく
无《む》导《げ》光《こう》佛《ぶツ》としめしてぞ
安《あん》養《によう》界《かい》に影《よう》現《げん》する

久《く》遠《おん》實《じツ》成《じよう》阿《あ》彌《み》陀《だ》佛《ぶ》
五《ご》濁《じよく》の凡《ぼん》愚《ぐ》をあはれ《わ》みて
釋《しや》迦《か》牟《む》尼《に》佛《ぶツ》としめしてぞ
迦《が》耶《や》城《じよう》には《わ》應《おう》現《げん》する

百《ひやく》千《せん》倶《く》胝《てい》の劫《こう》をへて
百《ひやく》千《せん》倶《く》胝《てい》のしたをいだし
したごと无《む》量《りよう》のこゑをして
彌《み》陀《だ》をほめんになをつきじ

大《だい》聖《しよう》易《い》往《おう》とときたまふ《もう》
淨《じよう》土《ど》をうたがふ《ごう》衆《しゆ》生《じよう》をば
无《む》眼《げん》人《にん》とぞなづけたる
无《む》耳《に》人《にん》とぞのべたまふ《もう》

无《む》上《じよう》上《じよう》は《わ》眞《しん》解《げ》脫《だ》
眞《しん》解《げ》脫《だッ》は《た》如《によ》來《らい》なり
眞《しん》解《げ》脫《だ》にいたりてぞ
无《む》愛《あい》无《む》疑《げ》とは《わ》あらは《わ》るゝ

平《びよう》等《どう》心《しん》を《の》うるときを
一《いッ》子《し》地《ぢ》となづけたり
一《いッ》子《し》地《ぢ》は佛《ぶッ》性《しよう》なり
安《あん》養《によう》にいたりてさとるべし

○如《によ》來《らい》すなは《わ》ち涅《ね》槃《はん》なり
涅《ね》槃《はん》を《の》佛《ぶッ》性《しよう》となづけたり
凡《ぼん》地《ぢ》にしては《わ》さとられず
安《あん》養《によう》にいたりて證《しよう》すべし

信《しん》心《じん》よろこぶそのひとを
如《によ》來《らい》とひとしとときたまふ《もう》
大《だい》信《しん》心《じん》は《な》佛《ぶッ》性《しよう》なり
佛《ぶッ》性《しよう》すなは《わ》ち如《によ》來《らい》なり

衆《しゆ》生《じよう》有《う》礙《げ》のさとりにて
无《む》礙《げ》の佛《ぶッ》智《ち》をうたがへ《え》ば
曾《ぞう》婆《ば》羅《ら》頻《びん》陀《だ》羅《ら》地《ぢ》獄《ごく》にて
多《た》劫《こう》衆《しゆ》苦《く》にしづむなり

已上諸經意

現世利益和讃十五首

阿《あ》彌《み》陀《だ》如《によ》來《らい》來《らい》化《け》して
息《そく》災《さい》延《えん》命《めい》のためにとて
金《こん》光《こう》明《みよう》の壽《じゆ》量《りよう》品《ほん》
ときおきたまへ《え》るみのりなり

山《さん》家《げ》の傳《でん》敎《ぎよう》大《だい》師《し》は
國《こく》土《ど》人《にん》民《みん》をあは《わ》れみて
七《しち》難《なん》消《せう》滅《めヱ》の誦《じゆ》文《もん》には《わ》
南《な》无《む》阿《あ》彌《み》陀《だ》佛《ぶ》をとなふ《のお》べし

一《いッ》切《さい》の功《く》德《どく》にすぐれたる
南《な》无《む》阿《あ》彌《み》陀《だ》佛《ぶ》をとなふ《のお》れば
三《さん》世《ぜ》の重《じう》障《しよう》みなながら
かならず轉《てん》じて輕《きよう》微《み》なり

○南《な》无《む》阿《あ》彌《み》陀《だ》佛《ぶ》をとなふ《のお》れば
この世《よ》の利《り》益《やく》きは《わ》もなし
流《る》轉《てん》輪《りん》廻《ね》のつみきへ《え》て
定《ぢよう》業《ごう》中《ちゆ》夭《えう》のぞこりぬ

南《な》无《む》阿《あ》彌《み》陀《だ》佛《ぶ》をとなふ《のお》れば
梵《ぼん》王《のう》帝《たい》釋《しやく》歸《き》敬《きよう》す
諸《しよ》天《てん》善《ぜん》神《じん》ことごとく
よるひるつねにまもるなり

南《な》无《む》阿《あ》彌《み》陀《だ》佛《ぶ》をとなふ《のお》れば
四《し》天《てん》大《だい》王《おう》もろともに
よるひるつねにまもりつゝ
よろづの惡《あツ》鬼《き》をちかづけず

南《な》无《む》阿《あ》彌《み》陀《だ》佛《ぶ》をとなふ《お》れば
堅《けん》牢《ろう》地《ぢ》祇《ぎ》は《わ》尊《そん》敬《きよう》す
かげとかたちのごとくにて
よるひるつねにまもるなり

南《な》无《む》阿《あ》彌《み》陀《だ》佛《ぶ》をとなふ《お》れば
難《なん》陀《だ》跋《ばツ》難《なん》大《だい》龍《りう》等《とう》
无《む》量《りよう》の龍《りう》神《じん》尊《そん》敬《きよう》し
よるひるつねにまもるなり

南《な》无《む》阿《あ》彌《み》陀《だ》佛《ぶ》をとなふ《お》れば
炎《えん》魔《ま》法《ほう》王《おう》尊《そん》敬《きよう》す
五《ご》道《どう》の冥《みよう》官《くわん》みなともに
よるひるつねにまもるなり

南《な》无《む》阿《あ》彌《み》陀《だ》佛《ぶ》をとなふ《お》れば
他《た》化《け》天《てん》の大《だい》魔《ま》王《おう》
釋《しや》迦《か》牟《む》尼《に》佛《ぶ》のみまへ《え》にて
まもらんとこそちかひ《い》しか

天《てん》神《じん》地《ぢ》祇《ぎ》は《わ》こと〲く
善《ぜん》鬼《き》神《じん》となづけたり
これらの善《ぜん》神《じん》みなともに
念《ねん》佛《ぶ》のひとをまもるなり

願《ぐわん》力《りき》不《ふ》思《し》議《ぎ》の信《しん》心《じん》は
大《だい》菩《ぼ》提《だい》心《しん》なりければ
天《てん》地《ち》にみてる惡《あツ》鬼《き》神《じん》
みなこと〲くおそるなり

南《な》无《む》阿《あ》彌《み》陀《だ》佛《ぶ》をとなふれば
觀《くわん》音《のん》勢《せい》至《し》はもろともに
恒《ごう》沙《じや》塵《ぢん》數《じゆ》の菩《ぼ》薩《さア》と
かげのごとくに身《み》にそへり

无《む》导《げ》光《こう》佛《ぶ》のひかりには
无《む》數《しゆ》の阿《あ》彌《み》陀《だ》まし〱て
化《け》佛《ぶ》おの〱こと〲く
眞《しん》實《じ》信《しん》心《じん》をまもるなり

南《な》无《む》阿《あ》彌《み》陀《だ》佛《ぶ》をとなふれば
十《じッ》方《ぽう》无《む》量《りよう》の諸《しよ》佛《ぶ》は
百《ひやく》重《ぢう》千《せん》重《ぢう》圍《ウい》繞《ねう》して
よろこびまもりたまふなり

已上現世利益

首楞嚴經によりて大勢至
菩薩和讃したてまつる八首

○勢《せい》至《し》念《ねん》佛《ぶ》圓《えん》通《づう》して
五《ご》十《じう》二《に》菩《ぼ》薩《さア》もろともに
すなは《わ》ち座《ざ》よりたゝしめて
佛《ぶッ》足《そく》頂《ちよう》禮《らい》せしめつゝ

敎《けう》主《しゆ》世《せ》尊《そん》にまふさしむ
往《おう》昔《じやく》恒《ごう》河《が》沙《しや》劫《こう》に
佛《ぶ》世にいでたまへ《え》りき
无《む》量《りよう》光《こう》とまふしけり

十二《じゅうに》の如來《にょらい》あひつぎて
十二《じうに》劫《こうウ》をへたまへり
最後《さいご》の如來《にょらい》をなづけてぞ
超日月光《てうにちぐわツこう》とまふ《もウ》しける

超日月光《ちようにちぐわツこう》この身《み》には《わ》
念佛三昧《ねんぶさんまい》おしへ《え》しむ
十方《じッぽう》の如來《にょらい》は衆生《しゅじょう》を
一子《いッし》のごとく憐念《れんねん》す

子《こ》の母《はゝ》をおもふ《う》がごとくにて
衆生《しゅじょう》。佛《ぶッと》を憶《おく》すれば
現前當來《げんぜんとうらい》とをからず
如來《にょらい》を拜見《はいけん》うたがは《わ》ず

染香人《せんこうにん》のその身《み》には《わ》
香氣《こうげ》あるがごとくなり
これをすなは《わ》ちなづけてぞ
香光莊嚴《こうこうしょうごん》とまふ《も》すなる

われもと因地《いんぢ》にありしとき
念佛《ねんぶ》の心《しん》をもちてこそ
无生忍《むしょうにん》にはいりしかば
いまこの娑婆界《しゃばかい》にして

同音
念佛《ねんぶ》のひとを攝取《せッしゅ》して
淨土《じょうど》に歸《き》せしむるなり
大勢至菩薩《だいせいしぼさア》の
大恩《だいおん》ふかく報《ほう》ずべし

己上大勢至菩薩
源空聖人御本地也

高僧和讃　愚禿親鸞作

龍樹菩薩　付釋文　十首

○本《ほん》師《じ》龍《りう》樹《じゆ》菩《ぼ》薩《さツ》は
智《ち》度《ど》十《じう》住《ぢゆう》毘《び》婆《ば》娑《しや》等《とう》
つくりておほく西《にし》をほめ
すゝめて念《ねん》佛《ぶ》せしめたり

南《なん》天《てん》竺《ぢく》に比《び》丘《く》あらん
龍《りう》樹《じゆ》菩《ぼ》薩《さ》となづくべし
有《う》无《む》の邪《じや》見《けん》を破《は》すべしと
世《せ》尊《そん》はかねてときたまふ《もう》

本《ほん》師《じ》龍《りう》樹《じゆ》菩《ぼ》薩《さツ》は
大《だい》乘《じよう》无《む》上《じよう》の法《ほう》をとき
歡《くわん》喜《ぎ》地《ぢ》を證《しよう》してぞ
ひとへに念《ねん》佛《ぶ》すゝめける

龍《りゆう》樹《じゆ》大《だい》士《じ》世《よ》にいでゝ
難《なん》行《ぎよう》易《い》行《ぎよう》のみちおしへ
流《る》轉《てん》輪《りん》廻《ね》のわれらをば
弘《ぐ》誓《ぜい》のふねにのせたまふ《もう》

本《ほん》師《じ》龍《りう》樹《じゆ》菩《ぼ》薩《さ》の
おしへをつたへきかんひと
本《ほん》願《ぐわん》こゝろにかけしめて
つねに彌《み》陀《だ》を稱《しよう》ずべし

不退《ふたい》のくらゐすみやかに
えんとおもはんひとはみな
恭敬《くぎよう》の心《しん》に執持《しうじ》して
彌陀《みだ》の名號《みようごう》稱《しよう》ずべし

○生死《しようじ》の苦海《くかい》ほとりなし
ひさしくしづめるわれらをば
彌陀弘誓《みだぐぜい》のふねのみぞ
のせてかならずわたしける

智度論《ちどろん》にのたまはく
如來《によらい》は无上法皇《むじようほうおう》なり
菩薩《ぼさつ》は法臣《ほうしん》としたまひて
尊重《そんぢう》すべきは世尊《せそん》なり

一切菩薩《いつさいぼさ》ののたまはく
われら因地《いんぢ》にありしとき
无量劫《むりようこう》をへめぐりて
萬善諸行《まんぜんしよぎよう》を修《しゆ》せしかど

同音
恩愛《おんない》はなはだたちがたく
生死《しようじ》はなはだつきがたし
念佛三昧行《ねんぶさんまいぎよう》じてぞ
罪障《ざいしよう》を滅《めつ》し度脱《どだ》せし

已上龍樹菩薩

天親菩薩 付二釋文一 十首

釋迦《しやか》の教法《けうぼう》おほけれど
天親菩薩《てんじんぼさツた》はねんごろに
煩惱成就《ぼんのうじようじゆ》のわれらには
彌陀《みだ》の弘誓《ぐぜい》をすゝめしむ

安養淨土《あんによう じようど》の莊嚴《しようごんな》は
唯佛與佛《ゆいぶよぶ》の知見《ちけん》なり
究竟《くきよう》せること虚空《こくう》にして
廣大《こうだい》にして邊際《へんざい》なし

本願力《ほんぐわんりき》にあひぬれば
むなしくすぐるひとぞなき
功德《くどく》の寶海《ほうかい》みちくて
煩惱《ぼんのう》の濁水《ぢよくしい》へだてなし

○

如來淨華《によらいじようけ》の聖衆《しようじゆわ》は
正覺《しようがく》のはなより化生《けしよう》して
衆生《しゆじよう》の願樂《ぐわんげう》ことごとく
すみやかにとく滿足《まんぞく》す

天人不動《てんにんふどう》の聖衆《しようじゆれ》は
弘誓《ぐぜい》の智海《ちかい》より生《しよう》ず
心業《しんごう》の功德清淨《くどくしようじよう》にて
虚空《こくう》のごとく差別《しやベツ》なし

天親論主《てんじんろんじゆわ》は一心《いツしん》に
无㝵光《むげこう》に歸命《きみよう》す
本願力《ほんぐわんりき》に乘《じよう》ずれば
報土《ほうど》にいたるとのべたまふ

盡《じん》十《じツ》方《ぽう》の无《む》㝵《げ》光《こう》佛《ぶ》
一《いツ》心《しん》に歸《き》命《みよう》するをこそ
天《てん》親《じん》論《ろん》主《じゆ》のみことには《わ》
願《ぐわん》作《さ》佛《ぶツ》心《しん》とのべたまへ《え》

願《ぐわん》作《さ》佛《ぶ》の心《しん》は《な》これ
度《ど》衆《しゆ》生《じよう》のこゝろなり
度《ど》衆《しゆ》生《じよう》の心《しん》は《な》これ
利《り》他《た》眞《しん》實《じツ》の信《しん》心《じん》なり

信《しん》心《じん》すなはち《わ》一《いツ》心《しん》なり
一《いツ》心《しん》すなはち《わ》金《こん》剛《ごう》心《しん》
金《こん》剛《ごう》心《しん》は《な》菩《ぼ》提《だい》心《しん》
この心《しん》すなはち《わ》他《た》力《りき》なり

願《ぐわん》土《ど》にいたればすみやかに
无《む》上《じよう》。涅《ね》槃《はん》を《の》證《しよう》してぞ
すなはち《わ》大《だい》悲《ひ》をおこすなり
これを迴《え》向《こう》となづけたり

已上天親菩薩

曇鸞和尚　付釋文　三十四首

。本《ほん》師《じ》曇《どん》鸞《らん》和《くわ》尚《しよう》は《わ》
菩《ぼ》提《だい》流《る》支《し》のおしへ《え》にて
仙《せん》經《ぎよう》ながくやきすてゝ
淨《じよう》土《ど》にふかく歸《き》せしめき

四論《しろん》の講說《こうぜつ》さしおきて
本願他力《ほんぐわんたりき》をときたまひ
具縛《ぐばく》の凡衆《ぼんしゅ》をみちびきて
涅槃《ねはん》のかどにぞいらしめし

世俗《せぞく》の君子《くんし》幸臨《こうりん》し
勅《ちょく》して淨土《じょうど》のゆへをとふ
十方佛國淨土《じッぽうぶッこくじょうど》なり
なにゝよりてか西《にし》にある

鸞師《らんし》こたへてのたまはく
わが身《み》は智慧《ちえ》あさくして
いまだ地位《ぢい》にいらざれば
念力《ねんりき》ひとしくおよばれず

一切道俗《いッさいどうぞく》もろともに
歸《き》すべきところぞさらになき
安樂勸歸《あんらくくわんき》のこゝろざし
鸞師《らんし》ひとりさだめたり

魏《ぎ》の主勅《しゅちょく》して幷州《へいしう》の
大巖寺《たいがんじ》にぞおはしける
やうやくおはりにのぞみては
汾州《ふんしう》にうつりたまひにき

魏《ぎ》の天子《てんし》はたふとみて
神鸞《しんらん》とこそ号《こう》せしか
おはせしところのその名《な》をば
鸞公巖《らんこうがん》とぞなづけたる

浄業《じやうごう》さかりにすゝめつゝ
玄忠寺《げんちうじ》にぞおはしける
魏《ぎ》の興《こう》和《くわ》四《し》年《ねん》に
遥山寺《えうさんじ》にこそうつりしか

六十有七《ろくじういうしツ》ときいたり
浄土《じようど》の往生《おうじよう》とげたまふ
そのとき霊瑞不思議《れいずいふしぎ》にて
一切道俗帰敬《いツさいどうぞくききよう》しき

君子《くんし》ひとへにおもくして
勅宣《ちよくせん》くだしてたちまちに
汾州汾西秦陵《ふんしうふんせいしんりよう》の
勝地《しようち》に霊廟《れいべう》たてたまふ

天親菩薩《てんじんぼさ》のみことをも
鸞師《らんし》ときのべたまはずは
他力《たりき》広大《こうだい》威徳《いとく》の
心行《しんぎよう》いかでかさとらまし

本願円頓一乗《ほんぐわんえんどんいちじよう》は
逆悪摂《ぎやくあくせツ》すと信知《しんち》して
煩悩菩提体無二《ぼんのうぼだいたいむに》と
すみやかにとくさとらしむ

○いつゝの不思議《ふしぎ》をとくなかに
佛法不思議《ぶツぽうふしぎ》にしくぞなき
佛法不思議《ぶツぽうふしぎ》といふことは
彌陀《みだ》の弘誓《ぐぜい》になづけたり

彌陀《みだ》の迴向《えこう》成就《こうじょうじゅ》して
往相《おうそう》還相《げんそう》ふたつなり
これらの迴向《えこう》によりてこそ
心行《しんぎょう》ともにえしむなれ

往相《おうそう》の迴向《えこう》ととくことは《わ》
彌陀《みだ》の方便《ほうべん》ときいたり
悲願《ひぐわん》の信行《しんぎょう》えしむれば
生死《しょうじ》すなはち涅槃《ねはん》なり

還相《げんそう》の迴向《えこう》ととくことは《わ》
利他《りた》教化《きょうけ》の果《くわ》をえしめ
すなはち《わ》諸有《しょう》に迴入《えにう》して
普賢《ふげん》の德《とく》を修《しゅ》するなり

論主《ろんじゅ》の一心《いっしん》ととけるをば
曇鸞大師《どんらんだいし》のみことには《わ》
煩惱成就《ぼんのうじょうじゅ》のわれらが
他力《たりき》の信《しん》とのべたまふ《もう》

盡十方《じんじっぽう》の无导光《むげこう》は《わ》
无明《むみょう》のやみをてらしつゝ
一念歡喜《いちねんくわんぎ》するひとを
かならず滅度《めつど》にいたらしむ

○无导光《むげこう》の利益《りやく》より
威德廣大《いとくこうだい》の信《しん》を《の》えて
かならず煩惱《ぼんのう》のこほり《お》とけ
すなはち《わ》菩提《ぼだい》のみづとなる

罪障《ざいしょう》功徳《くどく》の體《たい》となる
こほ《お》りとみづのごとくにて
こほ《お》りおほ《お》きにみづおほ《お》し
さは《わ》りおほ《お》きに徳《とく》おほ《お》し

名號《みょうごう》不《ふ》思《し》議《ぎ》の海水《かいしい》は《わ》
逆謗《ぎゃくほう》の屍骸《しがい》もとゞまらず
衆悪《しゅあく》の萬川《ばんせん》歸《き》しぬれば
功徳《くどく》のうしほ《お》に一味《いちみ》なり

盡《じん》十方《じツぽう》无㝵《むげ》光《こう》の
大悲《だいひ》大願《だいがん》の海水《かいしい》に
煩惱《ぼんのう》の衆流《しゅりう》歸《き》しぬれば
智慧《ちえ》のうしほ《お》に一味《いちみ》なり

安樂《あんらく》佛國《ぶツこく》に生《しょう》ずるは《わ》
畢竟《ひツきょう》成佛《じょうぶツ》の道路《どうろ》にて
无上《むじょう》の方便《ほうべん》なりければ
諸佛《しょぶツ》淨土《じょうど》をすゝめけり

○

諸佛《しょぶツ》三業《さんごう》莊嚴《しょうごん》して
畢竟《ひツきょう》平等《びょうどう》なることは《わ》
衆生《しゅじょう》虚誑《こおう》の身口意《しんくい》を
治《ぢ》せんがためとのべたまふ《もう》

安樂《あんらく》佛國《ぶツこく》にいたるには《わ》
无上《むじょう》寶珠《ほうしゅ》の名號《みょうごう》と
眞實《しんぢつ》信心《しんじん》ひとつにて
无別《むべ》道故《どうこ》とときたまふ《もう》

如來《にょらい》清淨《しょうじょう》本願《ほんぐわん》の
无生《むしょう》の生《しょう》なりければ
本則《ほんそく》三三《さんざん》の品《ぼん》なれど
一二《いちに》もかはることぞなき

无碍光《むげこう》如來《にょらい》の名號《みょうごう》と
かの光明《こうみょう》智相《ちそう》とは
无明《むみょう》長夜《ぢょうや》の闇《あん》を破《は》し
衆生《しゅじょう》の志願《しぐわん》をみてたまふ《もう》

不如實《ふにょじつ》修行《しゅぎょう》といへる《え》こと
鸞師《らんし》釋《しゃく》してのたまはく《わ》
一者《いっしゃ》信心《しんじん》あつからず
若存若亡《にゃくぞんにゃくもう》するゆへ《え》に

二者《にしゃ》信心《しんじん》一《いち》ならず
決定《けつじょう》なきゆへ《え》なれば
三者《さんじゃ》信心《しんじん》相續《そうぞく》せず
餘念《よねん》間故《けんこ》とのべたまふ《もう》

三信《さんしん》展轉《てんでん》相成《そうじょう》す
行者《ぎょうじゃ》こころをとどむべし
信心《しんじん》あつからざるゆへ《え》に
決定《けつじょう》の信《しん》なかりけり

決定《けつじょう》の信《しん》なきゆへ《え》に
念《ねん》相續《そうぞく》せざるなり
念《ねん》相續《そうぞく》せざるゆへ《え》
決定《けつじょう》の信《しん》をえざるなり

決《けツ》定《じやう》の信《しん》をえざるゆへ《え》
信心《しんじん》不淳《ふじゆん》とのべたまふ《もう》
如《によ》實《じ》修《しゆ》行《ぎやう》相《そう》應《おう》は《わ》
信心《しんじん》ひとつにさだめたり

萬《まん》行《ぎやう》諸《しよ》善《ぜん》の小《せう》路《ろ》より
本《ほん》願《ぐわん》一《いち》實《じ》の大《だい》道《どう》に
歸《き》入《にう》しぬれば涅《ね》槃《はん》の
さとりはすなはちひらくなり

本《ほん》師《じ》曇《どん》鸞《らん》大《だい》師《し》をば
梁《りやう》の天《てん》子《し》蕭《そう》王《おう》は《わ》
おはせしかたにつねにむき
鸞《らん》菩《ぼ》薩《さツ》とぞ禮《らい》しける

已上曇鸞和尚

道綽禪師 付二釋文一 七首

本《ほん》師《じ》道《どう》綽《しやく》禪《ぜん》師《じ》は《わ》
聖《しやう》道《どう》萬《まん》行《ぎやう》さしおきて
唯《ゆい》有《う》淨《じやう》土《ど》一《いち》門《もん》を
通《つう》入《にう》すべきみちとく

本《ほん》師《じ》道《どう》綽《しやく》大《だい》師《し》は《わ》
涅《ね》槃《はん》の廣《こう》業《ごう》さしおきて
本《ほん》願《ぐわん》他《た》力《りき》をたのみつゝ
五《ご》濁《じよく》の羣《ぐん》生《じやう》すゝめしむ

○末法《まっぽう》五濁《ごじょく》の衆生《しゅじょう》は
聖道《しょうどう》の修行《しゅぎょう》せしむとも
ひとりも證《しょう》をえじとこそ
教主《けうしゅ》世尊《せそん》はときたまへ《え》

鸞師《らんし》のおしへ《え》をうけつたへ《え》
綽和尚《しゃっくわしょうわ》はもろともに
在此《ざいし》起心《きしん》立行《りうぎょう》は《わ》
此是《しぜ》自力《じりき》とさだめたり

濁世《じょくせ》の起悪《きあく》造罪《ぞうざい》は《わ》
暴風《ぼうふう》駛雨《しう》にことならず
諸佛《しょぶ》これらをあはれ《わ》みて
すゝめて浄土《じょうど》に歸《き》せしめり

一形悪《いちぎょうあく》をつくれども
専精《せんしょう》にこころをかけしめて
つねに念佛《ねんぶ》せしむれば
諸障《しょしょう》自然《じねん》にのぞこりぬ

縱令《じゅりょう》一生《いっしょう》造悪《ぞうあく》の
衆生《しゅじょう》引接《いんぜう》のためにとて
稱我《しょうが》名字《みょうじ》と願《ぐわん》じつゝ
若不生者《にゃくふしょうじゃ》とちかひ《い》たり

已上道綽大師

善導大師 付釋文 二十六首

大《だい》心《しん》海《かい》より化《け》してこそ
善《ぜん》導《どう》和《くわ》尚《しよう》とおはしけれ
末《まツ》代《だい》濁《じよく》世《せ》のためにとて
十《じツ》方《ぽう》諸《しよ》佛《ぶ》に證《しよう》をこふ《う》

世《よ》世《よ》に善《ぜん》導《どう》いでたまひ
法《ほ》照《せう》少《しよう》康《こう》としめしつゝ
功《く》徳《どく》藏《ぞう》をひらきてぞ
諸《しよ》佛《ぶ》の本《ほん》意《に》とげたまふ《もう》

彌《み》陀《だ》の名《みよう》願《ぐわん》によらざれば
百《ひやく》千《せん》万《まん》劫《ごう》すぐれども
いつゝのさは《わ》りはなれねば
女《によ》身《しん》をいかでか轉《てん》ずべき

釋《しや》迦《か》は要《えう》門《もん》ひらきつゝ
定《ぢよう》散《さん》諸《しよ》機《き》をこしらへ《え》て
正《しよう》雑《ぞう》二《に》行《ぎよう》方《ほう》便《べん》し
ひとへ《え》に專《せん》修《じゆ》をすゝめしむ

助《じよ》正《しよう》ならべて修《しゆ》するをば
すなは《わ》ち雑《ざツ》修《しゆ》となづけたり
一《いツ》心《しん》をえざるひとなれば
佛《ぶツ》恩《とん》報《ほう》ずるこゝろなし

佛《ぶツ》號《ごう》むねと修《しゆ》すれども
現《げん》世《ぜ》をいのる行《ぎよう》者《じや》をば
これも雑《ざツ》修《しゆ》となづけてぞ
千《せん》中《ちう》无《む》一《いち》ときらは《わ》るゝ

○こころはひとつにあらねども
雜行雜修《ざうぎやうざツしゆ》これにたり
淨土《じやうど》の行《ぎやう》にあらぬをば
ひとへ《え》に雜行《ざうぎやう》となづけたり

善導大師《ぜんどうだいし》證《しよう》をこひ
定散二心《じやうさんにしん》をひるがへ《え》し
貪瞋二河《とんじんにが》の譬喩《ひゆ》をとき
弘願《ぐぐわん》の信心守護《しんじんしゆご》せしむ

經道滅盡《きやうどうめツじん》ときいたり
如來出世《によらいしゆツせ》の本意《ほんに》なる
弘願眞宗《ぐぐわんしんしゆ》にあひ《い》ぬれば
凡夫念《ぼんぶねん》じてさとるなり

佛法力《ぶツぽうりき》の不思議《ふしぎ》には
諸邪業繫《しよじやごうけ》さは《わ》らねば
彌陀《みだ》の本弘誓願《ほんぐせいぐわん》を
增上緣《ぞうじやうえん》となづけたり

願力成就《ぐわんりきじやうじゆ》の報土《ほうど》には
自力《じりき》の心行《しんぎやう》いたらねば
大小聖人《だいせうしやうにん》みなながら
如來《によらい》の弘誓《ぐぜい》に乘《じよう》ずなり

煩惱具足《ぼんのうぐそく》と信知《しんち》して
本願力《ほんぐわんりき》に乘《じよう》ずれば
すなは《わ》ち穢身《えしん》すてはてゝ
法性常樂證《ほツしやうじやうらくしよう》せしむ

○釋《しや》迦《か》彌《み》陀《だ》は慈《じ》悲《ひ》の父《ぶ》母《も》
種《しゆ》種《じゆ》に善《ぜん》巧《げう》方《ほう》便《べん》し
われらが无《む》上《じやう》の信《しん》心《じん》を
發《ほツ》起《き》せしめたまひ《い》けり

眞《しん》心《じん》徹《てツ》到《とう》するひとは《わ》
金《こん》剛《がう》心《しん》なりければ
三《さん》品《ぼん》の懺《さん》悔《げ》するひとゝ
ひとしと宗《しう》師《し》は《わ》のたまへ《え》り

五《ご》濁《ぢよく》惡《あく》世《せ》のわれらこそ
金《こん》剛《がう》の信《しん》心《じん》ばかりにて
ながく生《しやう》死《じ》をすてはてゝ
自《じ》然《ねん》の淨《じやう》土《ど》にいたるなれ

金《こん》剛《がう》堅《けん》固《ご》の信《しん》心《じん》の
さだまるときをまちえてぞ
彌《み》陀《だ》の心《しん》光《くわう》攝《せう》護《ご》して
ながく生《しやう》死《じ》をへだてける

眞《しん》實《じツ》信《しん》心《じん》えざるをば
一《いツ》心《しん》かけぬとおしへ《え》たり
一《いツ》心《しん》かけたるひとは《わ》みな
三《さん》信《しん》具《ぐ》せずとおもふ《う》べし

利《り》他《た》の信《しん》樂《げう》うるひとは《わ》
願《ぐわん》に相《さう》應《おう》するゆへ《え》に
教《けう》と佛《ぶツ》語《ご》にしたがへ《え》ば
外《げ》の雜《ざう》縁《えん》さらになし

○眞宗念佛《しんしゅねんぶ》きゝえつゝ
一念无疑《いちねんむぎ》なるをこそ
希有最勝人《けうさいしょうにん》とほめ
正念《しょうねん》をうとは《わ》さだめたれ

本願相應《ほんぐわんそうおう》せざるゆへ《え》
雜縁《ざうえん》きたりみだるなり
信心亂失《しんじんらんし》するをこそ
正念《しょうねん》うすとは《わ》のべたまへ《え》

信《しん》は願《ぐわん》より生《しょう》ずれば
念佛成佛自然《ねんぶじょうぶじねん》なり
自然《じねん》はすなはち《わ》報土《ほうど》なり
證大涅槃《しょうだいねはん》うたがは《わ》ず

五濁增《ごじょくぞう》のときいたり
疑謗《ぎほう》のともがらおほ《お》くして
道俗《どうぞく》ともにあひ《い》きらひ《い》
修《しゅ》するをみては《わ》あたをなす

本願毀滅《ほんぐわんきめ》のともがらは《わ》
生盲闡提《しょうもうせんだい》となづけたり
大地微塵劫《だいぢみじんごう》をへて
ながく三塗《さんづ》にしづむなり

西路《さいろ》を指授《しじゅ》せしかども
自障障他《じしょうしょうた》せしほどに
曠劫已來《こうごういらい》もいたづらに
むなしくこそは《わ》すぎにけり

○弘誓《ぐぜい》のちからをかふ《む》らずは《わ》
いづれのときにか娑婆《しゃば》をいでん
佛恩《ぶツとん》ふかくおもひ《い》つゝ
つねに彌陀《みだ》を念《ねん》ずべし

娑婆永劫《しゃばようこう》の苦《く》をすてゝ
浄土无爲《じょうどむい》を期《ご》すること
本師釋迦《ほんじしゃか》のちからなり
長時《ぢょうじ》に慈恩《じおんの》を報《ほう》ずべし

已上善導大師

源信大師　付釋文　十首

源信和尚《げんしんくわしょう》ののたまは《わ》く
われこれ故佛《こぶツ》とあらは《わ》れて
化縁《けえん》すでにつきぬれば
本土《ほんど》にかへ《え》るとしめしけり

本師源信《ほんじげんしん》ねんごろに
一代佛教《いちだいぶツけう》のそのなかに
念佛一門《ねんぶいちもん》ひらきてぞ
濁世末代《じょくせまツだい》おしへ《え》ける

靈山聽衆《りょうぜんちょうじゅ》とおは《わ》しける
源信僧都《げんしんそうづ》のおしへ《え》には
報化二土《ほうけにど》をおしへ《え》てぞ
專雜《せんぞう》の得失《とくしつ》さだめたる

本《ほん》師《じ》源《げん》信《しん》和《くわ》尚《しやう》は《わ》
懐《え》感《かん》禅《ぜん》師《じ》の釈《しやく》により
処《しよ》胎《たい》経《きやう》をひらきてぞ
懈《け》慢《まん》界《がい》をばあらは《わ》せる

○専《せん》修《じゆ》のひとをほむるには《わ》
千《せん》无《む》一《いッ》失《し》とおしへ《え》たり
雑《ざッ》修《しゆ》のひとをきらふ《ろう》には《わ》
万《まん》不《ぷ》一《いッ》生《しやう》とのべたまふ《もう》

報《ほう》の浄《じやう》土《ど》の往《おう》生《じやう》は《わ》
おほ《お》からずとぞあらは《わ》せる
化《け》土《ど》にむ《う》まるゝ衆《しゆ》生《じやう》をば
すくなからずとおしへ《え》たり

男《なん》女《によ》貴《き》賎《せん》こと〲く
弥《み》陀《だ》の名《みやう》号《ごう》称《しやう》するに
行《ぎやう》住《じゆう》坐《ざ》臥《ぐわ》もえらばれず
時《じ》処《しよ》諸《しよ》縁《えん》もさは《わ》りなし

煩《ぼん》悩《のう》にまなこさへ《え》られて
摂《せッ》取《しゆ》の光《こう》明《みやう》みざれども
大《だい》悲《ひ》ものうきことなくて
つねにわが身《み》をてらすなり

弥《み》陀《だ》の報《ほう》土《ど》をねがふ《ごう》ひと
外《げ》儀《ぎ》のすがたはことなりと
本《ほん》願《ぐわん》名《みやう》号《ごう》信《しん》受《じゆ》して
寤《ご》寐《び》にわするゝことなかれ

極《ごく》悪《あく》深《じん》重《ぢう》の衆《しゆ》生《じよう》は
他《た》の方《ほう》便《べん》さらになし
ひとへに彌《み》陀《だ》を稱《しよう》じてぞ
淨《じよう》土《ど》にむ《う》まるとのべたまふ《もう》

已上源信大師

源空聖人付釋文二十首

○本《ほん》師《じ》源《しよう》空《にん》世《よ》にいでゝ
弘《ぐ》願《ぐわん》の一乘《いちじよう》ひろめつゝ
日《にッ》本《ぽん》一《いッ》州《しう》ことごとく
淨《じよう》土《ど》の機《き》縁《えん》あらは《わ》れぬ

智《ち》慧《え》光《こう》のちからより
本《ほん》師《じ》源《しよう》空《にん》あらは《わ》れて
淨《じよう》土《ど》眞《しん》宗《しゆ》をひらきつゝ
選《せん》擇《ぢやく》本《ほん》願《ぐわん》のべたまふ《もう》

善《ぜん》導《どう》源《げん》信《しん》すゝむとも
本《ほん》師《じ》源《しよう》空《にん》ひろめずは《わ》
片《へん》州《しう》濁《じよく》世《せ》のともがらは《わ》
いかでか眞《しん》宗《しゆ》をさとらまし

曠《こう》劫《ごう》多《た》生《しよう》のあひ《い》だにも
出《しゆツ》離《り》の强《ごう》縁《えん》しらざりき
本《ほん》師《じ》源《しよう》空《にん》いまさずは《わ》
このたびむなしくすぎなまし

源空《しょうにん》三五《さんご》のよはひ《わい》にて
无常《むじょう》のことは《わ》りさとりつゝ
厭離《えんり》の素懐《そくわい》をあらは《わ》して
菩提《ぼだい》のみちにぞいらしめし

源空《しょうにん》智行《ちぎょう》の至徳《しとく》には《わ》
聖道諸宗《しょうどうしょしゅ》の師主《ししゅ》も
みなもろともに帰《き》せしめて
一心金剛《いっしんこんごう》の戒師《かいし》とす

○源空《しょうにん》存在《ぞんざい》せしときに
金色《こんじき》の光明《こうみょう》はなたしむ
禅定博陸《ぜんじょうはくりく》まのあたり
拝見《はいけん》せしめたまひ《い》けり

本師《ほんじ》源空《しょうにん》の本地《ほんぢ》をば
世俗《せぞく》のひとゞあひ《い》つたへ《え》
綽和尚《しゃくわしょう》と称《しょう》せしめ
あるひは《いわ》善導《ぜんどう》としめしけり

源空《しょうにん》勢至《せいし》と示現《じげん》し
あるひは《いわ》弥陀《みだ》と顕現《けんげん》す
上皇群臣《じょうこうぐんしん》尊敬《そんきょう》し
京夷庶民《きょういしょみん》欽仰《きんごう》す

承久《じょうきゅう》の太上法皇《だじょうほうおう》は《わ》
本師《ほんじ》源空《しょうにんの》を帰敬《ききょう》しき
釈門儒林《しゃくもんじゅりん》みなともに
ひとしく真宗《しんしゅ》に悟入《ごにう》せり

諸《しよ》佛《ぶ》方便《ほうべん》ときいたり
源空《しようにん》ひじりとしめしつゝ
无上《むじよう》の信心《しんじん》おしへ《ゑ》てぞ
涅槃《ねはん》のかどをばひらきける

眞《しん》の知識《ちしき》にあふ《おう》ことは《わ》
かたきがなかになをかたし
流轉《るてん》輪迴《りんね》のきは《わ》なきは《わ》
疑情《ぎじよう》のさは《わ》りにしくぞなき

○源空《しようにん》光明《こうみよう》はなたしめ
門徒《もんと》につねにみせしめき
賢哲《けんてつ》愚夫《ぐぶ》もえらばれず
豪貴《ごうき》鄙賤《ひせん》もへだてなし

命終《みようじゆ》その期《ご》ちかづきて
本師《ほんじ》源空《しようにん》のたまは《わ》く
往生《おうじよう》みたびになりぬるに
このたびことにとげやすし

源空《しようにん》みづからのたまは《わ》く
靈山《りようぜん》會上《えじよう》にありしとき
聲聞僧《しようもんぞう》にまじは《わ》りて
頭陀《づだ》を行《ぎよう》じて化度《けど》せしむ

粟散片州に誕生して
念佛《ねんぶ》宗《しゆ》をひろめしむ
衆生《しゆじよう》化度《けど》のためにとて
この土《ど》にたび〱きたらしむ

阿《あ》彌《み》陀《だ》如《によ》來《らい》化《け》してこそ
本《ほん》師《じ》源《しよう》空《にん》としめしけれ
化《け》縁《えん》すでにつきぬれば
淨《じよう》土《ど》にかへ《え》りたまひ《い》にき

本《ほん》師《じ》源《しよう》空《にん》のおは《わ》りには《わ》
光《こう》明《みよう》紫《し》雲《うん》のごとくなり
音《おん》樂《がく》哀《あい》婉《えん》雅《が》亮《りよう》にて
異《い》香《きよう》みぎりに暎《えい》芳《ほう》す

道《どう》俗《ぞく》男《なん》女《によ》預《よ》參《さん》し
卿《けい》上《しよう》雲《うん》客《かく》羣《くん》集《じう》す
頭《づ》北《ほく》面《めん》西《さい》右《う》脇《けう》にて
如《によ》來《らい》涅《ね》槃《はん》の儀《ぎ》をまもる

本師源空命終時
建《けん》暦《りやく》。第《だい》二《に》壬《にん》申《しん》歳《さい》
初《そ》春《しゆん》下《げ》旬《じゆん》第《だい》五《ご》日《にち》
淨《じよう》土《ど》に還《げん》歸《き》せしめけり

已上源空聖人

已上七高僧和讃一百十七首

五《ご》濁《じよく》惡《あく》世《せ》の衆《しゆ》生《じよう》の
選《せん》擇《ぢやく》本《ほん》願《ぐわん》信《しん》ずれば
不《ふ》可《か》稱《しよう》不《ふ》可《か》説《せ》不《ふ》可《か》思《し》議《ぎ》の
功《く》德《どく》は《わ》行《ぎよう》者《じや》の身《み》にみてり

南无阿彌陀佛をとけるには
衆善海水のごとくなり
かの清浄の善身にえたり
ひとしく衆生に廻向せん

康元二歳丁巳二月九日夜
寅時夢告云
彌陀の本願信ずべし
本願信ずるひとはみな

攝取不捨の利益にて
无上覺をばさとるなり

正像末浄土和讃

愚禿善信集

○釋《しや》迦《か》如《によ》來《らい》かくれましくて
二《に》千《せん》餘《よ》年《ねん》になりたまふ《もう》
正《しよう》像《ぞう》の二《に》時《じ》は《わ》おは《わ》りにき
如《によ》來《らい》の遺《ゆい》弟《てい》悲《ひ》泣《きう》せよ

末《まツ》法《ぽう》五《ご》濁《じよく》の有《う》情《じよう》の
行《ぎよう》證《しよう》かなは《わ》ぬときなれば
釋《しや》迦《か》の遺《ゆい》法《ほう》ことごとく
龍《りう》宮《ぐ》にいりたまひ《い》にき

正《しよう》像《ぞう》末《ま》の三《さん》時《じ》には《わ》
彌《み》陀《だ》の本《ほん》願《ぐわん》ひろまれり
像《ぞう》季《き》末《まツ》法《ぽう》のこの世《よ》には《わ》
諸《しよ》善《ぜん》龍《りう》宮《ぐ》にいりたまふ《もう》

大《だい》集《しツ》經《きやう》にときたまふ《もう》
この世《よ》は《わ》第《だい》五《ご》の五百年《ごひやくねん》
闘諍《とうじよう》堅固《けんご》なるゆへ《え》に
白法《びやくほう》隠滞《おんたい》したまへ《え》り

數《しゆ》万《まん》歳《ざい》の有情《うじよう》も
果報《くわほう》やうやくおとろへ《え》て
二《に》万《まん》歳《ざい》にいたりては《わ》
五濁惡世《ごじよくあくせ》の名《な》をえたり

劫濁《こうじよく》のときうつるには
有情《うじよう》やうやく身小《しんせう》なり
五濁《ごじよく》惡邪《あくじや》まさるゆへ《え》
毒蛇《どくじや》惡龍《あくりう》のごとくなり

无明《むみよう》煩悩《ぼんのう》しげくして
塵數《ぢんじゆ》のごとく遍満《へんまん》す
愛憎《あいぞう》違順《いじゆん》することは《わ》
高峯《かうぶ》岳山《がくざん》にことならず

有情《うじよう》の邪見《じやけん》熾盛《しじよう》にて
叢林《そうりん》棘刺《こくし》のごとくなり
念佛《ねんぶ》の信者《しんじや》を疑謗《ぎほう》して
破壊《はえ》瞋毒《しんどく》さかりなり

命濁《みようじよく》中夭《ちうえう》刹那《せツな》にて
依正《えしよう》二報《にほう》滅亡《めツもう》し
背正《はいしよう》帰邪《きじや》まさるゆへ《え》
横《おう》にあたをぞおこしける

末法《まツぽう》第五《だいご》の五百年《ごひやくねん》
この世《よ》の一切《いツさい》有情《うじやう》の
如來《によらい》の悲願《ひぐわん》を信《しん》ぜずは《わ》
出離《しゆツり》その期《ご》は《わ》なかるべし

九十五種《くじうごしゆ》世《よ》をけがす
唯佛《ゆいぶツ》一道《いちだう》きよくます
菩提《ぼだい》に出到《しゆツとう》してのみぞ
火宅《くわたく》の利益《りやく》は自然《じねん》なる

○

五濁《ごぢよく》の時機《じき》いたりては
道俗《どうぞく》ともにあらそひて
念佛《ねんぶツ》信《しん》ずるひとをみて
疑謗《ぎほう》破滅《はめ》さかりなり

菩提《ぼだい》をうまじきひとは《わ》みな
專修念佛《せんじゆねんぶ》にあたをなす
頓教毀滅《とんげうきめ》のしるしには
生死《しやうじ》の大海《だいかい》きは《わ》もなし

正法《しやうぼう》の時機《じき》とおもへ《え》ども
底下《ていげ》の凡愚《ぼんぐ》となれる身《み》は
清淨眞實《しやうじやうしんじ》のこゝろなし
發菩提心《ほツぼだいしん》いかゞせん

自力聖道《じりきしやうどう》の菩提心《ぼだいしん》
こゝろもことばもおよばれず
常沒流轉《じやうもるてん》の凡愚《ぼんぐ》は《わ》
いかでか發起《ほツき》せしむべき

三《さん》恒《ごう》河《が》沙《しゃ》の諸《しょ》佛《ぶ》の
出《しゅッ》世《せ》のみもとにありしとき
大《だい》菩《ぼ》提《だい》心《しん》おこせども
自《じ》力《りき》かなは《わ》で流《る》転《てん》せり

像《ぞう》末《まッ》五《ご》濁《じょく》の世《よ》となりて
釋《しゃ》迦《か》の遺《ゆい》教《けう》かくれしむ
彌《み》陀《だ》の悲《ひ》願《ぐわん》ひろまりて
念《ねん》佛《ぶ》往《おう》生《じょう》さかりなり

超《ちょう》世《せ》无《む》上《じょう》に攝《せッ》取《しゅ》し
選《せん》擇《ぢゃく》五《ご》劫《こう》思《し》惟《ゆい》して
光《こう》明《みょう》壽《じゅ》命《みょう》の誓《せい》願《ぐわん》を《の》
大《だい》悲《ひ》の本《ほん》としたまへ《え》り

○

淨《じょう》土《ど》の大《だい》菩《ぼ》提《だい》心《しん》は《な》
願《ぐわん》作《さ》佛《ぶッ》心《しん》を《の》すゝめしむ
すなは《わ》ち願《ぐわん》作《さ》佛《ぶッ》心《しん》を《の》
度《ど》衆《しゅ》生《じょう》心《しん》となづけたり

度《ど》衆《しゅ》生《じょう》心《しん》といふことは
彌《み》陀《だ》智《ち》願《ぐわん》の迴《え》向《こう》なり
迴《え》向《こう》の信《しん》樂《げう》うるひとは《わ》
大《だい》般《はッ》涅《ね》槃《はん》を《の》さとるなり

如《にょ》來《らい》の迴《え》向《こう》に歸《き》入《にう》して
願《ぐわん》作《さ》佛《ぶッ》心《しん》を《の》うるひとは《わ》
自《じ》力《りき》の迴《え》向《こう》をすてはて
利《り》益《やく》有《う》情《じょう》は《わ》きは《わ》もなし

彌陀《みだ》の智願海水《ちぐわんかいすい》に
他力《たりき》の信水《しんすい》いりぬれば
眞實報土《しんじつほうど》のならひにて
煩惱菩提一味《ぼんのうぼだいいちみ》なり

如來二種《にょらいにしゅ》の迴向《ゑこう》を
ふかく信《しん》ずるひとはみな
等正覺《とうしょうがく》にいたるゆへ
憶念《おくねん》の心《しん》はたへぬなり

彌陀智願《みだちぐわん》の迴向《ゑこう》の
信樂《しんげう》まことにうるひとは
攝取不捨《せっしゅふしゃ》の利益《りやく》ゆへ
等正覺《とうしょうがく》にいたるなり

○五十六億七千萬《ごじゅうろくおくしちせんまん》
彌勒菩薩《みろくぼさつ》はとしをへん
まことの信心《しんじん》うるひとは
このたびさとりをひらくべし

念佛往生《ねんぶつおうじょう》の願《ぐわん》により
等正覺《とうしょうがく》にいたるひと
すなはち彌勒《みろく》におなじくて
大般涅槃《だいはつねはん》をさとるべし

眞實信心《しんじつしんじん》うるゆへに
すなはち定聚《ぢょうじゅ》にいりぬれば
補處《ふしょ》の彌勒《みろく》におなじくて
无上覺《むじょうがく》をさとるなり

像法《ぞうぼう》のときの智人《ちにん》も
自力《じりき》の諸教《しょけう》をさしおきて
時機《じき》相應《そうおう》の法《ほう》なれば
念佛門《ねんぶもん》にぞいりたまふ《もう》

彌陀《みだ》の尊號《そんごう》となへつゝ
信樂《しんげう》まことにうるひとは《わ》
憶念《おくねん》の心《しん》つねにして
佛恩《ぶっとん》報《ほう》ずるおもひ《い》あり

五濁《ごじょく》惡世《あくせ》の有情《うじょう》の
選擇《せんぢゃく》本願《ほんぐわん》信《しん》ずれば
不可稱《ふかしょう》不可說《ふかせ》不可思議《ぶかしぎ》の
功德《くどく》は《わ》行者《ぎょうじゃ》の身《み》にみてり

无导光佛《むげこうぶ》のみことには
未來《みらい》の有情《うじょう》利《り》せんとて
大勢至菩薩《だいせいしぼさ》に
智慧《ちえ》の念佛《ねんぶ》さづけしむ

濁世《じょくせ》の有情《うじょう》をあは《わ》れみて
勢至《せいし》念佛《ねんぶ》すゝめしむ
信心《しんじん》のひとを攝取《せっしゅ》して
淨土《じょうど》に歸入《きにう》せしめけり

釋迦彌陀《しゃかみだ》の慈悲《じひ》よりぞ
願作佛心《ぐわんさぶっしん》はえしめたる
信心《しんじん》の智慧《ちえ》にいりてこそ
佛恩《ぶっとん》報《ほう》ずる身《み》とは《わ》なれ

智慧《ちえ》の念佛《ねんぶ》うることは
法藏願力《ほうぞうぐわんりき》のなせるなり
信心《しんじん》の智慧《ちえ》なかりせば
いかでか涅槃《ねはん》をさとらまし

无明長夜《むみようぢようや》の燈炬《とうこ》なり
智眼《ちげん》くらしとかなしむな
生死大海《しようじだいかい》の舩筏《せんばつ》なり
罪障《ざいしよう》おもしとなげかざれ

○

願力无窮《ぐわんりきむぐう》にましませば
罪業深重《ざいごうじんぢう》もおもからず
佛智无邊《ぶつちむへん》にましませば
散亂放逸《さんらんほういち》もすてられず

如來《によらい》の作願《さぐわん》をたづぬれば
苦惱《くのう》の有情《うじよう》をすてずして
廻向《えこう》を首《しゆ》としたまひて
大悲心《だいひしん》をば成就《じようじゆ》せり

眞實信心《しんじつしんじん》の稱名《しようみよう》は
彌陀《みだ》廻向《えこう》の法《ほう》なれば
不廻向《ふえこう》となづけてぞ
自力《じりき》の稱念《しようねん》きらはるゝ

彌陀智願《みだちぐわん》の廣海《こうかい》に
凡夫善惡《ぼんぶぜんまく》の心水《しんしい》も
歸入《きにう》しぬればすなはちに
大悲心《だいひしん》とぞ轉《てん》ずなる

造悪《ざうあく》このむわが弟子《でし》の
邪見《じやけん》放逸《はういち》さかりにて
末世《まつせ》にわが法破《はうは》すべしと
蓮華面經《れんげめんぎやう》にときたまふ

念佛誹謗の有情は
阿鼻地獄に墮在して
八万劫中大苦惱
ひまなくうくとぞときたまふ

眞實報土《しんじツほうど》の正因《しやういん》を
二尊《にそん》のみことにたまは《わ》りて
正定聚《しやうぢやうじゆ》に住《ぢう》すれば
かならず滅度《めツど》をさとるなり

十方《じツぽう》无量《むりやう》の諸佛《しよぶ》の
證誠護念《しやうじやうごねん》のみことにて
自力《じりき》の大菩提心《だいぼだいしん》の
かなは《わ》ぬほどは《わ》しりぬべし

○眞實信心《しんじツしんじん》うることは《わ》
末法濁世《まツぽうぢよくせ》にまれなりと
恒沙《ごうじや》の諸佛《しよぶう》の證誠《しやうじやう》に
えがたきほどをあらは《わ》せり

往相還相《おうそうげんそう》の迴向《ゑこう》に
ま《も》うあは《わ》ぬ身《み》となりにせば
流轉輪迴《るてんりんね》もきは《わ》もなし
苦海《くかい》の沈淪《ちんりん》いかゞせん

佛《ぶッ》智《ち》不《ふ》思《し》議《ぎ》を信《しん》ずれば
正定聚《しょうじょうじゅ》にこそ住《ぢう》しけれ
化《け》生《しょう》のひとは智《ち》慧《え》すぐれ
无《む》上《じょう》覺《かく》をぞさとりける

不《ふ》思《し》議《ぎ》の佛《ぶッ》智《ち》を信《しん》ずるを
報《ほう》土《ど》の因《いん》としたまへ《え》り
信《しん》心《じん》の正《しょう》因《いん》うることは《わ》
かたきがなかになをかたし

无《む》始《し》流《る》轉《てん》の苦《く》をすてゝ
无《む》上《じょう》涅《ね》槃《はん》を期《ご》すること
如《にょ》來《らい》二《に》種《しゅ》の廻《え》向《こう》の
恩《おん》德《どく》まことに謝《しゃ》じがたし

報《ほう》土《ど》の信《しん》者《じゃ》は《わ》おほ《お》からず
化《け》土《ど》の行《ぎょう》者《じゃ》は《わ》かずおほ《お》し
自《じ》力《りき》の菩《ぼ》提《だい》かなは《わ》ねば
久《く》遠《おん》劫《ごう》より流《る》轉《てん》せり

○南《な》无《む》阿《あ》彌《み》陀《だ》佛《ぶ》の廻《え》向《こう》の
恩《おん》德《どく》廣《こう》大《だい》不《ふ》思《し》議《ぎ》にて
往《おう》相《そう》廻《え》向《こう》の利《り》益《やく》には《わ》
還《げん》相《そう》廻《え》向《こう》に廻《え》入《にう》せり

往《おう》相《そう》廻《え》向《こう》の大《だい》慈《じ》より
還《げん》相《そう》廻《え》向《こう》の大《だい》悲《ひ》をう
如《にょ》來《らい》の廻《え》向《こう》なかりせば
淨《じょう》土《ど》の菩《ぼ》提《だい》は《わ》いかゞせん

彌《み》陀《だ》観《くわん》音《のん》大《だい》勢《せい》至《し》
大《だい》願《ぐわん》のふねに乗《じよう》じてぞ
生《しよう》死《じ》のうみにうかみつゝ
有《う》情《じよう》をよば《ぼ》ふてのせたまふ《もう》

彌《み》陀《だ》大《だい》悲《ひ》の誓《せい》願《ぐわん》を
ふかく信《しん》ぜんひとは《わ》みな
ねてもさめてもへだてなく
南《な》无《む》阿《あ》彌《み》陀《だ》佛《ぶ》をとなふ《のう》べし

聖《しよう》道《どう》門《もん》のひとは《わ》みな
自《じ》力《りき》の心《しん》をむねとして
他《た》力《りき》不《ふ》思《し》議《ぎ》にいりぬれば
義《ぎ》なきを義《ぎ》とすと信《しん》知《ち》せり

釋《しや》迦《か》の教《けう》法《ぼう》ましまさず
修《しゆ》すべき有《う》情《じよう》のなきゆへ《え》に
さとりうるもの末《まッ》法《ぽう》に
一《いち》人《にん》もあらじとときたまふ《もう》

○三《さん》朝《ちよう》浄《じよう》土《ど》の大《だい》師《し》等《とう》
哀《あい》愍《みん》攝《せう》受《じゆ》したまひて
眞《しん》實《じ》信《しん》心《じん》すゝめしめ
定《ぢよう》聚《じゆ》のくらゐにいれしめよ

他《た》力《りき》の信《しん》心《じん》うるひとを
うやまひおほ《お》きによろこべば
すなは《わ》ちわが親《しん》友《ぬ》ぞと
教《けう》主《しゆ》世《せ》尊《そん》はほめたまふ《もう》

如來《にょらい》大悲《だいひ》の恩徳《おんどく》は《わ》
身《み》を粉《こ》にしても報《ほう》ずべし
師主《ししゅ》知識《ちしき》の恩徳《おんどく》も
ほねをくだきても謝《しゃ》すべし

已上正像末法和讃
五十八首

不了《ふりょう》佛智《ぶツち》のしるしには《わ》
如來《にょらい》の諸智《しょち》を疑惑《ぎわく》して
罪福《ざいふく》信《しん》じ善本《ぜんぼん》を《の》
たのめば邊地《へんぢ》にとまるなり

佛智《ぶツち》の不思議《ふしぎ》をうたがひ《い》て
自力《じりき》の稱念《しょうねん》このむゆへ《え》
邊地《へんぢ》懈慢《けまん》にとゞまりて
佛恩《ぶツとん》報《ほう》ずるこゝろなし

○

罪福《ざいふく》信《しん》ずる行者《ぎょうじゃ》は《わ》
佛智《ぶツち》の不思議《ふしぎ》をうたがひ《い》て
疑城《ぎじょう》胎宮《たいぐ》にとゞまれば
三寶《さんぼう》にはなれたてまつる

佛智《ぶツち》疑惑《ぎわく》のつみにより
懈慢《けまん》邊地《へんぢ》にとまるなり
疑惑《ぎわく》のつみのふかきゆへ《え》
年歳《ねんさい》劫數《こうしゅ》をふるととく

轉輪皇《てんりんのう》の王子《おうじ》の
皇《おう》につみをうるゆへ《え》に
金鎖《こんさ》をもちてつなぎつゝ
牢獄《ろうごく》にいるがごとくなり

自力《じりき》稱名《しようみよう》のひとは《わ》みな
如來《によらい》の本願《ほんぐわん》信《しん》ぜねば
うたがふ《ごう》つみのふかきゆへ《え》
七《しツ》寶《ぽう》の獄《ごく》にぞいましむる

信心《しんじん》のひとにおとらじと
疑心《ぎしんじ》自力《りき》の行者《ぎようじや》も
如來《によらい》大悲《だいひ》の恩《おん》をしり
稱名《しようみよう》念《ねん》佛《ぶツ》はげむべし

自力《じりき》諸善《しよぜん》のひとは《わ》みな
佛智《ぶツち》の不思議《ぶしぎ》をうたがへ《え》ば
自業《じごう》自得《じとく》の道理《どうり》にて
七《しツ》寶《ぽう》の獄《ごく》にぞいりにける

佛智《ぶツち》不思議《ふしぎ》をうたがひ《い》て
善本《ぜんぼん》徳本《とくほん》たのむひと
邊地《へんぢ》懈慢《けまん》にむ《う》まるれば
大慈《だいじ》大悲《だいひ》は《わ》えざりけり

○

本願《ほんぐわん》疑惑《ぎわく》の行者《ぎようじや》には《わ》
含花《がんけ》未出《みしゆツ》のひともあり
或生《わくしよう》邊地《へんぢ》ときらひ《い》つゝ
或墮《わくだ》宮胎《くたい》とすてらるゝ

如來《にょらい》の諸智《しょち》を疑惑《ぎわく》して
信《しん》ぜずながらなをもまた
罪福《ざいふく》ふかく信《しん》ぜしめ
善本《ぜんぼん》修習《しゅじゅう》すぐれたり

佛智《ぶっち》を疑惑《ぎわく》するゆへ《え》に
胎生《たいしょう》のものは《わ》智慧《ちえ》もなし
胎宮《たいぐ》にかならずむ《う》まるるを
牢獄《ろうごく》にいるとたとへ《え》たり

七寶《しっぽう》の宮殿《くでん》にむ《う》まれては《わ》
五百歳《ごひゃくさい》のとしをへて
三寶《さんぼう》を見聞《けんもん》せざるゆへ《え》
有情《うじょう》利益《りやく》はさらになし

邊地《へんじ》七寶《しっぽう》の宮殿《くでん》に
五百歳《ごひゃくさい》までいでずして
みづから過咎《くわく》をなさしめて
もろ〳〵の厄《やく》をうくるなり

○

罪福《ざいふく》ふかく信《しん》じつゝ
善本《ぜんぼん》修習《しゅしう》するひとは《わ》
疑心《ぎしん》の善人《ぜんにん》なるゆへ《え》に
方便《ほうべん》化土《けど》にとまるなり

彌陀《みだ》の本願《ほんぐわん》信《しん》ぜねば
疑惑《ぎわく》を帶《たい》してむ《う》まれつゝ
はなは《わ》すなは《わ》ちひらけねば
胎《たい》に處《しょ》するにたとへ《え》たり

ときに慈《じ》氏《し》菩《ぼ》薩《さ》の
世《せ》尊《そん》にまふ《もう》したまひ《い》けり
何《が》因《いん》何《が》縁《えん》いかなれば
胎《たい》生《しょう》化《け》生《しょう》となづけたる

如《にょ》來《らい》慈《じ》氏《し》にのたまは《わ》く
疑《ぎ》惑《わく》の心《しん》をもちながら
善《ぜん》本《ぼん》修《しゅ》するをたのみにて
胎《たい》生《しょう》邊《へん》地《ぢ》にとゞまれり

佛《ぶッ》智《ち》疑《ぎ》惑《わく》のつみゆへ《え》に
五《ご》百《ひゃく》歳《さい》まで牢《ろう》獄《ごく》に
かたくいましめおは《わ》します
これを胎《たい》生《しょう》とときたまふ《もう》

佛《ぶッ》智《ち》不《ふ》思《し》議《ぎ》をうたがひ《い》て
罪《ざい》福《ふく》信《しん》ずる有《う》情《じょう》は《わ》
宮《く》殿《でん》にかならずむ《う》まるれば
胎《たい》生《しょう》のものとときたまふ《もう》

自《じ》力《りき》の心《しん》をむねとして
不《ふ》思《し》議《ぎ》の佛《ぶッ》智《ち》をたのまねば
胎《たい》宮《ぐ》にむ《う》まれて五《ご》百《ひゃく》歳《さい》
三《さん》寶《ぼう》の慈《じ》悲《ひ》にはなれたり

佛《ぶッ》智《ち》の不《ふ》思《し》議《ぎ》を疑《ぎ》惑《わく》して
罪《ざい》福《ふく》信《しん》じ善《ぜん》本《ぼん》を
修《しゅ》して浄《じょう》土《ど》をねがふ《ごう》をば
胎《たい》生《しょう》といふ《う》とときたまふ《もう》

佛《ブツ》智《ち》うたが《ご》ふ《う》つみふかし
この心《しん》おもひ《イ》しるならば
くゆるこころをむねとして
佛《ブツ》智《ち》の不《ふ》思《し》議《ぎ》をたのむべし

已上三十三首佛不思議
の彌陀の御ちかひをうた
がふつみとがをしらせんと
あらはせるなり

愚禿善信作

皇太子聖德奉讚

佛《ブツ》智《ち》不《ふ》思《し》議《ぎ》の誓《せい》願《ぐわん》を
聖《しやう》德《とく》皇《おう》のめぐみにて
正《しやう》定《じやう》聚《じゆ》に歸《き》入《にう》して
補《ふ》處《しよ》の彌《み》勒《ろく》のごとくなり

救《く》世《せ》觀《くわん》音《のん》大《だい》菩《ぼ》薩《さア》
聖《しやう》德《とく》皇《おう》と示《じ》現《げん》して
多《た》々《た》のごとくすてずして
阿《あ》摩《ま》のごとくにそひ《い》たまふ《もう》

无《む》始《し》よりこのかたこの世《よ》まで
聖《しやう》德《とく》皇《おう》のあは《わ》れみに
多《た》々《た》のごとくにそひ《い》たまひ《い》
阿《あ》摩《ま》のごとくにおはします

聖徳皇《しようとくおう》のあはれみて
佛智《ぶつち》不思議《ふしぎ》の誓願《せいぐわん》に
すゝめいれしめたまひ《い》てぞ
住正定聚《じうしようじようじゆ》の身《み》となれる

他力《たりき》の信《しん》をえんひとは《わ》
佛恩報《ぶつとんほう》ぜんためにとて
如來《によらい》二《に》種《しゆ》の迴《え》向《こう》を
十方《じつぽう》にひとしくひろむべし

大慈救世聖徳皇《だいじくせしようとくおう》
父《ち》のごとくにおは《わ》します
大悲救世觀世音《だいひくせくわんぜおん》
母《はわ》のごとくにおは《わ》します

久遠劫《くおんごう》よりこの世《よ》まで
あは《わ》れみましますしるしには《わ》
佛智《ぶつち》不思議《ふしぎ》につけしめて
善惡淨穢《ぜんまくじようえ》もなかりけり

和國《わこく》の敎主聖徳皇《けうしゆしようとくおう》
廣大恩徳《こうだいおんどく》謝《しや》しがたし
一心《いつしん》に歸命《きみよう》したてまつり
奉讚《ほうさん》不退《ふたい》ならしめよ

上宮皇子方便《じようぐうおうじほうべん》し
和國《わこく》の有情《うじよう》をあは《わ》れみて
如來《によらい》の悲願《ひぐわん》を弘宣《ぐせん》せり
慶喜奉讚《きようきほうさん》せしむべし

多《た》生《しょう》曠《こう》劫《ごう》この世《よ》まで
あは《わ》れみかぶ《む》れるこの身《み》なり
一《いッ》心《しん》帰《き》命《みょう》たへ《え》ずして
奉《ほう》讃《さん》ひまなくこのむべし

聖《しょう》徳《とく》皇《おう》のおあは《わ》れみに
護《ご》持《ぢ》。養《よう》育《いく》たへ《え》ずして
如《にょ》來《らい》二《に》種《しゅ》の廻《え》向《こう》に
すゝめいれしめおはし《わ》ます

己上聖徳奉讃　十一首

愚《ぐ》禿《ごく》悲《ひ》歎《たん》述《じゅっ》懐《かい》

一　浄土眞宗に帰すれども
眞實の心《しん》はありがたし
虚《こ》假《け》不《ふ》實《じつ》のわが身にて
清《しょう》淨《じょう》の心《しん》もさらになし

二　外《げ》儀《ぎ》のすがたはひとごとに
賢《げん》善《ぜん》精《しょう》進《じん》現《げん》ぜしむ
貪《とん》瞋《じん》邪《じゃ》僞《ぎ》おほきゆへ
奸《かん》詐《さ》ももはし身にみてり

三　悪《あく》性《しょう》さらにやめがたし
こころは蛇《じゃ》蝎《かつ》のごとくなり
修《しゅ》善《ぜん》も雑《ぞう》毒《どく》なるゆへに
虚《こ》假《け》の行《ぎょう》とぞなづけたる

四　無《む》慚《ざん》無《む》愧《ぎ》のこの身にて
まことのこころはなけれども
彌陀の廻《え》向《こう》の御名なれば
功《く》徳《どく》は十方にみちたまふ

五　小《しょう》慈《じ》小《しょう》悲《ひ》もなき身にて
有《う》情《じょう》利《り》益《やく》はおもふまじ
如來の願《がん》船《せん》いまさずは
苦海をいかでかわたるべき

六　蛇《じゃ》蝎《かつ》奸《かん》詐《さ》のこころにて
自《じ》力《りき》修《しゅ》善《ぜん》はかなふまじ

如來の廻向《えこう》をたのまでは
無慚無愧《むざんむぎ》にてはてぞせん

七 五濁《ごじょく》増《ぞう》のしるしには
この世の道俗《どうぞく》ことごとく
外儀《げぎ》は佛教のすがたにて
内心外道《げどう》を歸敬《ききょう》せり

八 かなしきかなや道俗の
良時吉日《きつにち》えらばしめ
天神地祇《てんじんじぎ》をあがめつつ
卜占祭祀《ほくさんさいし》つとめとす

九 僧ぞ法師《ほうし》のその御名《みな》は
たうときことときききしかど
提婆五邪《だいばごじゃ》の法ににて
いやしきものになづけたり

一〇 外道梵士尼乾志《げどうぼんじにけんじ》に
こころはかはらぬものとして
如來の法衣《ほうえ》をつねにきて
一切鬼神《きじん》をあがむめり

一一 かなしきかなやこのごろの
和國《わこく》の道俗みなともに
佛教の威儀《いぎ》をもととして
天地の鬼神《きじん》を尊敬《そんきょう》す

一二 五濁邪惡《ごじょくじゃあく》のしるしには
僧ぞ法師といふ御名《みな》を
奴婢僕使《ぬひぼくし》になづけてぞ
いやしきものとさだめたる

一三 無戒名字《むかいみょうじ》の比丘《びく》なれど
末法濁世《まっぽうじょくせ》の世《よ》となりて
舍利弗目連《しゃりほつもくれん》にひとしくて
供養恭敬《くようくぎょう》をすすめしむ

一四 罪業《ざいごう》もとよりかたちなし
妄想顚倒《もうそうてんどう》のなせるなり
心性《しんしょう》もとよりきよけれど
この世はまことのひとぞなき

一五 末法惡世《まっぽうあくせ》のかなしみは
南都北嶺《なんとほくれい》の佛法者《ぶっぽうしゃ》の
輿《こし》かく僧達力者《そうたちりきしゃ》法師
高位をもてなす名としたり

一六 佛法あなづるしるしには
比丘比丘尼《びくびくに》を奴婢《ぬひ》として
法師僧徒《ほうしそうと》のたふとさも
僕從《ぼくじゅ》ものの名《な》としたり

已上十六首　これは愚禿がかなしみなげきにして、述懐としたり。この世の本寺本山のいみじき僧とまふすも法師とまふすも、うきことなり。

釋《しやくの》　親鸞《しんらん》書ニ之《これをかく》ー

一　善光寺の如來の
われらをあはれみましまして
なにはのうらにきたります
御名《みな》をもしらぬ守屋《もりや》にて

二　そのときほとをりけとまふしける
疫癘《えきれい》あるひはこのゆへと
守屋《もりや》がたぐひはみなともに
ほとをりけとぞまふしける

三　やすくすすめんためにとて
ほとけと守屋《もりや》がまふすゆへ
ときの外道《げどう》みなともに
如來《によらい》をほとけとさだめたり

四　この世の佛法のひとはみな
守屋《もりや》がことばをもととして
ほとけとまふすをたのみにて
僧ぞ法師《ほうし》はいやしめり

五　弓削《ゆげ》の守屋《もりや》の大連《おおむらじ》
邪見《じやけん》きはまりなきゆへに
よろづのものをすすめんと
やすくほとけとまふしけり

(釋獲得名號)　獲《ぎやく》の字は因位《いんに》のときうるを獲《ぎやく》といふ。得《とく》の字は果位《かい》のときにいたりてうることを得《とく》といふなり。名《みよう》の字は因位のときのなを名といふ。號《ごう》の字は果位のときのなを號といふ。

(釋自然法爾)　自然《じねん》といふは、自《じ》はおのづからといふ。行者《ぎようじや》のはからひにあらず。しからしむといふことばなり。然《ねん》といふは、しからしむといふことは行者のはからひにあらず、如來のちかひにてあるがゆへに。法爾《ほうに》といふは、如來の御《おん》ちかひなるがゆへに、しからしむるを法爾《ほうに》といふ。この法爾は、御《おん》ちかひなりけるゆへに、すべて行者《ぎようじや》のはからひなきをもちて、このゆへに他力には義なきを義とすとしるべきなり。自然《じねん》といふは、もとよりしからしむるといふことばなり。彌陀佛の御《おん》ちかひの、もとより行者《ぎやうじや》のはからひにあらずして、南無阿彌陀佛とたのませたまひて、むかへんとはからはせたまひたるによりて、行者《ぎやうじや》のよからんとも、あしからんともおもはぬを、自然《じねん》とはまふすぞとききてさふらふ。ちかひのやうは、無上佛《むじやうぶつ》にならしめんとちかひたまへるなり。無上佛とまふすはかたちもなくします。かたちもましまさぬゆへに、自然《じねん》とはまふすなり。かたちましますとしめすときは、無上涅槃《むじやうねはん》とはまふさず。かたちもましまさぬやうをしらせんとて、はじめに《て》彌陀佛とぞききならひてさふらふ。彌陀佛は自然《じねん》のやうをしらせんれうなり。この道理をこころゑつるのちには、この自然のことはつねにさたすべきにはあらざるなり。つねに自然《じねん》をさたせば、義なきを義とすといふことは、なを義のあるべし。これは佛智の不思議にてあるなり。

よしあしの文字をもしらぬひとはみな　まことのこころなりけるを
善悪の字しりがほは　おほそらごとのかたちなり
是非しらず邪正《じやしやう》もわかぬ　このみなり
小慈小悲もなけれども　名利《みやうり》に人師《にんし》をこのむなり

三帖和讃索引

西《さい》方《ほう》不《ふ》可《か》思《し》議《ぎ》尊《そん》
法《ほう》藏《ぞう》菩《ぼ》薩《さ》因《いん》位《に》中《ぢゅう》
超《ちょう》發《ほッ》殊《しゅ》勝《しょう》本《ほん》弘《ぐ》誓《ぜい》
建《こん》立《りゅう》无《む》上《じょう》大《だい》悲《ひ》願《がん》
思《し》惟《ゆい》攝《せッ》取《しゅ》經《きょう》五《ご》劫《こう》
菩《ぼ》提《だい》妙《みょう》果《くわ》酬《しゅう》上《じょう》願《がん》
滿《まん》足《ぞく》本《ほん》誓《ぜい》歷《りゃく》十《じッ》劫《こう》
壽《じゅ》命《みょう》延《えん》長《ちょう》莫《まく》能《のう》量《りょう》

慈《じ》悲《ひ》深《じん》遠《のん》如《にょ》虚《こ》空《くう》
智《ち》慧《え》圓《えん》滿《まん》如《にょ》巨《こ》海《かい》
清《しょう》淨《じょう》微《み》妙《みょう》无《む》邊《へん》刹《せ》
廣《こう》大《だい》莊《しょう》嚴《ごん》等《とう》具《ぐ》足《そく》
種《しゅ》種《じゅ》功《く》德《どく》悉《しッ》成《じょう》滿《まん》
超《ちょう》踰《ゆ》十《じッ》方《ぽう》諸《しょ》佛《ぶッ》國《こく》
普《ふ》放《ほう》難《なん》思《し》无《む》导《げ》光《こう》
能《のう》破《は》无《む》明《みょう》大《だい》夜《や》闇《あん》

智《ち》光《こう》明《みょう》朗《ろう》開《かい》慧《え》眼《げん》
名《みょう》聲《しょう》靡《み》不《ふ》聞《もん》十《じッ》方《ぽう》
如《にょ》來《らい》功《く》德《どく》唯《ゆい》佛《ぶッ》知《ち》
集《しゅう》佛《ぶ》法《ほう》藏《ぞう》施《せ》凡《ぼん》愚《ぐ》
彌《み》陀《だ》佛《ぶッ》日《にち》普《ふ》照《しょう》耀《よう》
已《い》能《のう》雖《すい》破《は》无《む》明《みょう》闇《あん》
貪《とん》愛《あい》瞋《しん》嫌《けん》之《し》雲《うん》霧《む》
常《じょう》覆《ふ》清《しょう》淨《じょう》信《しん》心《じん》天《てん》

譬《ひ》猶《ゆ》如《によ》日《にち》月《ぐわつ》星《しよう》宿《しゆく》
雖《すい》覆《ふ》煙《えん》霞《か》雲《うん》霧《む》等《とう》
其《ご》雲《うん》霧《む》下《げ》明《みよう》无《む》闇《あん》
信《しん》知《ち》超《ちよう》日《にち》月《ぐわつ》光《こう》益《やく》
必《ひつ》至《し》无《む》上《じよう》淨《じよう》信《しん》曉《きよう》
三《さん》有《ぬ》生《しよう》死《じ》之《し》雲《うん》晴《じよう》
清《しよう》淨《じよう》无《む》㝵《げ》光《こう》耀《よう》朗《ろう》
一《いち》如《によ》法《ほう》界《かい》眞《しん》身《しん》顯《けん》

發《ほつ》信《しん》稱《しよう》名《みよう》光《こう》攝《しよう》護《ご》
亦《やく》獲《ぎやく》現《げん》生《しよう》无《む》量《りよう》德《とく》
无《む》邊《へん》難《なん》思《し》光《こう》不《ふ》斷《だん》
更《きよう》无《む》隔《きやく》時《じ》處《しよ》諸《しよ》緣《えん》
諸《しよ》佛《ぶ》護《ご》念《ねん》眞《しん》莫《まく》疑《ぎ》
十《じつ》方《ぽう》同《どう》稱《しよう》讃《さん》悅《えつ》可《か》
惑《わく》染《ぜん》逆《ぎやく》惡《あく》齊《さい》皆《かい》生《しよう》
謗《ほう》法《ぼう》闡《せん》提《だい》廻《え》皆《かい》往《おう》

當《とう》來《らい》之《し》世《せ》經《きよう》道《どう》滅《めつ》
特《どく》留《る》此《し》經《きよう》住《じゆう》百《ひやく》歳《さい》
如《によ》何《が》疑《ぎ》惑《わく》斯《し》大《だい》願《ぐわん》
唯《ゆい》信《しん》釋《しや》迦《か》如《によ》實《じつ》言《ごん》
印《いん》度《ど》西《さい》天《てん》之《し》論《ろん》家《げ》
中《ちゆう》夏《か》日《じち》域《いき》之《し》高《こう》僧《そう》
開《かい》大《だい》聖《しよう》世《せ》雄《おう》正《しよう》意《い》
如《によ》來《らい》本《ほん》誓《ぜい》明《みよう》應《おう》機《き》

釋《しゃ》迦《か》如《にょ》來《らい》楞《りょう》伽《が》山《せん》
爲《い》衆《しゅ》告《ごう》命《みょう》南《なん》天《てん》竺《じく》
龍《りゅう》樹《じゅ》菩《ぼ》薩《さ》興《こう》出《しゅっ》世《せ》
悉《しっ》能《のう》摧《ざい》破《は》有《う》無《む》見《けん》
宣《せん》説《ぜ》大《だい》乘《じょう》无《む》上《じょう》法《ほう》
證《しょう》歡《かん》喜《ぎ》地《じ》生《しょう》安《あん》樂《らく》
造《ぞう》十《じゅう》住《じゅ》毘《び》婆《ば》娑《しゃ》論《ろん》
難《なん》行《ぎょう》嶮《けん》路《ろ》特《どく》悲《ひ》憐《れん》

易《い》往《おう》大《だい》道《どう》廣《こう》開《かい》示《じ》
應《おう》以《い》恭《く》敬《ぎょう》心《しん》執《しゅう》持《じ》
稱《しょう》名《みょう》號《ごう》疾《しっ》得《とく》不《ふ》退《たい》
信《しん》心《じん》清《しょう》淨《じょう》卽《そっ》見《けん》佛《ぶ》
天《てん》親《じん》菩《ぼ》薩《さ》作《さ》論《ろん》説《せ》
依《え》修《しゅ》多《た》羅《ら》顯《けん》眞《しん》實《じっ》
光《こう》闡《せん》横《おう》超《ちょう》本《ほん》弘《ぐ》誓《ぜい》
演《えん》暢《ちょう》不《ふ》可《か》思《し》議《ぎ》願《がん》

由《ゆ》本《ほん》願《がん》力《りき》廻《え》向《こう》故《こ》
爲《い》度《ど》具《ぐ》縛《ばく》彰《しょう》一《いっ》心《しん》
歸《き》入《にゅう》功《く》德《どく》大《だい》寶《ほう》海《かい》
必《ひっ》獲《ぎゃく》入《にゅう》大《だい》會《え》衆《しゅ》數《しゅ》
得《とく》至《し》蓮《れん》華《げ》藏《ぞう》世《せ》界《かい》
卽《そく》證《しょう》寂《じゃく》滅《めつ》平《びょう》等《どう》身《しん》
遊《ゆ》煩《ぼん》惱《のう》林《りん》現《げん》神《じん》通《づう》
入《にゅう》生《しょう》死《じ》薗《おん》示《じ》應《おう》化《げ》

曇《どん》鸞《らん》大《だい》師《し》梁《りょう》蕭《そう》王《おう》
常《じょう》向《こう》鸞《らん》方《ぼう》菩《ぼ》薩《さ》禮《らい》
三《さん》藏《ぞう》流《る》支《し》授《じゅ》淨《じょう》教《きょう》
梵《ぼん》燒《しょう》仙《せん》經《ぎょう》歸《き》樂《らく》邦《ほう》

天《てん》親《じん》菩《ぼ》薩《さ》論《ろん》註《ちゅう》解《げ》
如《にょ》來《らい》本《ほん》願《ぐわん》顯《けん》稱《しょう》名《みょう》
往《おう》還《げん》迴《え》向《こう》由《ゆ》本《ほん》誓《ぜい》
煩《ぼん》惱《のう》成《じょう》就《じゅ》凡《ぼん》夫《ぶ》人《にん》

信《しん》心《じん》開《かい》發《ほ》即《そく》獲《ぎゃく》忍《にん》
證《しょう》知《ち》生《しょう》死《じ》即《そく》涅《ね》槃《はん》
必《ひッ》到《とう》无《む》量《りょう》光《こう》明《みょう》土《ど》
諸《しょ》有《う》衆《しゅ》生《じょう》皆《かい》普《ふ》化《け》

道《どう》綽《しゃッ》決《けッ》聖《しょう》道《どう》難《なん》證《しょう》
唯《ゆい》明《みょう》淨《じょう》土《ど》可《か》通《つう》入《にゅう》
萬《まん》善《ぜん》自《じ》力《りき》貶《へん》勤《ごん》修《しゅ》
圓《えん》滿《まん》德《とく》號《ごう》勸《くわん》專《せん》稱《しょう》

三《さん》不《ぷ》三《さん》信《しん》誨《け》慇《おん》懃《ごん》
像《ぞう》末《ま》法《ほう》滅《めッ》同《どう》悲《ひ》引《いん》
一《いッ》生《しょう》造《ぞう》惡《あく》遇《ぐ》弘《ぐ》誓《ぜい》
至《し》安《あん》養《にょう》界《かい》證《しょう》妙《みょう》果《くわ》

善《ぜん》導《どう》獨《どく》明《みょう》佛《ぶッ》正《しょう》意《い》
深《じん》藉《しゃく》本《ほん》願《ぐわん》興《こう》眞《しん》宗《しゅう》
矜《こう》哀《あい》定《じょう》散《さん》與《よ》逆《ぎゃく》惡《あく》
光《こう》明《みょう》名《みょう》號《ごう》示《じ》因《いん》縁《ねん》

入《にゅう》涅《ね》槃《はん》門《もん》値《ち》眞《しん》心《じん》
必《ひッ》獲《ぎゃく》於《お》信《しん》喜《き》悟《ご》忍《にん》
得《とく》難《なん》思《し》議《ぎ》往《おう》生《じょう》人《にん》
卽《そく》證《しょう》法《ほッ》性《しょう》之《し》常《じょう》樂《らく》

源《げん》信《しん》廣《こう》開《かい》一《いち》代《だい》敎《きょう》
偏《へん》歸《き》安《あん》養《にょう》勸《くわん》一《いッ》切《さい》
依《え》諸《しょ》經《きょう》論《ろん》撰《せん》敎《きょう》行《ぎょう》
誠《じょう》是《ぜ》爲《い》濁《じょく》世《せ》目《もく》足《そく》

決《けッ》判《ぱん》得《とく》失《し》於《お》專《せん》雜《ぞう》
廻《え》入《にゅう》念《ねん》佛《ぶ》眞《しん》實《じッ》門《もん》
唯《ゆい》定《じょう》淺《せん》深《じん》於《お》執《しゅう》心《しん》
報《ほう》化《け》二《に》土《ど》正《しょう》辨《べん》立《りゅう》

源《げん》空《くう》曉《きょう》了《りょう》諸《しょ》聖《しょう》典《でん》
憐《れん》愍《みん》善《ぜん》惡《まく》凡《ぼん》夫《ぶ》人《にん》
眞《しん》宗《しゅ》敎《きょう》證《しょう》興《こう》片《へん》州《しゅう》
選《せん》擇《ぢゃく》本《ほん》願《ぐわん》施《せ》濁《じょく》世《せ》

還《げん》來《らい》生《しょう》死《じ》流《る》轉《てん》家《げ》
決《けッ》以《ち》疑《ぎ》情《じょう》爲《い》所《しょ》止《し》
速《そく》入《にゅう》寂《じゃく》靜《じょう》无《む》爲《い》樂《らく》
必《ひッ》以《ち》信《しん》心《じん》爲《い》能《のう》入《にゅう》

論《ろん》說《せ》師《し》釋《しゃく》共《ぐ》同《どう》心《しん》
拯《じょう》濟《さい》无《む》邊《へん》極《ごく》濁《じょく》惡《あく》
道《どう》俗《ぞく》時《じ》衆《しゅう》皆《かい》悉《しッ》共《ぐ》
唯《ゆい》可《か》信《しん》斯《し》高《こう》僧《そう》說《せ》

。彌《み》陀《だ》大《だい》悲《ひ》の誓願《せいぐわん》を　六首引
ふかく信《しん》ぜんひとはみな
ねてもさめてもへだてなく
南《な》无《む》阿《あ》彌《み》陀《だ》佛《ぶ》をとなふべし

聖道門《しやうどうもん》のひとはみな
自力《じりき》の心《しん》をむねとして
他力不思議《たりきふしぎ》にいりぬれば
義《ぎ》なきを義《ぎ》とすと信知《しんち》せり

釋迦《しやか》の教法《けうぼう》ましませど
修《しゆ》すべき有情《うじやう》のなきゆへに
さとりうるもの末法《まつぽう》に
一人《いちにん》もあらじとときたまふ

三朝浄土《さんちやうじやうど》の大師《だいし》等《とう》
哀愍攝受《あいみんせうじゆ》したまひて
眞實信心《しんじつしんじん》すゝめしめ
定聚《ぢやうじゆ》のくらゐにいれしめよ

他力《たりき》の信心《しんじん》うるひとを
うやまひおほきによろこべば
すなはちわが親友《しんぬ》ぞと
教主世尊《けうしゆせそん》はほめたまふ

如来大悲《によらいだいひ》の恩徳《おんどく》は
身《み》を粉《こ》にしても報《はう》ずべし
師主知識《ししゆちしき》の恩徳《おんどく》も
ほねをくだきても謝《しや》すべし

○三朝浄土《さんちょうじょうど》の大師《だいし》等《とうウ》
三首引
哀愍摂受《あいみんせうじゅ》したまひて
眞實信心《しんじつしんじん》すゝめしめ
定聚《じょうじゅ》のくらゐにいれしめよ

他力《たりき》の信心《しんじん》うるひとを
うやまひおほ《お》きによろこべば
すなはち《わ》わが親友《しんぬ》ぞと
敎主《けうしゅ》世尊《せそんな》はほめたまふ《もう》

如來大悲《にょらいだいひ》の恩徳《おんどく》は
身《み》を粉《こ》にしても報《ほう》ずべし
師主知識《しゅちしき》の恩徳《おんどく》も
ほねをくだきても謝《しゃ》すべし

改悔文《がいけもん》

もろ〳〵の雑行雑修自力《ぞうぎょうぞうしゅじりき》のこころを
ふりすてゝ一心《いっしん》に阿弥陀如来我等《あみだにょらいわれら》
が今度《こんど》の一大事《いちだいじ》の後生《ごしょう》御たすけ候《そうら》
へとたのみ申《もう》して候《そうろう》」たのむ一念《いちねん》の
とき往生一定《おうじょういちじょう》御たすけ治定《じじょう》と存《ぞん》じ
この上《うえ》の稱名《しょうみょう》は御恩報謝《ごおんほうしゃ》とよろこび
申候《もうしそうろう》」この御《おん》ことはり聴聞《ちょうもん》申《もう》しわけ候《そうろう》
こと御関山聖人《ごかいさんしょうにん》御出世《ごしゅっせ》の御恩《ごおん》次第《しだい》
相承《そうじょう》の善《ぜん》知識《ちしき》のあさからざる御勧《ごかん》
化《け》の御恩《ごおん》とありがたく存《ぞん》じ候《そうろう》」この
うへは定《さだ》めおかせらるゝ御掟《おんおきて》一期《いちご》
をかぎりまもり申《もう》すべく候《そうろう》

光《こう》顔《げん》巍《ぎ》巍《ぎ》 威《い》神《じん》无《む》極《ごく》
如《によ》是《ぜ》燄《えん》明《みよう》 无《む》與《よ》等《とう》者《しや》
日《にち》月《ぐわつ》摩《ま》尼《に》 珠《しゆ》光《こう》燄《えん》耀《によう》
皆《かい》悉《しつ》隱《おん》蔽《ぺい》 猶《ゆ》若《にやく》聚《じゆ》墨《もく》
如《によ》來《らい》容《よう》顔《げん》 超《ちよう》世《せ》无《む》倫《りん》
正《しよう》覺《がく》大《だい》音《おん》 響《こう》流《る》十《じッ》方《ぽう》
戒《かい》聞《もん》精《しよう》進《じん》 三《さん》昧《まい》智《ち》慧《え》
威《い》德《とく》无《む》侶《りよ》 殊《しゆ》勝《しよう》希《け》有《う》

深《じん》諦《たい》善《ぜん》念《ねん》 諸《しよ》佛《ぶ》法《ほう》海《かい》
窮《ぐ》深《じん》盡《じん》奧《のう》 究《く》其《ご》涯《がい》底《てい》
无《む》明《みよう》欲《よく》怒《ぬ》 世《せ》尊《そん》永《よう》無《む》
人《にん》雄《のう》師《し》子《し》 神《じん》德《とく》无《む》量《りよう》
功《く》勳《くん》廣《こう》大《だい》 智《ち》慧《え》深《じん》妙《みよう》
光《こう》明《みよう》威《い》相《そう》 震《しん》動《どう》大《だい》千《せん》
願《ぐわん》我《が》作《さ》佛《ぶ》 齊《さい》聖《しよう》法《ほう》王《おう》
過《くわ》度《ど》生《しよう》死《じ》 靡《み》不《ふ》解《げ》脱《だ》

布《ふ》施《せ》調《ぢよう》意《い》 戒《かい》忍《にん》精《しよう》進《じん》
如《によ》是《ぜ》三《さん》昧《まい》 智《ち》慧《え》爲《い》上《じよう》
吾《ご》誓《せい》得《とく》佛《ぶ》 普《ふ》行《ぎよう》此《し》願《ぐわん》
一《いッ》切《さい》恐《く》懼《く》 爲《い》作《さ》大《だい》安《あん》
假《け》使《し》有《う》佛《ぶ》 百《ひやく》千《せん》億《のく》萬《まん》
无《む》量《りよう》大《だい》聖《しよう》 數《しゆ》如《によ》恒《ごう》沙《じや》
供《く》養《よう》一《いッ》切《さい》 斯《し》等《とう》諸《しよ》佛《ぶ》
不《ふ》如《によ》求《ぐ》道《どう》 堅《けん》正《しよう》不《ふ》却《きやく》

譬《ひ》如《によ》恒《ごう》沙《じゃ》　諸《しょ》佛《ぶッ》世《せ》界《かい》
復《ぶ》不《ふ》可《か》計《け》　无《む》數《しゅ》刹《せッ》土《ど》
光《こう》明《みょう》悉《しッ》照《しょう》　徧《へん》此《し》諸《しょ》國《こく》
如《にょ》是《ぜ》精《しょう》進《じん》　威《い》神《じん》難《なん》量《りょう》
令《りょう》我《が》作《さ》佛《ぶ》　國《こく》土《ど》第《だい》一《いち》
其《ご》衆《しゅ》奇《き》妙《みょう》　道《どう》場《じょう》超《ちょう》絶《ぜッ》
國《こく》如《にょ》泥《ない》洹《おん》　而《に》无《む》等《とう》雙《そう》
我《が》當《とう》哀《あい》愍《みん》　度《ど》脱《だッ》一《いッ》切《さい》

十《じッ》方《ぽう》來《らい》生《しょう》　心《しん》悦《ねッ》清《しょう》淨《じょう》
已《い》到《とう》我《が》國《こく》　快《け》樂《らく》安《あん》穏《のん》
幸《こう》佛《ぶ》信《しん》明《みょう》　是《ぜ》我《が》眞《しん》證《しょう》
發《ほッ》願《ぐわん》於《お》彼《ひ》　力《りき》精《しょう》所《しょ》欲《よく》
十《じッ》方《ぽう》世《せ》尊《そん》　智《ち》慧《え》无《む》礙《げ》
常《じょう》令《りょう》此《し》尊《そん》　知《ち》我《が》心《しん》行《ぎょう》
假《け》令《りょう》身《しん》止《し》　諸《しょ》苦《く》毒《どく》中《ちゅう》
我《が》行《ぎょう》精《しょう》進《じん》　忍《にん》終《じゅ》不《ふ》悔《け》

我《が》建《ごん》超《ちょう》世《せ》願《ぐわん》　必《ひッ》至《し》无《む》上《じょう》道《どう》
斯《し》願《ぐわん》不《ふ》満《まん》足《ぞく》　誓《せい》不《ふ》成《じょう》正《しょう》覺《がく》
我《が》於《お》无《む》量《りょう》劫《こう》　不《ふ》爲《い》大《だい》施《せ》主《しゅ》
普《ふ》濟《さい》諸《しょ》貧《びん》苦《ぐ》　誓《せい》不《ふ》成《じょう》正《しょう》覺《がく》
我《が》至《し》成《じょう》佛《ぶつ》道《どう》　名《みょう》聲《しょう》超《ちょう》十《じッ》方《ぽう》
究《く》竟《きょう》靡《み》所《しょ》聞《もん》　誓《せい》不《ふ》成《じょう》正《しょう》覺《がく》
離《り》欲《よく》深《じん》正《しょう》念《ねん》　淨《じょう》慧《え》修《しゅ》梵《ぼん》行《ぎょう》
志《し》求《ぐ》无《む》上《じょう》道《どう》　爲《い》諸《しょ》天《てん》人《にん》師《し》

神《じん》力《りき》演《えん》大《だい》光《こう》　普《ふ》照《しょう》无《む》際《さい》土《ど》
消《しょう》除《じょ》三《さん》垢《く》冥《みょう》　廣《こう》濟《さい》衆《しゅ》厄《やく》難《なん》
開《かい》彼《ひ》智《ち》慧《え》眼《げん》　滅《めッ》此《し》昏《こん》盲《もう》闇《あん》
閉《へい》塞《そく》諸《しょ》惡《あく》道《どう》　通《つう》達《だ》善《ぜん》趣《しゅ》門《もん》
功《こう》祚《そ》成《じょう》満《まん》足《ぞく》　威《い》曜《よう》朗《ろう》十《じッ》方《ぽう》
日《にち》月《ぐわつ》戢《しゅ》重《じゅ》暉《き》　天《てん》光《こう》隱《おん》不《ふ》現《げん》
爲《い》衆《しゅ》開《かい》法《ほう》藏《ぞう》　廣《こう》施《せ》功《く》德《どく》寶《ほう》
常《じょう》於《お》大《だい》衆《しゅ》中《ちゅう》　説《せッ》法《ぽう》師《し》子《し》吼《く》

供《く》養《よう》一《いッ》切《さい》佛《ぶ》　具《ぐ》足《そく》衆《しゅ》德《とく》本《ほん》
願《ぐわん》慧《ね》悉《しつ》成《じょう》満《まん》　得《とく》爲《い》三《さん》界《がい》雄《おう》
如《にょ》佛《ぶ》无《む》礙《げ》智《ち》　通《つう》達《だッ》靡《み》不《ふ》照《しょう》
願《ぐわん》我《が》功《く》慧《え》力《りき》　等《とう》此《し》最《さい》勝《しょう》尊《そん》
斯《し》願《ぐわん》若《にゃッ》剋《こッ》果《くわ》　大《だい》千《せん》應《おう》感《かん》動《どう》
虛《こ》空《く》諸《しょ》天《てん》人《にん》　當《とう》雨《う》珍《ちん》妙《みょう》華《け》

世《せ》尊《そん》我《が》一《いッ》心《しん》　歸《き》命《みよう》盡《じん》十《じッ》方《ぽう》
无《む》导《げ》光《こう》如《によ》來《らい》　願《ぐわん》生《しよう》安《あん》樂《らッ》國《こく》
我《が》依《え》修《しゆ》多《た》羅《ら》　眞《しん》實《じッ》功《く》徳《どく》相《そう》
説《せつ》願《ぐわん》偈《げ》總《そう》持《じ》　與《よ》佛《ぶッ》教《きよう》相《そう》應《おう》
觀《くわん》彼《ぴ》世《せ》界《かい》相《そう》　勝《しよう》過《くわ》三《さん》界《がい》道《どう》
究《く》竟《きよう》如《によ》虛《こ》空《く》　廣《こう》大《だい》无《む》邊《へん》際《ざい》
正《しよう》道《どう》大《だい》慈《じ》悲《ひ》　出《しゆッ》世《せ》善《ぜん》根《ごん》生《しよう》
淨《じよう》光《こう》明《みよう》滿《まん》足《ぞく》　如《によ》鏡《きよう》日《にち》月《ぐわつ》輪《りん》

備《び》諸《しよ》珍《ちん》寶《ぼう》性《しよう》　具《ぐ》足《そく》妙《みよう》莊《しよう》嚴《ごん》
无《む》垢《く》光《こう》炎《えん》熾《し》　明《みよう》淨《じよう》曜《よう》世《せ》間《けん》
寶《ほッ》性《しよう》功《く》徳《どく》草《そう》　柔《にう》輭《なん》左《さ》右《う》旋《せん》
觸《そく》者《しや》生《しよう》勝《しよう》樂《らく》　過《くわ》迦《か》旃《せん》鄰《りん》陀《だ》
寶《ほう》華《け》千《せん》萬《まん》種《じゆ》　彌《み》覆《ふ》池《ち》流《る》泉《せん》
微《み》風《ふ》動《どう》華《け》葉《えう》　交《けう》錯《しやく》光《こう》亂《らん》轉《でん》
宮《く》殿《でん》諸《しよ》樓《ろう》閣《かく》　觀《くわん》十《じッ》方《ぽう》无《む》导《げ》
雜《ぞう》樹《じゆ》異《い》光《こう》色《しき》　寶《ほう》欄《らん》遍《へん》圍《い》遶《によう》

无《む》量《りよう》寶《ほう》交《きよう》絡《らく》　羅《ら》網《もう》遍《へん》虛《こ》空《く》
種《しゆ》種《じゆ》鈴《りよう》發《ほッ》響《こう》　宣《せん》吐《と》妙《みよう》法《ほう》音《おん》
雨《う》華《け》衣《え》莊《しよう》嚴《ごん》　无《む》量《りよう》香《こう》普《ふ》薫《くん》
佛《ぶッ》慧《て》明《みよう》淨《じよう》日《にち》　除《じよ》世《せ》癡《ち》闇《あん》冥《みよう》
梵《ぼん》聲《しよう》悟《ご》深《じん》遠《のん》　微《み》妙《みよう》聞《もん》十《じッ》方《ぽう》
正《しよう》覺《がく》阿《あ》彌《み》陀《だ》　法《ほう》王《おう》善《ぜん》住《ぢゆ》持《じ》
如《によ》來《らい》淨《じよう》華《け》衆《しゆ》　正《しよう》覺《がく》華《け》化《け》生《しよう》
愛《あい》樂《ぎよう》佛《ぶッ》法《ほう》味《み》　禪《ぜん》三《ざん》昧《まい》爲《い》食《じき》

永《よう》離《り》身《しん》心《じん》惱《のう》　受《じゅ》樂《らく》常《じょう》无《む》間《けん》
大《だい》乘《じょう》善《ぜん》根《こん》界《かい》　等《とう》无《む》譏《き》嫌《けん》名《みょう》
女《にょ》人《にん》及《ぎゅう》根《こん》缺《けつ》　二《に》乘《じょう》種《しゅ》不《ふ》生《しょう》
衆《しゅ》生《じょう》所《しょ》願《ぐわん》樂《ぎょう》　一《いっ》切《さい》能《のう》滿《まん》足《ぞく》
故《こ》我《が》願《ぐわん》生《しょう》彼《ひ》　阿《あ》彌《み》陀《だ》佛《ぶつ》國《こく》
无《む》量《りょう》大《だい》寶《ほう》王《おう》　微《み》妙《みょう》淨《じょう》華《け》臺《だい》
相《そう》好《ごう》光《こう》一《いち》尋《じん》　色《しき》像《じょう》超《ちょう》群《ぐん》生《じょう》
如《にょ》來《らい》微《み》妙《みょう》聲《しょう》　梵《ぼん》響《こう》聞《もん》十《じっ》方《ぽう》

同《どう》地《ぢ》水《すい》火《くわ》風《ふ》　虚《こ》空《く》无《む》分《ふん》別《べ》
天《てん》人《にん》不《ふ》動《どう》衆《しゅ》　清《しょう》淨《じょう》智《ち》海《かい》生《しょう》
如《にょ》須《しゅ》彌《み》山《せん》王《のう》　勝《しょう》妙《みょう》无《む》過《くわ》者《しゃ》
天《てん》人《にん》丈《じょう》夫《ぶ》衆《しゅ》　恭《く》敬《ぎょう》遶《にょう》瞻《せん》仰《ごう》
觀《くわん》佛《ぶつ》本《ほん》願《ぐわん》力《りき》　遇《ぐ》无《む》空《く》過《くわ》者《しゃ》
能《のう》令《りょう》速《そく》滿《まん》足《ぞく》　功《く》德《どく》大《だい》寶《ほう》海《かい》
安《あん》樂《らっ》國《こく》清《しょう》淨《じょう》　常《じょう》轉《てん》无《む》垢《く》輪《りん》
化《け》佛《ぶ》菩《ぼ》薩《さ》日《にち》　如《にょ》須《しゅ》彌《み》住《じゅう》持《じ》

无《む》垢《く》莊《しょう》嚴《ごん》光《こう》　一《いち》念《ねん》及《ぎゅう》一《いち》時《じ》
普《ふ》照《しょう》諸《しょ》佛《ぶっ》會《え》　利《り》益《やく》諸《しょ》群《ぐん》生《じょう》
雨《う》天《てん》樂《がっ》華《け》衣《え》　妙《みょう》香《こう》等《とう》供《く》養《よう》
讃《さん》諸《しょ》佛《ぶっ》功《く》德《どく》　无《む》有《う》分《ふん》別《べっ》心《しん》
何《が》等《とう》世《せ》界《かい》无《む》　佛《ぶっ》法《ぽう》功《く》德《どく》寶《ほう》
我《が》願《ぐわん》皆《かい》往《おう》生《じょう》　示《じ》佛《ぶっ》法《ぽう》如《にょ》佛《ぶ》
我《が》作《さ》論《ろん》說《せ》偈《げ》　願《ぐわん》見《けん》彌《み》陀《だ》佛《ぶ》
普《ふ》共《ぐ》諸《しょ》衆《しゅ》生《じょう》　往《おう》生《じょう》安《あん》樂《らっ》國《こく》

○道《どう》俗《ぞく》時《じ》衆《しゅ》等《とう》一　各《かく》發《ほつ》无《む》上《じょう》心《しん》二
生《しょう》死《じ》甚《じん》難《なん》厭《ねん》二　佛《ぶツ》ツ法《ぽう》復《ぶ》難《なん》欣《ごん》二
共《く》發《ほツ》ツ金《こん》剛《ごう》志《し》一　横《おう》超《ちょう》斷《だん》四《し》流《る》一
願《ぐわん》入《にう》彌《み》陀《だ》界《かい》二　歸《き》依《え》合《がツ》ツ掌《しょう》禮《らい》二
○世《せ》尊《そん》我《が》一《いツ》ツ心《しん》二　歸《き》命《みょう》盡《じん》十《じツ》ツ方《ぽう》一
法《ほツ》ツ性《しょう》眞《しん》如《にょ》海《かい》一　報《ほう》化《け》等《とう》諸《しょ》佛《ぶ》一
一《いち》一《いち》菩《ぼ》薩《さツ》ツ身《しん》一　眷《けん》屬《ぞく》等《とう》无《む》量《りょう》一
莊《しょう》嚴《ごん》及《ぎゅう》變《へん》化《げ》一　十《じゅう》地《ぢ》三《さん》賢《げん》海《かい》一

時《じ》劫《こう》滿《まん》未《み》滿《まん》二　智《ち》行《ぎょう》圓《えん》未《み》圓《えん》、
正《しょう》使《し》盡《じん》未《み》盡《じん》二　習《しツ》ツ氣《け》亡《もう》未《み》亡《もう》一
功《く》用《ゆう》无《む》功《く》用《ゆう》一　證《しょう》智《ち》未《み》證《しょう》智《ち》一
妙《みょう》覺《かく》及《ぎゅう》等《とう》覺《がく》二　正《しょう》受《じゅ》金《こん》剛《ごう》心《しん》二
相《そう》應《おう》一《いち》念《ねん》後《ご》一　果《くわ》德《とく》涅《ね》槃《はん》者《しゃ》一
我《が》等《とう》咸《げん》歸《き》命《みょう》一　三《さん》佛《ぶ》菩《ぼ》提《だい》尊《そん》一
无《む》礙《げ》神《じん》通《づう》力《りき》二　冥《みょう》加《が》願《ぐわん》攝《しょう》受《じゅ》一
我《が》等《とう》咸《げん》歸《き》命《みょう》一　三《さん》乘《じょう》等《とう》賢《げん》聖《じょう》一

學《かく》佛《ぶツ》ツ大《だい》悲《ひ》心《しん》二　長《じょう》時《じ》无《む》退《たい》者《しゃ》一
請《しょう》願《ぐわん》遥《よう》加《か》備《び》一　念《ねん》念《ねん》見《けん》諸《しょ》佛《ぶ》一
我《が》等《とう》愚《ぐ》癡《ち》身《しん》二　曠《こう》劫《ごう》來《らい》流《る》轉《てん》二
今《こん》逢《ぶ》釋《しゃ》迦《か》佛《ぶ》一　末《まツ》ツ法《ぽう》之《し》遺《ゆい》跡《しゃく》二、
彌《み》陀《だ》本《ほん》誓《せい》願《ぐわん》二　極《ごく》樂《らく》之《し》要《よう》門《もん》二
定《じょう》散《さん》等《とう》迴《え》向《こう》一　速《そく》證《しょう》无《む》生《しょう》身《しん》一
我《が》依《え》菩《ぼ》薩《さツ》藏《ぞう》一　頓《とん》教《ぎょう》一《いち》乘《じょう》海《かい》二
說《せツ》偈《げ》歸《き》三《さん》寶《ぼう》一　與《よ》佛《ぶツ》ツ心《しん》相《そう》應《おう》一

十《じッ》方《ぽう》恒《ごう》沙《じゃ》佛《ぶ》　六《ろく》通《つう》照《しょう》知《ち》我《が》
今《こん》乘《じょう》二《に》尊《そん》敎《ぎょう》　廣《こう》開《かい》淨《じょう》土《ど》門《もん》
願《ぐわん》以《に》此《し》功《く》德《どく》　平《びょう》等《どう》施《せ》一《いッ》切《さい》
同《どう》發《ほッ》菩《ぼ》提《だい》心《しん》　往《おう》生《じょう》安《あん》樂《らッ》國《こく》

○南无至心歸命禮　西方阿彌陀佛
願共諸衆生　往生安樂國

○觀彼彌陀極樂界　廣大寛平衆寶成
四十八願莊嚴起　超諸佛刹最爲精

本國他方大海衆　窮劫算數不知名
普勸歸西同彼會　恒沙三昧自然成

地下莊嚴七寶幢　无量无邊无數億
八方八面百寶成　見彼无生自然悟

无生寶國永為常
一一寶流无數光
行者傾心常對目
騰神踊躍入西方
地上莊嚴轉无極
金繩界道非工匠
彌陁願智巧莊嚴
菩薩人天散華上

寶地寶色寶光飛
一一光成无數臺
臺中寶樓千萬億
臺側百億寶幢圍
一一臺上虛空中
莊嚴寶樂亦无窮
八種清風尋光出
隨時鼓樂應機音

機音正受稍為難
行住坐臥攝心觀
唯除睡時常憶念
三昧无為卽涅槃
寶國寶林諸寶樹
寶華寶葉寶根莖
或以千寶分林異
或有百寶共成行

行行相當葉相次
色各不同光亦然
等量齊高三十萬
枝條相觸說无生
七重羅網七重宮
綺互迴光相映發
化天童子皆充滿
瓔珞輝光超日月

行行寶葉色千般
華敷等若旋金輪
菓變光成衆寶蓋
塵沙佛剎現无邊
寶池寶岸寶金沙
寶渠寶葉寶蓮華
十二由旬皆正等
寶羅寶網寶欄巡

德水分流尋寶樹
聞波覩樂證恬怕
寄言有緣同行者
努力翻迷還本家
一一金繩界道上
寶樂寶樓千萬億
諸天童子散香華
他方菩薩如雲集

无量无邊无能計
稽首彌陀恭敬立
風鈴樹響遍虚空
歎説三尊无有極
彌陀本願華王座
一切衆寶以爲成
臺上四幢張寶縵
彌陀獨坐顯眞形

眞形光明遍法界
蒙光觸者心不退
晝夜六時專想念
終時快樂如三昧
彌陀身心遍法界
影現衆生心想中
是故勸汝常觀察
依心起想表眞容

眞容寶像臨華座
心開見彼國莊嚴
寶樹三尊華遍滿
風鈴樂響與文同
彌陀身色如金山
相好光明照十方
唯有念佛蒙光攝
當知本願最爲強

六方如來舒舌證
專稱名號至西方
到彼華開聞妙法
十地願行自然彰
觀音菩薩大慈悲
已得菩提捨不證
一切五道內身中
六時觀察三輪應

應現身光紫金色
相好威儀轉无極
恒舒百億光王手
普攝有緣歸本國
勢至菩薩難思議
威光普照无邊際
有緣衆生蒙光觸
增長智慧超三界

法界傾搖如轉蓬
化佛雲集滿虛空
普勸有緣常憶念
永絶胞胎證六通
正坐跏趺入三昧
想心乘念至西方
觀見彌陀極樂界
地上虛空七寶莊

彌陀身量極无邊
重勸衆生觀小身
丈六八尺隨機現
圓光化佛等前眞
一輩上行上根人
求生淨土斷貪瞋
就行差別分三品
五門相續助三因

一日七日專精進
畢命乘臺出六塵
慶哉難逢今得遇
永證无爲法性身
中輩中行中根人
一日齋戒處金蓮
孝養父母教迴向
爲說西方快樂因

佛與聲聞衆來取
直到彌陀華座邊
百寶華籠經七日
三品蓮開證小眞
下輩下行下根人
十惡五逆等貪瞋
四重偸僧謗正法
未曾慚愧悔前愆

終時苦相如雲集
地獄猛火罪人前
忽遇往生善知識
急勸專稱彼佛名
化佛菩薩尋聲到
一念傾心入寶蓮
三華障重開多劫
于時始發菩提因

彌陁佛國能所感
西方極樂難思議
渇聞般若絶思漿
念食无生即斷飢
一切莊嚴皆說法
无心領納自然知
七覺華池隨意入
八背凝神會一枝

无邊菩薩爲同學
性海如來盡是師
彌陁心水沐身頂
觀音勢至與衣被
欻爾騰空遊法界
須臾授記號无爲
如此逍遙无極處
吾今不去待何時

経後念佛

○なまだぶ
なまだぶ
なまだぶ
な
みだ
なむあみだ
願以此功徳
同發菩提心

なまだぶ
なまだぶ
なまだぶ
○むあ
なむあみだ
なむあみ
平等施一切
往生安樂國

経後念佛

○なまだぶ
なまだぶ
なまだぶ
なまだぶ
なまだぶ
和讃
願以此功徳
同發菩提心

なまだぶ
なまだぶ
なまだぶ
なまだぶ
なまだぶ
平等施一切
往生安樂國

式間念佛

○なまだぶ
なまだぶ
なまだぶ
なまだぶ
なむあみだ
なむあみだ
なむあみだ
なむあみ

登高座

稽《け》首《しゅ》天《てん》人《にん》所《しょ》恭《く》敬《ぎょう》
阿《あン》彌《み》陀《だ》仙《せん》兩《りょう》足《ぞく》尊《そん》
在《ざい》彼《ひ》微《み》妙《めう》安《あん》樂《ら》國《こく》
無《む》量《りょう》佛《ぶッ》子《し》衆《しゅ》圍《い》繞《ねう》

式初段

若《にゃく》非《ひ》釋《しゃ》迦《か》勸《くわん》念《ねん》佛《ぶ》
彌《み》陀《だ》淨《じょう》土《ど》何《が》由《ゆ》見《けん》
心《しん》念《ねん》香《こう》華《けェ》偏《へん》供《く》養《よう》
長《ぢょう》時《じイ》長《ぢょう》劫《こう》報《ほう》慈《じ》恩《おん》

初段二　五章の時なし

何《が》期《ご》今《こん》日《にち》至《し》寶《ほう》國《こく》
實《じッ》是《ぜ》娑《しゃァ》婆《ば》本《ほん》師《し》力《りき》
若《にゃく》非《ひ》本《ほん》師《し》知《ち》識《しき》勸《くわん》
彌《み》陀《だ》淨《じょう》土《ど》云《うん》何《が》入《にう》

式二段

○世《せ》尊《そん》説《せッ》法《ぽう》時《じ》将《しょう》了《れう》
慇《おん》懃《ごん》附《ふ》屬《ぞく》彌《み》陀《だア》名《みょう》
五《ご》濁《じょく》増《ぞう》時《じ》多《た》疑《ぎイ》謗《ほう》
道《どう》俗《ぞく》相《そう》嫌《けん》不《ふ》用《よう》聞《もん》

二段二　五章の時なし・小經

○萬《まん》行《ぎょう》之《し》中《ちう》爲《い》急《きう》要《えう》
迅《じん》速《そく》无《む》過《くわ》浄《じょう》土《ど》門《もん》
不《ふ》但《たん》本《ほん》師《し》金《こん》口《くウ》説《せ》
十《じッ》方《ぽう》諸《しょ》佛《ぶ》共《ぐ》傳《でん》證《しょう》

式三段

○身《しん》心《じん》毛《もう》孔《く》皆《かい》得《とく》悟《ご》
菩《ぼ》薩《さア》聖《しょう》衆《じゅ》皆《かい》充《じう》満《まん》
自《じ》化《け》神《じん》通《づう》入《にう》彼《ひ》會《え》
憶《おく》本《ほん》娑《しや》婆《ば》知《ち》識《しき》恩《おん》

下高座

○直《じき》入《にう》彌《みイ》陀《だ》大《だい》會《え》中《ちう》
見《けん》佛《ぶ》莊《しよう》嚴《ごん》无《む》數《しゆ》億《おく》
三《さん》明《みよう》六《ろく》通《つう》皆《かい》具《ぐ》足《そく》
憶《おく》我《が》閻《えん》浮《ぶ》同《どう》行《ぎよう》人《にん》

大経上巻

○先《ぜん》請《しよう》彌《みイ》陀《だ》入《にう》道《どう》場《じよう》
不《ふ》違《い》弘《ぐう》願《ぐわん》應《おう》時《じ》迎《こう》
觀《くわん》音《のん》勢《せい》至《し》塵《ぢん》沙《じや》衆《しゆ》
從《じゆう》佛《ぶ》乘《じよう》華《け》來《らい》入《にう》會《え》

大經下巻

○一《ち》一《いち》光《こう》明《みよう》相《そう》續《ぞく》照《せう》
照《せう》覓《みやく》念《ねん》佛《ぶ》往《おう》生《じよう》人《にん》
欲《よく》比《ひ》十《じッ》方《ぽう》諸《しよ》佛《ぶッ》國《こく》
極《ごく》樂《らく》安《あん》身《しん》實《じッ》是《ぜ》精《しよう》

観經

瓔《よう》珞《らく》經《きやう》中《ちう》說《せつ》漸《ぜん》敎《げう》
萬《まん》劫《ごう》修《しゆ》功《こ》證《しよう》不《ふ》退《たい》
觀《くわん》經《ぎやう》彌《み》陀《だ》經《きやう》等《とう》說《せ》
即《そく》是《ぜ》頓《とん》敎《げう》菩《ぼ》提《だい》藏《ぞう》

行道

萬《まん》行《ぎやう》俱《くウ》迴《ゑ》皆《かい》得《とく》往《おう》
念《ねん》佛《ぶウ》一《いち》行《ぎやう》最《さい》爲《い》尊《そん》
迴《ゑ》生《しよう》雜《ぞう》善《ぜん》恐《く》力《りき》弱《にやく》
無《む》過《くわ》一《いち》日《にち》七《しち》日《にち》念《ねん》

行道後下高座

若《にやく》聞《もん》此《し》法《ほう》希《け》奇《き》益《やく》
不《ふ》顧《こ》身《しん》命《みやう》要《よう》求《ぐ》得《とく》
若《にやく》能《のう》專《せん》行《ぎやう》不《ふ》惜《しやく》命《みやう》
命《みやう》斷《だん》須《しゆ》臾《ゆ》生《しよう》安《あん》樂《らく》

御文

一帖目

〔第一通〕 或人いわく

或人いはく、當流《とうりゅう》のこころは、門徒《もんと》をばかならずわが弟子とこころえをくべく候やらん、如來聖人《にょらいしょうにん》の御弟子《おんでし》とまうすべく候やらん、その分別《ふんべつ》を存知《ぞんち》せず候。また在々《ざいざい》所々に小門徒をもちて候をも、このあひだは手次《てつぎ》の坊主《ぼうず》にはあひかくしをき候やうに心中《しんぢゅう》をもちて候。これもしかるべくもなきよし、人のまうされ候あひだ、おなじくこれも不審千萬《せんばん》に候。御《ご》ねむごろにうけたまはりたく候。

答ていはく、この不審《ふしん》もとも肝要《かんよう》とこそ存じ候へ、かたのごとく耳にとどめをき候分《ぶん》、まうしのぶべし。きこしめされ候へ。

故聖人《しょうにん》のおほせには、「親鸞《しんらん》は弟子一人《いちにん》ももたず」とこそ、おほせられ候ひつれ。そのゆへは、如來の教法を十方衆生にときかしむるときは、ただ如來の御代官《おんだいかん》をまうしつるばかりなり。さらに親鸞めづらしき法をもひろめず、如來の教法をわれも信じ、ひとにもをしへきかしむるばかりなり。そのほかは、なにをしへて弟子といはんぞと、おほせられつるなり。されば、とも同行《どうぎょう》なるべきものなり。これによりて、聖人は御同朋《おんどうぼう》・御同行《おんどうぎょう》とこそ、かしづきておほせられけり。さればちかごろは大坊主分《だいぼうずぶん》のひとも、われは一流の安心《あんじん》の次第《しだい》をもしらず、たまたま弟子のなかに信心《しんじん》の沙汰《さた》する在所《ざいしょ》へゆきて聴《ちょう》聞《もん》し候ひとをば、ことのほか説諫《せっかん》をくはへ候て、或はなかをたがひなんどせられ候あひだ、坊主《ぼうず》もしかじかと信心の一理をも聴聞《ちょうもん》せず、また弟子をばかやうにあひささえ候あひだ、われも信心決定《しんじんけつじょう》せず、弟子も信心決定せずして、一生《いっしょう》はむなしくすぎゆくやうに候こと、まことに自損損他《じそんそんた》のとがのがれがたく候。あさましあさまし。古哥《こか》にいはく、

　うれしさをむかしはそでにつつみけり　こよひは身にもあまりぬるかな

うれしさをむかしはそでにつつむといへるこころは、むかしは雑行《ぞうぎょう》・正行《しょうぎょう》の分別《ふんべつ》もなく、念佛だにもまうせば、往生するとばかりおもひつるこころなり。こよひは身にもあまるといへるは、正雑《しょうぞう》の分別《ふんべつ》をききわけ、一向一心になりて、信心決定のうへに佛恩報盡《ぶつおんほうじん》のために念佛まうすこころは、おほきに各別《かくべつ》なり。かるがゆへに身のをきどころもなく、をどりあがるほどにおもふあひだ、よろこびは身にもうれしさがあまりぬるといへるこころなり。あなかしこあなかしこ。

文明三年七月十五日

〔第二通〕　出家発心

当流親鸞聖人の一義は、あながちに出家發心《しゅっけほっしん》のかたちを本《ほん》とせず、捨家棄欲《しゃけきよく》のすがたを標せず、ただ一

念歸命の他力の信心を決定《けつじょう》せしむるときは、さらに男女《なんにょ》老少をえらばざるものなり。さればこの信をえたるくらゐを、『經』には「即得往生住不退轉《そくとくおうじょうじゅうふたいてん》」（大經巻下）ととき、『釋』には、「一念發起《ほっき》入正定《にゅうしょうじょう》之《し》聚《じゅ》」（論註巻上意）ともいへり。これすなはち不來迎《ふらいこう》の談《だん》、平生業成《へいぜいごうじょう》の義なり。

『和讃』にいはく、「彌陀の報土《ほうど》をねがふひと　外儀《げぎ》のすがたはことなりと　本願名號信受《みょうごうしんじゅ》して　寤寐《ごび》にわするることなかれ」（高僧和讃）といへり。外儀《げぎ》のすがたといふは、在家《ざいけ》・出家《しゅっけ》、男子《なんし》・女人《にょにん》をえらばざるこころなり。つぎに、本願名號信受《ほんがんみょうごうしんじゅ》して寤寐《ごび》にわするることなかれといふは、かたちはいかやうなりといふとも、またつみは十惡・五逆《ごぎゃく》・謗法《ほうぼう》・闡提《せんだい》のともがらなれども、廻心懺悔《えしんさんげ》して、ふかくかかるあさましき機《き》をすくひまします彌陀如來の本願なりと信知して、ふたごころなく如來をたのむこころの、ねてもさめても憶念《おくねん》の心《しん》つねにしてわすれざるを、本願たのむ決定心《けつじょうしん》をえたる信心の行人《ぎょうにん》とはいふなり。さてこのうへには、たとひ行住座（坐）臥に稱名《しょうみょう》すとも、彌陀如來《みだにょらい》の御恩《ごおん》を報《ほう》じまうす念佛なりとおもふべきなり。これを眞實信心をえたる決定往生《けつじょうおうじょう》の行者《ぎょうじゃ》とはまうすなり。あなかしこあなかしこ。

あつき日《ひ》にながるるあせはなみだかな　かきをくふでのあとぞをかしき

文明三年七月十八日

〔**第三通**〕　猟　漁

まづ當流の安心のをもむきは、あながちにわがこころのわろきをも、また妄念妄執《もうねんもうじゅう》のこころのをこるをも、とどめよといふにもあらず。ただあきなひをもし、奉公《ほうこう》をもせよ、獵、すなどりをもせよ、かかるあさましき罪業《ざいごう》にのみ朝夕《ちょうせき》まどひぬるわれらごときのいたづらものを、たすけんとちかひまします彌陀如來の本願にてましますぞとふかく信じて、一心にふたごころなく、彌陀一佛の悲願《ひがん》にすがりて、たすけましませとおもふこころの一念の信まことなれば、かならず如來の御《おん》たすけにあづかるものなり。このうへには、なにとこころえて念佛まうすべきぞなれば、往生はいまの信力《しんりき》によりて御《おん》たすけありつるかたじけなき御恩報謝のために、わがいのちあらんかぎりは、報謝《ほうしゃ》のためとおもひて念佛まうすべきなり。これを當流の安心決定《あんじんけつじょう》したる信心の行者《ぎょうじゃ》とはまうすべきなり。あなかしこあなかしこ。

文明三年十二月十八日

〔第四通〕　自問自答

抑《そもそも》親鸞聖人の一流にをひ(い)ては、平生業成《へいぜいごうじょう》の義(儀)にして、來迎《らいこう》をも執《しゅう》せられさふらはぬよし、うけたまはりをよびさふらふは、いかがはんべるべきや。その平生業成《へいぜいごうじょう》とまうすことも、不來迎《ふらいこう》なんどの義(儀)をも、さらに存知《ぞんぢ》せず。くはしく聽聞《ちょうもん》つかまつりたく候。

答ていはく、まことにこの不審もとももて一流の肝要《かんよう》とおぼえさふらふ。おほよそ當家《とうけ》には一念發起《ほっき》平《へい》生業成《ぜいごうじょう》と談じて、平生《へいぜい》に彌陀如來の本願のわれらをたすけたまふことはりをききひらくことは、宿善の開發《かいほつ》によるがゆへなりとこころえてのちは、わがちからにてはなかりけり、佛智他力のさづけによりて、本願の由來《ゆらい》を存知《ぞんぢ》するものなりとこころうるが、すなはち平生業成《へいぜいごうじょう》の義なり。されば平生業成といふは、いまのことはりをききひらきて、往生治定《おうじょうじじょう》とおもひさだむるくらゐを、一念發起住正定聚《ほっきじゅしょうじょうじゅ》とも、平生業成《へいぜいごうじょう》とも、卽得往生住不退轉《そくとくおうじょうじゅふたいてん》ともいふなり。

問ていはく、一念往生發起《おうじょうほっき》の義(儀)くはしくこころえられたり。しかれども不來迎《ふらいこう》の義(儀)いまだ分別《ふんべつ》せずさふらふ。ねんごろにしめしうけたまはるべく候。

答ていはく、不來迎《ふらいこう》のことも、一念發起住正定聚《ほっきじゅしょうじょうじゅ》と沙汰せられさふらふときは、さらに來迎《らいこう》を期《ご》しさふらふべきこともなきなり。そのゆへは、來迎を期《ご》するなんどまうすことは、諸行《しょぎょう》の機にとりてのことなり。眞實信心の行者《ぎょうじゃ》は、一念發起《ほっき》するところにて、やがて攝取不捨《せっしゅふしゃ》の光益《こうやく》にあづかるときは、來迎《らいこう》までもなきなりとしらるるなり。されば聖人のおほせには、來迎《らいこう》は諸行往生《しょぎょうおうじょう》にあり、眞實信心の行人《ぎょうにん》は攝取不捨《せっしゅふしゃ》のゆへに正定聚《しょうじょうじゅ》に住す、正定聚に住するがゆへにかならず滅度《めつど》にいたる、かるがゆへに臨終《りんじゅう》まつことなし、來迎《らいこう》たのむことなしといへり。この御《おん》ことばをもてこころうべきものなり。

問ていはく、正定《しょうじょう》と滅度《めつど》とは一益《いちやく》とこころうべきか、また二益《にやく》とこころうべきや。

答ていはく、一念發起《ほっき》のかたは正定聚《しょうじょうじゅ》なり。これは穢土《えど》の益《やく》なり。つぎに滅度《めつど》は淨土にてうべき益《やく》にてあるなりとこころうべきなり。されば二益《にやく》なりとおもふべきものなり。

問ていはく、かくのごとくこころえさふらふときは、往生《おうじょう》は治定《じじょう》と存じをき候に、なにとてわづらはしく信心を具《ぐ》すべきなんど沙汰さふらふは、いかがこころえはんべるべきや。これもうけたまはりたく候。

答ていはく、まことにもて、このたづねのむね肝要《かんよう》なり。さればいまのごとくにこころえさふらふすがたこそ、すなはち信心決定《しんじんけつじょう》のこころにて候なり。

問ていはく、信心決定《けつじょう》するすがた、すなはち平生業成《へいぜいごうじょう》と不來迎《ふらいこう》と正定聚《しょうじょうじゅ》との道理にて候よし、分明《ふんみょう》に聴聞《ちょうもん》つかまつり候ひをはりぬ。しかりといへども、信心治定《じじょう》してののちには、自身の往生極樂のためとこころえて念佛まうしさふらふべきか、また佛恩報謝《ぶつおんほうしゃ》のためとこころうべきか(や)、いまだそのこころをえずさふらふ。

答ていはく、この不審また肝要《かんよう》とこそおぼえさふらへ。そのゆへは一念の信心發得已後《しんじんほっとくいご》の念佛をば、自《じ》身往生《しんおうじょう》の業《ごう》とはおもふべからず、ただひとへに佛恩報謝《ぶつおんほうしゃ》のためとこころえらるべきものなり。されば善導和尚《ぜんどうかしょう》の「上盡一形下至一念《じょうじんいちぎょうげしいちねん》」(禮讃)と釋せり。下至一念といふは信心決定のすがたなり、上盡一形は佛恩《ぶつおん》報盡の念佛なりときこえたり。これをもてよくよくこころえらるべきものなり。あなかしこあなかしこ。

文明四年十一月廿七日

〔**第五通**〕 雪の中

抑《そもそも》當年よりことのほか加州・能登・越中、兩三ヶ國のあひだより、道俗男女群集《どうぞくなんにょぐんじゅう》をなして、この吉崎の山中に參詣せらるる面々の心中《しんぢゅう》のとほり、いかがとこころもとなくさふらふ。そのゆへはまづ當流のをもむきは、このたび極樂に往生すべきことはりは、他力の信心をえたるがゆへなり。しかれどもこの一流のうちにをひ(い)て、しかじかとその信心のすがたをもえたるひとこれなし。かくのごとくのやからは、いかでか報土の往生をばたやすくとぐべきや。一大事といふはこれなり。さいはい(幸)に五里・十里の遠路をしのぎ、この雪のうちに參詣のこころざしは、いかやうにこころえられたる心中ぞや。千萬こころもとなき次第なり。所詮《しょせん》已前《いぜん》はいかやうの心中にてありといふとも、これよりのちは心中にこころえをかるべき次第をくはしくまうすべし。よくよく耳をそばだてて聽聞あるべし。そのゆへは他力の信心といふことをしかと心中にたくはへられ候て、そのうへには佛恩報謝のためには行住座(坐)臥に念佛をまうさるべきばかりなり。このこころえにてあるならば、このたびの往生は一定《いちじょう》なり。このうれしさのあまりには、師匠坊主の在所《ざいしょ》へもあゆみをはこび、こころざしをもいたすべきものなり。これすなはち當流の義(儀)をよくこころえたる信心のひと(人)とはまう(申)すべきものなり。あなかしこあなかしこ。 文明五年二月八日

〔第六通〕　睡眠

抑《そもそも》当年《とうねん》の夏このごろは、なにとやらんことのほか睡眠《すいめん》におかされてねむたく候は、いかんと案じ候へば、不審もなく往生の死期《しご》もちかづくかとおぼえ候。まことにもてあぢきなく名殘《なごり》おしくこそ候へ。さりながら今日までも往生の期《ご》も、いまやきたらんと由（油）斷なくそのかまへは候。それにつけても、この在所《ざいしょ》にをひ（い）て已後《いご》までも信心決定《けつじょう》するひとの退轉《たいてん》なきやうにもさふらへかしと、念願のみ晝夜不斷におもふばかりなり。この分《ぶん》にては往生つかまつり候とも、いまは子細なく候べきに、それにつけても、面々の心中もことのほか由（油）斷どもにてこそはさふらへ。命のあらんかぎりは、われらはいまのごとくにてあるべく候。よろづにつけて、みなみなの心中こそ不足に存じさふらへ。明日もしらぬいのちにてこそ候に、なにごとをまうすもいのちをはりさふらはば、いたづらごとにてあるべく候。いのちのうちに不審《ふしん》もとくとくはれられさふらはでは、さだめて後悔のみにてさふらはんずるぞ。御《おん》こころえあるべく候。あなかしこあなかしこ。

この障子《しょうじ》のそなたの人々のかたへまいらせ候。のちの年にとりいだして御覧候へ。

文明五年卯月廿五日書之

〔第七通〕　弥生なかば

去《さん》ぬる文明《ぶんめい》第四の暦《れき》、彌生中半《やよひなかば》のころかとおぼえはんべりしに、さもありぬらんとみえつる女姓《にょしょう》一二人、おとこなんどあひ具したるひとびと、この山のことを沙汰しまうしけるは、そもそもこのごろ吉崎の山上に一宇《いちう》の坊舍をたてられて、言語道斷《ごんごどうだん》おもしろき在所《ざいしょ》かなとまうし候。なかにも、ことに加賀・越中・能登・越後・信濃・出羽《でわ》・奥州七ヶ國より、かの門下中、この當山へ道俗男女《なんにょ》參詣をいたし、群集せしむるよし、そのきこえかくれなし。これ末代の不思議なり。ただごとともおぼえはんべらず。さりながらかの門徒の面々には、さても念佛法門をばなにとすすめられ候やらん、とりわけ信心といふことをむねとをしへられ候よし、ひとびとまうし候なるは、いかやうなることにて候やらん。くはしくききまいらせて、われらもこの罪業深重《ざいごうじんじゅう》のあさましき女人《にょにん》の身をもちてさふらへば、その信心とやらんをききわけまいらせて往生をねがひたく候よしを、かの山中のひとにたづねまうして候へば、しめしたまへるをもむきは、なにのやうもなく、ただわが身は十惡・五逆・五障《ごしょう》・三從《さんしょう》のあさましきものぞとおもひて、ふかく阿彌陀如來はかかる機をたすけましますすがたなりと、こころえまいらせて、二心なく彌陀をたのみたてまつりて、たすけたまへとおもふこころの一念をこるとき、かたじけなくも如來は八萬四千の光明をはなちて、その身を攝取《せっしゅ》したまふなり。これを彌陀如來の念佛の行者《ぎょうじゃ》を攝取《せっしゅ》したまふといへるはこのことなり。攝取不捨といふは、おさめとりてすてたまはずといふこころなり。このこころを信心をえたるひととはまうすなり。さてこのうへには、ねてもさめても、たてもゐても、南無阿彌陀佛とまうす念佛は、彌陀にはや、たすけられまいらせつる、かたじけなさの彌陀の御恩を、南無阿彌陀佛ととなへて報じまうす念佛なりとこころうべきなりとねんごろにかたりたまひしかば、この女人《にょにん》たち、そのほかのひと、まうされけるは、まことにわれらが根機《こんき》にかなひたる彌陀如來の本願にてましまし候をも、いままで信じまいらせさふらはぬことのあさましさ、まうすばかりもさふらはず、いまよりのちは一向に彌陀をたのみまいらせて、ふたごころなく一念にわが往生は如來のかたより御《おん》たすけありけりと信じたてまつりて、そののちの念佛は佛恩報謝《ほうしゃ》の稱名《しょうみょう》なりとこころえ候べきなり。かかる不思議の宿縁にあひまいらせて、殊勝《しゅしょう》の法をききまいらせ候ことのありがたさたふとさ、なかなかまうすばかりもなくおぼえはんべるなり。いまははやいとまうすなりとて、なみだをうかめて、みなみなかへりにけり。あなかしこあなかしこ。

文明五年八月十二日

〔**第八通**〕　大津三井寺

文明《ぶんめい》第三初夏上旬のころより、江州志賀《ごうしゅうしが》の郡《こおり》大津三井寺南別所邊《みなみべつしょへん》より、なにとなく不圖《ふと》しのびいでて越前・加賀諸所を經廻《けいがい》せしめをはりぬ。よて當國細呂宜郷《とうごくほそろぎのごう》内吉崎《うちよしざき》といふこの在所《ざいしょ》、すぐれておもしろきあひだ、年來虎狼《ころう》のすみなれしこの山中をひきたいらげて、七月廿七日よりかたのごとく一宇を建《こん》立《りゅう》して、昨日今日《きのうきょう》とすぎゆくほどに、はや三年《みとせ》の春秋はをくりけり。さるほどに、道俗男女《なんにょ》群集せしむといへども、さらになにへんともなき體《てい》なるあひだ、當年より諸人の出入をとどむるこころは、この在所に居住せしむる根元《こんげん》はなにごとぞなれば、そもそも人界《にんがい》の生《しょう》をうけてあひがたき佛法にすでにあへる身が、いたづらにむなしく捺落《ならく》にしづまんは、まことにもてあさましきことにはあらずや。しかるあひだ念佛の信心を決定《けつじょう》して、極樂の往生をとげんとおもはざらんひとびとは、なにしにこの在所《ざいしょ》へ來集せんことかなふべからざるよしの成敗《せいばい》をくはへをはりぬ。これひとへに名聞利養《みょうもんりよう》を本《ほん》とせず、ただ後生《ごしょう》菩提をことゝするがゆへなり。しかれば見聞《けんもん》の諸人偏執《へんじゅう》をなすことなかれ。あなかしこあなかしこ。

文明五年九月　日

〔第九通〕　優婆夷

抑《そもそも》当宗を昔よりひとこぞりてをかしくきたなき宗とまうすなり。これまことに道理のさすところなり。そのゆへは、當流人數《にんじゅ》のなかにをひ（い）て、あるひは他門・他宗に對してはばかりなくわが家の義をまうしあらはせるいはれなり。これおほきなるあやまりなり。それ當流のおきてをまもるといふは、わが流につたふるところの義をしかと内心にたくはへて、外相《げそう》にそのいろをあらはさぬを、よくものにこころえたるひととはいふなり。しかるに當世はわが宗のことを、他門・他宗にむかひて、その斟酌《しんしゃく》もなく聊《りょう》爾《じ》に沙汰するによりて、當流をひとのあさまにおもふなり。かやうにこころえのわろきひとのあるによりて、當流をきたなくいまはしき宗とひとおもへり。さらにもてこれは他人わろきにはあらず、自流のひとわろきによるなりとこころうべし。つぎに物忌《ぶっき》といふことは、わが流には佛法についてものいまはぬといへることなり。他宗にも公方《くぼう》にも對しては、などか物をいまざらんや。他宗・他門にむかひてはもとよりいむべきこと勿論なり。またよそのひとの物いむといひてそしることあるべからず。しかりといへども佛法を修行せんひとは、念佛者にかぎらず、物さのみいむべからずとあきらかに諸經の文にもあまたみえたり。まづ『涅槃經《ねはんぎょう》』にのたまはく、「如來法中無有選擇吉日良辰《にょらいほうちゅうむうせんじゃくきちにちりょうしん》」（北本巻二〇 南本巻一八）といへり。この文《もん》のこころは、如來の法《ほう》のなかに吉日良辰《きちにちりょうしん》をえらぶことなしとなり。又『般舟經《はんじゅきょう》』にのたまはく、「優婆夷《うばい》聞二是三昧一欲レ學者 乃至 自歸二命佛一歸二命法一歸二命比丘僧一不レ得レ事二餘道一不レ得レ拜二於天一不レ得レ祠《マツル》二鬼神一不レ得レ視二吉良日一」（と） 已上 いへり。この文《もん》のこころは、優婆夷《うばい》この三昧《さんまい》をききてまなばんと欲せんものは、みづから佛に歸命し、法に歸命せよ、比丘僧《びくそう》に歸命せよ、餘道《よどう》につかふることをえざれ、天を拜することをえざれ、鬼神《きじん》をまつることをえざれ、吉良日《きちりょうにち》をみることをえざれといへり。かくのごとくの經文《きょうもん》どももこれありといへども、この分《ぶん》をいだすなり。ことに念佛行者《ぎょうじゃ》はかれらにつかふべからざるやうにみえたり。よくよくこころうべし。あなかしこあなかしこ。

文明五年九月　日

〔第十通〕　吉崎

抑《そもそも》吉崎《よしざき》の當山《とうざん》にをひ《（い）》て多屋《たや》の坊主《ぼうず》達の内方《ないほう》とならんひとは、まことに先世《せんぜ》の宿縁あさからぬゆへとおもひはんべるべきなり。それも後生《ごしょう》を一大事とおもひ信心も決定《けつじょう》したらん身にとりてのうへのことなり。しかれば内方《ないほう》とならんひとびとは、あひかまへて信心をよくよくとらるべし。それまづ當流の安心《あんじん》とまうすことは、おほよそ浄土一家《いっけ》のうちにをひ《（い）》てあひかはりてことにすぐれたるいはれあるがゆへに、他力の大信心とまうすなり。さればこの信心をえたるひとは、十人は十人ながら百人は百人ながら今度の往生は一定《いちじょう》なりとこころうべきものなり。その安心とまうすはいかやうにこころうべきことやらん、くはしくもしりはんべらざるなり。

こたへていはく、まことにこの不審肝要《ふしんかんよう》のことなり。おほよそ當流《とうりゅう》の信心をとるべきおもむきは、まづわが身は女人《にょにん》なればつみふかき五障《ごしょう》・三従《さんしょう》とてあさましき身《み》にて、すでに十方の如來も三世《さんぜ》の諸佛にもすてられたる女人なりけるを、かたじけなくも彌陀如來ひとりかかる機をすくはんとちかひたまひて、すでに四十八願をこしたまへり。そのうち第十八の願《がん》にをひ《（い）》て、一切の惡人・女人をたすけたまへるうへに、なを女人《にょにん》はつみふかくうたがひのこころふかきによりて、またかさねて第卅五の願になを女人をたすけんといへる願《がん》をこしたまへるなり。かかる彌陀如來の御苦勞ありつる御恩のかたじけなさよと、ふかくおもふべきなり。

問ていはく、さてかやうに彌陀如來のわれらごときのものをすくはんと、たびたび願《がん》をおこしたまへることのありがたさをこころえわけまいらせさふらひぬるについて、なにとやうに機をもちて、彌陀をたのみまいらせさふらはんずるやらん、くはしくしめしたまふべきなり。

こたへていはく、信心をとり彌陀をたのまんとおもひたまはば、まづ人間はただゆめ・まぼろしのあひだのことなり、後生《ごしょう》こそまことに永生《ようしょう》の樂果《らくか》なりとおもひとりて、人間は五十年・百年のうちのたのしみなり、後生こそ一大事なりとおもひて、もろもろの雜行《ぞうぎょう》をこのむこころをすて、あるひはまた、もののいまはしくおもふこころをもすて、一心一向に彌陀をたのみたてまつりて、そのほか餘《よ》の佛・菩薩・諸神等《しょじんとう》にもこころをかけずして、ただひとすぢに彌陀に歸して、このたびの往生は治定《じじょう》なるべしとおもはば、そのありがたさのあまり念佛をまうして、彌陀如來のわれらをたすけたまふ御恩を報じたてまつるべきなり。これを信心をえたる多屋《たや》の坊主達《ぼうずたち》の内方《ないほう》のすがたとはまうすべきものなり。あなかしこあなかしこ。

文明五年九月十一日

〔**第十一通**〕　**死出の山路・電光朝露**

それおもんみれば、人間はただ電光朝露《ちょうろ》のゆめまぼろしのあひだのたのしみぞかし。たとひまた榮花《えいが》榮耀《えいよう》にふけりて、おもふさまのことなりといふとも、それはただ五十年乃至百年のうちのことなり。もしただいまも無常のかぜきたりてさそひなば、いかなる病苦にあひてかむなしくなりなんや。まことに死せんときは、かねてたのみをきつる妻子も財寶《ざいほう》も、わが身にはひとつもあひそふことあるべからず。されば死出《しで》の山路のすゑ三途《さんず》の大河をばただひとりこそゆきなんずれ。これによりて、ただふかくねがふべきは後生《ごしょう》なり、またたのむべきは彌陀如來なり、信心決定《しんじんけつじょう》してまいるべきは安養《あんよう》の淨土なりとおもふべきなり。これについてちかごろはこの方の念佛者の坊主達《ぼうずたち》、佛法の次第もてのほか相違す。そのゆへは、門徒のかたよりものをとるをよき弟子といひ、これを信心のひとといへり。これおほきなるあやまりなり。また弟子は坊主にものをだにもおほくまいらせば、わがちからかなはずとも、坊主のちからにてたすかるべきやうにおもへり。これもあやまりなり。かくのごとく坊主と門徒のあひだにをひ(い)て、さらに當流の信心のこころえの分《ぶん》はひとつもなし。まことにあさましや。師・弟子ともに極樂には往生せずして、むなしく地獄におちんことはうたがひなし。なげきてもなをあまりあり、かなしみてもなをふかくかなしむべし。しかれば今日よりのちは、他力の大信心の次第をよく存知したらんひとにあひたづねて、信心決定して、その信心のをもむきを弟子にもをしへて、もろともに今度の一大事の往生をよくよくとぐべきものなり。あなかしこあなかしこ。

文明五年九月中旬

〔第十二通〕　年来超勝寺

（一二）抑《そもそも》年來《ねんらい》超勝寺《ちょうしょうじ》の門徒にをひ（い）て、佛法の次第もてのほか相違せり。そのいはれは、まづ座衆《ざしゅ》とてこれあり。いかにもその座上にあがりて、さかづきなんどまでもひとよりさきにのみ、座中のひとにもまたそのほかたれだれにも、いみじくおもはれんずるが、まことに佛法の肝要たるやうに心中《しんちゅう》にこころえをきたり。これさらに往生極樂のためにあらず。ただ世間の名聞《みょうもん》にたり。しかるに當流にをひ（い）て毎月の會合の由來《ゆらい》はなにの用ぞなれば、在家無智の身をもて、いたづらにくらしいたづらにあかして、一期《いちご》はむなしくすぎて、つゐに三途《さんず》にしづまん身が、一月《いちがつ》に一度なりとも、せめて念佛修行の人數ばかり道場にあつまりて、わが信心は、ひとの信心は、いかがあるらんといふ信心沙汰《しんじんざた》をすべき用の會合なるを、ちかごろはその信心といふことはかつて是非《ぜひ》の沙汰におよばざるあひだ、言語道斷《ごんごどうだん》あさましき次第なり。所詮《しょせん》自今已後《じこんいご》はかたく會合の座中にをひ（い）て信心の沙汰をすべきものなり。これ眞實の往生極樂をとぐべきいはれなるがゆへなり。あなかしこあなかしこ。

文明五年九月下旬

〔**第十三通**〕　三経安心

抑《そもそも》ちかごろはこの方《ほう》念佛者のなかにをひ（い）て、不思議の名言《みょうごん》をつかひて、これこそ信心をえたるすがたよといひて、しかもわれは當流の信心をよくしりがほの體《てい》に心中にこころえをきたり。そのことばにいはく、十劫正覺《じっこうしょうがく》のはじめより、われらが往生をさだめたまへる彌陀の御恩をわすれぬが信心ぞといへり。これおほきなるあやまりなり。そも彌陀如來の正覺《しようがく》をなりたまへるいはれをしりたりといふとも、われらが往生すべき他力の信心といふいはれをしらずばいたづらごとなり。しかれば向後《きようこう》にを(い)ひては、まづ當流の眞實信心といふことをよくよく存知すべきなり。その信心といふは、『大經』には三信とき、『觀經』には三心といひ、『阿彌陀經』には一心とあらはせり。三經ともにその名《な》かはりたりといへども、そのこころはただ他力の一心をあらはせるこころなり。されば信心といへるそのすがたはいかやうなることぞといへば、まづもろもろの雜行《ぞうぎよう》をさしをきて一向に彌陀如來をたのみたてまつりて、自餘の一切の諸神・諸佛等にもこころをかけず、一心にもはら彌陀に歸命せば、如來は光明をもてその身を攝取《せつしゆ》してすてたまふべからず。これすなはちわれらが一念の信心決定したるすがたなり。かくのごとくこころえてののちは、彌陀如來の他力の信心をわれらにあたへたまへる御恩を報じたてまつる念佛なりとこころうべし。これをもて信心決定《けつじよう》したる念佛の行者《ぎようじや》とはまうすべきものなり。あなかしこあなかしこ。

文明第五　九月下旬比書之云々

〔**第十四通**〕　立山白山

抑《そもそも》當流《とうりゆう》念佛者のなかにを(い)ひて諸法を誹謗《ひほう》すべからず。まづ越中・加賀ならば、立山《たてやま》・白山《しらやま》そのほか諸《しよ》山寺《やまでら》なり。越前《えちぜん》ならば、平泉寺《へいせんじ》・豐原寺等《とよはらじとう》なり。されば『經』にも、すでに「唯除五逆誹謗正法《ゆいじよごぎやくひほうしようぼう》」(大經)

ところこれをいましめられたり。これによりて念佛者はことに諸宗を謗《ほう》ずべからざるものなり。また聖《しょう》道《どう》諸宗の學者達もあながちに念佛者をば謗《ほう》ずべからずとみえたり。そのいはれは、經釋《きょうしゃく》ともにその文《もん》これおほしといへども、まづ八宗の祖師《そし》龍樹《りゅうじゅ》菩薩の『智論《ちろん》』にふかくこれをいましめられたり。その文《もん》にいはく、「自法愛染故《じほうあいぜんこ》、毀呰他人法《きしたにんぼう》、雖持戒行人《すいじかいぎょうにん》、不免地獄苦《ふめんぢごく》」（巻一）といへり。かくのごとくの論《ろん》判分明《ばんふんみょう》なるときは、いづれも佛説なり、あやまりて謗ずることなかれ。それみな一宗一宗のことなれば、わがたのまぬばかりにてこそあるべけれ。ことさら當流のなかにをひて（い）なにの分別《ふんべつ》もなきもの、他宗をそしること勿體《もったい》なき次第なり。あひかまへてあひかまへて一所《いっしょ》の坊主分《ぼうずぶん》たるひとは、この成敗《せいばい》をかたくいたすべきものなり。あなかしこあなかしこ。

文明五年九月下旬

〔第十五通〕　宗名・常流世間

（一五）問ていはく、當流をみな世間《せけん》に流布《るふ》して、一向宗《いっこうしゅう》となづけ候は、いかやうなる子細《しさい》にて候やらん、不審におぼえ候。

答ていはく、あながちにわが流を一向宗となのることは、別して祖師もさだめられず、おほよそ阿彌陀佛を一向にたのむによりて、みな人のまうしなすゆへなり。しかりといへども經文《きょうもん》に「一向專念《せんねん》無量壽佛」（大經巻下）とときたまふゆへに、一向に無量壽佛を念ぜよといへるこころなるときは、一向宗とまうしたるも子細《しさい》なし。さりながら開山はこの宗をば淨土眞宗とこそさだめたまへり。されば一向宗といふ名言《みようごん》は、さらに本宗よりまうさぬなりとしるべし。されば自餘の淨土宗はもろもろの雜行《ぞうぎよう》をゆるす、わが聖人は雜行《ぞうぎよう》をえらびたまふ。このゆへに眞實報土の往生をとぐるなり。このいはれあるがゆへに、別して眞の字をいれたまふなり。

又のたまはく、當宗をすでに淨土眞宗となづけられ候ことは分明《ふんみよう》にきこえぬ。しかるにこの宗體《しゆうてい》にて、在家《ざいけ》のつみふかき惡逆《あくぎやく》の機なりといふとも、彌陀の願力《がんりき》にすがりてたやすく極樂に往生すべきやう、くはしくうけたまはりはんべらんとおもふなり。

答ていはく、當流のをもむきは、信心決定《けつじよう》しぬればかならず眞實報土《ほうど》の往生をとぐべきなり。されば その信心といふはいかやうなることぞといへば、なにのわづらひもなく、彌陀如來を一心にたのみたてまつりて、その餘の佛《ぶち》・菩薩等《ぼさつとう》にもこころをかけずして、一向にふたごころなく彌陀を信ずるばかりなり。これをもて信心決定《けつじよう》とはまうすものなり。信心といへる二字をばまことのこころとよめるなり。まことのこころといふは、行者《ぎようじや》のわろき自力のこころにてはたすからず、如來の他力のよきこころにてたすかるがゆへに、まことのこころとはまうすなり。また名號《みようごう》をもてなにのこころえもなくして、ただとなへてはたすからざるなり。されば『經』には「聞其名號信心歡喜《もんごみようごうしんじんかんぎ》」(大經巻下)ととけり。その名號をきくといへるは、南無阿彌陀佛の六字の名號を無名《むみよう》無實《むじつ》にきくにあらず、善知識にあひてそのをしへをうけて、この南無阿彌陀佛の名號《みようごう》を南無とたのめば、かならず阿彌陀佛のたすけたまふといふ道《どう》理《り》なり。これを『經』に「信心歡喜」ととかれたり。これによりて南無阿彌陀佛の體《たい》はわれらをたすけたまへるすがたぞとこころうべきなり。かやうにこころえてのちは、行住座（坐）臥に口にとなふる稱名をば、ただ彌陀如來のたすけまします御恩を報じたてまつる念佛ぞとこころうべし。これをもて信心決定《けつじよう》して極樂に往生する他力《たりき》の念佛の行者《ぎようじや》とはまうすべきものなり。あなかしこあなかしこ。

文明第五　九月下旬第二日　至ニ于巳剋一《みのこくにいたりて》加州山中湯治《かしゆうやまなかとうじ》之内《のうちに》書ニ集之一訖《これをかきあつめをはりぬ》

二帖目

〔第一通〕　御浚へ

抑《そもそも》今度一七ヶ日報恩講《ほうおんこう》のあひだにを（い）ひて、多屋内方《たやないほう》もそのほかの人も、大略信心《たいりやくしんじん》を決定《けつじよう》し給へるよしきこえたり。めでたく本望《ほんもう》これにすぐべからず。さりながら、そのままうちすて候へば、信心もうせ候べし。細々《さいさい》に信心のみぞをさらへて彌陀の法水《ほうしい》をながせ、といへる事ありげに候。それについて女人《によにん》の身は十方三世の諸佛にもすてられたる身にて候を、阿彌陀如來なればこそかたじけなくもたすけましまし候へ。そのゆへは、女人の身はいかに眞實心になりたりといふとも、うたがひの心はふかくして、又物なんどのいまはしくおもふ心はさらにうせがたくおぼえ候。ことに在家《ざいけ》の身は世路《せいろ》につけ、又子孫《しそん》なんどの事によそへても、ただ今生《こんじょう》にのみふけりて、これほどにはやめにみえてあだなる人間界の老少不定《ふじょう》のさかひとしりながら、ただいま三途八難《さんずはちなん》にしづまん事をばつゆちりほども心にかけずして、いたづらにあかしくらすは、これつねの人のならひなり。あさましといふもをろかなり。これによりて一心一向《いっこう》に彌陀一佛《いちぶつ》の悲願に歸して、ふかくたのみたてまつりて、もろもろの雜行《ぞうぎょう》を修する心をすて、又諸神《しょじん》・諸佛《しょぶつ》に追従《ついしょう》まうす心をもみなうちすてて、さて彌陀如來と申はかかる我らごときのあさましき女人《にょにん》のためにをこし給へる本願なれば、まことに佛智の不思議と信じて、我身はわろきいたづらものなりとおもひつめて、ふかく如來に歸入する心をもつべし。さてこの信ずる心も念ずる心も、彌陀如來の御方便《ごはうべん》よりをこさしむるものなりとおもふべし。かやうにこころうるをすなはち他力《たりき》の信心をえたる人とはいふなり。又このくらゐをあるひは正定聚《しょうじょうじゅ》に住すとも、滅度《めつど》にいたるとも、等正覺《とうしょうがく》にいたるとも、彌勒《みろく》にひとしとも申なり。又これを一念發起《ほっき》の往生さだまりたる人とも申すなり。かくのごとく心えてのうへの稱名念佛は、彌陀如來の我らが往生をやすくさだめ給へる、その御《おん》うれしさの御恩を報じたてまつる念佛なりとこころうべきものなり。あなかしこあなかしこ。

　これについて、まづ當流のおきてをよくよくまもらせ給ふべし。そのいはれは、あひかまへていまのごとく信心のとほりを心え給はば、身中《(心)》にふかくおさめをきて、他宗・他人に對してそのふるまひをみせずして、又信心のやうをもかたるべからず。一切の諸神《しょじん》なんどをもわが信ぜぬまでなり、をろかにすべからず。かくのごとく信心のかたもそのふるまひもよき人をば、聖人もよく心えたる信心の行者なりとおほせられたり。ただふかくこころをば佛法にとどむべきなり。あなかしこあなかしこ。

文明第五　十二月八日《ようかのひ》これをかきて當山《とうざん》の多屋内方《たやないほう》へまいらせ候。このほかなをなを不審《ふしん》の事《こと》候はば、かさねてとはせたまふべく候。

所送寒暑　五十八歳　御判

のちの代《よ》のしるしのためにかきをきし　のりのことの葉《は》かたみともなれ

〔**第二通**〕　すべて承引（出立）

抑《そもそも》開山聖人の御一流には、それ信心といふことをもてさきとせられたり。その信心といふはなにの用《よう》ぞといふに、無善造悪《ぞうあく》のわれらがやうなるあさましき凡夫が、たやすく彌陀の浄土へまいりなんずるための出立《でたち》なり。この信心を獲得《ぎゃくとく》せずば極樂には往生せずして、無間《むけん》地獄に墮在《だざい》すべきものなり。これによりて、その信心をとらんずるやうはいかんといふに、それ彌陀如來一佛をふかくたのみたてまつりて、自餘の諸善萬行《まんぎょう》にこころをかけず、また諸神《しょじん》・諸菩薩《しょぼさつ》にをひ《(い)》て今生《こんじょう》のいのりをのみなせるこころをうしなひ、またわろき自力《じりき》なんどいふひがおもひをもなげすてて、彌陀を一心一向に信樂《しんぎょう》してふたごころのなきひとを、彌陀はかならず遍照《へんじょう》の光明をもて、そのひとを攝取《せっしゅ》してすてたまはざるものなり。かやうに信をとるうへには、ねてもおきてもつねにまうす念佛は、かの彌陀のわれらをたすけたまふ御恩《ごおん》を報じたてまつる念佛なりとこころうべし。かやうにこころえたるひとをこそ、まことに當流の信心をよくとりたる正義《しょうぎ》とはいふべきものなり。このほかになを信心といふことのありといふひとこれあらば、おほきなるあやまりなり。すべて承引すべからざるものなり。あなかしこあなかしこ。

いまこの文《ふみ》にしるすところのをもむきは、當流の親鸞聖人すすめたまへる信心の正義《しょうぎ》なり。この分《ぶん》をよくよくこころえたらんひとびとは、あひかまへて他宗・他人に對してこの信心のやうを沙汰すべからず。また自餘《じよ》の一切の佛・菩薩ならびに諸神等《しょじんとう》をもわが信ぜぬばかりなり。あながちにこれをかろしむべからず。これまことに彌陀一佛の功德のうちに、みな一切の諸神はこもれりとおもふべきものなり。惣《そう》じて一切の諸法にをひ（い）てそしりをなすべからず。これをもて當流のおきてをよくまもれるひととなづくべし。されば聖人のいはく、たとひ牛ぬすびととはいはるとも、もしは後世者《ごせしゃ》、もしは善人、もしは佛法者とみゆるやうにふるまふべからずとこそおほせられたり。このむねをよくよくこころえて念佛をば修行すべきものなり。

文明第五　十二月十二日夜書之

〔第三通〕　神明三箇条

夫《それ》當流開山聖人のひろめたまふところの一流のなかにをひ(い)て、みな勸化《かんげ》をいたすにその不同これあるあひだ、所詮向後《しょせんきょうこう》は當山多屋坊主《とうざんたやぼうず》已下《いげ》そのほか一卷の聖教をよまんひともまた來集《らいじゅう》の面々も、各々《かくかく》に當門下にその名をかけんともがらまでも、この三ヶ条の篇目をもてこれを存知せしめて、自今已後《じこんいご》その成《せい》敗《ばい》をいたすべきものなり。

一《ひとつ》 諸法・諸宗ともにこれを誹謗《ひほう》すべからず。

一 諸神《しょじん》・諸佛・菩薩をかろしむべからず。

一 信心をとらしめて報土《ほうど》往生《おうじょう》をとぐべき事。

右斯《この》三ヶ條のむねをまもりて、ふかく心底《しんてい》にたくはへてこれをもて本《ほん》とせざらんひとびとにをひ(い)ては、この當山へ出入を停止《ちょうじ》すべきものなり。そもそもさんぬる文明《ぶんめい》第三の暦仲夏《れきちゅうか》のころより花洛《からく》をいでて、おなじき年七月下旬之候《こう》、すでにこの當山の風波《ふは》あらき在所《ざいしょ》に草菴《そうあん》をしめて、この四ヶ年のあひだ居住せしむる根元《こんげん》は、別の子細《しさい》にあらず、この三ヶ條のすがたをもて、かの北國中にをひ(い)て當流の信心未決《みけつ》定《じょう》のひとを、おなじく一味の安心になさんがためのゆへに、今日今時まで堪忍《かんにん》せしむるところなり。よてこのをもむきをもて、これを信用せばまことにこの年月《としつき》の在國の本意たるべきものなり。

一 神明《しんめい》とまうすは、それ佛法にをひ(い)て信もなき衆生のむなしく地獄におちんことをかなしみおぼしめして、これをなにとしてもすくはんがために、かりに神とあらはれて、いささかなる縁をもて、それをたよりとして、つゐに佛法にすすめいれしめんための方便《ほうべん》に、神とはあらはれたまふなり。しかればいまのときの衆生《しゅじょう》にをひ(い)て彌陀をたのみ信心決定《けつじょう》して念佛をまうし極樂に往生すべき身となりなば、一切の神明《しんめい》はかへりてわが本懷《ほんがい》とおぼしめしてよろこびたまひて、念佛の行者《ぎょうじゃ》を守護したまふべきあひだ、とりわき神をあがめねども、ただ彌陀一佛をたのむうちにみなこもれるがゆへに、別してたのまざれども信ずるいはれのあるがゆへなり。

一 當流のなかにをひ(い)て諸法・諸宗を誹謗《ひほう》することしかるべからず。いづれも釋迦一代の說教《せっきょう》なれば、如說《にょせつ》に修行《しゅぎょう》せばその益《やく》あるべし。さりながら末代《まつだい》われらごときの在家止住《しじゅ》の身は、聖道諸宗の敎《きょう》にをよばねば、それをわがたのまず信ぜぬばかりなり。

一 諸佛・菩薩とまうすことは、それ彌陀如來の分身《ぶんしん》なれば、十方諸佛のためには本師本佛《ほんしほんぶつ》なるがゆへに、阿彌陀一佛に歸したてまつれば、すなはち諸佛・菩薩に歸するいはれあるがゆへに、阿彌陀一體のうちに諸佛・菩薩はみなことごとくこもれるなり。

一 開山親鸞聖人のすすめましますところの彌陀如來の他力《たりき》眞實信心といふは、もろもろの雜行《ぞうぎょう》をすてて、專修專念《せんじゅせんねん》一向一心に、彌陀に歸命するをもて、本願を信樂《しんぎょう》する體《たい》とす。されば先達《せんだつ》よりうけたまはりつたへしがごとく、彌陀如來の眞實信心《しんじつしんじん》をば、いくたびも他力《たりき》よりさづけらるるところの佛智の不思議なりとこころえて、一念をもては往生治定《おうじょうじじょう》の時尅《じこく》とさだめて、そのときのいのちのぶれば自然《じねん》と多念《たねん》にをよぶ道理なり。これによりて、平生《へいぜい》のとき一念往生治定《じじょう》のうへの佛恩報盡の多念の稱名とならふところなり。しかれば祖師聖人御相傳《ごそうでん》一流の肝要《かんよう》は、ただこの信心ひとつにかぎれり。これをしらざるをもて他門とし、これをしれるをもて眞宗のしるしとす。そのほかかならずしも外相《げそう》にを《(い)》ひて當流念佛者のすがたを他人に對してあらはすべからず。これをもて眞宗の信心をえたる行者《ぎょうじゃ》のふるまひの正《しょう》本《ほん》となづくべきところ如件《くだんのごとし》。

文明六年甲午正月十一日書之

〔第四通〕　超世の本願

夫《それ》彌陀如來の超世《ちょうせ》の本願とまうすは、末代濁世《まつだいじょくせ》の造惡《ぞうあく》不善のわれらごときの凡夫のためにをこしたまへる無上の誓願《せいがん》なるがゆへなり。しかればこれをなにとやうにこころをもち、なにとやうに彌陀を信じて、かの淨土へは往生すべきやらん、さらにその分別《ふんべつ》なし。くはしくこれををしへたまふべし。

答ていはく、末代今時《まつだいいまのとき》の衆生はただ一すぢに彌陀如來をたのみたてまつりて、餘の佛・菩薩等をもならべて信ぜねども、一心一向に彌陀一佛に歸命する衆生をば、いかにつみふかくとも佛の大慈大悲をもてすくはんとちかひたまひて、大光明をはなちて、その光明《こうみょう》のうちにおさめとりましますゆへに、このこころを『經』には「光明遍照《こうみょうへんじょう》十方世界、念佛衆生攝取不捨《しゅじょうせっしゅふしゃ》」（觀經）とときたまへり。されば五道・六道といへる惡趣《あくしゅ》にすでにおもむくべきみちを、彌陀如來の願力《がんりき》の不思議としてこれをふさぎたまふなり。このいはれをまた『經』には「横截五惡趣《おうぜつごあくしゅ》、惡趣自然閉《じねんぺい》」（大經卷下）ととかれたり。かるがゆへに如來の誓願《せいがん》を信じて一念の疑心《ぎしん》なきときは、いかに地獄へおちんとおもふとも、彌陀如來の攝取《せっしゅ》の光明におさめとられまいらせたらん身は、わがはからひにて地獄へもおちずして極樂にまいるべき身なるがゆへなり。かやうの道理なるときは、晝夜朝暮《ちょぼ》は如來大悲の御恩を雨山《あめやま》にかうふりたるわれらなれば、ただ口につねに稱名をとなへて、かの佛恩《ぶつおん》を報謝のために念佛をまうすべきばかりなり。これすなはち眞實信心をえたるすがたといへるはこれなり。あなかしこあなかしこ。

文明六　二月十五日夜、大聖世尊入滅の昔をおもひいでゝ、於㆓燈下㆒拭㆓老眼㆒染㆑筆畢。　滿六十　御判

〔第五通〕　珠数

抑《そもそも》此三四年のあひだにをひ《（い）》て、當山の念佛者の風情《ふぜい》をみをよぶに、まことにもて他力の安心決定《けつじょう》せしめたる分なし。そのゆへは珠數の一連をももつひとなし。さるほどに佛をば手づかみにこそせられたり。聖人またく珠數をすてて佛をおがめとおほせられたることなし。さりながら珠數をもたずとも往生淨土のためにはただ他力の信心ひとつばかりなり。それにはさはりあるべからず。まづ大坊主分《だいぼうずぶん》たる

ひとは袈裟《けさ》をもかけ、珠數をもちても子細なし。これによりて眞實信心を獲得《ぎやくとく》したるひとは、かならず口にもいだしまたいろにもそのすがたはみゆるなり。しかれば當時はさらに眞實信心をうつくしくえたるひといたりてまれなりとおぼゆるなり。それはいかんぞなれば、彌陀如來の本願のわれらがために相應したるたふとさのほども、身《み》にはおぼえざるがゆへに、いつも信心のひとゝほりをば、われこころえがほのよしにて、なにごとを聽聞《ちょうもん》するにもそのことばかりおもひて、耳へもしかじかともいらず、ただひとまねばかりの體《てい》たらくなりとみえたり。この分にては自身の往生極樂もいまはいかがとあやうくおぼゆるなり。いはんや門徒同朋を勸化《かんけ》の儀も、なかなかこれあるべからず。かくのごときの心中にては今度の報土《ほうど》往生《おうじょう》も不可なり。あらあら勝事《しょうじ》や。ただふかくこころをしづめて思案《しあん》あるべし。まことにもて人間はいづるいきはいるをまたぬならひなり。あひかまへて由（油）斷なく佛法をこころにいれて、信心決定《けつじょう》すべきものなり。あなかしこあなかしこ。

文明六年二月十六日早朝に俄に染レ筆畢而已

〔第六通〕　掟（他力信心）

抑《そもそも》當流の他力信心のをもむきをよく聽聞《ちょうもん》して、決定《けつじょう》せしむるひとこれあらば、その信心のとほりをもて心底《しんてい》におさめをきて、他宗・他人に對して沙汰すべからず。また路次《ろじ》大道われわれの在所《ざいしょ》なんどにても、あらはにひとをもはばからずこれを讃嘆《さんだん》すべからず。つぎには守護《しゅご》・地頭方《ぢとうほう》にむきても、われは信心をえたりといひて疎略《そりやく》の義(儀)なくいよいよ公事《くじ》をまたくすべし。また(又)諸神《しょじん》・諸佛《しょぶつ》・菩薩《ぼさつ》をもをろそかにすべからず。これみな南無阿彌陀佛の六字のうちにこもれるがゆへなり。ことにほかには王法をもてをもてとし、内心には他力の信心をふかくたくはへて、世間の仁義をもて本《ほん》とすべし。これすなはち當流にさだむるところのおきてのをもむきなりとこころうべきものなり。あなかしこあなかしこ。

文明六年二月十七日書之

〔**第七通**〕　五戒(易往)

靜におもんみれば、それ人間界の生《しょう》をうくることは、まことに五戒《かい》をたもてる功力《くりき》によりてなり。これおほきにまれなることぞかし。ただし人界の生《しょう》はわづかに一旦《たん》の浮生《ふしょう》なり。後生《ごしょう》は永生《ようしょう》の樂果《らくか》なり。たとひまた榮花《えいが》にほこり榮耀《えいよう》にあまるといふとも、盛者必衰會者定離《じょうじゃひっすいえしゃじょうり》のならひなれば、ひさしくたもつべきにあらず。ただ五十年・百年のあひだのことなり。それも老少不定《ふじょう》ときくときは、まことにもてたのみすくなし。これによりて今時《いまのとき》の衆生《しゅじょう》は、他力の信心をえて淨土の往生《おうじょう》をとげんとおもふべきなり。そもそもその信心をとらんずるには、さらに智慧もいらず、才學(覺)もいらず、富貴《ふうき》も貧窮《びんぐ》もいらず、善人も惡人もいらず、男子《なんし》も女人《にょにん》もいらず、ただもろもろの雜行《ぞうぎょう》をすてて、正行《しょうぎょう》に歸するをもて本意とす。その正行《しょうぎょう》に歸するといふは、なにのやうもなく彌陀如來を一心一向にたのみたてまつることはり（理）ばかりなり。かやうに信ずる衆生をあまねく光明のなかに攝取《せっしゅ》してすてたまはずして、一期《いちご》のいのちつきぬればかならず浄土にをくりたまふなり。この一念の安心《あんじん》ひとつにて浄土に往生することの、あら、やうもいらぬとりやすの安心《あんじん》や。されば安心といふ二字をばやすきこころとよめるはこのこころなり。さらになにの造作《ぞうさ》もなく一心一向に如來をたのみまいらする信心ひとつにて、極樂に往生すべし。あら、こころえやすの安心《あんじん》や、また、あら、ゆきやすの浄土や。これによりて『大經』には「易《い》往而無人《おうにむにん》」（下巻）とこれをとかれたり。この文《もん》のこころは、安心をとりて彌陀を一向にたのめば、浄土へはまいりやすけれども、信心をとるひとまれなれば、浄土へはゆきやすくしてひとなしといへるはこの經文のこころなり。かくのごとくこころうるうへには、晝夜朝暮《ちょうぼ》にとなふるところの名號は、大悲弘《ぐ》誓《ぜい》の御恩を報じたてまつるべきばかりなり。かへすがへす佛法にこころをとどめて、とりやすき信心のをもむきを存知《ぞんぢ》して、かならず今度の一大事の報土の往生をとぐべきものなり。あなかしこあなかしこ。

文明六年三月三日清書之

〔**第八通**〕　本師本仏

夫《それ》十惡・五逆《ごぎゃく》の罪人も、五障《ごしょう》・三從《さんしょう》の女人《にょにん》も、むなしくみな十方三世の諸佛の悲願にもれて、すてはてられたるわれらごときの凡夫なり。しかればここに彌陀如來とまうすは、三世十方の諸佛の本師本佛《ほんしほんぶつ》なれば、久遠實成《くおんじつじょう》の古佛《こぶつ》として、いまのごときの諸佛にすてられたる末代《まつだい》不善の凡夫、五障《ごしょう》・三従《さんしょう》の女人をば、彌陀にかぎりてわれひとりたすけんといふ超世《ちょうせ》の大願《だいがん》ををこして、われら一切衆生を平等にすくはんとちかひたまひて、無上の誓願ををこして、すでに阿彌陀佛となりましましけり。この如來をひとすぢにたのみたてまつらずば、末代の凡夫極樂に往生するみち、二も三もあるべからざるものなり。これによりて親鸞聖人のすすめましますところの他力の信心といふことを、よく存知せしめんひとは、かならず十人は十人ながらみなかの淨土に往生すべし。さればこの信心をとりてかの彌陀の報土にまいらんとおもふについて、なにとやうにこころをもちて、なにとやうにその信心とやらんをこころうべきや。ねんごろにこれをきかんとおもふなり。

こたへていはく、それ當流親鸞聖人のをしへたまへるところの他力信心のをもむきといふは、なにのやうもなくわが身はあさましきつみふかき身ぞとおもひて、彌陀如來を一心一向にたのみたてまつりて、もろもろの雑行《ぞうぎょう》をすてて、専修専念《せんじゅせんねん》なればかならず遍照《へんじょう》の光明のなかにおさめとられまいらするなり。これまことにわれらが往生《おうじょう》の決定《けつじょう》するすがたなり。このうへになをこころうべきやうは、一心一向に彌陀に歸命する一念の信心によりて、はや往生《おうじょう》治定《じじょう》のうへには、行住座(坐)臥にくちにまうさんところの稱名は、彌陀如來のわれらが往生をやすくさだめたまへる大悲の御恩を報盡《ほうじん》の念佛なりとこころうべきなり。これすなはち當流の信心を決定《けつじょう》したるひとといふべきなり。あなかしこあなかしこ。

文明六年三月中旬

〔**第九通**〕　忠臣貞女（外典）

抑《そもそも》阿彌陀如來をたのみたてまつるについて、自餘の萬善萬行《まんぜんまんぎょう》をば、すでに雜行《ぞうぎょう》となづけてきらへるそのこころはいかんぞなれば、それ彌陀佛のちかひましますやうは、一心一向にわれをたのまん衆生をば、いかなるつみふかき機なりとも、すくひたまはんといへる大願なり。しかれば一心一向といふは、阿彌陀佛にをひ（い）て、二佛をならべざるこころなり。このゆへに人間にをひても、まづ主をばひとりならではたのまぬ道理なり。されば外典《げてん》のことばにいはく、「忠臣は二君《じくん》につかへず、貞女は二夫《じふ》をならべず」といへり。阿彌陀如來は三世諸佛のためには本師《ほんし》師匠なれば、その師匠の佛をたのまんには、いかでか弟子の諸佛のこれをよろこびたまはざるべきや。このいはれをもてよくよくこころうべし。さて南無阿彌陀佛といへる行體《ぎょうたい》には、一切の諸神《しょじん》・諸佛《しょぶつ》・菩薩《ぼさつ》も、そのほか萬善《まんぜん》・萬行《まんぎょう》も、ことごとくみなこもれるがゆへに、なにの不足ありてか、諸行《しょぎょう》・諸善にこころをとどむべきや。すでに南無阿彌陀佛といへる名號《みょうごう》は、萬善《まんぜん》・萬行《まんぎょう》の總體《そうたい》なれば、いよいよたのもしきなり。これによりて、その阿彌陀如來をば、なにとたのみ、なにと信じて、かの極樂往生をとぐべきぞなれば、なにのやうもなく、ただわが身は極悪深重《ごくあくじんじゅう》のあさましきものなれば、地獄ならではをもむくべきかたもなき身なるを、かたじけなくも彌陀如來ひとりたすけんといふ誓願《せいがん》をおこしたまへりとふかく信じて、一念歸命の信心をおこせば、まことに宿善の開發《かいはつ》にもよほされて、佛智より他力の信心をあたへたまふがゆへに、佛心と凡心とひとつになるところをさして、信心獲得《ぎゃくとく》の行者《ぎょうじゃ》とはいふなり。このうへにはただねてもおきてもへだてなく念佛をとなへて、大悲弘誓《ぐぜい》の御恩をふかく報謝すべきばかりなりとこころうべきものなり。あなかしこあなかしこ。

文明六歳三月十七日書之

〔第十通〕　夫れ当流聖人（仏心凡心）

夫《それ》當流親鸞聖人のすすめましますところの一義のこころといふは、まづ他力の信心をもて肝要《かんよう》とせられたり。この他力の信心といふことをくはしくしらずば、今度の一大事の往生極樂《おうじょうごくらく》はまことにもてかなふべからずと經釋《きょうしゃく》ともにあきらかにみえたり。さればその他力の信心のすがたを存知《ぞんち》して眞實報土《ほうど》の往生をとげんとおもふについても、いかやうにこころをもち、またいかやうに機をもちて、かの極樂の往生《おうじょう》をばとぐべきやらん。そのむねをくはしくしりはんべらず。ねんごろにをしへたまふべし、それを聽聞《ちょうもん》していよいよ堅固《けんご》の信心をとらんとおもふなり。

こたへていはく、そもそも當流の他力信心のをもむきとまうすは、あながちにわが身のつみのふかきにもこころをかけず、ただ阿彌陀如來を一心一向にたのみたてまつりて、かかる十惡・五逆《ぎやく》の罪人も五障《しよう》・三従《しよう》の女人《によにん》までも、みなたすけたまへる不思議の誓願力《せいがんりき》ぞとふかく信じて、さらに一念も本願をうたがふこころなければ、かたじけなくもその心《こころ》を如來《によらい》のよくしろしめして、すでに行者《ぎようじや》のわろきこころを如來《によらい》のよき御《おん》こころとおなじものになしたまふなり。このいはれをもて佛心と凡心と一體になるといへるはこのこころなり。これによりて彌陀如來の遍照《へんじよう》の光明《こうみよう》のなかにおさめとられまいらせて、一期《いちご》のあひだはこの光明のうちにすむ身なりとおもふべし。さていのちもつきぬれば、すみやかに眞實の報土《ほうど》へをくりたまふなり。しかればこのありがたさたふとさの彌陀大悲の御恩をば、いかがして報ずべきぞなれば、晝夜朝暮《ちようぼ》にはただ稱名《しようみよう》念佛ばかりをとなへて、かの彌陀如來の御恩を報じたてまつるべきものなり。このこころすなはち當流にたつるところの一念發起平生業成《ほつきへいぜいごうじよう》といへる義これなりとこころうべし。さればかやうに彌陀を一心にたのみたてまつるも、なにの功勞《くろう》もいらず、また信心をとるといふもやすければ、佛《ぶつ》になり極樂に往生《おうじよう》することもなをやすし。あらたふとの彌陀の本願や、あらたふとの他力の信心や。さらに往生にをひ《(い)》てそのうたがひなし。しかるにこのうへにをひ《(い)》て、なを身のふるまいについてこのむねをよくこころうべきみちあり。それ一切の神も佛とまうすも、いまこのうるところの他力《たりき》の信心ひとつをとらしめんがための方便に、もろもろの神もろもろのほとけとあらはれたまふいはれなればなり。しかれば一切の佛・菩薩も、もとより彌陀如來の分身なれば、みなことごとく一念南無阿彌陀佛と歸命したてまつるうちにみなこもれるがゆへに、をろかにおもふべからざるものなり。またこのほかになをこころうべきむねあり。それ國にあらば守護方《しゆごはう》、ところにあらば地頭方《ぢとうはう》にをひ《(い)》て、われは佛法をあがめ信心をえたる身なりといひて、疎略《そりやく》の儀ゆめゆめあるべからず。いよいよ公事《くじ》をもはらにすべきものなり。かくのごとくこころえたるひとをさして、信心發得して後生《ごしやう》をねがふ念佛行者のふるまひの本《ほん》とぞいふべし。これすなはち佛法・王法をむねとまもれるひととなづくべきものなり。あなかしこあなかしこ。

文明六年五月十三日書之

〔第十一通〕　五重の義

夫《それ》當流《とうりゆう》親鸞聖人の勸化《かんけ》のをもむき、近年《きんねん》諸國にをひ《(い)》て種々不同なり。これおほきにあさましき次第なり。そのゆへは、まづ當流には、他力《たりき》の信心をもて凡夫《ぼんぶ》の往生をさきとせられたるところに、その信心のかたをばをしのけて沙汰せずして、そのすすむることばにいはく、十劫正覺《じつこうしやうがく》のはじめよりわれらが往生を彌陀如來のさだめましましたまへることをわすれぬがすなはち信心のすがたなりといへり。これさらに、彌陀に歸命して他力《たりき》の信心をえたる分はなし。されば いかに十劫正覺のはじめより、われらが往生をさだめたまへることをしりたりといふとも、われらが往生すべき他力《たりき》の信心のいはれをよくしらずば極楽には往生《おうじょう》すべからざるなり。またあるひとのことばにいはく、たとひ彌陀に歸命すといふとも善知識《ぜんぢしき》なくばいたづらごとなり、このゆへにわれらにをひては、善知識ばかりをたのむべしと云々これもうつくしく當流の信心をえざるひとなりときこえたり。そもそも善知識の能《のう》といふは、一心一向に彌陀に歸命したてまつるべしと、ひとをすすむべきばかりなり。これによりて五重の義をたてたり。一《ひとつ》には宿善、二《ふたつ》には善知識、三《みつ》には光明、四《よつ》には信心、五《いつつ》には名號、この五重の義成就《じょうじゅ》せずば往生はかなふべからずとみえたり。されば善知識といふは、阿彌陀佛に歸命せよといへるつかひなり。宿善開發《かいほつ》して善知識にあはずば往生はかなふべからざるなり。しかれども歸するところの彌陀をすてて、ただ善知識ばかりを本《ほん》とすべきこと、おほきなるあやまりなりとこころうべきものなり。あなかしこあなかしこ。

文明六年五月廿日

〔第十二通〕　四王天（人間五十年）

夫《それ》人間の五十年をかんがへみるに、四王天といへる天の一日一夜にあひあたれり。またこの四王天の五十年をもて、等活地獄《とうかつぢごく》の一日一夜とするなり。これによりてみなひとの地獄におちて苦をうけんことをば、なにともおもはず、また淨土へまいりて無上の樂《らく》をうけんことをも分別《ふんべつ》せずして、いたづらにあかし、むなしく月日をくりて、さらにわが身の一心をも決定《けつじょう》する分《ぶん》もしかじかともなく、また一卷の聖教《しょうぎょう》をまなこにあててみることもなく、一句の法門をいひて門徒を勸化《かんけ》する儀もなし。ただ朝夕《ちょうせき》はひまをねらひて、まくらをともとしてねぶりふせらんこと、まことにもてあさましき次第にあらずや。しづかに思案をめぐらすべきものなり。このゆへに今日今時《こんにちこんじ》よりして、不法懈怠《けだい》にあらんひとびとは、いよいよ信心を決定《けつじょう》して眞實報土《ほうど》の往生をとげんとおもはんひとこそ、まことにその身《み》の徳ともなるべし。これまた自行化他《じぎょうけた》の道理にかなへりとおもふべきものなり。あなかしこあなかしこ。

于時文明第六　六月中の二日、あまりの炎天のあつさに、これを筆にまかせてかきしるしをはりぬ。

〔第十三通〕　御袖

夫《それ》當流にさだむるところのおきてをよくまもるといふは、他宗にも世間にも對しては、わが一宗のすがたをあらはにひとの目にみえぬやうにふるまへるをもて本意《ほんい》とするなり。しかるに、ちかごろは當流念佛者のなかにを(い)ひて、わざとひと目にみえて一流のすがたをあらはして、これをもてわが宗の名望《めいぼう》のやうにおもひて、ことに他宗をこなしおとしめんとおもへり。これ言語道斷《ごんごどうだん》の次第なり。さらに聖人のさだめましましたる御意《ぎょい》にふかくあひそむけり。そのゆへは、すでに牛をぬすみたるひととはいはるとも當流のすがたをみゆべからずとこそおほせられたり。この御《おん》ことばをもてよくよくこころうべし。つぎに當流の安心《あんじん》のをもむきをくはしくしらんとおもはんひとは、あながちに智慧・才學(覺)もいらず、男女《なんにょ》・

貴賤《きせん》もいらず、ただわが身はつみふかきあさましきものなりとおもひとりて、かかる機までもたすけたまへるほとけは、阿彌陀如來ばかりなりとしりて、なにのやうもなく、ひとすぢにこの阿彌陀ほとけの御袖《おんそで》にひしとすがりまいらするおもひをなして、後生《ごしょう》をたすけたまへとたのみまうせば、この阿彌陀如來はふかくよろこびましまして、その御身《おんみ》より八萬四千のおほきなる光明をはなちて、その光明のなかにそのひとをおさめいれてをきたまふべし。さればこのこころを『經』にはまさに「光明遍照《こうみょうへんじょう》十方世界念佛衆生攝取不捨《しゅじょうせっしゅふしゃ》」（觀經）とはとかれたりとこころうべし。さてはわが身のほとけにならんずることは、なにのわづらひもなし。あら殊勝の超世《ちょうせ》の本願や、ありがたの彌陀如來の光明《こうみょう》や。この光明の縁にあひたてまつらずば、無始《むし》よりこのかたの無明業障《むみょうごっしょう》のおそろしき病のなほるといふことは、さらにもてあるべからざるものなり。しかるにこの光明の縁にもよほされて、宿善の機ありて他力《たりき》の信心といふことをばいますでにえたり。これしかしながら彌陀如來の御《おん》かたよりさづけましましたる信心とはやがてあらはにしられたり。かるがゆへに行者《ぎょうじゃ》のをこすところの信心にあらず。彌陀如來他力《たりき》の大信心といふことは、いまこそあきらかにしられたり。これによりてかたじけなくも、ひとたび他力の信心をえたらんひとは、みな彌陀如來の御恩のありがたきほどをよくよくおもひはかりて、佛恩報謝のためには、つねに稱名《しょうみょう》念佛をまうしたてまつるべきものなり。あなかしこあなかしこ。

文明六年七月三日書之

〔第十四通〕 秘事法門

夫越前《それえちぜん》の國にひろまるところの秘事法門《ひじほうもん》といへることは、さらに佛法にてはなし、あさましき外道《げどう》の法《ほう》なり。これを信ずるものはながく無間《むけん》地獄にしづむべき業《ごう》にていたづらごとなり。この秘事《ひじ》をなをも執《しゅう》心《しん》して箇要《かんよう》とおもひてひとをへつらひたらさんものには、あひかまへてあひかまへて隨逐《ずいちく》すべからず。いそぎその秘事《ひじ》をいはんひとの手をはなれて、はやくさづくるところの秘事《ひじ》をありのままに懺悔《さんげ》してひとにかたりあらはすべきものなり。そもそも當流勸化《かんけ》のをもむきをくはしくしりて極樂に往生《おうじょう》せんとおもはんひとは、まづ他力《たりき》の信心といふことを存知すべきなり。それ他力の信心といふは、なにの要《よう》ぞといへば、かかるあさましきわれらごときの凡夫の身が、たやすく淨土へまいるべき用意なり。その他《た》力《りき》の信心のすがたといふはいかなることぞといへば、なにのやうもなく、ただひとすぢに阿彌陀如來を一心一向にたのみたてまつりて、たすけたまへとおもふこころの一念《いちねん》をこるとき、かならず彌陀如來の攝取《せっしゅ》の光明《こうみょう》をはなちて、その身の娑婆《しゃば》にあらんほどは、この光明のなかにおさめをきましますなり。これすなはちわれらが往生のさだまりたるすがたなり。されば南無阿彌陀佛とまうす體《たい》は、われらが他力の信心をえたるすがたなり。この信心といふは、この南無阿彌陀佛のいはれをあらはせるすがたなりとところうべきなり。さればわれらがいまの他力の信心ひとつをとるによりて、極楽にやすく往生すべきことの、さらになにのうたがひもなし。あら殊勝《しゆしよう》の彌陀如來の他力《たりき》の本願《ほんがん》や。このありがたさの彌陀の御恩をばいかがして報じたてまつるべきぞなれば、ただねてもおきても、南無阿彌陀佛、南無阿彌陀佛ととなへて、かの彌陀如來の佛恩《ぶつおん》を報ずべきなり。されば南無阿彌陀佛ととなふるこころはいかんぞなれば、阿彌陀如來の御《おん》たすけありつることのありがたさたふとさよとおもひて、それをよろこびまうすこころなりとおもふべきものなり。あなかしこあなかしこ。

文明六年七月五日

〔第十五通〕　九品長楽寺

抑《そもそも》日本にをひ《(い)》て、浄土宗の家々をたてて西山《せいざん》・鎭西《ちんぜい》・九品《くほん》・長樂寺《ちようらくじ》とて、そのほかあまたにわかれたり。これすなはち法然聖人のすすめたまふところの義は一途《いちず》なりといへども、あるひは聖道門《しようどうもん》にてありしひとびとの、聖人へまいりて浄土の法門を聴聞《ちようもん》したまふに、うつくしくその理《ことわり》耳にとどまらざるによりて、わが本宗のこころをいまだすてやらずして、かへりてそれを浄土宗にひきいれんとせしによりて、その不同これあり。しかりといへども、あながちにこれを誹謗《ひほう》することあるべからず。肝要はただわが一宗の安心《あんじん》をよくたくはへて、自身も決定《けつじよう》しひとをも勸化《かんけ》すべきばかりなり。それ當流の安心《あんじん》のすがたはいかんぞなれば、まづわが身は十惡・五逆《ごぎやく》・五障《ごしよう》・三從《さんしよう》のいたづらものなりとふかくおもひつめて、そのうへにおもふべきやうは、かかるあさましき機を本《ほん》とたすけたまへる彌陀如來の不思議の本願力《ほんがんりき》なりとふかく信じたてまつりて、すこしも疑心《ぎしん》なければ、かならず彌陀は攝取《せっしゅ》したまふべし。このこころこそ、すなはち他力《たりき》眞實の信心をえたるすがたとはいふべきなり。かくのごときの信心を、一念とらんずることはさらになにのやうもいらず。あらこころえやすの他力《たりき》の信心や。あら行《ぎょう》じやすの名號《みょうごう》や。しかればこの信心をとるといふも別のことにはあらず。南無阿彌陀佛の六《むっ》の字をこころえわけたるが、すなはち他力《たりき》信心の體なり。また南無阿彌陀佛といふはいかなるこころぞといへば、南無といふ二字はすなはち極樂へ往生せんとねがひて彌陀をふかくたのみたてまつるこころなり。さて阿彌陀佛といふはかくのごとくたのみたてまつる衆生《しゅじょう》をあはれみましまして、無始曠劫《むしこうごう》よりこのかたのおそろしきつみとがの身なれども、彌陀如來の光明《こうみょう》の緣にあふによりて、ことごとく無明業障《むみょうごっしょう》のふかきつみとがたちまちに消滅《しょうめつ》するによりて、すでに正定聚《しょうじょうじゅ》のかずに住す。かるがゆへに凡身《ぼんしん》をすてて佛身を證《しょう》するといへるこころを、すなはち阿彌陀如來とは申なり。されば阿彌陀といふ三字をば、おさめ・たすけ・すくふとよめるいはれあるがゆへなり。かやうに信心決定《けつじょう》してのうへには、ただ彌陀如來の佛恩のかたじけなき事をつねにおもひて稱名《しょうみょう》念佛を申さば、それこそまことに彌陀如來の佛恩を報じたてまつることはりにかなふべきものなり。あなかしこあなかしこ。

文明六　七月九日書之

三帖目

〔第一通〕　攝取と光明

抑《そもそも》当流にをひ《(い)》て、その名ばかりをかけんともがらも、またもとより門徒たらんひとも、安心《あんじん》のとほりをよくこころえずば、あひかまへて今日《こんにち》よりして他力《たりき》の大信心のをもむきを、ねんごろにひとにあひたづねて報土《ほうど》往生を決定《けつじょう》せしむべきなり。夫《それ》一流の安心《あんじん》をとるといふも、なにのやうもなく、ただひとすぢに阿彌陀如來をふかくたのみたてまつるばかりなり。しかれども、この阿彌陀佛とまうすは、いかやうなるほとけぞ、またいかやうなる機の衆生《しゅじょう》をすくひたまふぞといふに、三世の諸佛にすてられたるあさましきわれら凡夫女人《にょにん》を、われひとりすくはんといふ大願《だいがん》をおこしたまひて、五劫《ごこう》があひだこれを思惟《しゆい》し、永劫《ようごう》があひだこれを修行して、それ衆生のつみにをひ《(い)》ては、いかなる十惡・五逆《ごぎゃく》・謗法《ほうぼう》・闡提《せんだい》のともがらなりといふとも、すくはんとちかひましまして、すでに諸佛の悲願《ひがん》にこえすぐれたまひて、その願成就《がんじょうじゅ》して阿彌陀如來とはならせたまへるを、すなはち阿彌陀佛とはまうすなり。これによりて、このほとけをばなにとたのみなにとこころをもちてかたすけたまふべきぞといふに、それわが身のつみのふかきことをばうちをきて、ただかの阿彌陀佛をふたごころなく一向にたのみまいらせて、一念もうたがふこころなくば、かならずたすけたまふべし。しかるに彌陀如來にはすでに攝取《せっしゅ》と光明《こうみょう》といふふたつのことはりをもて、衆生をば濟度《さいど》したまふなり。まづこの光明《こうみよう》に宿善の機のありて、てらされぬれば、つもるところの業障《ごつしよう》のつみみなきえぬるなり。さて攝取《せつしゆ》といふはいかなるこころぞといへば、この光明《こうみよう》の緣にあひたてまつれば、罪障《ざいしよう》ことごとく消滅《しようめつ》するによりて、やがて衆生《しゆじよう》をこの光《こう》明《みよう》のうちにおさめをかるるによりて、攝取《せつしゆ》とはまうすなり。このゆへに阿彌陀佛には攝取《せつしゆ》と光明《こうみよう》とのふたつをもて肝要《かんよう》とせらるるなりときこえたり。されば一念歸命《きみよう》の信心のさだまるといふも、この攝《せつ》取《しゆ》の光明《こうみよう》にあひたてまつる時尅《じこく》をさして、信心のさだまるとはまうすなり。しかれば南無阿彌陀佛といへる行體《ぎようたい》は、すなはちわれらが淨土に往生《おうじよう》すべきことはりを、この六字にあらはしたまへる御《おん》すがたなりと、いまこそよくはしられて、いよいよありがたくたふとくおぼえはんべれ。さてこの信心決定《しんじんけつじよう》のうへには、ただ阿彌陀如來の御恩を雨山《あめやま》にかうふりたることをのみよろこびおもひ奉《たてまつり》て、その報謝ためには、ねてもさめても念佛を申べきばかりなり。それこそ誠に佛恩報盡《ぶつおんほうじん》のつとめなるべきものなり。あなかしこあなかしこ。

文明六　七月十四日書之

〔**第二通**〕　如説修行(成仏)

夫《それ》諸宗のこころまちまちにして、いづれも釋迦一代の説教なれば、まことにこれ殊勝《しゆしよう》の法《ほう》なり。もとも如説《によせつ》にこれを修行せんひとは、成佛得道《じようぶつとくどう》すべきことさらにうたがひなし。しかるに末代このごろの衆生《しゅじょう》は、機根最劣《きこんさいれつ》にして如説《にょせつ》に修行せんひとまれなる時節なり。ここに彌陀如來の他力本願《たりきほんがん》といふは、いまの世にをひ(い)てかかるときの衆生《しゅじょう》をむねとたすけすくはんがために、五劫《ごこう》があひだこれを思惟《しゆい》し、永劫《ようごう》があひだこれを修行して、造惡《ぞうあく》不善の衆生《しゅじょう》をほとけになさずば、われも正覺《しょうがく》ならじとちかごとをたてましまして、その願《がん》すでに成就《じょうじゅ》して阿彌陀とならせたまへるほとけなり。末代《まつだい》いまのときの衆生《しゅじょう》にをひ(い)ては、このほとけの本願にすがりて彌陀をふかくたのみたてまつらずんば、成佛《じょうぶつ》するといふことあるべからざるなり。

抑《そもそも》阿彌陀如來の他力《たりき》本願をばなにとやうに信じ、またなにとやうに機をもちてかたすかるべきぞなれば、それ彌陀を信じたてまつるといふは、なにのやうもなく、他力《たりき》の信心といふいはれをよくしりたらんひとは、たとへば十人は十人ながら、みなもて極樂に往生すべし。さてその他力《たりき》の信心といふは、いかやうなることぞといへば、ただ南無阿彌陀佛なり。この南無阿彌陀佛の六《むっ》の字のこころをくはしくしりたるが、すなはち他力《たりき》信心のすがたなり。されば南無阿彌陀佛といふ六字の體《たい》をよくよくこころうべし。まづ南無といふ二字はいかなるこころぞといへば、やうもなく彌陀を一心一向にたのみたてまつりて、後生《ごしょう》たすけたまへとふたごころなく信じまいらするこころを、すなはち南無とはまうすなり。つぎに阿彌陀佛といふ四字はいかなるこころぞといへば、いまのごとくに彌陀を一心にたのみまいらせて、うたがひのこころのなき衆生《しゅじょう》をば、かならず彌陀の御身《おんみ》より光明《こうみょう》をはなちてらしましまして、そのひかりのうちにおさめをきたまひて、さて一期《いちご》のいのちつきぬれば、かの極樂淨土へをくりたまへるこころを、すなはち阿彌陀佛とはまうしたてまつるなり。されば世間に沙汰《さた》するところの念佛といふは、ただくちにただにも南無阿彌陀佛ととなふれば、たすかるやうにみなひとのおもへり。それはおぼつかなきことなり。さりながら淨土《じょうど》一家《いっけ》にを《(い)》ひてさやうに沙汰するかたもあり、是非すべからず。これはわが一宗の開山のすすめたまへるところの一流の安心《あんじん》のとほりをまうすばかりなり。宿縁のあらんひとは、これをききてすみやかに今度の極樂往生《ごくらくおうじょう》をとぐべし。かくのごとくこころえたらんひと、名號《みょうごう》をとなへて、彌陀如來のわれらをやすくたすけたまへる御恩を雨山《あめやま》にかうふりたるその佛恩報盡《ぶつおんほうじん》のためには、稱名念佛すべきものなり。あなかしこあなかしこ。

文明六年八月五日書之

〔第三通〕 河尻性光

此方河尻性光門徒《このほうかわじりしょうこうもんと》の面々にを《(い)》ひて、佛法の信心のこころえはいかやうなるらん。まことにもてこころもとなし。しかりといへどもいま當流一義のこころをくはしく沙汰すべし。をのをの耳をそばだててこれをききて、このをもむきをもて本《ほん》とおもひて、今度の極樂の往生《おうじょう》を治定《じじょう》すべきものなり。夫《それ》彌陀如來の念佛往生《おうじょう》の本願とまうすはいかやうなることぞといふに、在家無智《ざいけむち》のものも、また十惡五逆《じゅうあくごぎゃく》のやからにいたるまでも、なにのやうもなく他力《たりき》の信心といふことをひとつ決定《けつじよう》すれば、みなことごとく極樂《ごくらく》に往生《おうじよう》するなり。さればその信心をとるといふは、いかやうなるむつかしきことぞといふに、なにのわづらひもなく、ただひとすぢに阿彌陀如來をふたごころなくたのみたてまつりて、餘《よ》へこころをちらさざらんひとは、たとへば十人あらば十人ながら、みなほとけになるべし。このこころひとつをたもたんはやすきことなり。ただこゑにいだして念佛ばかりをとなふるひとはおほやうなり。それは極《ごく》樂《らく》には往生《おうじよう》せず。この念佛のいはれをよくしりたるひとこそほとけにはなるべけれ。なにのやうもなく彌陀をよく信ずるこころだにもひとつにさだまれば、やすく淨土へはまいるべきなり。このほかにはわづらはしき祕事《ひじ》といひて、ほとけをもおがまぬものはいたづらものなりとおもふべし。これによりて阿彌陀如來の他力《たりき》本願とまうすは、すでに末代《まつだい》いまのときのつみふかき機を本《ほん》としてすくひたまふがゆへに、在家止住《ざいけしじゆ》のわれらごときのためには相應したる他力《たりき》の本願なり。あらありがたの彌陀如來《みだにょらい》の誓願《せいがん》や。あらありがたの釋迦如來の金言《きんげん》や。あふぐべし、信ずべし。しかればいふところのごとくこころえたらんひとびとは、これまことに當流の信心を決定《けつじよう》したる念佛行者《ぎようじや》のすがたなるべし。さてこのうへには一期《いちご》のあひだまうす念佛のこころは、彌陀如來のわれらをやすくたすけたまへるところの雨山《あめやま》の御恩を報じたてまつらんがための念佛なりとおもふべきものなり。あなかしこあなかしこ。

文明六年八月六日書之

〔第四通〕　大聖世尊

夫《それ》倩《つらつら》人間のあだなる體《てい》を案ずるに、生《しょう》あるものはかならず死に歸し、さかんなるものはつゐにおとろふるならひなり。さればただいたづらにあかし、いたづらにくらして、年月ををくるばかりなり。これまことになげきてもなをかなしむべし。このゆへに上《かみ》は大聖《だいしょう》世尊よりはじめて下《しも》は惡逆《あくぎゃく》の提婆《だいば》にいたるまで、のがれがたきは無常《むじょう》なり。しかればまれにもうけがたきは人身《にんじん》、あひがたきは佛法なり。たまたま佛法にあふことをえたりといふとも、自力修行《じりきしゅぎょう》の門は末代《まつだい》なれば、いまのときは出離生死《しゅつりしょうじ》のみちはかなひがたきあひだ、彌陀如來の本願にあひたてまつらずば、いたづらごとなり。しかるにいますでにわれら弘願《ぐがん》の一法にあふことをえたり。このゆへにただねがふべきは極樂淨土、ただたのむべきは彌陀如來、これによりて信心決定《しんじんけつじょう》して念佛まうすべきなり。しかれば世のなかにひとのあまねくこころえをきたるとほりは、ただこゑにいだして南無阿彌陀佛とばかりとなふれば、極樂に往生すべきやうにおもひはんべり。それはおほきにおぼつかなきことなり。されば南無阿彌陀佛とまうす六字の體《たい》は、いかなるこころぞといふに、阿彌陀如來を一向にたのめば、ほとけその衆生《しゅじょう》をよくしろしめして、すくひたまへる御《おん》すがたを、この南無阿彌陀佛の六字にあらはしたまふなりとおもふべきなり。しかればこの阿彌陀如來をばいかがして信じまいらせて、後生《ごしよう》の一大事をばたすかるべきぞなれば、なにのわづらひもなく、もろもろの雜行《ぞうぎよう》雜善《ぞうぜん》をなげすてて、一心一向に彌陀如來をたのみまいらせて、ふたごころなく信じたてまつれば、そのたのむ衆生《しゆじゆう》を光明《こうみよう》をはなちてそのひかりのなかにおさめいれをきたまふなり。これをすなはち彌陀如來の攝取《せつしゆ》の光益《こうやく》にあづかるとはまうすなり。または不捨《ふしや》の誓益《せいやく》ともこれをなづくるなり。かくのごとく阿彌陀如來の光明《こうみよう》のうちにおさめをかれまいらせてのうへには、一期《いちご》のいのちつきなばただちに眞實《しんじつ》の報土《ほうど》に往生《おうじよう》すべきこと、そのうたがひあるべからず。このほかには別の佛をもたのみ、また餘《よ》の功徳善根《くどくぜんごん》を修してもなににかはせん。あらたふとや、あらありがたの阿彌陀如來や。かやうの雨山《あめやま》の御恩をばいかがして報《ほう》じたてまつるべきぞや。ただ南無阿彌陀佛南無阿彌陀佛とこゑにとなへて、その恩徳《おんどく》をふかく報盡《ほうじん》まうすばかりなりとこころうべきものなり。あなかしこあなかしこ。

文明六年八月十八日

〔第五通〕　諸仏悲願

抑《そもそも》諸佛の悲願に彌陀の本願のすぐれましましたる、そのいはれをくはしくたづぬるに、すでに十方の諸佛とまうすは、いたりてつみふかき衆生《しゆじよう》と五障《ごしよう》・三從《さんしよう》の女人《によにん》をばたすけたまはざるなり。このゆへに諸佛の願《がん》に阿彌陀佛の本願はすぐれたりとまうすなり。さて彌陀如來の超世《ちようせ》の大願《だいがん》はいかなる機の衆生《しゅじょう》をすくひましますぞとまうせば、十惡・五逆《ごぎゃく》の罪人も五障《ごしょう》・三從《さんしょう》の女人《にょにん》にいたるまでも、みなことごとくもらさずたすけたまへる大願なり。されば一心一向にわれをたのまん衆生《しゅじょう》をば、かならず十人あらば十人ながら極樂へ引接《いんじょう》せんとのたまへる他力《たりき》の大誓願力《だいせいがんりき》なり。これによりて、かの阿彌陀佛の本願をば、われらごときのあさましき凡夫は、なにとやうにたのみ、なにとやうに機をもちて、かの彌陀をばたのみまいらすべきぞや。そのいはれをくはしくしめしたまふべし。そのをしへのごとく信心をとりて、彌陀をも信じ、極樂をもねがひ、念佛をもまうすべきなり。こたへていはく、まづ世間にいま流《る》布《ふ》してむねとすすむるところの念佛とまうすは、ただなにの分別《ふんべつ》もなく南無阿彌陀佛とばかりとなふれば、みなたすかるべきやうにおもへり。それはおほきにおぼつかなきことなり。京《きょう》・田舎《いなか》のあひだにをひ《(い)》て、淨土宗の流義《りゅうぎ》まちまちにわかれたり。しかれどもそれを是非《ぜひ》するにはあらず、ただわが開山の一流相傳《そうでん》のをもむきをまうしひらくべし。それ解脱《げだつ》の耳をすまして渇仰《かつごう》のかうべをうなだれてこれをねんごろにききて、信心歡喜《かんぎ》のおもひをなすべし。それ在家《ざいけ》止住《しじゅ》のやから一生造惡《いっしょうぞうあく》のものも、ただわが身のつみのふかきには目《め》をかけずして、それ彌陀如來の本願とまうすはかかるあさましき機を本《ほん》とすくひまします不思議の願力《がんりき》ぞとふかく信じて、彌陀を一心一向にたのみたてまつりて、他力《たりき》の信心といふことをひとつこころうべし。さて他力の信心といふ體《たい》はいかなるこころぞといふに、この南無阿彌陀佛の六字の名號《みょうごう》の體《たい》は阿彌陀佛のわれらをたすけたまへるいはれを、この南無阿彌陀佛の名號にあらはしましましたる御《おん》すがたぞとくはしくこころえわけたるをもて、他力《たりき》の信心をえたる人とはいふなり。この南無といふ二字は、衆生《しゅじょう》の阿彌陀佛を一心一向にたのみたてまつりて、たすけたまへとおもひて、餘念なきこころを歸命《きみょう》とはいふなり。つぎに阿彌陀佛といふ四《よつ》の字は、南無とたのむ衆生《しゅじょう》を、阿彌陀佛のもらさずすくひたまふこころなり。このこころをすなはち攝取不捨《せっしゅふしゃ》とはまうすなり。攝取不捨といふは念佛の行者《ぎょうじゃ》を彌陀如來の光明《こうみょう》のなかにおさめとりて、すてたまはずといへるこころなり。さればこの南無阿彌陀佛の體《たい》は、われらを阿彌陀佛のたすけたまへる支證《ししょう》のために、御名《みな》をこの南無阿彌陀佛の六字にあらはしたまへるなりときこえたり。かくのごとくこころえわけぬれば、われらが極樂の往生は治定《じじょう》なり。あらありがたやたふとやとおもひて、このうへには、はやひとたび彌陀如來にたすけられまいらせつるのちなれば、御《おん》たすけありつる御《おん》うれしさの念佛なれば、この念佛をば佛恩報謝《ぶつおんほうしゃ》の稱《しょう》名《みょう》ともいひ、また信のうへの稱名ともまうしはんべるべきものなり。あなかしこあなかしこ。

文明六年九月六日書之

〔第六通〕　願行具足

夫《それ》南無阿彌陀佛とまうすはいかなるこころぞなれば、まづ南無といふ二字は歸命と發願廻向《ほつがんえこう》とのふたつのこころなり。また南無といふは願《がん》なり、阿彌陀佛といふは行《ぎょう》なり。されば雜行雜善《ぞうぎょうぞうぜん》をなげすてて専《せん》修専念《じゅせんねん》に彌陀如來をたのみたてまつりて、たすけたまへとおもふ歸命の一念をこるとき、かたじけなくも遍照《へんじょう》の光明《こうみょう》をはなちて行者《ぎょうじゃ》を攝取《せっしゅ》したまふなり。このこころ、すなはち阿彌陀佛の四《よっ》の字のこころなり。また發願廻向《ほつがんえこう》のこころなり。これによりて南無阿彌陀佛といふ六字《ろくじ》は、ひとへにわれらが往生《おうじょう》すべき他力信心《たりきしんじん》のいはれをあらはしたまへる御名《みな》なりとみえたり。このゆへに願成就《がんじょうじゅ》の文には「聞其名《もんごみょう》號信心歡喜《ごうしんじんかんぎ》」（大經卷下）ととかれたり。この文《もん》のこころは、その名號をききて信心歡喜《しんじんかんぎ》すといへり。その名《みょう》號《ごう》をきくといふは、ただおほやうにきくにあらず、善知識《ぜんぢしき》にあひて、南無阿彌陀佛の六《むっ》の字のいはれをよくききひらきぬれば、報土《ほうど》に往生《おうじょう》すべき他力《たりき》信心の道理なりとこころえられたり。かるがゆへに信《しん》心歡喜《じんかんぎ》といふは、すなはち信心さだまりぬれば、浄土の往生はうたがひなくおもふてよろこぶこころなり。このゆへに彌陀如來の五劫兆載永劫《ごこうちょうさいようこう》の御苦勞を案ずるにも、われらをやすくたすけたまふことのありがたさたふとさをおもへばなかなかまうすもをろかなり。されば『和讃《わさん》』にいはく、「南無阿彌陀佛の廻向《えこう》の　恩徳廣大《こうだい》不思議にて　往相廻向《おうそうえこう》の利益《りやく》には　還相廻向《げんそうえこう》に廻入《えにゅう》せり」（正像末和讃）といへるは、このこころなり。また『正信偈《しょうしんげ》』にはすでに「唯能常稱如來號《ゆいのうじょうしょうにょらいごう》、應報大悲弘誓恩《おうほうだいひぐぜいおん》」とあれば、いよいよ行住座臥《ぎょうじゅ(坐)が》時處諸縁《じしょしょえん》をきらはず、佛恩報盡《ほうじん》のためにただ稱名念佛《しょうみょうねんぶつ》すべきものなり。あなかしこあなかしこ。

文明六年十月廿日書之

〔第七通〕　三　業

抑《そもそも》親鸞聖人のすすめたまふところの一義のこころは、ひとへにこれ末代濁世《まつだいじよくせ》の在家無智《ざいけむち》のともがらにをひ《(い)》て、なにのわづらひもなく、すみやかにとく浄土に往生《おうじよう》すべき他力《たりき》信心の一途《いちず》ばかりをもて本《ほん》とをしへたまへり。しかればそれ阿彌陀如來は、すでに十惡・五逆《ごぎやく》の愚人《ぐにん》、五障《ごしよう》・三從《さんしよう》の女人《によにん》にいたるまで、ことごとくすくひましますといへることをば、いかなるひともよくしりはんべりぬ。しかるにいまわれら凡夫《ぼんぶ》は阿彌陀佛をばいかやうに信じ、なにとやうにたのみまいらせて、かの極樂世界へは往生《おうじよう》すべきぞといふに、ただひとすぢに彌陀如來を信じたてまつりて、その餘《よ》はなにごともうちすてて、一向《いつこう》に彌陀に歸し一心に本願を信じて、阿彌陀如來にをひ《(い)》てふたごころなくば、かならず極樂に往生すべし。この道理をもてすなはち他力《たりき》信心をえたるすがたとはいふなり。そもそも信心といふは阿彌陀佛の本願のいはれをよく分別《ふんべつ》して、一心に彌陀に歸命するかたをもて、他力《たりき》の安心《あんじん》を決定《けつじよう》すとはまうすなり。されば南無阿彌陀佛の六字のいはれをよくこころえわけたるをもて、信心決定《けつじよう》の體《たい》とす。しかれば南無の二字は衆生《しゆじよう》の阿彌陀佛を信ずる機なり。つぎに阿彌陀佛といふ四《よつ》の字のいはれは、彌陀如來の衆生《しゆじよう》をたすけたまへる法なり。このゆへに機法一體《きほういつたい》の南無阿彌陀佛といへるは、このこころなり。これによりて衆生《しゅじょう》の三業《さんごう》と彌陀の三業と一體になるところをさして、善導和尚《ぜんどうかしょう》は「彼此三業不《ひしさんごうふ》相捨離《そうしゃり》」（定善義）と釋したまへるも、このこころなり。されば一念歸命《きみょう》の信心決定《しんじんけつじょう》せしめたらんひとは、かならずみな報土《ほうど》に往生《おうじょう》すべきこと、さらにもてそのうたがひあるべからず。あひかまへて自力執心《じりきしゅうしん》のわろき機のかたをばふりすてて、ただ不思議の願力《がんりき》ぞとふかく信じて、彌陀を一心にたのまんひとは、たとへば十人は十人ながらみな眞實報土《しんじつほうど》の往生《おうじょう》をとぐべし。このうへにはひたすら彌陀如來の御恩のふかきことをのみおもひたてまつりて、つねに報謝《ほうしゃ》の念佛をまうすべきものなり。あなかしこあなかしこ。

文明七年二月廿三日

〔第八通〕　不廻向

抑《そもそも》此比《このごろ》當國他國のあひだにをひ（い）て、當流安心《あんじん》のをもむき、事外《ことのほか》相違して、みな人ごとに、われはよくこころえたりとおもひて、さらに法義にそむくとほりをもあながちにひとにあひたづねて眞實の信心をとらんとおもふひとすくなし。これまことにあさましき執心《しゅうしん》なり。すみやかにこの心を改悔懺悔《がいけさんげ》して當流眞實の信心に住して、今度の報土往生《ほうどおうじょう》を決定《けつじょう》せずば、まことに寶《たから》のやまにいりて手をむなしくしてかへらんにことならんもの歟《か》。このゆへにその信心の相違《そうい》したることばにいはく、それ彌陀如來はすでに十劫正覺《じっこうしょうがく》のはじめより、われらが往生《おうじょう》をさだめたまへることを、いまにわすれずうたがはざるがすなはち信心なりとばかりこころえて、彌陀に歸して信心決定《しんじんけつじょう》せしめたる分《ぶん》なくば、報土《ほうど》往生《おうじょう》すべからず。さればそばさまなるわろきこころえなり。これによりて當流安心《とうりゅうあんじん》のそのすがたをあらはさば、すなはち南無阿彌陀佛の體《たい》をよくこころうるをもて、他力《たりき》信心をえたるとはいふなり。されば南無阿彌陀佛の六字を善導《ぜんどう》釋していはく、「南無といふは歸命《きみょう》、またこれ發願廻向《ほつがんえこう》の義なり」(玄義分)といへり。そのこころいかんぞなれば、阿彌陀如來の因中《いんちゅう》にをひ《(い)》てわれら凡夫の往生の行《ぎょう》をさだめたまふとき、凡夫《ぼんぶ》のなすところの廻向は自力《じりき》なるがゆへに成就《じょうじゅう》しがたきによりて、阿彌陀如來の凡夫のために御身《ごしん》勞《ろう》ありて、この廻向をわれらにあたへんがために、廻向成就《じょうじゅ》したまひて、一念南無と歸命《きみょう》するところにて、この廻向をわれら凡夫《ぼんぶ》にあたへましますなり。かるがゆへに凡夫のかたよりなさぬ廻向なるがゆへに、これをもて如來の廻向をば行者《ぎょうじゃ》のかたよりは不廻向《ふえこう》とはまうすなり。このいはれあるがゆへに南無の二字は歸命のこころなり、また發願廻向《ほつがんえこう》のこころなり。このいはれなるがゆへに、南無と歸命《きみょう》する衆生《しゅじょう》をかならず攝取《せっしゅ》してすてたまはざるがゆへに南無阿彌陀佛とはまうすなり。これすなはち一《いち》念歸命《ねんきみょう》の他力《たりき》信心を獲得《ぎゃくとく》する平生業成《へいぜいごうじょう》の念佛行者《ねんぶつぎょうじゃ》といへるはこのことなりとしるべし。かくのごとくこころえたらんひとびとは、いよいよ彌陀如來の御恩德の深遠《じんおん》なることを信知して、行住座臥《ぎょうじゅう(坐)が》に稱《しょう》名《みょう》念佛すべし。これすなはち「憶念彌陀佛本願《おくねんみだぶつほんがん》、自然卽時入必定《じねんそくじにゅうひつじょう》、唯能常稱如來號《ゆいのうじょうしょうにょらいごう》、應報大悲弘誓《おうほうだいひぐぜい》恩《おん》」（正信偈）といへる文《もん》のこころなり。あなかしこあなかしこ。

文明七　二月廿五日

〔第九通〕　御命日（鸞聖人）

抑《そもそも》今日《こんにち》は鸞聖人《らんしようにん》の御明日《ごめいにち》として、かならず報恩謝徳《ほうおんしやとく》のこころざしをはこばざる人これすくなし。しかれどもかの諸人のうへにをひ（い）て、あひこころうべきをもむきは、もし本願他力《たりき》の眞實信心を獲得《ぎやくとく》せざらん未安心《みあんじん》のともがらは、今日《こんにち》にかぎりてあながちに出仕《しゆつし》をいたし、この講中の座敷をふさぐをもて眞宗の肝要《かんよう》とばかりおもはんひとは、いかでかわが聖人の御意《ぎよい》にはあひかなひがたし。しかりといへども、わが在所《ざいしよ》にありて報謝《ほうしや》のいとなみをもはこばざらんひとは、不請《ふしよう》にも出仕《しゆつし》をいたしてもよろしかるべき歟《か》。されば毎月廿八日ごとにかならず出仕《しゆつし》をいたさんとおもはんともがらにをひ（い）ては、あひかまへて日ごろの信心のとほり決定《けつじよう》せざらん未安心《みあんじん》のひとも、すみやかに本願眞實の他力《たりき》信心をとりて、わが身の今度の報土往生《ほうどおうじよう》を決定《けつじよう》せしめんこそ、まことに聖人報恩謝徳《しようにんほうおんしやとく》の懇志《こんし》にあひかなふべけれ。また自身の極樂往生《ごくらくおうじよう》の一途《いちず》も治定《じじよう》しをはりぬべき道理なり。これすなはち、まことに「自信教《じしんきよう》人信《にんしん》、難中轉更難《なんちゆうてんきようなん》、大悲傳普化《だいひでんふけ》、眞成報佛恩《しんじようほうぶつおん》」（禮讃）といふ釋文《しやくもん》のこころにも符合《ふごう》せるものなり。それ聖人御入滅《しようにんごにゆうめつ》はすでに一百餘歳を經《ふ》といへども、かたじけなくも目前《もくぜん》にをひ（い）て眞影《しんえい》を拜したてまつる。また徳音《とくいん》はるかに無常《むじよう》のかぜにへだつといへども、まのあたり實語《じつご》を相承血脈《そうじようけつみやく》してあきらかに耳のそこにのこして、一流の他力眞實《たりきしんじつ》の信心いまにたえせざるものなり。これによりていまこの時節にいたりて、本願眞實《ほんがんしんじつ》の信心を獲得《ぎやくとく》せしむるひとなくば、まことに宿善のもよほしにあづからぬ身とおもふべし。もし宿善開發《かいほつ》の機にてもわれらなくば、むなしく今度の往生《おうじよう》は不定《ふじよう》なるべきこと、なげきてもなをかなしむべきはただこの一事なり。しかるにいま本願の一道にあひがたくして、まれに無上《むじよう》の本願にあふことをえたり。まことによろこびのなかのよろこびなにごとかこれにしかん。たふとむべし、信ずべし。これによりて、年月日《としつきひ》ごろ、わがこころのわろき迷心《めいしん》をひるがへして、たちまちに本願一實《ほんがんいちじつ》の他力信心《たりきしんじん》にもとづかんひとは、眞實に聖人《しようにん》の御意《ぎよい》にあひかなふべし。これしかしながら今日聖人の報恩謝徳《ほうおんしやとく》の御《おん》こころざしにもあひそなはりつべきものなり。あなかしこあなかしこ。

文明七年五月廿八日書之

〔**第十通**〕　神明六箇条

抑當流門徒中《そもそもとうりゆうもんとちゆう》にをひ（い）て、この六ヶ條の篇目のむねをよく存知《ぞんち》して、佛法を内心にふかく信じて外相《げそう》にそのいろをみせぬやうにふるまふべし。しかればこのごろ當流《とうりゆう》念佛者にをひ（い）て、わざと一流のすがたを他宗に對してこれをあらはすこと、もてのほかのあやまりなり。所詮向後《しよせんきようこう》この題目の次第をまもりて、佛法をば修行すべし。もしこのむねをそむかんともがらは、ながく門徒中《もんとぢゆう》の一列たるべからざるものなり。

一《ひとつ》 神社をかろしむることあるべからず。

一 諸佛・菩薩ならびに諸堂をかろしむべからず。

一 諸宗・諸法《しょほう》を誹謗《ひぼう》すべからず。

一 守護《しゅご》・地頭《ぢとう》を疎略《そりゃく》にすべからず。

一 國《くに》の佛法の次第非義《ひぎ》たるあひだ、正義《しょうぎ》におもむくべき事。

一 當流にたつるところの他力信心《たりきしんじん》をば内心にふかく決定《けつじょう》すべし。

一には一切の神明《しんめい》とまうすは、本地《ほんぢ》は佛《ぶつ》・菩薩《ぼさつ》の變化《へんげ》にてましませども、この界の衆生《しゅじょう》をみるに、佛・菩薩にはすこしちかづきにくくおもふあひだ、神明《しんめい》の方便《ほうべん》に、かりに神とあらはれて、衆生に縁をむすびて、そのちからをもてたよりとして、つゐに佛法《ぶっぽう》にすすめいれんがためなり。これすなはち「和《わ》光同塵《こうどうぢん》は結縁《けつえん》のはじめ、八相成道《はっそうじょうどう》は利物《りもつ》のをはり」（止觀卷六下意）といへるはこのこころなり。されば いまの世《よ》の衆生《しゅじょう》、佛法を信じ念佛をもまうさんひとをば、神明《しんめい》はあながちにわが本意《ほんい》とおぼしめすべし。このゆへに彌陀一佛の悲願《ひがん》に歸すれば、とりわけ神明《しんめい》をあがめず信ぜねども、そのうちにおなじく信ずるこころはこもれるゆへなり。

二《ふたつ》には諸佛《しよぶつ》・菩薩《ぼさつ》とまうすは、神明《しんめい》の本地《ほんち》なれば、いまのときの衆生《しゆじよう》は阿彌陀如來を信じ念佛まうせば、一切の諸佛・菩薩はわが本師阿彌陀如來を信ずるに、そのいはれあるによりて、わが本懐《ほんがい》とおぼしめすがゆへに、別して諸佛をとりわき信ぜねども、阿彌陀佛一佛《いちぶつ》を信じたてまつるうちに、一切の諸佛も菩薩もみなことごとくこもれるがゆへに、ただ阿彌陀如來を一心一向に歸命《きみよう》すれば、一切の諸佛の智慧も功徳《くどく》も彌陀一體に歸せずといふことなきいはれなればなりとしるべし。

三《みつ》には諸宗・諸法を誹謗することおほきなるあやまりなり。そのいはれすでに淨土の三部經にみえたり。また諸宗の學者も念佛者をばあながちに誹謗《ひほう》すべからず。自宗・他宗ともにそのとがのがれがたきこと道理必然《どうりひつぜん》せり。

四《よつ》には守護《しゆご》・地頭《ぢとう》にをひ（い）てはかぎりある年貢所當《ねんぐしよとう》をねんごろに沙汰《さた》し、そのほか仁義《じんぎ》をもて本《ほん》とすべし。

五《いつつ》には國の佛法の次第當流の正義《しようぎ》にあらざるあひだ、かつは邪見にみえたり。所詮自今已後《しよせんじこんいご》にをひ（い）ては、當流眞實の正義《しようぎ》をききて、日ごろの惡心をひるがへして、善心にをもむくべきものなり。

六《むつ》には當流眞實の念佛者といふは、開山《かいさん》のさだめをきたまへる正義《しようぎ》をよく存知《ぞんぢ》して、造惡不善《ぞうあくふぜん》の身ながら、極樂の往生《おうじよう》をとぐるをもて宗の本意とすべし。夫《それ》一流の安心《あんじん》の正義のをもむきといふは、なにのやうもなく阿彌陀如來を一心一向にたのみたてまつりて、われはあさましき惡業煩惱《あくごうぼんのう》の身なれども、かかるいたづらものを本《ほん》とたすけたまへる彌陀願力《がんりき》の强緣《ごうえん》なりと不可思議におもひたてまつりて、一念も疑心《ぎしん》なく、おもふこころだにも堅固《けんご》なれば、かならず彌陀は無礙《むげ》の光明《こうみょう》をはなちてその身を攝取《せっしゅ》したまふなり。かやうに信心決定したらんひとは、十人は十人ながらみなことごとく報土《ほうど》に往生《おうじょう》すべし。このこころすなはち他力《たりき》の信心を決定《けつじょう》したるひとなりといふべし。このうへになをこころうべきやうは、まことにありがたき阿彌陀如來の廣大の御恩なりとおもひて、その佛恩報謝《ぶつおんほうしゃ》のためには、ねてもおきてもただ南無阿彌陀佛とばかりとなふべきなり。さればこのほかにはまた後生《ごしょう》のためとては、なにの不足ありてか、相傳《そうでん》もなきしらぬゑせ法門をいひて、ひとをもまどはし、あまさへ法流《ほうりゅう》をもけがさんこと、まことにあさましき次第にあらずや。よくよくおもひはからふべきものなり。あなかしこあなかしこ。

文明七年七月十五日

〔**第十一通**〕 毎年不闕

抑《そもそも》今月廿八日は、開山聖人御正忌《ごしょうき》として、毎年不闕《ふけつ》に、かの知恩報德《ちおんほうとく》の御佛事《おんぶつじ》にを《(い)》ひては、あらゆる國郡《こくぐん》そのほかいかなる卑劣《ひれつ》のともがらまでも、その御恩をしらざるものはまことに木石《ぼくせき》にことならんもの歟《か》。これについて愚老この四五ケ年のあひだは、なにとなく北陸《ほくりく》の山海のかたほとりに居住すといへども、はからざるにいまに存命《ぞんみょう》せしめ、この當國にこえ、はじめて今年聖人御正忌《ごしょうき》の報恩講《ほうおんこう》にあひたてまつる條、まことにもて不可思議の宿縁、よろこびてもなをよろこぶべきもの歟《か》。しかれば自國他國より來集《らいじゅう》の諸人《しょにん》にをひ《（い）》て、まづ開山《かいさん》聖人のさだめをかれし御掟《おんおきて》のむねをよく存知《ぞんぢ》すべし。その御《おん》ことばにいはく、たとひ牛盗人《うしぬすびと》とはよばるとも、佛法者・後世者《ごせしゃ》とみゆるやうにふるまふべからず、またほかには仁《じん》・義《ぎ》・禮《れい》・智《ち》・信《しん》をまもりて王法《おうほう》をもてさきとし、内心にはふかく本願他力《たりき》の信心を本《ほん》とすべきよしを、ねんごろにおほせさだめをかれしところに、近代このごろのひとの佛法しりがほの體《てい》たらくをみをよぶに、外相《げそう》には佛法を信ずるよしをひとにみえて、内心にはさらにもて當流安心《あんじん》の一途《いちず》を決《けつ》定《じょう》せしめたる分《ぶん》なくして、あまさへ相傳《そうでん》もせざる聖教《しょうぎょう》をわが身《み》の字ぢからをもてこれをよみて、しらぬゑせ法門をいひて、自他の門徒中を經廻《けいがい》して虚言をかまへ、結句本寺《けっくほんじ》よりの成敗《せいばい》と號して人をたぶろかし物をとりて當流《とうりゅう》の一義をけがす條《じょう》、眞實眞實あさましき次第にあらずや。これによりて今月廿八日の御正忌《ごしょうき》七日の報恩講中《ほうおんこうぢゅう》にをひ《（い）》て、わろき心中《しんぢゅう》のとほりを改悔懺悔《がいけさんげ》して、をのをの正義《しょうぎ》にをもむかずば、たとひこの七日の報恩講中《ほうおんこうぢゅう》にをひ《（い）》て、足手《あして》をはこび人まねばかりに報恩謝徳《ほうおんしゃとく》のためと號すとも、さらにもてなにの所詮《しょせん》もあるべからざるものなり。されば彌陀願力《がんりき》の信心を獲得《ぎゃくとく》せしめたらん人のうへにをひてこそ、佛恩報盡《ぶつおんほうじん》とも、また師徳報謝《しとくほうしゃ》なんどともまうすことはあるべけれ。この道理《どうり》をよくよくこころえて足手をはこび、聖人《しょうにん》をもをもんじたてまつらん人こそ、眞實に冥慮《みょうりょ》にもあひかなひ、また別しては當月御正忌《とうげつごしょうき》の報恩謝徳《ほうおんしゃとく》の懇志《こんし》にもふかくあひそなはりつべきものなり。あなかしこあなかしこ。

文明七年十一月廿一日書之

〔第十二通〕　宿善有無

抑《そもそも》いにしへ近年このごろのあひだに、諸國在々所々にをひ(い)て、隨分佛法者《ずいぶんぶつぼうしゃ》と號して法門を讃嘆《さんだん》し勸化《かんけ》をいたすともがらのなかにをひ(い)て、さらに眞實にわがこころ當流《とうりゅう》の正義《しょうぎ》にもとづかずとおぼゆるなり。そのゆへをいかんといふに、まづかの心中におもふやうは、われは佛法の根源《こんげん》をよくしりがほの體《てい》にて、しかもたれに相傳《そうでん》したる分《ぶん》もなくして、あるひは縁のはし障子《しょうじ》のそとにて、ただ自然《じねん》とききとり法門《ほうもん》の分齊《ぶんざい》をもて、眞實に佛法《ぶつぼう》にそのこころざしはあさくして、われよりほかは佛法の次第を存知《ぞんち》したるもののなきやうにおもひはんべり。これによりてたまたまも當流の正義《しょうぎ》をかたのごとく讃嘆《さんだん》せしむるひとをみては、あながちにこれを偏執《へんじゅう》す。すなはちわれひとりよくしりがほの風情《ふぜい》は、第一に憍慢《きょうまん》のこころにあらずや。かくのごときの心中をもて諸方《しょほう》の門徒中を經廻《けいがい》して聖教《しょうぎょう》をよみ、あまさへわたくしの義(儀)をもて本寺よりのつかひと號して、人をへつらひ虚言《きょごん》をかまへ、ものをとるばかりなり。これらのひとをばなにとしてよき佛法者また聖教《しょうぎょう》よみとはいふべきをや。あさましあさまし。なげきてもなをなげくべきはただこの一事なり。これによりてまづ當流《とうりゅう》の義をたて、ひとを勸化《かんけ》せんとおもはんともがらにをひ《（い）》ては、その勧化の次第をよく存知すべきものなり。

夫《それ》当流の他力《たりき》信心のひとゝほりをすすめんとおもはんには、まづ宿善・無宿善の機を沙汰《さた》すべし。さればいかにむかしより當門徒《とうもんと》にその名をかけたるひとなりとも、無宿善の機は信心をとりがたし。まことに宿善開發《かいはつ》の機はをのづから信を決定《けつじょう》すべし。されば無宿善の機のまへにをひ《（い）》ては、正雑二行《しょうぞうにぎょう》の沙汰《さた》をするときは、かへりて誹謗《ひほう》のもとゐとなるべきなり。この宿善・無宿善の道理を分別《ふんべつ》せずして、手びろに世間のひとをもはばからず勧化《かんけ》をいたすこと、もてのほかの當流のおきてにあひそむけり。されば『大經』《に》（下巻）云《いわく》、「若人無善本《にゃくにんむぜんぽん》、不得聞此經《ふとくもんしきょう》」ともいひ、「若聞此經《にゃくもんしきょう》、信樂受持《しんぎょうじゅじ》、難中之難《なんちゅうしなん》、無過斯難《かしなん》」ともいへり。また善導《ぜんどう》は「過去已曾修習此法《かこいぞうしゅしゅうしほう》、今得重聞《こんとくじゅうもん》、則生歡喜《そくしょうかんぎ》」（定善義）とも釋せり。いづれの經釋《きょうしゃく》によるとも、すでに宿善にかぎれりとみえたり。しかれば宿善の機をまもりて、當流《とうりゅう》の法《ほう》をばあたふべしときこえたり。このをもむきをくはしく存知《ぞんぢ》して、ひとをば勧化《かんけ》すべし。ことにまづ王法《おうぼう》をもて本《ほん》とし、仁義《じんぎ》をさきとして、世間通途《せけんつうず》の儀に順じて當流安心《あんじん》をば内心にふかくたくはへて、外相《げそう》に法流《ほうりゅう》のすがたを他宗・他家《たけ》にみえぬやうにふるまふべし。このこゝろをもて當流眞實の正義《しょうぎ》をよく存知せしめたるひとゝはなづくべきものなり。あなかしこあなかしこ。

文明八年正月廿七日

〔第十三通〕　夫れ当流門徒中

夫《それ》當流《とうりゆう》門徒中にをひて、すでに安心決定《あんじんけつじよう》せしめたらん人の身のうへにも、また未決定《みけつじよう》の人の安心《あんしん》をとらんとおもはん人も、こころうべき次第は、まづほかには王法を本《ほん》とし、諸神《しよしん》・諸佛・菩薩《ぼさつ》をかろしめず、また諸宗・諸法を謗《ほう》ぜず、國ところにあらば守護《しゆご》・地頭《ぢとう》にむきては疎略《そりやく》なく、かぎりある年貢《ねんぐ》所當《しよとう》をつぶさに沙汰をいたし、そのほか仁義《じんぎ》をもて本《ほん》とし、また後生《ごしよう》のためには内心に阿彌陀如來を一心一向にたのみたてまつりて、自餘《じよ》の雑行《ぞうぎよう》・雑善《ぞうぜん》にこころをばとどめずして、一念も疑心《ぎしん》なく信じまいらせば、かならず眞實の極樂淨土《ごくらくじようど》に往生《おうじよう》すべし。このこころえのとほりをもて、すなはち彌陀如來の他力《たりき》の信心をえたる念佛行者《ねんぶつぎようじや》のすがたとはいふべし。かくのごとく念佛の信心をとりてのうへになをおもふべきやうは、さてもかかるわれらごときのあさましき一生造惡《いつしようぞうあく》のつみふかき身ながら、ひとたび一念歸命《きみよう》の信心をこせば、佛《ぶつ》の願力《がんりき》によりてたやすくたすけたまへる彌陀如來の不思議にまします超世《ちようせ》の本願《ほんがん》の强縁《ごうえん》のありがたさよと、ふかくおもひたてまつりて、その御恩報謝《ごおんほうしや》のためには、ねてもさめても、ただ念佛ばかりをとなへて、かの彌陀如來の佛恩《ぶつおん》を報じたてまつるべきばかりなり。このうへには後生《ごしよう》のためになにをしりても所用《しよよう》なきところに、ちかごろもてのほか、みな人のなにの不足ありてか、相傳《そうでん》もなきしらぬくせ法門《ほうもん》をいひて人をもまどはし、また無上《むじよう》の法流をもけがさんこと、まことにもてあさましき次第なり。よくよくおもひはからふべきものなり。あなかしこあなかしこ。

文明八年七月十八日

四帖目

〔第一通〕 念仏行者

夫《それ》眞宗念佛行者《ぎやうじや》のなかにをひて、法義についてそのころえなき次第これおほし。しかるあひだ大概《たいがい》そのをもむきをあらはしをはりぬ。所詮自今已後《しよせんじこんいご》は同心の行者《ぎやうじや》はこのことばをもて本《ほん》とすべし。これについてふたつのこころあり。一《ひとつ》には自身《じしん》の往生《おうじやう》すべき安心《あんしん》をまづ治定《じしよう》すべし。二《ふたつ》にはひとを勸化《かんけ》せんに宿善・無宿善のふたつを分別《ふんべつ》して勸化をいたすべし。この道理を心中に決定《けつじやう》してたもつべし。しかればわが往生《おうじやう》の一段にをひて(い)は、内心にふかく一念發起《ほつき》の信心をたくはへて、しかも他力佛恩《たりきぶつおん》の稱《しやう》名《みやう》をたしなみ、そのうへにはなを王法をさきとし、仁義《じんぎ》を本《ほん》とすべし。また諸佛・菩薩等《ぼさつとう》を疎略《そりやく》にせず、諸法・諸宗を輕賤《きやうせん》せず、ただ世間通途《せけんつうず》(俣)の義に順じて外相《げさう》に當流法義《とうりゆうほうぎ》のすがたを他宗・他門のひとにみせざるをもて、當流聖人《とうりゆうしやうにん》のおきてをまもる眞宗念佛の行者《ぎやうじや》といひつべし。ことに當時このごろはあながちに偏執《へんじふ》すべき耳をそばだて、謗難《ばうなん》のくちびるをめぐらすをもて本《ほん》とする時分《じぶん》たるあひだ、かたくその用捨《ようしや》あるべきものなり。そもそも當流にたつるところの他力《たりき》の三信といふは、第十八の願に「至心信樂欲生我國《ししんしんぎやうよくしやうがこく》」(大經卷上)といへり。これすなはち三信とはいへども、ただ彌陀をたのむところの行者歸命《ぎょうじゃきみょう》の一心なり。そのゆへはいかんといふに、宿善開發《しゅくぜんかいほつ》の行者《ぎょうじゃ》、一念彌陀に歸命《きみょう》せんとおもふこころの一念をこるきざみ、佛《ぶつ》の心光《しんこう》かの一念歸命の行者を攝取《せっしゅ》したまふ。その時節をさして至心《ししん》・信《しん》樂《ぎょう》・欲生《よくしょう》の三信ともいひ、またこのこころを願成就《がんじょうじゅ》の文《もん》には「卽得往生住不退轉《そくとくおうじょうじゅうふたいてん》」（大經 卷下）ととけり。あるひはこのくらゐをすなはち眞實信心《しんじつしんじん》の行人《ぎょうにん》とも、宿因深厚《じんこう》の行者《ぎょうじゃ》とも平生業成《へいぜいごうじょう》の人ともいふべし。されば彌陀《みだ》に歸命《きみょう》すといふも、信心獲得《しんじんぎゃくとく》すといふも、宿善にあらずといふことなし。しかれば念佛往生《ねんぶつおうじょう》の根機《こんき》は宿因のもよほしにあらずば、われら今度の報土往生《ほうどおうじょう》は不可なりとみえたり。このこころを聖人《しょうにん》の御《おん》ことばには、「遇獲信心遠慶宿緣《ぐぎゃくしんじんおんきょうしゅくえん》」（文類聚鈔）とおほせられたり。これによりて當流のこころは、人を勸化《かんけ》せんとおもふとも、宿善・無宿善のふたつを分別《ふんべつ》せずばいたづらごとなるべし。このゆへに宿善の有無《うむ》の根機《こんき》をあひはかりて、人をば勸化《かんけ》すべし。しかれば近代當流《きんだいとうりゅう》の佛法者《ぶっぽうしゃ》の風情《ふぜい》は是非《ぜひ》の分別《ふんべつ》なく當流の義を荒涼《こうりょう》に讃嘆《さんだん》せしむるあひだ、眞宗の正意《しょうい》このいはれによりて、あひすたれたりときこえたり。かくのごときらの次第を委細《いさい》に存知《ぞんち》して、當流の一義をば讃嘆《さんだん》すべきものなり。あなかしこあなかしこ。

文明九年丁酉正月八日

〔第二通〕　人間の寿命

夫《それ》人間の壽命をかぞふれば、いまのときの定命《じょうみょう》は五十六歳なり。しかるに當時にをひ《（い）》て年五十六までいきのびたらんひとはまことにもていかめしきことなるべし。これによりて予《よ》すでに頽齢《たいれい》六十三歳にせまれり。勘篇《かんぺん》すれば年ははや七年までいきのびぬ。これにつけても、前業《ぜんごう》の所感《しょかん》なれば、いかなる病患《びょうげん》をうけてか、死の縁にのぞまんとおぼつかなし。これさらにはからざる次第なり。ことにもて當時の體《てい》たらくをみをよぶに、定相《じょうそう》なき時分なれば、人間のかなしさはおもふやうにもなし。あはれ死なばやとおもはばやがて死なれなん世にてもあらば、などかいままでこの世にすみはんべりなん。ただいそぎてもむまれたきは極樂淨土、ねがふてもねがひえんものは無漏《むろ》の佛體《ぶったい》なり。しかれば一念歸命《いちねんきみょう》の他力《たりき》安心《あんじん》を佛智《ぶっち》より獲得《ぎゃくとく》せしめん身のうへにをひ（い）ては、畢命已期《ひつみょういご》まで佛恩報盡《ぶつおんほうじん》のために稱名《しょうみょう》をつとめんにいたりては、あながちになにの不足ありてか、先生《せんじょう》よりさだまれるところの死期《しご》をいそがんもかへりてをろかにまどひぬるかともおもひはんべるなり。このゆえに愚老が身上にあててかくの如くおもへり。たれのひとびともこの心中に住すべし。ことにもてこの世界のならひは老少不定《ろうしょうふじょう》にして電光朝露《でんこうちょうろ》のあだなる身なれば、いまも無常のかぜきたらんことをばしらぬ體《てい》にてすぎゆきて、後生《ごしょう》をばかつてねがはず、ただ今生《こんじょう》をばいつまでもいきのびんずるやうにこそおもひはんべれ。あさましといふもなをろかなり。いそぎ今日《こんにち》より彌陀如來の他力本願をたのみ、一向に無量壽佛に歸命《きみょう》して、眞實報土《しんじつほうど》の往生《おうじょう》をねがひ、稱名《しょうみょう》念佛せしむべきものなり。あなかしこあなかしこ。

于レ時文明九年九月十七日俄思出之間辰尅已前早々書二記之一訖　信證院六十三歳

かきをくもふでにまかするふみなれば　ことばのすゑぞをかしかりける

〔**第三通**〕　当時世上

夫《それ》当時世上《せじょう》の體《てい》たらくいつのころにか落居《らくきょ》すべきともおぼえはんべらざる風情《ふぜい》なり。しかるあひだ諸國往來の通路にいたるまでも、たやすからざる時分《じぶん》なれば、佛法《ぶっぽう》・世法《せほう》につけても千萬迷惑《せんばんめいわく》のおりふしなり。これによりてあるひは靈佛《れいぶつ》・靈社參詣《れいしゃさんけい》の諸人《しょにん》もなし。これにつけても人間は老少不定《ろうしょうふじょう》ときくときは、いそぎいかなる功徳善根《くどくぜんごん》をも修し、いかなる菩提涅槃《ぼだいねはん》をもねがふべきことなり。しかるにいまの世も末法濁亂《まっぽうじょくらん》とはいひながら、ここに阿彌陀如來の他力本願はいまの時節《じせつ》はいよいよ不可思議にさかりなり。さればこの廣大《こうだい》の悲願《ひがん》にすがりて在家止住《ざいけしじゅう》のともがらにをひ《(い)》ては、一念の信心をとりて法性《ほっしょう》常樂《じょうらく》の淨刹《じょうせつ》に往生《おうじょう》せずば、まことにもてたからの山にいりて手をむなしくしてかへらんににたるもの歟《か》。よくよくこころをしづめてこれを案ずべし。しかれば諸佛の本願をくはしくたづぬるに、五障《ごしょう》の女人《にょにん》、五逆《ごぎゃく》の惡人をばすくひたまふことかなはずときこえたり。これにつけても阿彌陀如來こそひとり無上殊勝《むじょうしゅしょう》の願《がん》をおこして、惡逆《あくぎゃく》の凡夫、五障《ごしょう》の女質《にょしつ》をば、われたすくべきといふ大願《だいがん》をばをこしたまひけり。ありがたしといふもなををろかなり。これによりてむかし釋尊靈鷲山《しゃくそんりょうじゅせん》にましまして、一《いち》乗法華《じょうほっけ》の妙典《みょうでん》をとかれしとき、提婆《だいば》阿闍世《あじゃせ》の逆害《ぎゃくがい》をおこし、釋迦韋提《しゃかいだい》をして安養《あんよう》をねがはしめたまひしによりて、かたじけなくも靈山法華《りょうぜんほっけ》の會座《えざ》を沒《もっ》して王宮《おうぐ》に降臨《ごうりん》して、韋提希夫人《いだいけぶにん》のために淨土の教《きょう》をひろめましまししによりて、彌陀の本願このときにあたりてさかんなり。このゆへに法華《ほっけ》と念佛と同時の教《きょう》といへることは、このいはれなり。これすなはち末代の五逆《ごぎゃく》・女人《にょにん》に安養《あんよう》の往生《おうじょう》をねがはしめんがための方便《ほうべん》に、釋迦《しゃか》、韋提《いだい》・調達《ちょうだつ》・闍世《じゃせ》の五逆《ごぎゃく》をつくりて、かかる機なれども不思議の本願に歸すれば、かならず安養《あんよう》の往生《おうじょう》をとぐるものなりとしらせたまへりとしるべし。あなかしこあなかしこ。

文明九歳九月廿七日記之

〔**第四通**〕　三首詠歌

夫《それ》秋もさり春もさりて、年月ををくること昨日《きのう》もすぎ今日《きょう》もすぐ。いつのまにかは年老《ねんろう》のつもるらんともおぼえずしらざりき。しかるにそのうちには、さりとも、あるひは花鳥風月《かちょうふげつ》のあそびにもまじはりつらん。また歡樂苦痛《かんらくくつう》の悲喜《ひき》にもあひはんべりつらんなれども、いまにそれともおもひいだすこととてはひとつもなし。ただいたづらにあかし、いたづらにくらして、老《おい》のしらがとなりはてぬる身《み》のありさまこそかなしけれ。されども今日《きょう》までは無常のはげしきかぜにもさそはれずして、わが身ありがほの體《てい》をつらつら案ずるに、ただゆめのごとし、まぼろしのごとし。いまにをひ（い）ては生死出離《しゅうじしゅつり》の一道ならでは、ねがふべきかたとては、ひとつもなく、またふたつもなし。これによりて、ここに未來惡世《みらいあくせ》のわれらごときの衆生《しゅじょう》をたやすくたすけたまふ阿彌陀如來の本願のましますときけば、まことにたのもしく、ありがたくもおもひはんべるなり。この本願をただ一念無疑《いちねんむぎ》に至心歸命《ししんきみょう》したてまつれば、わづらひもなく、そのとき臨終《りんじゅ》せば往生《おうじょう》治定《じじょう》すべし。もしそのいのちのびなば、一期《いちご》のあひだは佛恩報謝《ぶつおんほうしゃ》のために念佛して畢命《ひつみょう》を期《ご》とすべし。これすなはち平生業成《へいぜいごうじょう》のこころなるべしと、たしかに聽聞《ちょうもん》せしむるあひだ、その決定《けつじょう》の信心のとほりいまに耳のそこに退轉《たいてん》せしむることなし。ありがたしといふもなををろかなるものなり。されば彌陀如來他力本願《たりきほんがん》のたふとさ、ありがたさのあまり、かくのごとくくちにうかむにまかせて、このこころを詠哥《えいか》にいはく、

ひとたびもほとけをたのむこころこそ　まことののりにかなふみちなれ

つみふかく如來をたのむ身《み》になれば　のりのちからに西へこそゆけ

法《のり》をきくみちにこころのさだまれば　南無阿彌陀佛ととなへこそすれ、と

わが身ながらも本願の一法《いっぽう》の殊勝《しゅしょう》なるあまり、かくまうしはんべりぬ。この三首の哥《うた》のこころは、はじめは一念歸命《いちねんきみょう》の信心決定《しんじんけつじょう》のすがたをよみはんべり。のちの哥《うた》は、入正定聚《にゅうしょうじょうじゅ》の益《やく》、必至滅度《ひっしめつど》のこころをよみはんべりぬ。つぎのこころは慶喜金剛《きょうきこんごう》の信心のうへには知恩報德《ちおんほうとく》のこころをよみはんべりし

なり。されば他力《たりき》の信心發得《はつとく》せしむるうへなれば、せめてはかやうにくちずさみても佛恩報盡《ぶつおんほうじん》のつとめにもやなりぬべきともおもひ、またきくひとも宿縁あらばなどやおなじこころにならざらんとおもひはんべりしなり。しかるに予《よ》すでに七旬のよはひにをよび、ことに愚闇無才《ぐあんむさい》の身として、片腹いたくもかくのごとくしらぬゑせ法門をまうすこと、かつは斟酌《しんしゃく》をもかへりみず、ただ本願の一すぢのたふとさばかりのあまり、卑劣《ひれつ》のこのことのはを筆にまかせてかきしるしをはりぬ。のちにみん人そしりをなさざれ。これまことに讃佛乘《さんぶつじょう》の縁《えん》、轉法輪《てんぼうりん》の因《いん》ともなりはんべりぬべし。あひかまへて偏執《へんじゅう》をなすことゆめゆめなかれ。あなかしこあなかしこ。

于レ時文明年中丁酉暮冬仲旬之比於二爐邊一暫時書二記之一者也云々

右この書は當所《とうしょ》はりの木原邊《きはらへん》より九間在家《くけんざいけ》へ佛照寺所用《ぶつしょうじしょよう》ありて出行《しゅつぎょう》のとき、路次《ろじ》にてこの書をひろひて當坊《とうぼう》へもちきたれり。

文明九年十二月二日

〔第五通〕 中古已来

夫《それ》中古已來《いらい》當時にいたるまでも、當流《とうりゅう》の勸化《かんけ》をいたすその人數《にんじゅ》のなかにをひ（い）て、さらに宿善の有無《うむ》といふことをしらずして勸化《かんけ》をなすなり。所詮自今已後《しょせんじこんいご》にをひ（い）ては、このいはれを存知《ぞんち》せしめて、たとひ聖教《しょうぎょう》をもよみまた暫時《ざんじ》に法門をいはんときも、このこころを覺悟して一流の法義をば讃嘆《さんだん》し、あるひはまた佛法聴聞《ぶつぽうちょうもん》のためにとて人數《にんじゅ》おほくあつまりたらんときも、この人數のなかにをひ《(い)》て、もし無宿善の機やあるらんとおもひて、一流眞實の法義《ほうぎ》を沙汰《さた》すべからざるところに、近代《きんだい》人々の勸化《かんけ》する體《てい》たらくをみをよぶに、この覺悟はなく、ただいづれの機なりとも、よく勸化《かんけ》せばなどか當流《とうりゅう》の安心《あんじん》にもとづかざらんやうにおもひはんべりき。これあやまりとしるべし。かくのごときの次第をねんごろに存《ぞん》知《ぢ》して、當流の勸化《かんけ》をばいたすべきものなり。中古《ちゅうこ》このごろにいたるまで、さらにそのこころをえてうつくしく勸化《かんけ》する人なし。これらのをもむきをよくよく覺悟して、かたのごとくの勸化をばいたすべきものなり。そもそも今月廿八日は、毎年の儀として懈怠《けだい》なく開山聖人の報恩謝徳《ほうおんしゃとく》のために念佛勤行《ねんぶつごんぎょう》をいたさんと擬《ぎ》する人數《にんじゅ》これおほし。まことにもてながれをくんで本源《ほんげん》をたづぬる道理《どうり》を存知《ぞんち》せるがゆへなり。ひとへにこれ聖人《しょうにん》の勸化《かんけ》のあまねきがいたすところなり。しかるあひだ近年ことのほか當流《とうりゅう》に讃嘆《さんだん》せざるひが法門をたてて、諸人《しょにん》をまどはしめて、あるひはそのところの地頭《ぢとう》・領主《りょうしゅ》にもとがめられわが身も惡見《あくけん》に住して當流《とうりゅう》の眞實なる安心《あんじん》のかたもただしからざるやうにみをよべり。あさましき次第にあらずや。かなしむべし、おそるべし。所詮今月報恩講七晝夜《しょせんこんげつほうおんこうしちちゅうや》のうちにをひ《(い)》て、各各《かくかく》に改悔《がいけ》の心をこして、わが身のあやまれるところの心中《しんぢゅう》を心底《しんてい》にのこさずして、當寺の御影前《ごえいぜん》にをひ《(い)》て、廻心《えしん》懺悔《さんげ》して諸人の耳にこれをきかしむるやうに毎日毎夜《まいや》にかたるべし。これすなはち「謗法闡提廻心皆往《せんだいえしんかいおう》」

（法事讃巻上）の御釈《おんしやく》にもあひかなひ、また「自信教人信《じしんきようにんしん》」（禮讃）の義にも相應すべきものなり。しからばまことにこころあらん人々は、この廻心懺悔《えしんさんげ》をききても、げにもとおもひて、おなじく日《ひ》ごろの惡心をひるがへして善心になりかへる人もあるべし。これぞまことに今月聖人《こんげつしようにん》の御忌《ごき》の本懐《ほんがい》にあひかなふべし。これすなはち報恩謝徳《ほうおんしやとく》の懇志《こんし》たるべきものなり。あなかしこあなかしこ。

文明十四年十一月廿一日

〔第六通〕　御正忌（三箇条）

抑《そもそも》當月の報恩講《ほうおんこう》は開山聖人の御遷化《ごせんげ》の正忌《しようき》として、例年の舊儀《きゆうぎ》とす。これによりて遠國《えんごく》・近國《きんごく》の門徒《もんと》のたぐひ、この時節《じせつ》にあひあたりて、參詣《さんけい》のこころざしをはこび報謝《ほうしや》のまことをいたさんと欲《ほつ》す。しかるあひだ毎年七晝夜《しちちゆうや》のあひだにをひ（い）て、念佛勤行《ねんぶつごんぎよう》をこらしはげます。これすなはち眞實信心の行者《ぎようじや》繁昌《はんじよう》せしむるゆへなり。まことにもて念佛得堅固《ねんぶつとくけんご》の時節到來《じせつとうらい》といひつべきもの歟《か》。このゆへに一七ケ日のあひだにをひ（い）て、參詣をいたすともがらのなかにをひ（い）て、まことに人まねばかりに御影前《ごえいぜん》へ出仕《しゆつし》をいたすやからこれあるべし。かの仁體《じんたい》にをひて、はやく御影前《ごえいぜん》にひざまづゐて廻心懺悔《えしんさんげ》のこころををこして、本願の正意《しようい》に歸入《きにゆう》して、一念發起《ほつき》の眞實信心をまうくべきものなり。それ南無阿彌陀佛といふは、すなはちこれ念佛行者《ぎようじや》の安心《あんじん》の體《たい》なりとおもふべし。そのゆへは、南無といふは歸命《きみよう》なり。即《そく》是歸命《ぜきみよう》といふは、われらごときの無善造惡《むぜんぞうあく》の凡夫《ぼんぶ》のうへにをひ（い）て、阿彌陀佛をたのみたてまつるころなりとしるべし。そのたのむこころといふは、すなはちこれ阿彌陀佛の衆生《しゆじやう》を八萬四千《しせん》の大光明《だいこうみやう》のなかに攝取《せつしゆ》して往還《おうげん》二種の廻向《えこう》を衆生《しゆじやう》にあたへましますこころなり。されば信心といふも別のこころにあらず。みな南無阿彌陀佛のうちにこもりたるものなり。ちかごろは人の別のことのやうにおもへり。これについて諸國にをひ（い）て當流門人《とうりゆうもんにん》のなかにおほく祖師《そし》のさだめをかるるところの聖教《しやうぎやう》の所判《しよはん》になきくせ法門を沙汰して法義《ほうぎ》をみだす條もてのほかの次第なり。所詮《しよせん》かくのごときのやからにをひ（い）ては、あひかまへてこの一七ケ日報恩講《ほうおんこう》のうちにありて、そのあやまりをひるがへして正義《しやうぎ》にもとづくべきものなり。

一《ひとつ》　佛法を棟梁《とうりやう》し、かたのごとく坊主分《ぼうずぶん》をもちたらん人の身上《しんしやう》にをひ（い）て、いささかも相承《そうしやう》もせざるしらぬゑせ法門《ほうもん》をもて人にかたり、われ物しりとおもはれんためにとて、近代在々所々《しよしよ》に繁昌《はんじやう》すと云々。これ言語道斷《ごんごどうだん》の次第なり。

一《ひとつ》　京都本願寺御影《ごえい》へ參詣《さんけい》まうす身なりといひて、いかなる人の中ともいはず、大道・大路《おほぢ》にても、また關渡《せきわたり》の船中にても、はばからず佛法がたのことを人に顯露《けんろ》にかたること、おほきなるあやまりなり。

一　人ありていはく、我身はいかなる佛法《ぶつぽう》を信ずる人ぞとあひたづぬることありとも、しかと當流の念佛者なりとこたふべからず。ただなに宗ともなき、念佛ばかりはたふときことと存じたるばかりなるものなりとこたふべし。これすなはち當流聖人《しようにん》のをしへましますところの佛法者とみえざる人のすがたなるべし。さればこれらのをもむきをよくよく存知《ぞんぢ》して、外相《げそう》にそのいろをみせざるをもて、當流《とうりゆう》の正義《しようぎ》とおもふべきものなり。これについて、この兩三年のあひだ報恩講中《ほうおんこうぢゆう》にをひ（い）て、衆中《しゆぢゆう》としてさだめをくところの義ひとつとして違變《いへん》あるべからず。この衆中《しゆぢゆう》にをひ（い）て萬一相違《ばんいちそうい》せしむる子細《しさい》これあらば、ながき世開山聖人《よかいさんしようにん》の御門徒《ごもんと》たるべからざるものなり。あなかしこあなかしこ。

文明十五年十一月　日

〔第七通〕　六箇条

抑《そもそも》今月報恩講《こんげつほうおんこう》の事、例年の舊義（儀）として七日の勤行《ごんぎよう》をいたすところ、いまにその退轉《たいてん》なし。しかるあひだ、この時節にあひあたりて、諸國門葉《しよこくもんよう》のたぐひ報恩謝徳《ほうおんしやとく》の懇志《こんし》をはこび稱名念佛《しようみようねんぶつ》の本行《ほんぎよう》をつくす。まことにこれ專修專念決定往生《せんじゆせんねんけつじようおうじよう》の徳なり。このゆへに諸國參詣《さんけい》のともがらにをひ（い）て、一味の安心《あんじん》に住する人まれなるべしとみえたり。そのゆへは眞實に佛法にこころざしはなくして、ただ人まねばかり、あるひは仁義《じんぎ》までの風情《ふぜい》ならば、まことにもてなげかしき次第なり。そのいはれいかんといふに、未安心《みあんじん》のともがらは不審《ふしん》の次第をも沙汰せざるときは、不信のいたりともおぼえはんべれ。さればはるばると萬里《ばんり》の遠路《えんろ》をしのぎ、又莫太《ばくたい》の苦勞《くろう》をいたして上洛《しようらく》せしむるところ、さらにもてその所詮《しよせん》なし。

かなしむべしかなしむべし。ただし不宿善の機ならば無用《むよう》といひつべきもの歟《か》。

一 近年は佛法繁昌《ぶつぽうはんじよう》ともみえたれども、まことにもて坊主分《ぼうずぶん》の人にかぎりて信心のすがた一向無沙汰《いつこうぶさた》なりときこえたり。もてのほかなげかしき次第なり。

一 すゑずゑの門下のたぐひは、他力《たりき》の信心のとほり聽聞《ちようもん》のともがらこれおほきところに、坊主《ぼうず》よりこれを腹立《ふくりゆう》せしむるよしきこえはんべり。言語道斷《ごんごどうだん》の次第なり。

一 田舎《いなか》より參詣《さんけい》の面々の身上《しんしよう》にをひ(い)てこころうべき旨あり。そのゆへは、他人の中ともいはず、また大道《だいどう》・路次《ろじ》なんどにても、關屋《せきや》・船中《せんちゆう》をもはばからず、佛法方《ぶつぽうがた》の讃嘆《さんだん》をすること勿體《もつたい》なき次第なり。かたく停止《ちようじ》すべきなり。

一 當流《とうりゆう》の念佛者《ねんぶつしや》を、あるひは人ありて、なに宗ぞとあひたづぬること、たとひありとも、しかと當宗念佛者とこたふべからず。ただなに宗ともなき念佛者なりとこたふべし。これすなはち我聖人《わがしようにん》のおほせをかるるところの佛法者氣色《ぶつぽうしやきそく》みえぬふるまひなるべし。このをもむきをよくよく存知《ぞんぢ》して、外相《げそう》にそのいろをはたらくべからず。まことにこれ當流《とうりゆう》の念佛者のふるまひの正義《しようぎ》たるべきものなり。

一 佛法の由來《ゆらい》を障子《しようじ》・かきごしに聽聞《ちようもん》して、内心にさぞとたとひ領解《りようげ》すといふとも、かさねて人にそのをもむきをよくよくあひたづねて、信心のかたをば治定《じじよう》すべし。そのまま我心《わがこころ》にまかせば、かならずかならずあやまりなるべし。ちかごろこれらの子細《しさい》當時さかんなりと云々。

一　信心をえたるとほりをば、いくたびもいくたびも人にたづねて他力《たりき》の安心《あんじん》をば治定《じじよう》すべし。一往《いちおう》聴聞《ちようもん》してはかならずあやまりあるべきなり。

右此六ヶ條のをもむきよくよく存知《ぞんぢ》すべきものなり。近年佛法は人みな聴聞《ちようもん》すとはいへども、一往《いちおう》の(儀)義をききて眞實に信心決定《しんじんけつじよう》の人これなきあひだ、安心《あんじん》もうとうとしきがゆへなり。あなかしこあなかしこ。

文明十六年十一月廿一日

〔第八通〕　八箇条

抑《そもそも》今月廿八日の報恩講《ほうおんこう》は昔年《しやくねん》よりの流例《るれい》たり。これによりて近國遠國の門葉《もんよう》、報恩謝徳《ほうおんしやとく》の懇志《こんし》をはこぶところなり。二六時中の稱名念佛《しようみようねんぶつ》今古《こんこ》退轉《たいてん》なし。これすなはち開山聖人《かいさんしようにん》の法流《ほうりゆう》一天四海の勸化《かんけ》比類《ひるい》なきがいたすところなり。このゆへに七晝夜《しちちゆうや》の時節《じせつ》にあひあたり、不法不信の根機《こんき》にをひ(い)ては、往生淨土の信心獲得《しんじんぎやくとく》せしむべきものなり。これしかしながら今月聖人《こんげつしようにん》の御正忌《ごしようき》の報恩《ほうおん》たるべし。しからざらんともがらにをひ(い)ては、報恩謝徳《ほうおんしやとく》のこころざしなきににたるもの歟《か》。これによりて、このごろ眞宗の念佛者と號するなかに、まことに心底《しんてい》より當流の安心決定《あんじんけつじよう》なきあひだ、あるひは名聞《みようもん》あるひはひとなみに報謝《ほうしや》をいたすよしの風情《ふぜい》これあり。もてのほかしかるべからざる次第なり。そのゆへは、すでに萬里《ばんり》の遠路《えんろ》をしのぎ莫太《ばくたい》の辛勞《しんろう》をいたして上洛《しょうらく》のともがら、いたづらに名聞《みょうもん》ひとなみの心中《しんちゅう》に住《じゅ》することは、口惜《くちおしき》次第にあらずや。すこぶる不足の所存《しょぞん》といひつべし。ただし無宿善の機にいたりてはちからをよばず。しかりといへども無二の懺悔《さんげ》をいたし、一心の正念《しょうねん》におもむかば、いかでか聖人《しょうにん》の御本意《ごほんい》に達せざらんものをや。

一《ひとつ》 諸國參詣のともがらのなかにをひ(い)て、在所《ざいしょ》をきらはず、いかなる大道《だいどう》・大路《おおじ》、又關屋《またせきや》・渡《わたり》の船中にても、さらにそのはばかりなく佛法方《ぶっぽうがた》の次第を顯露《けんろ》に人にかたること、しかるべからざる事。

一 在々所々にをひ(い)て當流《とうりゅう》にさらに沙汰《さた》せざるめづらしき法門を讃嘆《さんだん》し、おなじく宗義になきおもしろき名目《みょうもく》なんどをつかふ人これおほし。もてのほかの僻案《へきあん》なり。自今已後《じこんいご》かたく停止《ちょうじ》すべきものなり。

一 この七ケ日報恩講中《ほうおんこうちゅう》にをひ(い)ては、一人ものこらず信心未定《みじょう》のともがらは心中をはばからず改悔懺《がいけさん》悔《げ》の心をおこして眞實信心を獲得《ぎゃくとく》すべきものなり。

一 もとより我安心《わがあんじん》のをもむき、いまだ決定《けつじょう》せしむる分《ぶん》もなきあひだ、その不審《ふしん》をいたすべきところに、心中《しんちゅう》をつつみてありのままにかたらざるたぐひあるべし。これをせめあひたづぬるところに、ありのままに心中をかたらずして當場《とうば》をいひぬけんとする人のみなり。勿體《もったい》なき次第なり。心中をのこさずかたりて眞實信心《しんじつしんじん》にもとづくべきものなり。

一　近年佛法《きんねんぶつぽう》の棟梁《とうりよう》たる坊主達《ばうずたち》、我《わが》信心はきはめて不足にて、結句《けつく》門徒《もんと》同朋《どうぼう》は信心は決定《けつじよう》するあひだ、坊主《ばうず》の信心不足のよしをまうせば、もてのほか腹立《ふくりゆう》せしむる條、言語道斷《ごんごどうだん》の次第なり。已後《いご》にをひ〔い〕ては師弟《してい》ともに一味の安心《あんじん》に住すべき事。

一《ひとつ》　坊主分《ばうずぶん》の人、ちかごろはことのほか重杯《じゆうはい》のよし、そのきこえあり。言語道斷《ごんごどうだん》しかるべからざる次第なり。あながちに酒をのむ人を停止《ちようじ》せよといふにはあらず。佛法につけ門徒につけ、重杯なれば、かならずややもすれば酔狂《すいきよう》のみ出來《しゆつらい》せしむるあひだ、しかるべからず。さあらんときは、坊主分《ばうずぶん》は停止《ちようじ》せられてもまことに興隆佛法《こうりゆうぶつぽう》ともいひつべき歟《か》。しからずば一盞《さん》にてもしかるべき歟《か》。これも佛法にこころざしのうすきによりてのことなれば、これをとどまらざるも道理か。ふかく思案あるべきものなり。

一　信心決定《しんじんけつじよう》のひとも細細《さいさい》に同行《どうぎよう》に會合《かいごう》のときは、あひたがひに信心の沙汰《さた》あらば、これすなはち眞宗繁昌《はんじよう》の根源なり。

一　當流《とうりゆう》の信心決定《しんじんけつじよう》すといふ體《たい》は、すなはち南無阿彌陀佛の六字のすがたとこころうべきなり。すでに善導釋《ぜんどうしやく》していはく、「言南無者《ごんなむしや》、即是歸命《そくぜきみよう》、亦是發願廻向之義《やくぜほつがんえこうしぎ》、言阿彌陀佛者《ごんあみだぶつしや》、即是其行《そくぜごぎよう》」（玄義分）といへり。南無と衆生《しゆじよう》が彌陀に歸命《きみよう》すれば、阿彌陀佛のその衆生をよくしろしめして、萬善萬行恒沙《まんぜんまんぎようごうしや》の功徳《くどく》をさづけたまふなり。このこころすなはち阿彌陀佛卽是其行《そくぜごぎょう》といふこころなり。このゆへに南無と歸命《きみょう》する機と阿彌陀佛のたすけまします法とが一體《いったい》なるところをさして、機法一體《きほういったい》の南無阿彌陀佛とはまうすなり。かるがゆへに阿彌陀佛のむかし法藏比丘《ほうぞうびく》たりしとき、衆生佛《しゅじょうぶつ》にならずばわれも正《しょう》覺《がく》ならじとちかひましますとき、その正覺すでに成《じょう》じたまひしすがたこそ、いまの南無阿彌陀佛なりとこころうべし。これすなはちわれらが往生《おうじょう》のさだまりたる證據《しょうこ》なり。されば他力《たりき》の信心獲得《しんじんぎゃくとく》すといふも、ただこの六字のこころなりと落居《らくきょ》すべきものなり。

そもそもこの八ヶ條のをもむきかくのごとし。しかるあひだ當寺建立《こんりゅう》はすでに九ヶ年にをよべり。毎年の報恩講中《ほうおんこうちゅう》にをひ(い)て、面々各々に隨分信心決定《しんじんけつじょう》のよし領納《りょうのう》ありといへども、昨日今日《きのうきょう》までもその信心のをもむき不同なるあひだ所詮《しょせん》なきもの歟《か》。しかりといへども當年の報恩講中《ほうおんこうちゅう》にかぎりて不信心のともがら、今月報恩講のうちに早速に眞實信心を獲得《ぎゃくとく》なくば、年々を經《ふ》といふとも同篇《どうへん》たるべきやうにみえたり。しかるあひだ愚老《ぐろう》が年齢すでに七旬にあまりて、來年の報恩講《ほうおんこう》をも期《ご》しがたき身なるあひだ、各各《かくかく》に眞實に決定《けつじょう》信をえしめん人あらば、一《ひとつ》は聖人《しょうにん》今月の報謝《ほうしゃ》のため、一《ひとつ》は愚老《ぐろう》がこの七八ヶ年のあひだの本懷《ほんがい》ともおもひはんべるべきものなり。あなかしこあなかしこ。

文明十七年十一月廿三日

〔第九通〕　疫癘

當時このごろことのほかに疫癘《えきれい》とてひと死去す。これさらに疫癘《えきれい》によりてはじめて死するにはあらず。生れはじめしよりしてさだまれる定業《じょうごう》なり。さのみふかくおどろくまじきことなり。しかれどもいまの時分《じぶん》にあたりて死去《しきょ》するときは、さもありぬべきやうにみなひとおもへり。これまことに道理《どうり》ぞかし。このゆへに阿彌陀如來のおほせられけるやうは、末代《まちだい》の凡夫罪業《ざいごう》のわれらたらんもの、つみはいかほどふかくとも、われを一心にたのまん衆生《しゅじょう》をばかならずすくふべしとおほせられたり。かかる時はいよいよ阿彌陀佛をふかくたのみまいらせて、極樂《ごくらく》に往生《おうじょう》すべしとおもひとりて、一向一心に彌陀をたふときこととうたがふこころつゆちりほどももつまじきことなり。かくのごとくこころえのうへには、ねてもさめても南無阿彌陀佛南無阿彌陀佛とまうすは、かやうにやすくたすけまします御《おん》ありがたさ御《おん》うれしさをまうす御禮のこころなり。これをすなはち佛恩報謝《ぶつおんほうしゃ》の念佛《ねんぶつ》とはまうすなり。あなかしこあなかしこ。

延德四年六月　日

〔第十通〕　今の世にあらん女人

いまの世にあらん女人《にょにん》は、みなみなこころを一《ひとつ》にして阿彌陀如來をふかくたのみたてまつるべし。そのほかにはいづれの法を信ずといふとも、後生《ごしょう》のたすかるといふことゆめゆめあるべからずとおもふべし。されば彌陀をばなにとやうにたのみ、また後生《ごしよう》をばなにとねがふべきぞといふに、なにのわづらひもなく、ただ一心に彌陀をたのみ後生《ごしよう》たすけたまへとふかくたのみ申さん人をば、かならず御《おん》たすけあらんことは、さらさらつゆほどもうたがひあるべからざるものなり。このうへにははやしかと御《おん》たすけあるべきことのありがたさよとおもひて、佛恩報謝《ぶつおんほうしや》のために念佛申すべきばかりなり。あなかしこあなかしこ。

八十三歳　御判

〔第十一通〕　機法一体

南無阿彌陀佛と申はいかなる心にて候や。然者《しかれば》何と彌陀をたのみて報土《ほうど》往生《おうじよう》をばとぐべく候哉《や》らん。これを心得べきやうは、まづ南無阿彌陀佛の六字のすがたをよくよく心得わけて、彌陀をばたのむべし。そもそも南無阿彌陀佛の體はすなはちわれら衆生《しゆじよう》の後生《ごしよう》たすけたまへとたのみまうすこころなり。すなはちたのむ衆生《しゆじよう》を阿彌陀如來のよくしろしめして、すでに無上大利《むじようだいり》の功徳《くどく》をあたへましますなり。これを衆生《しゆじよう》に廻向《えこう》したまへるといへるは、このこころなり。されば彌陀をたのむ機を阿彌陀佛のたすけたまふ法なるがゆへに、これを機法一體の南無阿彌陀佛といへるは、このこころなり。これすなはちわれらが往生《おうじよう》のさだまりたる他力《たりき》の信心なりとはこころうべきものなり。あなかしこあなかしこ。

明應六年五月廿五日書之訖　八十三歳

〔第十二通〕　毎月両度

抑《そもそも》毎月兩度の寄合《よりあひ》の由來《ゆらい》はなにのためぞといふに、さらに他のことにあらず、自身の往生極樂《おうじようごくらく》の信心獲得《ぎやくとく》のためなるがゆへなり。しかれば往古《おうこ》よりいまにいたるまでも、毎月の寄合《よりあい》といふことはいづくにもこれありといへども、さらに信心の沙汰《さた》とてはかつてもてこれなし。ことに近年はいづくにも寄合《よりあひ》のときは、ただ酒《しゆ》・飯《はん》・茶《ちや》なんどばかりにてみなみな退散せり。これは佛法の本意にはしかるべからざる次第なり。いかにも不信の面々は、一段の不審《ふしん》をもたてて、信心の有無《うむ》を沙汰《さた》すべきところに、なにの所詮《しよせん》もなく退散《たいさん》せしむる條《じよう》、しかるべからずおぼえはんべり。よくよく思案《しあん》をめぐらすべきことなり。所詮自今已後《しよせんじこんいご》にをひ(い)ては不信の面々はあひたがひに信心の讃嘆《さんだん》あるべきこと肝要《かんよう》なり。

それ當流の安心《あんじん》のをもむきといふは、あながちにわが身の罪障《ざいしよう》のふかきによらず、ただもろもろの雜《ぞう》行《ぎよう》のこころをやめて一心に阿彌陀如來に歸命《きみよう》して、今度の一大事の後生《ごしよう》たすけたまへとふかくたのまん衆生《しゆじよう》をば、ことごとくたすけたまふべきこと、さらにうたがひあるべからず。かくのごとくよくよくこころえたるひとは、まことに百卽百生《ひやくそくひやくしよう》なるべきなり。このうへには毎月の寄合《よりあい》をいたしても報恩謝《ほうおんしや》德《とく》のためとこころえなば、これこそ眞實の信心を具足《ぐそく》せしめたる行者《ぎようじや》ともなづくべきものなり。あなかしこあなかしこ。

明應七年二月廿五日書之　八十四歳

毎月両度講衆中へ

秋去り春去り

〔第十三通〕

夫《それ》秋さり春さり、すでに當年は明應第七孟夏《めいおうだいしちもうか》仲旬《ちゆうじゆん》ごろになりぬれば、予《よ》が年齢つもりて八十四歳ぞかし。しかるに當年にかぎりてことのほか病氣にをかさるるあひだ、耳目《にもく》・手足《しゆそく》・身體《しんたい》こころやすからざるあひだ、これしかしながら業病《ごうびよう》のいたりなり。または往生極樂《おうじようごくらく》の先相《せんそう》なりと覺悟せしむるところなり。これによりて法然聖人《ほうねんしようにん》の御《おん》詞にいはく、「淨土をねがふ行人《ぎようにん》は病患《びようげん》をえてひとへにこれをたのしむ」（傳通記糅鈔卷四三所引）とこそおほせられたり。しかれどもあながちに病患《びようげん》をよろこぶこころさらにもてをこらず。あさましき身《み》なり、はづべし、かなしむべきもの歟《か》。さりながら予《よ》が安心《あんじん》の一途《いちず》一念發起《ほつき》平生《へいぜい》業成《ごうじよう》の宗旨にをひ（い）ては、いま一定《いちじよう》のあひだ佛恩報盡《ぶつおんほうじん》の稱名《しようみよう》は行住座（坐）臥にわすれざること間斷《けんだん》なし。

これについてここに愚老《ぐろう》一身の述懐《じゆつかい》これあり。そのいはれは、われら居住の在所在所の門下のともがらにをひ（い）ては、おほよそ心中《しんぢゆう》をみをよぶに、とりつめて信心決定《けつじよう》のすがたこれなしとおもひはんべり。おほきになげきおもふところなり。そのゆへは愚老《ぐろう》すでに八旬のよはひすぐるまで存命《ぞんめい》せしむるしるしには、信心決定の行者繁昌《ぎようじやはんじよう》ありてこそ、いのちながきしるしともおもひはんべるべきに、さらにしかじかとも決定せしむるすがたこれなしとみをよべり。そのいはれをいかんといふに、そもそも人間界の老少不定《ろうしょうふじょう》のことをおもふにつけても、いかなるやまひをうけてか死せんや。かかる世《よ》のなかの風情《ふぜい》なれば、いかにも一日も片時《へんじ》もいそぎて信心決定《しんじんけつじょう》して、今度の往生極楽《おうじょうごくらく》を一定《いちじょう》して、そののち人間のありさまにまかせて、世をすごすべきこと肝要《かんよう》なりとみなみなこころうべし。このをもむきを心中におもひいれて一念に彌陀をたのむこころをふかくをこすべきものなり。あなかしこあなかしこ。

明應七年初夏仲旬第一日　八十四歳老衲書之

彌陀の名をききうることのあるならば　南無阿彌陀佛とたのめみなひと

〔第十四通〕　一流安心

一流安心《あんじん》之體《たい》といふ事

南無阿彌陀佛の六字のすがたなりとしるべし。この六字を善導大師《ぜんどうだいし》釋していはく、「言南無者《ごんなむしゃ》、即是歸《そくぜき》命《みょう》、亦是發願廻向之義《やくぜほつがんえこうしぎ》、言阿彌陀佛者《ごんあみだぶつしゃ》、即是其行《そくぜごぎょう》、以斯義故《いしぎこ》、必得往生《ひっとくおうじょう》」(玄義分)といへり。まづ南無といふ二字はすなはち歸命《きみょう》といふこころなり。歸命といふは衆生《しゅじょう》の阿彌陀佛後生《ごしょう》たすけたまへとたのみたてまつるこころなり。また發願廻向《ほつがんえこう》といふは、たのむところの衆生《しゅじょう》を攝取《せっしゅ》してすくひたまふこころなり。これすなはちやがて阿彌陀佛の四字《しじ》のこころなり。さればわれらごときの愚癡闇鈍《ぐちあんどん》の衆生《しゅじょう》はなにとこころをもち、また彌陀をばなにとたのむべきぞといふに、もろもろの雑行《ぞうぎょう》をすてて一向一心に後生《ごしょう》たすけたまへと彌陀をたのめば、決定極樂《けつじょうごくらく》に往生《おうじょう》すべきこと、さらにそのうたがひあるべからず。このゆへに南無の二字は衆生《しゅじょう》の彌陀をたのむ機のかたなり。また阿彌陀佛の四字はたのむ衆生《しゅじょう》をたすけたまふかたの法なるがゆへに、これすなはち機法一體《きほういったい》の南無阿彌陀佛とまうすこころなり。この道理《どうり》あるがゆへに、われら一切衆生の往生《おうしょう》の體《たい》は南無阿彌陀佛ときこえたり。あなかしこあなかしこ。

明應七年四月　日

〔第十五通〕　大阪建立

抑《そもそも》當國攝州《せっしゅう》東成郡《ひがしなりのこおり》生玉《いくだま》の庄内大坂《しょうないおおさか》といふ在所《ざいしょ》は、往古《おうこ》よりいかなる約束のありけるにや、さんぬる明應《めいおう》第五の秋下旬のころより、かりそめながらこの在所《ざいしょ》をみそめしより、すでにかたのごとく一宇《いちう》の坊舍《ぼうじゃ》を建立《こんりゅう》せしめ、當年ははやすでに三年の歲霜《せいそう》(星)をへたりき。これすなはち往昔《おうじゃく》の宿緣あさからざる因緣《いんねん》なりとおぼえはんべりぬ。それについてこの在所《ざいしょ》に居住《きょじゅ》せしむる根元《こんげん》は、あながちに一生涯をこころやすくすごし、榮花榮耀《えいがえいよう》をこのみ、また花鳥風月《かちょうふげつ》にもこころをよせず、あはれ無上菩提《むじょうぼだい》のためには、信心決定《しんじんけつじょう》の行者《ぎょうじゃ》も繁昌《はんじょう》せしめ、念佛をもまうさんともがらも出來《しゅつらい》せしむるやうにもあれかしとおもふ、一念のこころざしをはこぶばかりなり。またいささかも世間の人なんども偏執《へんじゅう》のやからもあり、むつかしき題目《だいもく》なんども出來《しゅつらい》あらんときは、すみやかにこの在所《ざいしょ》にを(い)ひて執心《しゅうしん》のこころをやめて退出《たいしゅつ》すべきものなり。これによりていよいよ貴賤道俗《きせんどうぞく》をえらばず金剛堅固《こんごうけんご》の信心を決定《けつじょう》せしめんこと、まことに彌陀如來の本願にあひかなひ、別しては聖人《しょうにん》の御本意《ごほんい》にたりぬべきもの歟《か》。それについて愚老《ぐろう》すでに當年は八十四歳まで存命《ぞんめい》せしむる條不思議なり。まことに當流法義《とうりゅうほうぎ》にもあひかなふ歟《か》のあひだ、本望《ほんもう》のいたりこれにすぐべからざるもの歟《か》。しかれば愚老當年《ぐろうとうねん》の夏ごろより違例《いれい》せしめて、いまにを《(い)》ひて本復《ほんぷく》のすがたこれなし。つゐには當年寒中にはかならず往生《おうじょう》の本懐《ほんがい》をとぐべき條一定《いちじょう》とおもひはんべり。あはれあはれ存命《ぞんめい》のうちにみなみな信心決定《しんじんけつじょう》あれかしと朝夕《ちょうせき》おもひはんべり。まことに宿善まかせとはいひながら、述懐《じゅっかい》のこころしばらくもやむことなし。またはこの在所に三年の居住をふる、その甲斐《かひ》ともおもふべし。あひかまへてあひかまへてこの一七ヶ日の報恩講《ほうおんこう》のうちにを《(い)》ひて、信心決定《しんじんけつじょう》ありて我人《われひと》一同に往生極楽の本意をとげたまふべきものなり。あなかしこあなかしこ。

明應《めいおう》七年十一月廿一日よりはじめてこれをよみて人々に信をとらすべきものなり。

五　帖　目

〔第一通〕　末代無智

末代無智《まつだいむち》の在家止住《ざいけしじゅ》の男女《なんにょ》たらんともがらは、こころをひとつにして阿彌陀佛をふかくたのみまいらせて、さらに餘《よ》のかたへこころをふらず一心一向に佛《ぶつ》たすけたまへとまうさん衆生《しゅじょう》をば、たとひ罪業《ざいごう》は深重《じんじゅう》なりとも、かならず彌陀如來はすくひましますべし。これすなはち第十八の念佛往生《ねんぶつおうじょう》の誓願《せいがん》のこころなり。かくのごとく決定《けつじょう》してのうへには、ねてもさめてもいのちのあらんかぎりは稱名念佛《しょうみょうねんぶつ》すべきものなり。あなかしこあなかしこ。

〔**第二通**〕　八萬の法藏

それ八萬の法藏《ほうぞう》をしるといふとも、後世《ごせ》をしらざる人を愚者とす。たとひ一文不知《いちもんふち》の尼入道《あまにゅうどう》なりといふとも、後世《ごせ》をしるを智者《ちしゃ》とすといへり。しかれば當流のこころは、あながちにもろもろの聖教《しょうぎょう》をよみものをしりたりといふとも、一念の信心のいはれをしらざる人はいたづら事《ごと》なりとしるべし。されば聖人《しょうにん》の御《おん》ことばにも、一切の男女《なんにょ》たらん身は彌陀の本願を信ぜずしては、ふつとたすかるといふ事あるべからずとおほせられたり。このゆへにいかなる女人《にょにん》なりといふとも、もろもろの雜行《ぞうぎょう》をすてて一念に彌陀如來今度の後生《ごしょう》たすけたまへとふかくたのみ申《もう》さん人は、十人も百人もみなともに彌陀の報土《ほうど》に往生《おうじょう》すべき事、さらさらうたがひあるべからざるものなり。あなかしこあなかしこ。

〔**第三通**〕　在家の尼女房

夫在家《それざいけ》の尼女房《あまにょぼう》たらん身は、なにのやうもなく一心一向に阿彌陀佛をふかくたのみまいらせて、後生《ごしょう》たすけたまへとまうさんひとをば、みなみな御《おん》たすけあるべしとおもひとりて、さらにうたがひのこころゆめゆめあるべからず。これすなはち彌陀如來の御《おん》ちかひの他力本願《たりきほんがん》とはまうすなり。このうへにはなを後生《ごしょう》のたすからんことのうれしさありがたさをおもはば、ただ南無阿彌陀佛南無阿彌陀佛ととなふべきものなり。あなかしこあなかしこ。

〔**第四通**〕　男子も女人も

抑《そもそも》男子《なんし》も女人《にょにん》も罪のふかからん輩《ともがら》は、諸佛の悲願《ひがん》をたのみても、いまの時分《じぶん》は末代惡世《まつだいあくせ》なれば、諸佛の御ちからにては中々かなはざる時なり。これによりて阿彌陀如來と申奉るは、諸佛にすぐれて十惡・五逆《ごぎゃく》の罪人を我《われ》たすけんといふ大願をおこしましまして阿彌陀佛となり給へり。この佛《ぶつ》をふかくたのみて一念御たすけ候へと申さん衆生《しゅじょう》を、我たすけずば正覺《しょうがく》ならじとちかひまします彌陀なれば、我等が極樂に往生《おうじょう》せん事は更にうたがひなし。このゆへに一心一向に阿彌陀如來たすけ給へとふかく心にうたがひなく信じて、我身《わがみ》の罪のふかき事をばうちすて、佛《ほとけ》にまかせまいらせて、一念の信心さだまらん輩《ともがら》は、十人は十人ながら百人は百人ながらみな淨土に往生《おうじょう》すべき事更にうたがひなし。このうへにはなをなをたふとくおもひたてまつらんこころのをこらん時は、南無阿彌陀佛南無阿彌陀佛と時《とき》をもいはず所をもきらはず念佛申べし。これをすなはち佛恩報謝《ぶつおんほうしゃ》の念佛と申なり。あなかしこあなかしこ。

〔第五通〕　信心獲得

信心獲得《しんじんぎゃくとく》すといふは第十八の願をこころうるなり。この願をこころうるといふは南無阿彌陀佛のすがたをこころうるなり。このゆへに南無と歸命《きみょう》する一念の處に發願廻向《ほつがんえこう》のこころあるべし。これすなはち彌陀如來の凡夫《ぼんぶ》に廻向《えこう》しましますこころなり。これを『大經』(上巻)には「令諸衆生功徳成就《りょうしょしゅじょうくどくじょうじゅ》」ととけり。されば無始已來《むしいらい》つくりとつくる惡業煩惱《あくごうぼんのう》を、のこるところもなく願力不思議《がんりきふしぎ》をもて消滅《しょうめつ》するいはれあるがゆへに、正定聚不退《しょうじょうじゅふたい》のくらゐに住《じゅ》すとなり。これによりて煩惱《ぼんのう》を斷《だん》ぜずして涅槃《ねはん》をうといへるはこのこころなり。此義は當流一途《とうりゅういちず》の所談《しょだん》なるものなり。他流の人に對してかくのごとく沙汰《さた》あるべからざる所なり。能々《よくよく》こころうべきものなり。あなかしこあなかしこ。

〔第六通〕　一念に弥陀

一念に彌陀をたのみたてまつる行者《ぎょうじゃ》には、無上大利《むじょうだいり》の功徳《くどく》をあたへたまふこころを『和讃』に聖人のいはく、

「五濁惡世《ごじょくあくせ》の有情《うじょう》の　選擇本願《せんじゃくほんがん》信ずれば　不可稱不可說不可思議の　功徳《くどく》は行者《ぎょうじゃ》の身にみてり」(正像末和讃)

この『和讃《わさん》』の心は、五濁惡世《ごじょくあくせ》の衆生《しゅじょう》といふは一切我等女人《にょにん》惡人の事なり。さればかかるあさましき一生造惡《いっしょうぞうあく》の凡夫《ぼんぶ》なれども、彌陀如來を一心一向にたのみまいらせて、後生《ごしょう》たすけ給へとまうさんもの

なば、かならずすくひましますべきこと、さらに疑《うたがう》べからず。かやうに彌陀をたのみまうすものには、不可稱不可說不可思議の大功德《だいくどく》をあたへましますなり。不可稱不可說不可思議の功德といふことは、かずかぎりもなき大功德のことなり。この大功德を一念に彌陀をたのみまうす我等衆生《しゅじょう》に廻向《えこう》しましますゆへに、過去・未來・現在の三世《さんぜ》の業障《ごっしょう》一時につみきえて、正定聚《しょうじょうじゅ》のくらゐ、また等正覺《とうしょうがく》のくらゐなんどにさだまるものなり。このこころをまた『和讃』にいはく、「彌陀の本願信ずべし　本願信ずるひとはみな　攝取不捨《せっしゅふしゃ》の利益《りやく》ゆへ　等正覺《とうしょうがく》にいたるなり」（正像末和讃意）といへり。攝取不捨《せっしゅふしゃ》といふは、これも一念に彌陀をたのみたてまつる衆生《しゅじょう》を光明《こうみょう》のなかにおさめとりて、信ずるこころだにもかはらねば、すてたまはずといふこころなり。このほかにいろいろの法門どもありといへども、ただ一念に彌陀をたのむ衆生《しゅじょう》はみなことごとく報土《ほうど》に往生すべきこと、ゆめゆめうたがふこころあるべからざるものなり。あなかしこあなかしこ。

〔第七通〕　夫れ女人の身は

夫女人《それにょにん》の身は五障《ごしょう》・三従《さんしょう》とておとこにまさりてかかるふかきつみのあるなり。このゆへに一切の女人《にょにん》をば、十方にましします諸佛も、わがちからにては女人をばほとけになしたまふことさらになし。しかるに阿彌陀如來こそ、女人をばわれひとりたすけんといふ大願をおこしてすくひたまふなり。このほとけをたのまずば、女人の身のほとけになるといふことあるべからざるなり。これによりてなにとこころをももち、またなにと阿彌陀ほとけをたのみまいらせて、ほとけになるべきぞなれば、なにのやうもいらず、ただふたごころなく一向に阿彌陀佛ばかりをたのみまいらせて、後生《ごしょう》たすけたまへとおもふこころひとつにて、やすくほとけになるべきなり。このこころのつゆちりほどもうたがひなければ、かならずかならず極樂へまいりて、うつくしきほとけとはなるべきなり。さてこのうへにこころうべきやうは、ときどき念佛をまうして、かかるあさましきわれらをやすくたすけまします阿彌陀如來の御恩《おん》(の)を御うれしさありがたさを報ぜんために、念佛まうすべきばかりなりとこころうべきものなり。あなかしこあなかしこ。

〔第八通〕　五劫思惟

それ五劫《ごこう》思惟《しゆい》の本願といふも、兆載永劫《ちょうさいようこう》の修行《しゅぎょう》といふも、ただ我等一切衆生をあながちにたすけ給はんがための方便《ほうべん》に、阿彌陀如來御身勞《ごしんろう》(辛)ありて南無阿彌陀佛といふ本願をたてましまして、まよひの衆生《しゅじょう》の一念に阿彌陀佛をたのみまいらせて、もろもろの雜行《ぞうぎょう》をすてて、一向一心に彌陀をたのまん衆生《しゅじょう》をたすけずんば、われ正覺《しょうがく》(な)とらじとちかひ給《たま》ひて、南無阿彌陀佛となりまします。これすなはち我等がやすく極樂《ごくらく》に往生《おうじょう》すべきいはれなりとしるべし。されば南無阿彌陀佛の六字のこころは、一切衆生《いっさいしゅじょう》の報土《ほうど》に往生《おうじょう》すべきすがたなり。このゆへに南無と歸命《きみょう》すれば、やがて阿彌陀佛の我等をたすけたまへるこころなり。このゆへに南無の二字は衆生《しゅじょう》の彌陀如來《みだにょらい》にむかひたてまつりて後生《ごしょう》たすけたまへとまうすこころなるべし。かやうに彌陀をたのむ人をもらさずすくひたまふこころこそ、阿彌陀佛の四字のこころにてありけりとおもふべきものなり。これによりていかなる十惡・五逆《ごぎゃく》・五障《ごしょう》・三從《さんしょう》の女人なりとも、もろもろの雜行《ぞうぎょう》をすてて、ひたすら後生《ごしょう》たすけたまへとたのまん（まうさん）人をば、たとへば十人もあれ、百人もあれ、みなことごとくもらさずたすけたまふべし。このをもむきをうたがひなく信ぜん輩《ともがら》は眞實の彌陀の淨土に往生《おうじょう》すべきものなり。あなかしこあなかしこ。

〔第九通〕　安心の一義

當流の安心《あんじん》の一義といふは、ただ南無阿彌陀佛の六字のこころなり。たとへば南無と歸命《きみょう》すれば、やがて阿彌陀佛のたすけたまへるこころなるがゆへに、南無の二字は歸命《きみょう》のこころなり。歸命といふは、衆生《しゅじょう》のもろもろの雜行《ぞうぎょう》をすてて阿彌陀佛後生《ごしょう》たすけたまへと一向にたのみたてまつるこころなるべし。このゆへに衆生《しゅじょう》をもらさず彌陀如來のよくしろしめして、たすけましますこころなり。これによりて南無とたのむ衆生《しゅじょう》を阿彌陀佛のたすけましますす道理なるがゆへに、南無阿彌陀佛の六字のすがたは、すなはちわれら一切衆生《いっさいしゅじょう》の平等にたすかりつるすがたなりとしらるるなり。されば他力の信心をうるといふも、これしかしながら南無阿彌陀佛の六字のこころなり。このゆへに一切の聖教《しょうぎょう》といふも、ただ南無阿彌陀佛の六字を信ぜしめんがためなりといふこころなりとおもふべきものなり。あなかしこあなかしこ。

〔第十通〕　聖人一流

聖人《しょうにん》一流の御勸化《ごかんけ》のをもむきは、信心をもて本《ほん》とせられ候。そのゆへは、もろもろの雜行《ぞうぎょう》をなげすてて、一心に彌陀に歸命《きみょう》すれば、不可思議の願力《がんりき》として、佛《ぶつ》のかたより往生《おうじょう》は治定《じじょう》せしめたまふ。そのくらゐを「一念發起《いちねんほっき》入正定之聚《にゅうしょうじょうしじゅ》」（論註巻上意）とも釋し、そのうへの稱名《しょうみょう》念佛は如來わが往生《おうじょう》をさだめたまひし御恩報盡《ごおんほうじん》の念佛とこころうべきなり。あなかしこあなかしこ。

〔第十一通〕　御正忌

抑《そもそも》この御正忌《ごしょうき》のうちに參詣《さんけい》をいたし、こころざしをはこび、報恩謝徳《ほうおんしゃとく》をなさんとおもひて、聖人の御《おん》まへにまいらんひとのなかにをひ《(い)》て、信心を獲得《ぎゃくとく》せしめたるひともあるべし、また不信心のともがらもあるべし。もてのほかの大事なり。そのゆへは、信心《しんじん》を決定《けつじょう》せずば今度の報土《ほうど》の往生《おうじょう》は不定《ふじょう》なり。されば不信のひともすみやかに決定《けつじょう》のこころをとるべし。人間は不定《ふじょう》のさかひなり、極樂は常住《じょうじゅ》の國なり。されば不定《ふじょう》の人間にあらんよりも、常住《じょうじゅ》の極樂《ごくらく》をねがふべきものなり。されば當流《とうりゅう》には信心のかたをもてさきとせられたる、そのゆへをよくしらずば、いたづらごとなり。いそぎて安心決定《あんじんけつじょう》して浄土の往生《おうじょう》をねがふべきなり。それ人間に流布《るふ》してみなひとのこころえたるとほりは、なにの分別《ふんべつ》もなくくちにただ稱名《しょうみょう》ばかりをとなへたらば、極樂《ごくらく》に往生《おうじょう》すべきやうにおもへり。それはおほきにおぼつかなき次第なり。他力《たりき》の信心をとるといふも、別のことにはあらず。南無阿彌陀佛の六《むっ》の字のこころをよくしりたるをもて、信心決定《しんじんけつじょう》すとはいふなり。そもそも信心の體《たい》といふは、『經』にいはく、「聞其名號信心歡喜《もんごみょうごうしんしんかんぎ》」（大經卷下）といへり。善導《ぜんどう》のいはく、「南無といふは歸命《きみょう》、またこれ發願廻向《ほっかんえこう》の義なり、阿彌陀佛といふはすなはちその行《ぎょう》」（玄義分）といへり。南無といふ二字のこころは、もろもろの雜行《ぞうぎょう》をすてて、うたがひなく一心一向に阿彌陀佛をたのみたてまつるこころなり。さて阿彌陀佛といふ四《よっ》の字のこころは、一心に彌陀《みだ》を歸命《きみょう》する衆生《しゅじょう》を、やうもなくたすけたまへるいはれがすなはち阿彌陀佛の四《よっ》の字のこころなり。されば南無阿彌陀佛の體《たい》をかくのごとくこころえわけたるを信心をとるとはいふなり。これすなはち他力の信心をよくこころえたる念佛の行者《ぎょうじゃ》とはまうすなり。あなかしこあなかしこ。

〔**第十二通**〕　御袖すがり

當流《とうりゅう》の安心《あんしん》のをもむきをくはしくしらんとおもはんひとは、あながちに智慧才學（覺）もいらず、ただわが身はつみふかきあさましきものなりとおもひとりて、かかる機までもたすけたまへるほとけは阿彌陀如來ばかりなりとしりて、なにのやうもなくひとすぢにこの阿彌陀ほとけの御袖《おんそで》にひしとすがりまいらするおもひをなして、後生《ごしょう》をたすけたまへとたのみまうせば、この阿彌陀如來はふかくよろこびましまして、その御身より八萬四千のおほきなる光明《こうみょう》をはなちて、その光明のなかにそのひとをおさめいれてをきたまふべし。さればこのこころを『經』には「光明遍照《こうみょうへんじょう》十方世界、念佛衆生攝取不捨《ねんぶつしゅじょうせっしゅふしゃ》」（觀經）とはとかれたりとこころうべし。さてはわが身のほとけにならんずることは、なにのわづらひもなし。あら殊勝《しゅしょう》の超世《ちょうせ》の本願や、ありがたの彌陀如來の光明《こうみょう》や。この光明《こうみょう》の縁《えん》にあひたてまつらずば、無始《むし》よりこのかたの無明業障《むみょうごっしょう》のおそろしきやまひのなほるといふことはさらにもてあるべからざるものなり。しかるにこの光明《こうみょう》の縁《えん》にもよほされて、宿善の機ありて他力信心《たりきしんじん》といふことをばいますでにえたり。これしかしながら彌陀如來の御《おん》かたよりさづけましましたる信心とはやがてあらはにしられたり。かるがゆへに行者《ぎょうじゃ》のをこすところの信心にあらず、彌陀如來他力の大信心《だいしんじん》といふことは、いまこそあきらかにしられたり。これによりてかたじけなくもひとたび他力の信心をえたらんひとは、みな彌陀如來の御恩をおもひはかりて、佛恩報謝《ぶつおんほうしゃ》のためにつねに稱名念佛をまうしたてまつるべきものなり。あなかしこあなかしこ。

【第十三通】　六字名號（無上甚深）

それ南無阿彌陀佛とまうす文字は、そのかずわづかに六字なれば、さのみ功能《くのう》のあるべきともおぼえざるに、この六字の名號《みょうごう》のうちには無上甚深《むじょうじんじん》の功德利益《くどくりやく》の廣大なること、さらにそのきはまりなきものなり。されば信心をとるといふも、この六字のうちにこもれりとしるべし。さらに別に信心とて六字のほかにはあるべからざるものなり。

そもそもこの南無阿彌陀佛の六字を善導釋《ぜんどうしやく》していはく、「南無といふは歸命《きみょう》なり、またこれ發願廻向《ほつがんえこう》の義《ぎ》なり。阿彌陀佛といふはその行《ぎょう》なり。この義をもてのゆへにかならず往生《おうじょう》することをう」（玄義分）といへり。しかればこの釋のこころをなにとこころうべきぞといふに、たとへばわれらごときの惡業煩惱《あくごうぼんのう》の身なりといふとも、一念阿彌陀佛に歸命《きみょう》せば、かならずその機をしろしめしてたすけたまふべし。それ歸命といふはすなはちたすけたまへとまうすこころなり。されば一念に彌陀をたのむ衆生《しゅじょう》に無上大《むじょうだい》利《り》の功德《くどく》をあたへたまふを發願廻向《ほつがんえこう》とはまうすなり。この發願廻向の大善大《だい》功德《くどく》をわれら衆生《しゅじょう》にあたへましますゆへに無始曠劫《むしこうごう》よりこのかたつくりをきたる惡業煩惱《あくごうぼんのう》をば一時に消滅《しょうめつ》したまふゆへに、われらが煩惱惡業《ぼんのうあくごう》はことごとくみなきえて、すでに正定聚不退轉《しょうじょうじゅふたいてん》なんどといふくらゐに住すとはいふなり。このゆへに南無阿彌陀佛の六字のすがたはわれらが極樂《ごくらく》に往生《おうじょう》すべきすがたをあらはせるなりと、いよいよしられたるものなり。されば安心《あんじん》といふも信心といふも、この名號《みょうごう》の六字のこころをよくよくこころうるものを他力の大信心をえたるひととはなづけたり。かかる殊勝《しゅしょう》の道理あるがゆへに、ふかく信じたてまつるべきものなり。あなかしこあなかしこ。

〔第十四通〕　上臈下主

それ一切の女人《にょにん》の身は、ひとしれずつみのふかきこと、上臈《じょうろう》にも下主《げす》にもよらぬあさましき身なりとおもふべし。それにつきては、なにとやうに彌陀を信ずべきぞといふに、なにのわづらひもなく阿彌陀如來をひしとたのみまいらせて、今度の一大事の後生《ごしょう》たすけたまへとまうさん女人をば、あやまたずたすけたまふべし。さてわが身のつみのふかきことをばうちすてて、彌陀にまかせまいらせて、ただ一心に彌陀如來後生《ごしょう》たすけたまへとたのみまうさば、その身をよくしろしめしてたすけたまふべきことうたがひあるべからず。たとへば十人ありとも百人ありとも、みなことごとく極樂《ごくらく》に往生《おうじょう》すべきこと、さらにそのうたがふこころつゆほどももつべからず。かやうに信ぜん女人は淨土にむまるべし。かくのごとくやすきことをいままで信じたてまつらざることのあさましさよとおもひて、なをなをふかく彌陀如來をたのみたてまつるべきものなり。あなかしこあなかしこ。

〔第十五通〕　夫れ弥陀如来

夫《それ》彌陀如來の本願とまうすは、なにたる機の衆生《しゆじよう》をたすけ給ぞ、又いかやうに彌陀をたのみ、いかやうに心をもちて、たすかるべきやらん。まづ機をいへば、十惡・五逆《ごぎやく》の罪人なりとも五障《ごしよう》・三從《さんしよう》の女人《によにん》なりとも、さらにその罪業《ざいごう》の深重《じんじゆう》にこころをばかくべからず。ただ他力《たりき》の大信心一つにて眞實の極樂往生《おうじよう》をとぐべきものなり。さればその信心といふは、いかやうにこころをもちて、彌陀をばなにとやうにたのむべきやらん。それ信心をとるといふは、やうもなくただもろもろの雜行雜修自力《ぞうぎようざつしゆじりき》なんどいふわろき心をふりすてて、一心にふかく彌陀に歸するこころのうたがひなきを眞實信心とはまうすなり。かくのごとく一心にたのみ、一向にたのむ衆生《しゆじよう》を、かたじけなくも彌陀如來はよくしろしめして、この機を光明《こうみよう》をはなちて、ひかりの中におさめをきましまして、極樂《ごくらく》へ往生《おうじよう》せしむべきなり。これを念佛衆生《しゆじよう》を攝取《せつしゆ》したまふといふことなり。このうへにはたとひ一期《いちご》のあひだまうす念佛なりとも、佛恩報《ぶつおんほう》謝《しや》の念佛とこころうべきなり。これを當流の信心をよくこころえたる念佛行者《ねんぶつぎようしや》といふべきものなり。

あなかしこあなかしこ。

〔第十六通〕 白骨

夫《それ》人間の浮生《ふしよう》なる相をつらつら觀ずるに、おほよそはかなきものは、この世の始中終《しちゆうじゆ》まぼろしのごとくなる一期《いちご》なり。さればいまだ萬歲《まんざい》の人身《にんじん》をうけたりといふ事をきかず、一生すぎやすし。いまにいたりてたれか百年の形體《ぎょうたい》をたもつべきや。我やさき、人やさき、けふともしらず、あすともしらず、をくれさきだつ人は、もとのしづく、すゑの露よりもしげしといへり。されば朝《あした》には紅顔《こうがん》ありて夕《ゆうべ》には白骨となれる身なり。すでに無常《むじょう》の風きたりぬれば、すなはちふたつのまなこたちまちにとぢ、ひとつのいきながくたえぬれば、紅顔《こうがん》むなしく變じて桃李《とうり》のよそほひをうしなひぬるときは、六親眷屬《ろくしんけんぞく》あつまりてなげきかなしめども、更にその甲斐あるべからず。さてしもあるべき事ならねばとて、野外《やがい》にをくりて夜半《よは》のけふりとなしはてぬれば、ただ白骨のみぞのこれり。あはれといふも中々をろかなり。されば人間のはかなき事は老少不定《ろうしょうふじょう》のさかひなれば、たれの人もはやく後生《ごじょう》の一大事を心にかけて、阿彌陀佛をふかくたのみまいらせて、念佛まうすべきものなり。あなかしこあなかしこ。

〔第十七通〕　夫れ一切の女人

それ一切《いっさい》の女人《にょにん》の身は、後生《ごしょう》を大事におもひ、佛法をたふとくおもふ心あらば、なにのやうもなく阿彌陀如來をふかくたのみまいらせて、もろもろの雜行《ぞうぎょう》をふりすてて、一心に後生《ごしょう》を御《おん》たすけ候へとひしとたのまん女人は、かならず極樂《ごくらく》に往生《おうじょう》すべき事、さらにうたがひあるべからず。かやうにおもひとりてののちは、ひたすら彌陀如來のやすく御《おん》たすけにあづかるべき事のありがたさ、又たふとさよとふかく信じて、ねてもさめても南無阿彌陀佛南無阿彌陀佛と申べきばかりなり。これを信心とりたる念佛者とは申すものなり。あなかしこあなかしこ。

〔**第十八通**〕　当流聖人

當流聖人《とうりゅうしょうにん》のすすめまします安心《あんじん》といふは、なにのやうもなく、まづ我身のあさましきつみのふかきことをばうちすてて、もろもろの雑行雑修《ぞうぎょうざつしゅ》のこころをさしをきて、一心《いっしん》に阿彌陀如來後生たすけたまへと、一念にふかくたのみたてまつらんものをば、たとへば十人は十人百人は百人ながら、みなもらさずたすけたまふべし。これさらにうたがふべからざるものなり。かやうによくこころえたる人を、信心の行者《ぎょうじゃ》といふなり。さてこのうへにはなを我身《わがみ》の後生《ごじょう》のたすからんことのうれしさをおもひいださんときは、ねてもさめても南無阿彌陀佛南無阿彌陀佛ととなふべきものなり。あなかしこあなかしこ。

〔**第十九通**〕　末代悪人女人

それ末代《まつだい》の惡人・女人たらん輩《ともがら》は、みなみな心を一にして阿彌陀佛をふかくたのみたてまつるべし。そのほかにはいづれの法《ほう》を信ずといふとも、後生《ごしょう》のたすかるといふ事ゆめゆめあるべからず。しかればば阿彌陀如來をばなにとやうにたのみ、後生《ごしょう》をばねがふべきぞといふに、なにのわづらひもなく、ただ一心に阿彌陀如來をひしとたのみ、後生《ごしょう》たすけたまへとふかくたのみ申さん人をば、かならず御《おん》たすけあるべき事さらさらうたがひあるべからざるものなり。あなかしこあなかしこ。

〔**第二十通**〕女人成仏

それ一切の女人《にょにん》たらん身は、彌陀如來をひしとたのみ後生《ごしょう》たすけたまへと申さん女人をば、かならず御《おん》たすけあるべし。さるほどに諸佛のすてたまへる女人を阿彌陀如來ひとり我《われ》たすけずんば、またいづれの佛《ぶつ》のたすけたまはんぞとおぼしめして、無上《むじょう》の大願をおこして、我諸佛にすぐれて女人をたすけんとて、五劫《ごこう》があひだ思惟《しゆい》し、永劫《ようごう》があひだ修行《しゅぎょう》して、世《よ》にこえたる大願をおこして、女人成佛《にょにんじょうぶつ》といへる殊勝《しゅしょう》の願《がん》をおこしまします彌陀なり。このゆへにふかく彌陀をたのみ、後生《ごしょう》たすけたまへと申さん女人は、みなみな極樂に往生《おうじょう》すべきものなり。あなかしこあなかしこ。

〔**第廿一通**〕当流安心（経釈明文）

當流《とうりゅう》の安心《あんじん》といふは、なにのやうもなくもろもろの雜行雜修《ぞうぎょうざつしゅ》のこころをすてて、わが身はいかなる罪業《ごう》ふかくとも、それをば佛《ぶつ》にまかせまいらせて、ただ一心に阿彌陀如來《あみだにょらい》を一念にふかくたのみまいらせて、御《おん》たすけさふらへとまうさん衆生《しゅじょう》をば、十人は十人百人は百人ながら、ことごとくたすけたまふべし。これさらにうたがふこころつゆほどもあるべからず。かやうに信ずる機を安心《あんじん》をよく決定《けつじょう》せしめたる人とはいふなり。このこころをこそ經釋《きょうしゃく》の明文《めいもん》には「一念發起住正定聚《ほっきじゅしょうじょうじゅ》」（論註巻上意）とも平生業成の行人《ぎょうにん》ともいふなり。されば ただ彌陀佛を一念にふかくたのみたてまつること肝要《かんよう》なりとこころうべし。このほかには、彌陀如來のわれらをやすくたすけまします御恩のふかきことをおもひて、行住座(坐)臥につねに念佛をまうすべきものなり。あなかしこあなかしこ。

〔第廿二通〕　当流勧化

抑《そもそも》當流勸化《とうりゅうかんけ》のをもむきをくはしくしりて、極樂《ごくらく》に往生《おうじょう》せんとおもはんひとは、まづ他力《たりき》の信心といふことを存知《ぞんぢ》すべきなり。それ他力《たりき》の信心といふは、なにの要ぞといへば、かかるあさましきわれらごときの凡夫の身がたやすく淨土へまいるべき用意なり。その他力《たりき》の信心のすがたといふは、いかなることぞといへば、なにのやうもなくただひとすぢに阿彌陀如來を一心一向にたのみたてまつりて、たすけたまへとおもふこころの一念をこるとき、かならず彌陀如來《みだにょらい》の攝取《せっしゅ》の光明《こうみょう》をはなちて、その身の娑婆《しゃば》にあらんほどは、この光明《こうみょう》のなかにおさめをきましますなり。これすなはちわれらが往生《おうじょう》のさだまりたるすがたなり。されば南無阿彌陀佛とまうす體《たい》は、われらが他力《たりき》の信心をえたるすがたなり。この信心といふは、この南無阿彌陀佛のいはれをあらはせるすがたなりとこころうべきなり。さればわれらがいまの他力《たりき》の信心ひとつをとるによりて、極樂《ごくらく》にやすく往生《おうじょう》すべきことの、さらになにのうたがひもなし。あら殊勝《しゅしょう》の彌陀如來の本願や。このありがたさの彌陀の御恩をば、いかがして報じたてまつるべきぞなれば、ただねてもおきても南無阿彌陀佛ととなへて、かの彌陀如來の佛恩《ぶつおん》を報ずべきなり。されば南無阿彌陀佛ととなふるこころはいかんぞなれば、阿彌陀如來の御《おん》たすけありつるありがたさ、たふとさよとおもひて、それをよろこびまうすこころなりとおもふべきものなり。あなかしこあなかしこ。

御俗姓御文

夫《それ》祖師《そし》聖人之俗姓《ぞくしょう》をいへば、藤氏《ふじうじ》として、後長岡《ごながおか》の丞相内麿《しょうじょううちまろ》公の末孫《ばっそん》、皇太后宮《こうたいこぐ》之大進有範《たいしんありのり》之子なり。又本地《ほんぢ》をたづぬれば、彌陀如來之化身《けしん》と號し、或は曇鸞大師《どんらんだいし》之再誕《さいたん》ともいへり。しかれば〔すなはち〕、生年《しょうねん》九歳の春のころ、慈鎮和尚《じちんかしょう》の門人につらなり、出家得度して、その名を範宴少納言《はんえんしょうなごん》の公《きみ》と號す。それよりこのかた、楞嚴横川《りょうごんよかわ》の末流《ばつりゅう》をつたへ天台宗之碩學《せきがく》となりたまひぬ。其後《のち》廿九歳にして、始《はじめ》て源空聖人の禪室《ぜんしつ》にまひり〔い〕、上足《じょうそく》の弟子となり、眞宗一流をくみ、専修専念《せんじゅせんねん》の義をたて、すみやかに凡夫《ぼんぶ》直入《じきにゅう》の眞心をあらはし、在家止住《ざいけしじゅ》の愚人《ぐにん》をおしへて、報土往生をすすめましましけり。抑《そもそも》今月廿八日は祖師聖人遷化《せんげ》の御正忌《ごしょうき》として、毎年をいはず、親疎《しんそ》をきらはず、古今《ここん》の行者《ぎょうじゃ》、此御正忌《ごしょうき》を存知せざるともがらあるべからず。依之《これによりて》當流に其名をかけ、其信心を獲得《ぎゃくとく》したらん行者《ぎょうじゃ》、この御正忌《ごしょうき》を以て報謝《ほうしゃ》の志をはこばざらん行者《ぎょうしゃ》に於ては、誠《まことに》以て木石《ぼくせき》にひとしからんものなり。しかるあひだ、かの御恩徳のふかきことは、迷盧《めいろ》八萬の頂《いただ》き、蒼溟《そうめい》三千の底にこへすぎたり。報ぜずばあるべからず、謝せずんばあるべからざるものか。斯《こ》の故に毎年の例時《れいじ》として、一七日《ケ》の間、かたの如く報恩〔謝徳〕の爲に無二の勤行《ごんぎょう》をいたす處なり。此〔一〕七ケ日報恩講《ほうおんこう》の砌《みぎり》にあたり〔て〕、門葉《もんよう》のたぐひ國郡《こくぐん》より來集《らいじゅう》、今に於てその退轉《たいてん》なし。しかりといへども、未安心《みあんじん》の行者《ぎょうじゃ》にいたりては、爭《いかでか》報恩謝徳の儀これあらんや。しかの如きのともがらは、此砌《みぎり》におゐて、佛法の信・不信をあひたづねて、是を聽聞《ちょうもん》して誠の信心を〔ナシ〕決定《けつじょう》すべくんば、眞實眞實聖人《しょうにん》報謝の懇志《こんし》にあひかなふべき者也。哀《あわれ》なるかな〔や〕、それ聖人の御往《ごおう》生《じょう》は年忌〔記〕とほくへだたりて、すでに一百餘歳の星霜《せいそう》をおくるといへども、御遺訓《ごゆいくん》ますますさかんにして、敎行信證《きょうぎょうしんしょう》の名義《みょうぎ》、今に眼前にさへぎり、人口にのこれり。貴むべし、信ずべし。これに就て、當時眞宗の行者《ぎょうじゃ》の中に於て、眞實信心を獲得《ぎゃくとく》せしむる人これすくなし。ただ人目〔仁義〕ばかり〔に〕、名聞《みょうもん》の心をもて報謝と號せば、いかなる志をいたす〔といふ〕とも、一念歸命《きみょう》の眞實信心を決定《けつじょう》せざらん人々は、その所詮《しょせん》あるべからず。誠に水〔ナシ〕に入て垢《あか》おちずといへるたぐひなるべきか。これによりて、この一七日《ケ》報恩講〔ナシ〕の中に於て、他力《たりき》本願のことはりをねんごろにききひらきて、専修《せんじゅ》一向の念佛行者《ぎょうじゃ》にならんにいたりては、誠に今月聖人〔の〕御正日《しょうにち》の素意《そい》にあひかなふべし。これしかしながら、眞實眞實報恩謝徳の御佛事《おんぶつじ》になりぬべきものなり。あなかしこあなかしこ。

文明九年霜月初比、俄爲報恩謝德染翰記之者也

夏御文

第一通

抑《そもそも》今日の聖教《しょうぎょう》を聴聞《ちょうもん》のためにとて皆々これへ御《おん》より候ことは、信心の謂《いわ》れをよくよくこころえられ候て、今日よりは御こころをうかうかと御もち候はで、ききわけられ候はでは、なにの所用もなきことにてあるべく候。そのいはれをただいままふすべく候。御耳をすましてよくよくきこしめし候べし。

夫《それ》安心と申はもろもろの雑行《ぞうぎょう》をすてて、一心に彌陀如來をたのみ、今度の我等が後生《ごしょう》たすけたまへと申すをこそ、安心《あんじん》を決定《けつじょう》したる行者《ぎょうじゃ》とは申候なれ。此謂《いわ》れをしりてのうへの佛恩報謝の念佛とは申すことにて候なり。されば聖人の『和讃』にも、「智慧の念佛うることは　法藏願力《がんりき》のなせるなり　信心の智慧にいりてこそ　佛恩報ずる身とはなれ」(正像末和讚)と仰《おおせ》られたり。このこころをもてこころえられ候はんこと肝要《かんよう》にて候。それについては、まづ「念佛の行者《ぎょうじゃ》、南無阿彌陀佛の名號《みょうごう》をきかば、あは、はやわが往生は成就《じょうじゅ》しにけり、十方衆生《しゅじょう》往生成就せずは正覺《しょうがく》とらじとちかひたまひし、法藏菩薩の正覺《しょうがく》の果名《かみょう》なるがゆへにとおもふべし」(安心決定鈔卷本)といへり。また「極樂といふ名をきかば、あは、我《わが》往生すべ

きところを成就《じょうじゅ》したまひにけり。衆生往生せずは正覺《しょうがく》とらじとちかひたまひし、法藏比丘《びく》の成就《じょうじゅ》したまへる極樂よとおもふべし」(安心決定鈔巻本)。又「本願を信じ名號をとなふとも、餘所《よそ》なる佛の功德《くどく》とおもひて名號《みょうごう》に功《こう》をいれなば、などか往生をとげざらんなんどおもはんは、かなしかるべきことなり。ひしとわれらが往生成就せしすがたを南無阿彌陀佛とはいひけるといふ信心をこりぬれば、佛體《ぶったい》すなはちわれらが往生の行《ぎょう》なるがゆへに、一聲《いっしょう》のところに往生を決定《けつじょう》するなり」(安心決定鈔巻本)。このこころは安心《あんじん》をとりてのうへのことどもにて侍べるなりとこころえらるべきことなりとおもふべきものなり。あなかしこあなかしこ。

第二通

明應七年五月下旬

抑《そもそも》今日《こんにち》御影前《ごえいぜん》へ御《おん》まいり候面々は、聖教《しょうぎょう》をよみ候を御聴聞《ごちょうもん》のためにてぞ御入《いり》候らん。さればいづれの所にても聖教を聴聞せられ候ときも、その義理をききわけらるる分も更に候はで、ただ人目ばかりのやうにみなみなあつまられ候ことは、なにの篇目《へんもく》もなきやうにおぼへ候。夫《それ》、聖教をよみ候事も、他《た》力《りき》の信心をとらしめんがためにこそよみ候ことにて候に、更にその謂《いわ》れをききわけ〔られ〕候て、わが信のあさきをもなをされ候はんことこそ、佛法の本意《ほんい》にてはあるべきに、毎日に聖教《しょうぎょう》があるとては、しるもしらぬもよられ候ことは、所詮《しょせん》もなきことにて候。今日よりしてはあひかまへてその謂《いわ》れをききわけられ候て、もとの信心のわろきことをも人にたづねられ候てなをされ候はでは、かなふべからず候。その分をよくよくこころえられ候て聴聞《ちょうもん》候はば、自行化他《じぎょうけた》のため可然《しかるべき》ことにて候。そのとをりをあらまし只今申侍べるべく候。御耳をすまして御きき候へ。

夫《それ》、安心《あんじん》と申《もうす》は、いかなる罪のふかき人も、もろもろの雑行《ぞうぎょう》をすてて一心に彌陀如來をたのみ、今度の我等が後生《ごしょう》たすけたまへとまふすをこそ、安心を決定《けつじょう》したる念佛の行者《ぎょうじゃ》とは申すなり。この謂《いわ》れをよく決定《けつじょう》してのうへの佛恩報謝のためといへることにては候なれ。されば聖人の『和讃』にも、このこころを「智慧の念佛うることは　法藏願力《ほうぞうがんりき》のなせるなり　信心の智慧なかりせば　いかでか涅槃《ねはん》をさとらまし」（正像末和讃）とおほせられたり。此信心をよくよく決定《けつじょう》候はでは、佛恩報盡《ぶつおんほうじん》と申すことはあるまじきことにて候。なにと御こころえ候やらん。この分をよくよく御こころえ候て、みなみな御かへり候はば、やがて、やどやどにても、信心のとをりをあひたがひに沙汰せられ候て、信心決定《けつじょう》候はば、今度の往生極樂は一定《いちじょう》にてあるべきことにて候。あなかしこあなかしこ。

明應七年五月下旬

第三通

抑今月は既に前住上人の御正忌《ごしょうき》にてわたらせをはしますあひだ、未安心《みあんじん》の人々は信心をよくよくとらせたまひ候はば、すなはち今月前住の報謝ともなるべく候。さればこの去《さん》ぬる夏〔の〕比《ころ》よりこの間《あいだ》にいたるまで、毎日に如形《かたのごとく》耳ぢかなる聖教のぬきがきなんどをえらびいだして、あらあらよみ申すやうにさふらふといへども、來臨《らいりん》の道俗男女《どうぞくなんによ》を凡《おおよそ》みをよび申し候に、いつも體《てい》にて更にそのいろもみえましまさずとおぼへ候。所詮それをいかんと申し候に、毎日の聖教になにたることを(の)たふときとも、又殊《しゅ》勝《しょう》なるとも申され候人々の一人も御入《いり》候はぬ時は、なにの諸篇もなきことにて候。信心のとをりをもまたひとすぢめを御ききわけ候てこそ、連々《れんれん》の聴聞《ちょうもん》の一かどにても候はんずるに、うかうかと御入候體《てい》たらく、言語道断不可然覺《ごんごどうだんしかるべからずおぼ》へ候。たとへば聖教をよみ候と申すも、他力の信心をとらしめんがためばかりのことにて候間、初心のかたがたはあひかまへて今日のこの御影前《ごえいぜん》を御たちいで候はば、やがて不審《ふしん》なることをも申されて、人々にたづね申され候て、信心決定《けつじょう》せられ候はんずることこそ肝要《かんよう》たるべく候。その分[を]よくよく御こころえあるべく候。それにつき候ては、なにまでも入《いり》候まじく候。彌陀をたのみ信心を御とりあるべく候。その安心《あんじん》のすがたをただいまめづらしからず候へども申すべく候。御こころをしづめねふりを覺《さま》してねんごろに聴聞候へ。

夫親鸞聖人のすすめましまし候他力の安心と申は、なにのやうもなく一心に彌陀如來をひしとたのみ、後生たすけたまへと申さん人々は、十人も百人ものこらず極樂に往生すべきこと、さらにそのうたがひあるべからず候。この分を面々各々に御こころえ候て、みなみな本々《ほんぼん》へ御かへりあるべく候。あなかしこあなかしこ。

明應七年六月中旬

第四通

抑今月十八日の前《ま》へに安心《あんじん》の次第あらあら御ものがたり申候處《ところ》に、面々聽聞《ちようもん》の御人數《ごにんじゆ》のかたがたいかが御こころえ候や、御こころもとなくおぼへ候。いくたび申てもただおなじ體《てい》に御ききなし候て〔は〕、毎日にをひて隨分勘文《かんもん》をよみ申候その甲斐《かひ》もあるべからず、ただ一すぢめの信心のとをり〔を〕御こころえの分も候はでは、更々無所詮《しよせんなき》ことにて候。されば未安心《みあんじん》の御すがたただ人目ばかりの御心中を御もち候かたがたは、毎日の聖教には中々聽聞《ちようもん》のこと無益《むやく》かとおぼへ候。その謂《いわ》れはいかんと申候に、はや此夏中《げちゆう》もなかばはすぎて廿四五日の間《あいだ》の事にて候。又上來も毎日聖教の勘文《かんもん》をえらびよみ申候へども、たれにても一人として、今日の聖教になにと申したることのたふときともまた不審《ふしん》なるともおほせられ候人數《にんじゆ》一人も御入《いり》候はず〔候〕。この夏中と申さんもいまのことにて候間《あいだ》、みなみな人目ばかり名聞《みようもん》の體《てい》たらく、言語道斷《ごんごどうだん》あさましくおぼへ候。これほどに毎日耳ぢかに聖教《しようぎよう》のなかをえらびいだし申候へども、つれなく御わたり候こと、誠にことのたとへに、鹿の角《つの》をはちのさしたるやうに、みなみなおぼしめし候間《あいだ》、千萬千萬無勿體《もつたいなく》候。一は無道心一は無興隆《むこうりゆう》ともおぼへ候。此聖教《しようぎよう》をよみ申候はんも、いま卅日の內のことにて候。いつまでのやうにつれなく御心中も御なをり候はでは、眞實眞實無道心に候。誠にたからの山にいりて手をむなしくしてかへ〔りた〕らんにひとしかるべく候。さればとて當流の安心をとられ候はんにつけても、なにのわづらひか御わたり候はんや。今日よりしてひしとみなみなおぼしめしたち候て、信心を決定《けつじょう》候て、このたびの往生極樂をおぼしめしさだめられ候はば、まことに上人の御素意《ごそい》にも本意とおぼしめし候べきものなり。

この夏《なつ》の初《はじめ》よりすでに百日のあひだ、かたのごとく安心のおもむき申候といへども、誠に御心におもひいれられ候すがたも、さのみみえたまひ候はずおぼへ候。すでに夏中《げちゅう》と申も今日明日ばかりのことにて候。こののちも此間《このあいだ》の體《てい》たらくにて御入《いり》あるべく候や、あさましくおぼへ候。よくよく安心《あんじん》の次第人にあひたづねられ候て、決定《けつじょう》せらるべく候。はや明日までのことにて候間《あいだ》、如此《かくのごとく》かたく申候なり。よくよく御こころえあるべく候なり。あなかしこあなかしこ。

明應七年七月中旬

報恩講式

先總禮　次三禮　次如來唄　次表白

敬《うやまいて》 大恩教主釋迦如來《しゃかにょらい》、極樂 能化彌陀《のうけみだ》 善逝《ぜんぜい》、稱讃《しょうさん》淨土三部妙典、八萬 十二 顯密聖教《けんみつしょうきょう》、觀音勢《かんおんせい》至《し》 九品聖衆《くほんしょうじゅ》、念佛傳來《でんらい》の諸大師等《とう》、總《そう》じては佛眼所照微塵刹土《ぶつげんしょしょうみじんせつど》の現不現前《げんふげんぜん》の一切の 三寶《さんぽう》にまうしてまうさく、弟子《でし》 四禪のいと（線）すぢのはし（端）に、たまたま 南浮人身《なんぶにんじん》のはりをつらぬき、曠海《こうかい》のなみ（浪）のうへに、まれに西土《さいど》佛教のうき木（査）にあへり。ここに祖師〔聖人〕の化導《けどう》によりて、法藏因位の本誓《ほんぜい》をきく、歡喜むねにみち〔渇〕仰《かつごう》きも（肝）に銘《めい》ず。しかればすなはち、報《ほう》じても報ずべきは大悲《だいひ》の佛恩、謝《しゃ》しても謝すべきは師長の遺徳《ゆいとく》なり。かるがゆへに觀音大士《だいじ》の頂上には本師彌陀を〔安《あん》〕じ、大聖 慈尊《じそん》の寶冠には釋迦《しゃか》の舎利《しゃり》をいただきたまふ。たとひ萬劫《まんごう》をふ（經）とも一端をも報じがたし。しかじ、名願《みょうがん》と念じてかの本懷《ほんがい》に順ぜんには。いま三《みつ》の徳をあげて、まさに 四輩《はい》をすすめんとおもふ。

一には眞宗興行《こうぎょう》の徳を讃じ、

二には本願相應《さうおう》の徳を嘆《たん》じ、

三には滅後利益《りやく》の徳を述《じゅつ》す。

ふし《(伏)》てこ《(乞)》ふ。三寶哀愍納《あいみんのう》〔受《じゅ》〕したまへ。

第一に眞宗興行《こうぎょう》の徳を讃《さん》ずといふは、俗姓《ぞくしょう》は後長岡《ごながおか》の丞相《じょうしょう》の内麿公末孫《ばつそん》、さき《(前)》の皇太后宮《こうたいごく》の大進有《たいしんあり》範《のり》の息男《そくなん》なり。幼稚《ようち》のいにしへ、壮年《そうねん》のむかし、耶嬢《やじょう》のいゑをいでて台嶺《たいれい》のまどにいりたまひしよりこのかた、慈鎭和尚《じちんかしょう》を師範として顯密兩宗の教法を習學す。蘿洞《らとう》のかすみのうちに三諦《たい》一諦の妙《みょう》理《り》をうかがひ、草庵《そうあん》の月のまへには瑜伽瑜祇《ゆがゆぎ》の觀念をこらす。とこしなへに明師《めいし》にあふて大小の奥《おう》〔藏《ぞう》〕をつたへ、ひろく諸宗をこころみて甚深《じんじん》の義理《ぎり》をきはむ。しかれども色塵聲塵《しきじんしょうじん》、猿猴《えんこう》のこころ《(情)》なをいそがはしく、愛論見論《あいろんけんろん》、癡膠《ちこう》のおもひ《(憶)》いよいよかたし。斷惑證理愚鈍の身《み》成じがたく、速成覺位末代の機をよびがたし。よりて出離《しゅつり》を佛陀にあつらへ、知識を神道にいのる。しかるあひだ宿因多幸にして、本朝念佛の元祖《がんそ》くろだ《(黒谷)》に聖人に謁《えつ》したてまつりて出離の要道を問答す。さづくるに淨土の一宗をもてし、しめすに念佛の一行をもてす。しかしよりこのかた、聖道難行《しょうどうなんぎょう》の門をさしをきて淨土易行《いぎょう》の道に歸し、たちまちに自力《じりき》の心《しん》をあらためてひとへに他力《たりき》の願に乘ず。自行化他《じぎょうけた》、道綽《どうしゃく》の遺誡《ゆいかい》をまもり、專修專念、善導《ぜんどう》の古風にまかす。見聞《けんもん》の道俗隨喜をいたし、遠近《おんごん》の緇素《しそ》みな發心《ほっしん》す。

ここに祖師、西土《さいど》の教文《きょうもん》をひろめんがために、はるかに東關《とうかん》の斗藪《とそう》をくはだてたまふ。しばらく常州筑波山《つくばやま》のきた（北）のほとりに逗留《とうりゅう》し、貴賤上下《じょうげ》に對して末世相應《そうおう》の要法をしめす。はじめに疑謗《ぎほう》をなすともがら、瓦礫荊棘《がりゃくきゃうこく》のごとくなりしかども、つひに改悔《かいげ》せしむるのやから稻麻竹葦《とうまちくい》におなじ。みな邪見《じゃけん》をひるがへしてことごとく正信をうけ、ともに偏執《へんじゅう》をやめてかへりて弟子《でし》となる。おほよそをしへをうくる徒衆當國にあまり、緣をむすぶ親疎《しんそ》諸邦にみてり。謗法《ほうぼう》闡提《せんだい》のともがらなりといへども、かの教化《きょうけ》をきくもの覺悟《かくご》花あざやかに、愚癡《ぐち》放逸《ほういつ》のたぐひなりといへども、その諷諫《ふかん》をうるもの惑障雲《わくしょうくも》はる。たとへば木石《ぼくせき》の緣をまちて火を生じ、瓦礫《がりゃく》の銑《せん》をすりて玉《たま》をなすがごとし。甚深《じんじん》の行願《ぎょうがん》不可思議なるものか。まさにいま、念佛修行《しゅぎょう》の要義まちまちなりといへども、他力眞宗の興行《こうぎょう》はすなはち今師《こんし》の知識《ちしき》よりをこり、專修正行《せんじゅしょうぎょう》の繁昌《はんじょう》はまた遺弟《ゆいてい》の念力《ねんりき》より成《じょう》ず。ながれをくんで本源《ほんげん》をたづぬるに、ひとへにこれ祖師《そし》の德なり。すべからく佛號を稱して師恩を報ずべし。頌にいはく、

若非釋迦勸念佛《にゃくひしゃかかんねんぶつ》　彌陀淨土何由見《みだじょうどがゆけん》
心念香華《しんねんこうげ》遍供養《へんくよう》　長時長劫報慈恩《ちょうじちょうごうほうじおん》

念佛

何期今日至寶國《がごこんにちしほうこく》　實是娑婆本師力《じつぜしゃばほんしりき》

若非本師知識勸《にゃくひほんしちしきかん》　彌陀淨土云何入《みだじょうどうんがにゅう》

南無歸命頂禮尊重讃歎祖師聖靈《なむきみょうちょうらいそんじゅうさんだんそししょうりょう》

第二に、本願相應《ほんがんそうおう》の德を嘆ずといふは、念佛修行のひとこれおほしといへども、專修專念《せんじゅせんねん》のともがらはなはだまれなり。あるひは自性唯心《じしょうゆいしん》にしづみていたづらに淨土の眞證をおとしめ、あるひは定散《じょうさん》の自〔心〕にまどひてあたかも金剛《こんごう》の眞信にくらし。しかるに祖師聖人、至心信樂《ししんしんぎょう》おのれをわすれてすみやかに無行不成《むぎょうふじょう》の願海に歸し、憶念稱名いさみ(精)ありてとこしなへに不斷無邊の光益にあづかる。身《み》にその〔證〕理をあらはし、ひと、かの奇特《きどく》をみること勝計《しょうげ》すべからず。しかのみならず、來問《らいもん》の貴賤に對してもはら他力易〔往〕の要路をしめし、面謁《めんえつ》の道俗をこしら(誘)へてひとへに善惡凡夫の生因をあかす。(所以)そへに善導大師ののたまはく、「今時の有緣あひすすめて、ちかひて淨土に生ぜしむるは、すなはちこれ諸佛本願の御こころにかなふなり」(定善義)と。またいはく、「大悲傳普化、眞成報佛恩」(禮讃)と。しかれば祖師聖人、金剛の信心を發起《ほっき》して自身の生因を定得《じょうとく》し、本願の名號《みょうごう》を流行《るぎょう》して衆機《しゅき》の往益《おうやく》を助成《じょじょう》す。あに本願相應の德にあらずや、むしろ佛恩報盡のつとめにあらずや。またつねに門徒にかたりてのたまはく、「信謗《しんぼう》ともに因となりておなじく往生淨土の緣を成ず」と。まことなるかなこの言《ごん》、うたがふものもかならず信をとり、謗ずるものもつゐに情《じょう》をひるがへす。まことにこれ佛意相應の化導《けどう》、そもそもまた勝利廣大の知識なり。惡時惡世界のいま、常沒常流轉のやから、もし聖人の勸化をうけたてまつらずば、いかでか無上の大利をさとらん。すでに一聲《しょう》稱念の利劍をふるひて、たちまちに無明果業《むみょうかごう》の苦因をきり、かたじけなく三佛菩提《ぼだい》の願船《がんせん》に乘じて、まさに涅槃常樂《ねはんじょうらく》の彼岸《ひがん》にいたりなんとす。彌陀難思の本誓、釋迦慇懃《しゃかおんごん》の付屬《ふぞく》、あふがずんばあるべからず。諸佛誠實《じょうじつ》の證明《しょうみょう》、祖師《そし》矜哀《こうあい》の引入《いんにゅう》、たのまずばあるべからず。これによりてをのをの本願をたもち名號をとなへて、いよいよ二尊の悲懷《ひかい》にかなひ、佛恩をいただき師德をになひて、ことに一心の懇念《こんねん》をあらはすべし。頌にいはく、

世尊說法時將了《せそんせつぼうじしょうりょう》　慇懃付屬彌陀名《おんごんふぞくみだみょう》
五濁增時多疑謗《ごじょくぞうじたぎほう》　道俗相嫌不用聞《どうぞくそうけんふようもん》

念佛

萬行之中爲急〔要〕《まんぎょうしちゅういきゅうよう》　迅速無過淨土門《じんそくむかじょうどもん》
不但本師金口說《ふだんほんしこんくせつ》　十方諸佛共傳證《じっぽうしょぶつぐでんしょう》
南無歸命頂禮尊重讚歎祖師聖靈《なむきみょうちょうらいそんじゅうさんだんそししょうりょう》

第三に、滅後《めつご》〔利益《りやく》〕の德を述《じゅつ》すといふは、釋尊《しゃくそん》〔は〕教網《きょうもう》を三界《さんがい》におほふ〔ひて〕、なを末世苦海《まっせくかい》の群類《ぐんるい》をすくひ、今師《こんし》〔は〕法雨《ほうう》を四輩にそそぐ〔ぎて〕、とをく常沒濁亂《じょうもつじょくらん》の遺弟《ゆいてい》をうるをす。かの在世《ざいせ》をいへばすなはち九十

歳、顯〔宗〕・密教讃《(鑽)》仰せずといふことなし。その行化《ぎょうけ》をとぶらへばまた六十年、自利利他滿足《まんぞく》せずといふことなし。在家出家の四部、群集《ぐんじゅう》すること、さかりなる市《いち》にことならず。大乘小乘の三輩、歸伏《きぶく》すること、かぜになびくくさのごとし。つゐにすなはち華洛《からく》にかへりて草庵をしめ《(占)》たまふ。しかるあひだ、いんし《(去)》弘長第二みづのへいぬ黄鐘《おうしょう》二十八日ヵ前念命終の業成《ごうじょう》をあらはして、後念卽生《ごねんそくしょう》の素懷《そかい》をとげたまひき。ああ、禪容《ぜんよう》かくれていづくにかます、給仕《きゅうじ》を數十箇廻《すうじゅうかかい》の月にへだつ。遺訓《ゆいくん》たえていくそばくのほどぞ、舊跡《きゅうせき》を一百餘年のしも《(霜)》にしたふ。かの遺恩をゝもくする門葉《もんよう》、その身命《しんみょう》をかろくする後昆《ごこん》、毎年を論ぜず遼絶《りょうぜつ》をとをしとせず、境關《きょうかん》千里のくもをしのぎて奥州よりあゆみをはこび、隴道萬程《りょうどうばんてい》の日ををくりて諸國より群詣す。廟堂《びょうどう》にひざまづきてなみだをのごひ《(拭)》、遺骨《ゆいこつ》を拜してはらはた《(腸)》をたつ《(斷)》。入滅《にゅうめつ》とし《(年)》はるかなりといへども、往詣《おうけい》こぞりていまだたえず。あはれなるかな、恩《おん》〔顏《がん》〕は寂滅《じゃくめつ》のけぶりに化《け》したまふといへども眞影《しんえい》を眼前《がんぜん》にとどめたまふ。かなしきかなや、德音《とくいん》は無常のかぜにへだたるといへども實語《じつご》をみみのそこにのこす。ゐらびをきたまふところの書籍《しょじゃく》、萬人《ばんじん》これをひらきておほく西方の眞門《しんもん》にいり、弘通《ぐづう》したまふところの教行《きょうぎょう》、遺弟《ゆいてい》これをすすめてひろく片域《へんいき》の群萠《ぐんもう》を利す。おほよそその一流の繁昌《はんじょう》はほとど《(殆)》在世《ざいせ》に超過《ちょうか》せり。つらつら平生《へいぜい》の化導《けどう》を案《あん》じ、しづかに當時《とうじ》の得益《とくやく》をおもふに、祖師聖人《そししょうにん》はただびとにましまさず、すなはちこれ權化《ごんけ》の再誕《さいたん》なり。すでに彌陀如來《みだにょらい》の應《おう》現《げん》と稱し、また曇鸞和尙《どんらんかしょう》の後身《ごしん》とも號す。みなこれゆめのうちにつげをえ、まぼろしのまへに瑞《ずい》をみしゆへなり。いはんやみづからなのりて親鸞《しんらん》とのたまふ。はかりしりぬ、曇鸞《どんらん》の化現《けげん》なりといふことを。しかればすなはち聖人、修習《しゅじゅう》念佛のゆへに、往生極樂《おうじょうごくらく》のゆへに、宿命通《しゅくみょうつう》をもちて知恩報徳のこころざしをかがみ、方便力《ほうべんりき》をもち〔て〕有縁無縁《うえんむえん》の機《き》をみちびきたまはん。ねがはくは師弟芳契《していほうけい》の宿因によりて、かならず最初引接《さいしょいんじょう》の利益《りやく》をたれたまへ。よりてをのをの他力《たりき》に歸《き》して佛號《ぶつごう》をとなへよ。頌《じゅ》にいはく、

身心毛孔皆得悟《しんしんもうくかいとくご》　菩薩聖衆皆充滿《ぼさつしょうじゅかいじゅうまん》
自化神通入《じけじんづうにゅう》〔彼《ひ》〕會《え》　憶本娑婆知識《おくほんしゃばちしき》〔恩《おん》〕

念佛

直入彌陀大會中《じきにゅうみだだいえちゅう》　見佛莊嚴無數億《けんぶつしょうごんむしゅおく》
三明六通皆具足《さんみょうろくつうかいぐそく》　憶我閻浮同行人《おくがえんぶどうぎょうにん》

南無歸命頂禮《なむきみょうちょうらい》尊重讚歎《そんじゅうさんだん》師祖聖靈《しそしょうりょう》
南無歸命頂禮大慈大悲《だいじだいひ》釋迦善逝《しゃかぜんぜい》
南無歸命頂禮極樂化主《ごくらくけしゅ》彌陀如來《みだにょらい》
南無歸命頂禮六方證誠《ろっぽうしょうじょう》恒沙世《ごうじゃせ》〔尊《そん》〕

南無帰命頂禮三國傳燈《さんごくでんとう》諸大師等《しょだいしとう》
南無《なむ》自《じ》〔他《た》〕法界平等利益《ほっかいびょうどうりやく》
次《つぎ》六種廻向等《えこうとう》

歎徳文

それ親鸞聖人《しんらんしょうにん》は浄教西方《じょうきょうさいほう》の先達《せんだつ》、眞宗末代《しんしゅまつだい》の明師《めいし》なり。博覧内外《はくらんないげ》にわたり、修練顕密《しゅれんけんみつ》をかぬ。はじめには俗典《ぞくてん》をならひて切瑳《せっさ》す、これはこれ、伯父業吏部《はくふぎょうりほう》の學窓《がくそう》にありて〔ましまして〕、聚螢映雪《じゅけいえいせつ》の苦節《くせつ》をぬきいづるところなり。のちには圓宗にたづさはりて研精《けんせい》す。これはこれ、貫首《かんしゅ》鎮和尚《ちんかしょう》の禪房《ぜんぼう》にはんべりて、大才諸徳《だいさいしょとく》の講敷《こうふ》をきくところなり。これによりて、十乗三諦《じゅうじょうさんだい》の月、觀念の秋ををくり、百界千如の花、薫修《くんじゅ》としをかさぬ。ここにつらつら出要《しゅつよう》をうかがひてこの思惟《しゆい》をなさく、「定水《じょうしい》をこらすといへども識浪《しきろう》しきりにうごき、心月《しんげつ》を觀《かん》ずといへども妄雲《もううん》なをおほふ。しかるに一息《いっそく》つかざれば千載《せんざい》にながくゆく、なんぞ浮生《ふしょう》の交衆《きょうしゅ》をむさぼりていたづらに假名《けみょう》の修學《しゅがく》につかれん。すべからく勢利《せいり》をなげすててただちに出離《しゅつり》をねがふべし」と。しかれども機教相應凡慮《ききょうそうおうぼんりょ》あきらめがたふ、すなはちちかくは根本中堂《こんぽんちゅうどう》の本尊《ほんぞん》に對し、とをくは枝末諸方《しまつしょほう》の靈窟《れいくつ》にまふでて、解脱《げだつ》の徑路《けいろ》をいのり、眞實《しんじつ》の知識《ちしき》をもとむ。ことにあゆみを六角の精舎《しょうじゃ》にはこびて百日の懇念《こんねん》をいたすところに、まのあたりつげて五更《こう》の孤枕《こしん》にえて數行《すこう》の感涙《かんるい》にむせぶあひだ、さいはいにくろだに聖人よしみづの禪室《ぜんしつ》にいたりて、はじめて彌陀覺王淨土《みだかくおうじょうど》の祕扃《ひけい》にいりたまひしよりこのかた、三經の沖微《ちゅうび》・五祖の奥賾《おうさく》、一流の宗旨相傳《そうでん》あやまつことなく、二門の教相稟承《きょうそうほんじょう》よりあり。ここをもちてあふぐところは「即得往生住不《そくとくおうじょうじゅふ》退轉《たいてん》」の誠説《じょうせつ》、あだかも平生業成《へいぜいごうじょう》の安心《あんしん》に住し、たのむところは「歡喜踊躍乃至一念《かんぎゆやくないしいちねん》」の流通《るづう》、これすなはち無上大利《むじょうだいり》の勝徳《しょうとく》なり。よて自修《じしゅ》の去行《こぎょう》をもて、かねて化他《けた》の要術《ようじゅつ》とす。ときに尊卑《そんぴ》おほく禮敬《らいきょう》のかうべ《(頭)》をかたぶけ、緇素《しそ》こぞりて崇重《そうじゅう》のこころざしをひとしくす。

なかんづくに一代藏《いちだいぞう》をひらいて經《きょう》・律《りつ》・論《ろん》・釋《しゃく》の簡要《かんよう》をぬきいでて、六卷の鈔《しょう》を記《き》して『教行信證《きょうぎょうしんしょう》の文類《もんるい》』と號す。かの書にのぶるところ義理甚深《じんじん》なり。いはゆる、凡夫《ぼんぶ》有漏《うろ》の諸善、願力成就《がんりきじょうじゅ》の報土《ほうど》にいたら《[入]》ざることを決《けつ》し、如來《にょらい》利他の眞心《しんしん》、安養勝妙《あんようしょうみょう》の樂邦《らくほう》に生《しょう》ぜしむることをあらはし、ことに佛智信疑《しんぎ》の得失《とくしつ》をあかし淨土報化《ほうけ》の往生を感ずることを判ず。かねてはまた擇瑛法師《ちゃくえいほっし》の釋義《しゃくぎ》について、横竪《おうじゅ》二出のな《(名)》を模《ぼ》すといへども、宗家大師《しゅけだいし》の祖意をさぐりて、たくみに横竪《おうじゅ》二超《ちょう》の差《しゃ》をたつ。彼此助成《ひしじょじょう》して權實《ごんじつ》の教旨《きょうし》を標《ひょう》し、漸頓分別《ぜんとんふんべつ》して長短《ちょうたん》の修行《しゅぎょう》を辯ず。他人《たにん》いまだこれを談ぜず、わが師ひとりこれを存す。また『愚禿鈔《ぐとくしょう》』と題する選《せん》あり、おなじく自解《じげ》の義《ぎ》をのぶる記《き》たり。かの文《もん》にいはく、「賢者《けんじゃ》の信をききて愚禿《ぐとく》が心《しん》をあらはす、賢者の信は内《ない》は賢にして外《げ》は愚なり、愚禿が〔心〕は内は愚にして外は賢なり」と。この釋《しゃく》卑《ひ》〔謙《けん》〕の言辭《ごんじ》をかりて、その理飜對《ほんたい》の意趣《いじゅ》を存す。うちに宏《こう》智《ち》の徳をそなふといへども、名《な》を碩才道人《せきさいどうにん》のきき《(聞)》にてらはんことをいたみ、ほかにただ至愚《しぐ》の相を現じて、身《み》を田夫野叟《でんぶやそう》の類《るい》にひとしくせんと欲《ほっ》す。これすなはちひそかに末世凡夫《まっせぼんぶ》の行状《ぎょうじょう》をしめし、もはら下根《げこん》往生の實機を表《ひょう》するものをや。しかのみならず、あるひは二教相望《そうもう》して四十二對の異をあかし、あるひは二機比挍《ひきょう》して一十八對の別をあらはす。おほむね兩典の巨細《こさい》つぶさにのぶべからず。

そもそも空聖人《くしょうにん》當教中興《ちゅうこう》の篇《へん》によりてことに坐《ざ》せしきざみ、鸞《らん》聖人法匠上足《ほっしょうじょうそく》のうちとして、同《どう》科《か》のゆへに、たちまちに上都《じょうと》の幽棲《ゆうせい》をいでてはるかに北陸《ほくりく》の遠境《えんけい》に配《はい》す。しかるあひだ居緒《きょしょ》しきりに轉じ、涼燠《りょういく》しばしばあらたまる。そのとき憍慢貢高《きょうまんくこう》のともがら、邪見《じゃけん》をひるがへしてもちて正見におもむき、儜弱下劣《にょうにゃくげれつ》のたぐひ、怯退《こうたい》をくひ《(恊)》てもて弘誓《ぐぜい》に〔託〕す。貴賤《きせん》の歸投《きとう》遐邇合掌《かしがっしょう》、都鄙《とひ》の化導首《けどうしゅ》尾《び》滿足す。つゐにはすなはち蓬闕勅免《ほうけつちょくめん》の恩あらたにくははりしとき、華洛歸歟《からくききょ》の運《うん》ふたたびひらけしのち、九十有廻《ゆうかい》生涯のをはりをむかへて、十萬億西涅槃《さいねはん》の果《か》を證したまひしよりこのかた、星霜つもりていくばくのとしを《〔ぞ〕》。年忌月忌《がっき》本所《はんじょ》報恩のつとめを《(懈)》こたることなく、山川《さんせん》へだたりて數百里《すはくり》、遠國近《えんごくきん》國後弟參詣《ごくこうていさんけい》の義《ぎ》なをさかんなり。これしかしながら聖人の弘通冥意《ぐづうみょうい》にかなふがいたすところなり。むしろ衆生《しゅじょう》の開悟根熟《かいごこんじゅく》のしからしむるによるにあらずや。

およそ三段の『式文』稱揚《しょうよう》たりぬといへども、一世の益物讃歎《やくもつさんだん》いまだうまず。このゆゑに一千言《ごん》の褒譽《ほうよ》をくはへて、かさねて百萬端《はくばんたん》の報謝《ほうしゃ》に擬《ぎ》す。しかればすなはち蓮華藏世界《れんげぞうせかい》のうちにしていまの講《こう》肆《し》を照見《しょうけん》し、檀林寶《だんりんほう》〔座《ざ》〕のうへよりこの梵筵《ぼんえん》に影向《ようごう》したまふらん。内證外用《げゆう》さだめて果地の莊嚴《しょうごん》をそへ、上求下化《じょうぐげけ》よろしく菩提《ぼだい》の智斷《ちだん》をきはめたまふべし。かさねてこふ、佛閣《ぶっかく》もとゐかたくしてはるかに梅怛利耶《ばいたりや》の三會《さんえ》におよび、法水《ほうしい》ながれとをくしてあまねく六趣《しゅ》四生《しょう》の群萠《ぐんもう》をうるほさん。うやまひてまうす。

本願寺聖人傳絵　上

第一段

夫《それ》、聖人《しょうにん》の俗姓《ぞくしょう》は藤原氏《ふじわらうじ》、天兒屋根尊《あまつこやねのみこと》二十一世の苗裔《びょうえい》、大織冠《たいしょくかん》（鎌子内大臣）の玄孫《げんそん》、近衛大将右大臣《こんえのたいしょううだいじん》（贈左大臣）従一位内麿公《じゅいちいうちまろこう》（號後長岡大臣、或號閑院大臣、贈正一位太政大臣房前公孫、大納言式部卿眞楯息）六代の後胤《こういん》、弼宰相有國卿《ひつのさいしょうありくにきょう》五代の孫《まご》、皇太后宮大進《こうたいこぐのだいしん》有範《ありのり》の子《こ》也《なり》。しかあれば朝廷《ちょうてい》に仕《つかえ》て霜雪《そうせつ》をも戴《いただ》き、射山《やさん》に趍《わしり》て栄花《えいが》をも發《ひら》くべかりし人《ひと》なれども、興法《こうぼう》の因《いん》うちに萠《きざ》し、利生《りしょう》の縁《えん》ほかに催《もよおし》しによりて、九歳《くさい》の春比《はるのころ》、阿伯従三位範綱卿《あはくじゅさんいのりつなのきょう》（于時、従四位上前若狭守、後白河上皇近臣、聖人養父）、前大僧正《さきのだいそうじょう》（慈圓、慈鎮和尚是也、法性寺殿御息、月輪殿長兄）の貴坊《きぼう》へ相具《あいぐ》したてまつりて、鬢髪《びんはつ》を剃除《ていじょ》したまひき。範宴少納言公《はんえんしょうなごんのきみ》と號す。自爾以來《それよりこのかた》、しばしば南岳《なんがく》天台の玄風《げんぷう》をとぶらひて、ひろく三觀佛乘《さんがんぶつじょう》の理《り》を達《たっ》し、とこしなへに楞嚴横河《りょうごんよかわ》の餘流《よりゅう》をたたへて、ふかく四教圓融《えんゆう》の義に明《あきらか》なり。

第二段

（一）

建仁《けんにん》第三の暦《れき》春のころ（聖人二十九歳）隠遁《いんとん》のこころざしにひかれて、源空聖人《げんくうしょうにん》の吉水《よしみず》の禅坊《ぜんぼう》に尋参《たずねまいり》たまひき。是則《これすなわち》、世《よ》くだり人《ひと》つたなくして、難行《なんぎょう》の小路《しょうろ》まよひやすきによりて、易行《いぎょう》の大道《だいどう》におもむかんとなり。眞宗紹隆《しんしゆうじようりよう》の大祖《たいそ》聖人、ことに宗の淵源《えんげん》をつくし、教の理致《りち》をきわめて、これをのべ給《たま》ふに、たちどころに他力攝生《たりきせつしよう》の旨趣《ししゆ》を受得《じゆとく》し、飽《あく》まで凡夫直入《ぼんぶじきにゆう》の眞心《しんしん》を決定《けつしよう》しましましけり。

第三段

建仁《けんにん》三年辛酉四月五日夜寅時《とらのとき》、聖人夢想《しようにんむそう》の告《つげ》ましましき。彼《かの》『記《き》』にいはく、六角堂の救世菩薩《くせぼさつ》、顔容端嚴《げんようたんごん》の聖僧《しようそう》の形《かたち》を示現《じげん》して、白衲《びやくのう》の袈裟《けさ》を着服《ちやくぶく》せしめ、廣大《こうだい》の白蓮華《びやくれんげ》に端坐《たんざ》して、善信《ぜんしん》に告命《ごうみよう》してのたまはく、行者宿報設女犯《ぎようじやしゆうほうせつによぼん》、我成玉女身被犯《がじようぎよくによしんびぼん》、一生之間能莊嚴《いつしようしけんのうしようごん》、臨終引導生極樂《りんじゆいんどうしようごくらく》文。救世菩薩《くせぼさつ》、善信《ぜんしん》にのたまはく、此是我誓願也《これはこれわがせいがんなり》、善信、この誓願の旨趣《ししゆ》を宣説《せんぜつ》して、一切群生《ぐんじよう》にきかしむべし、と云云。爾時《そのとき》、夢中《ゆめのなか》にありながら、御堂《みどう》の正面《しようめん》にして、東方《とうぼう》をみれば峨々《がが》たる岳山《がくさん》あり、その高山《こうざん》に數千萬億《すうせんまんおく》の有情群集《うじようぐんじゆう》せりとみゆ。そのとき告命《ごうみよう》のごとく、此文《このもん》のこころを、かの山《やま》にあつまれる有情《うじよう》に對《たい》して説《と》ききかしめをはるとおぼえて、夢悟《ゆめさめ》をはりぬと云云　倩此記錄《つらつらこのきろく》を披《ひらき》てかの夢想《むそう》を案《あん》ずるに、ひとへに眞宗繁昌《はんじよう》の奇瑞《きずい》、念佛弘興《ぐこう》の表示也《ひようじなり》。然者《しかれば》聖人、後時《のちのとき》おほせられてのたまはく、佛教《ぶつきよう》むかし西天《さいてん》より興《おこり》て、經論《きようろん》いま東土《とうど》に傳《つたわ》る。是偏《これひとへ》に上宮太子《じようぐたいし》の廣德《こうとく》、山《やま》よりもたかく海《うみ》よりもふかし。吾《わが》朝欽明天皇《ちようきんめいてんのう》の御宇《ぎよう》に、これをわたされしによりて、すなわち淨土《じようど》の正依經論等《しようえきようろんとう》、此時《このとき》に來至《らいし》す。儲君《ちよくん》もし厚恩《こうおん》をほどこしたまはずば、凡愚《ぼんぐ》いかでか弘誓《ぐぜい》にあふことを得《え》ん。救世菩薩《くせぼさつ》はすなわち儲君《ちよくん》の本地《ほんぢ》なれば、垂迹興法《すいしやくこうぼう》の願《がん》をあらはさんがために、本地《ほんぢ》の尊容《そんよう》をしめすところなり。抑又《そもそもまた》、大師聖人《だいししようにん》源空もし流刑《るけい》に處《しよ》せられたまはずば、われ又配所《またはいしよ》に赴《おもむ》かむや、もしわれ配所《はいしよ》におもむかずば、何によりてか邊鄙《へんぴ》の群類《ぐんるい》を化《け》せむ、これ猶師教《なおしきよう》の恩致《おんち》なり。大師聖人《だいししようにん》すなわち勢至《せいし》の化身《けしん》、太子《たいし》また觀音《かんおん》の垂迹《すいしやく》なり。このゆへにわれ二菩薩の引導《いんどう》に順じて、如來の本願をひろむるにあり。眞宗因茲興《これによつてこう》じ、念佛《ねんぶつ》由斯熾也《これによつてさかんなり》。是併聖者《これしかしながらしようじや》の教誨《きようけ》によりて、更《さら》に愚昧《ぐまい》の今案《こんあん》をかまへず。かの二大士《だいじ》の重願《じゆうがん》、ただ一佛名《いちぶつみよう》を専念《せんねん》するにたれり。いまの行者《ぎようじや》あやまりて脇士《きようじ》に仕《つかう》ることなかれ、ただちに本佛《ほんぶつ》をあふぐべしと云云かるがゆへに聖人《しようにん》親鸞かたわらに皇太子《こうたいし》を崇《あがめ》たまふ、蓋斯《けだしこれ》、佛法弘通《ぶつぼうぐづう》の浩《おおい》なる恩《おん》を謝《しや》せんがためなり。

第四段

建長《けんちよう》八歳丙辰二月九日《ここのか》夜《のよ》寅時《とらのとき》、釋《しやく》蓮位《れんい》夢想告云《むそうのつげにいわく》、聖徳太子、親鸞聖人を禮《らい》したてまつりましましてのたまはく、敬禮《きようらい》大慈《だいじ》阿彌陀佛《あみだぶつ》、爲妙教《いみようきよう》流通《るづう》來生者《らいしようしや》、五濁《ごじよく》惡時《あくじ》惡世《あくせ》界中《かいちゆう》、決定《けつじよう》卽得《そくとく》無上覺《むじようかく》也《や》」。しかれば祖師聖人、彌陀如來の化身《けしん》にてましますといふ事明《あきらか》なり。

第五段

黒谷《くろだに》の先徳《せんどく》源空在世のむかし、矜哀《こうあい》の餘《あまり》、ある時は恩許《おんきよ》を蒙《こうなり》て製作《せいさく》を見寫《けんしや》し、或時は眞筆《しんぴつ》を降《くだ》して

名字《みようじ》を書賜《かきたま》はす、すなわち顯淨土方便化身土文類《けんじようどほうべんけしんどもんるいの》六《ろくに》云《のたまわく》（親鸞聖人選述）然《しかるに》愚禿釋鸞《ぐとくしやくのらん》、建仁《けんにん》辛酉曆《のれき》、棄雜行《ぞうぎようを》兮歸本願《すててほんがんにきし》、元久《げんきゆう》乙丑歲《のとし》、蒙恩恕《おんじよをこうむりて》兮書選擇《せんぢやくをかく》、同年初夏《おなじきとしそか》中旬第四日選擇本願念佛集內題字《せんぢやくほんがんねんぶつしゆうのないだいのじ》、幷《ならびに》南無阿彌陀佛往生之業念佛爲本《おうじようしごうねんぶついほんと》、與釋綽空《しやくのしやくくうと》、以空眞筆令書之《くうのしんぴつをもてこれをかかしめたまい》、同日《おなじきひ》、空之眞影申預《くうのしんえいもうしあずかり》、奉圖畫《ずがしたてまつる》、同《おなじ》二年閏《うるう》七月下旬《げじゆん》第九日、眞影銘《しんえいのめいは》以眞筆《しんぴつをもつて》令書南無阿彌陀佛《なむあみだぶつと》、與若我成佛十方衆生《にやくがじようぶつじつぽうしゆじよう》、稱我名號下至《しようがみようごうげし》十聲《じつしよう》、若不生者不取正覺《にやくふしようじやふしゆしようがく》、彼佛今現在成佛《ひぶつこんげんざいじようぶつ》、當知本誓重願不虛《とうちほんぜいじゆうがんふこ》、衆生稱念必得往生之眞文《しゆじようしようねんひつとくおうじようのしんもんとをかかしめたまいさ》、又依夢告《またゆめのつげによつて》、改綽空字《しやくくうのじをあらためて》、同日《おなじひ》、以御筆《ごひつをもて》令書名之字訖《なのじをかかしめたまいおわりぬ》、本師聖人今年七旬三御歲也《ほんししようにんこんねんしちじゆんさんのおんとしなり》。選擇本願念佛集者《せんぢやくほんがんねんぶつしゆうは》、依禪定博陸《ぜんじようはくりく》（月輪殿兼實法名圓照）之教命《のこうめいによりて》所令選集也《せんじゆうせしめたまうところなり》。眞宗之簡要《しんしゆうのかんよう》、念佛之奧義《ねんぶつのおうぎ》、攝在于斯《これにしようざいせり》、見者易諭《みるものさとりやすし》、誠是希有最勝之華文《まことにこれけうさいしようのかもん》、無上甚深之寶典也《むじようじんじんのほうでんなり》。涉年涉日蒙其敎誨之人雖千萬《としをわたりひをわたりそのきようけをこうむるのひとせんまんなりといえども》、云親云疎《しんといいそといい》、獲此見寫之徒甚以難《このけんしやをうるのともがらはなはだもてかたし》、爾既書寫製作《しかるにすでにせいさくをしよしやし》、圖畫眞影《しんえいをずがす》、是專念正業之德也《これせんねんしようごうのとくなり》、是決定往生之徵也《これけつじようおうじようのちなり》、仍抑悲喜之淚註由來緣《よつてひきのなみだをおさえてゆらいのえんをしるすと》云云

第六段

おほよそ源空聖人在世のいにしへ、他力往生《たりきおうじよう》のむねをひろめ給《たまい》しに、世《よ》あまねくこれにこぞり、人《ひと》ことごとくこれに歸《き》しき。紫禁青宮《しきんせいきゆう》の政《まつりごと》を重《おも》する砌《みぎり》にも、先《まず》黄金樹林《おうごんじゆりん》の蕚《はなぶさ》にこころをかけ、三槐九棘《さんかいきゆうきよく》の道《みち》を正《ただしく》する家にも、直《ただち》に四十八願の月をもてあそぶ。しかのみならず、戎狄《じゆてき》の輩《ともがら》、

黎民《れいみん》の類《たぐい》、これをあふぎこれをたふとびずといふ事《こと》なし、貴賤《きせん》轅《ながえ》をめぐらし門前市《もんぜんいち》をなす。常随昵《じょうずいちつ》近《きん》の緇従《しと》そのかずあり、都《すべ》て三百八十餘人と云云　しかありといへども親《まのあたり》その化《け》をうけ、懃《ねんごろ》にその誨《おしえ》を守る族《やから》、はなはだまれなり。わづかに五六輩《ごりくはい》にだにもたらず。善信聖人、或時申《もうし》たまはく、予《よ》、難《なん》行道《ぎょうどう》を閣《さしおき》て易行道《いぎょうどう》に移《うつ》り、聖道門《しょうどうもん》を遁《のがれ》て浄土門に入《いり》しより以來《このかた》、芳命《ほうめい》をかうぶるにあらずよりは、豈出離解脱《あにしゅつりげだつ》の良因《りょういん》を蓄哉《たくわえんや》、喜《よろこび》の中《なか》の悦《よろこび》何事《なにごと》か如之《これにしかん》。しかあるに同室《どうしつ》の好《よしみ》を結《むすん》でともに一師の誨《おしえ》をあふぐともがら、これをほしといへども、眞實《しんじつ》に報土得生《ほうどとくしょう》の信心《しんじん》を成《じょう》じたらんこと、自他《じた》おなじくしりがたし。故《かるがゆへ》に且《かつ》は當來《とうらい》の親友《しんう》たるほどをもしり、且《かつ》は浮生《ふしょう》の思出《おもいで》ともし侍《はんべ》らんがために、御弟子參集《おんでしさんじゅう》の砌《みぎり》にして、出言《しゅつごん》つかうまつりて、面々《めんめん》の意趣《いしゅ》をも試《こころみ》むとおもふ所望《しょもう》ありと云々　大師聖人《だいししょうにん》のたまはく、此條尤可然《このじょうもっともしかるべし》、即明日人々來臨《すなはちみょうにちひとびとらいりん》のときおほせられいだすべしと、しかるに翌《よく》日集會《じっしゅうえ》のところに、聖人《しょうにん》親鸞のたまはく、今日《こんにち》は信不退《しんふたい》・行不退《ぎょうふたい》の御座《みざ》を兩方《りょうほう》にわかたるべきなり。いづれの座《ざ》につきたまふべしとも、をのをの示給《しめしたま》へと、そのとき三百余人《さんびやくよにん》の門侶《もんりょ》、みな其意《そのこころ》を得《え》ざる氣《き》あり、于時《ときに》、法印大和尚位《ほういんだいかしょうい》聖覺《せいかく》、并釋《ならびにしゃくの》信空《しんくう》上人法蓮　信不退《しんふたい》の御座《みざ》に可着《つくべし》と云云　次《つぎ》に沙彌《しゃみ》法力《ほうりき》熊谷直實入道　遅參《ちさん》して申云《もうしていわく》、善信御房《のおんぼう》御執筆何事《なにごと》ぞやと。善信聖人のたまはく、信不退《しんふたい》・行不退《ぎょうふたい》の座《ざ》をわけらる也《なり》と。法力房《ほうりきぼう》申云《もうしていわく》、然者《しからば》、法力《ほうりき》もるべからず、信不退《しんふたい》の座《ざ》にまいるべしと云云　仍《よって》、これをかきのせたまふ。ここに數百人の門徒群居《もんとぐんこ》すといへども、さらに一言《いちごん》をのぶる人なし、是恐《これおそら》くは自力《じりき》の迷心《めいしん》に拘《かかわり》て金剛《こんごう》の眞信《しんしん》に昏《くらき》がいたすところか。人みな無音《ぶいん》のあひだ、執筆聖人自名《みよう》をのせたまふ、ややしばらくありて、大師聖人被仰云《おおせられてのたまわく》、源空も信不退《しんふたい》の座《ざ》につらなり侍《はんべ》るべしと、この時門葉或《ときもんようあるい》は屈敬《くつけい》の氣《き》をあらはし、或《あるい》は鬱悔《うつけ》の色《いろ》をふくめり。

第七段

聖人《しょうにん》親鸞のたまはく、いにしへ我《わが》本師聖人の御前《おんまえ》に、聖信房《しょうしんぼう》・勢觀房《せいかんぼう》・念佛房已下《いげ》の人々おほかりし時、はかりなき諍論《じょうろん》をし侍《はんべ》る事《こと》ありき。そのゆへは聖人源空の御信心と善信が信心といささかもかはるところあるべからず、ただ一なりと申《もうし》たりしに、このひとびと、とがめていはく、善信房の、聖人の御信心とわが信心とひとしと申さるる事いはれなし、いかでかひとしかるべきと。善信申《もうし》て云《いわく》、などかひとしと申さざるべきや。そのゆへは深智博覽《じんちはくらん》にひとしからんとも申さばこそ、まことにおほけなくもあらめ、往生の信心にいたりては、一たび他力信心のことはりをうけ給《たま》はりしよりこのかた、また《（全）》くわたくしなし、しかれば聖人の御信心も他力よりたまはらせたまふ、善信が信心も他力なり、故《かるがゆへ》にひとしくしてかはるところなしと申也《もうすなり》と申侍《もうしはべ》りしところに、本師聖人、まさしく被仰《おおせられ》てのたまはく、信心のかはると申《もうす》は自力《じりき》の信《しん》にとりての事也《ことなり》、すなはち智恵各別《ちえかくべつ》なるがゆへに信又各別《しんまたかくべつ》なり、他力の信《たりきしん》心《じん》は、善悪《ぜんあく》の凡夫《ぼんぶ》ともに佛《ぶつ》のかたよりたまはる信心なれば、源空が信心も、善信房の信心も、更《さら》にかはるべからず、ただひとつなり、わがかしこくて信ずるにあらず、信心のかはりあふておはしまさむ人々は、わがまいらむ浄土へはよもまいらせたまはじ、よくよくこころえるべき事也《ことなり》と云々 ここにめむめむ（面々）したをまき、くちをとぢてやみにけり。

第八段

御弟子《おんでし》入西房《にゆうさいぼう》、聖人《しようにん》（親鸞）の眞影《しんえい》をうつしたてまつらんとおもふこころざしありて、日來《ひごろ》をふるところに、聖人《しようにん》そのこころざしあることを鑒《かんがみ》て、おほせられてのたまはく、定禪法橋《じようぜんはっきよう》（七條邊に居住）にうつさしむべしと。入西房《にゆうさいぼう》鑒察《かんさつ》のむねを隨喜《ずいき》して、すなわちかの法橋《ほっきよう》を召請《ちようしよう》す、定禪《じようぜん》左右《さう》なくまいりぬ。すなわち尊顔《そんげん》にむかひたてまつりて申《もうし》ていはく、去夜《きよや》、奇特《きどく》の靈夢《れいむ》をなん感《かん》ずるところなり、その夢中《ゆめのうち》に拜《はい》したてまつるところの聖僧《しようそう》の面像《めんぞう》、いまむかひたてまつる容皃《ようぼう》、すこしもたがふところなしといひて、たちまちに隨喜感歎《ずいきかんたん》の色《いろ》ふかくして、みづからその夢《ゆめ》をかたる。貴僧二人來入《きそうににんらいじゆう》す。一人《いちにん》の僧のたまはく、この化僧《けそう》の眞影《しんえい》をうつさしめむとおもふこころざしあり、ねがはくば禪下筆《ぜんかふで》をくだすべしと。定禪問《じようぜんとう》ていはく、かの化僧たれ人《びと》ぞや。くだむ（件）の僧《の》いはく、善光寺《ぜんこうじ》の本願御房《ほんがんのおんぼう》これなりと。ここに定禪《じようぜん》たなごころをあはせ、ひざまづきて、夢のうちにおもふ様《よう》、さては生身《しようじん》の彌陀如來にこそと、身毛《みのけ》いよたちて恭敬尊重《くぎょうそんじゅう》をいたす。また御《み》くしばかりをうつされんにたむぬ(足)べしと云云　かくのごとく問答往復《もんどうおうふく》して夢《ゆめ》さめをはりぬ。しかるに、いまこの貴坊にまいりてみたてまつる尊容《そんよう》、夢中《ゆめのうち》の聖僧《しょうそう》にすこしもたがはずとて、隨喜《ずいき》のあまり涙《なみだ》をながす。しかれば夢にまかすべしとて、いまも御《み》くしばかりをうつしたてまつりけり。夢想《むそう》は仁治《にんじ》三年九月廿日の夜也。つらつらこの奇瑞《きずい》をおもふに、聖人、彌陀如來《みだにょらい》の來現《らいげん》といふこと炳焉《へいえん》なり。しかればすなわち、弘通《ぐづう》したまふ教行《きょうぎょう》おそらくは彌陀の直説《じきせつ》といひつべし。あきらかに無漏《むろ》の惠燈《えとう》をかかげて、とをく濁世《じょくせ》の迷闇《めいあん》をはらし、あまねく甘露《かんろ》の法雨《ほうう》をそそぎて、はるかに枯渇《こかつ》の凡惡《ぼんあく》をうるほさむとなり、あふぐべし、信ずべし。

本願寺聖人傳絵　下

第一段

浄土宗興行《こうぎょう》によりて、聖道門廢退《しょうどうもんはいたい》す。是空師《これくし》の所爲《しょい》なりとて、忽《たちまち》に罪科《ざいか》せらるべきよし、南北《なんぼく》の碩《せき》才憤《さいいきどおり》申けり。顯化身土文類《けんけしんどもんろい》六《のろく》云《にのたまはく》、竊以《ひそかにおもんみれば》聖道《しょうどう》の諸教《しょきょうは》、行證《ぎょうしょう》久廢《ひさしくすたれ》、浄土《じょうど》の眞宗《しんしゅうは》、證道《しょうどう》今盛《いまさかんなり》。然《しかるに》諸寺釋門《しょじのしゃくもん》、昏教《きょうにくらくして》兮不知眞假門戸《しんけのもんこをしらず》、洛都儒林《らくとのじゅりん》、迷行《ぎょうにまどいて》兮無辨邪正道路《じゃしょうのどうろをわきまうることなし》。斯以《ここをもて》興福寺學《こうぶくじのがく》徒《と》、奏達太上天皇《だじょうてんのう》諱尊成號後鳥羽院今上《きんじょう》諱爲仁號土御門院聖曆《せいれき》承元丁卯歳《じょうげんひのとのうのとし》仲春上旬之候《ちゅうしゅんじょうじゅんのこうにそうだっす》主上臣下《しゅじょうしんか》、背法違義《ほうにそむきぎにいし》、成忿結怨《いかりをなしあたをむすぶ》、因茲《これによってしんしゅうこうりゅうのたいそげんくほうし》、眞宗興隆太祖源空法師、并門徒數輩《ならびにもんとすはい》、不考罪科猥坐死罪《ざいかをかんがえずみだりがわしくしざいにつみす》、或改僧儀《あるいはそうぎをあらため》賜姓名處遠流《しょうみょうをたまつておんるにしょす》、予其一也《よはそのひとつなり》。爾者《しかれば》、已非僧非俗《すでにそうにあらずぞくにあらず》、是故以禿字爲姓《このゆえにとくのじをもつてしょうとす》、空師幷《ならびに》弟子等、坐諸《しょ》方邊州經《ほうのへんしゅうにつみして》五年之居《ごねんのきしょをへたりと》緒云云　空聖人罪名藤井元彦《くしょうにんざいみょうふじいのもとひこ》、配所土佐國《はいしょとさのくに》幡多　鸞聖人《らんしょうにん》、罪名藤井善信《ざいみょうふじいのよしざね》、配《はい》所越後國《しょえちごのくに》國府　此外《このほか》の門徒《もんと》、死罪流罪《しざいるざい》みな略之《これをりゃくす》。皇帝《こうてい》諱守成號佐渡院　聖代建曆《せいだいけんりゃく》辛未　歳《のとし》、子月《しげつ》第七日、岡崎中納言範光卿《おかざきのちゅうなごんのりみつのきょう》をもて、勅免《ちょくめん》、此時聖人右のごとく禿字《とくのじ》を書《かき》て奏聞《そうもん》し給《たま》ふに、陛下叡感《へいかえいかん》をくだし、侍臣《じしん》おほきに褒美《ほうび》す。勅免《ちょくめん》ありといへども、かしこに化《け》を施《ほどこ》さむがために、なをしばらく在國《ざいこく》し給《たまい》けり。

第二段

聖人《しょうにん》、越後國《えちごのくに》より常陸國《ひたちのくに》に越《こえ》て、笠間郡稲田郷《かさまのこおりいなだのごう》といふ所《ところ》に隱居《いんきょ》したまふ。幽栖《ゆうせい》を占《しむ》といへども道《どう》俗跡《ぞくあと》をたづね、蓬戸《ほうこ》を閉《とず》といへども貴賤衢《きせんちまた》に溢《あふ》る。佛法弘通《ぶっぽうぐづう》の本懐《ほんがい》ここに成就《じょうじゅ》し、衆生利益《しゅじょうりやく》の宿念《しゅくねん》たちまちに滿足《まんぞく》す。此時聖人被仰云《おおせられてのたまわく》、救世菩薩《くせぼさつ》の告命《ごうみょう》を受《うけ》し往《いにしへ》の夢、既に今と符合《ふごう》せり。

第三段

聖人《しょうにん》、常陸國《ひたちのくに》にして專修念佛《せんしゅねんぶつ》の義《ぎ》をひろめ給《たま》ふに、おほよそ疑謗《きほう》の輩《ともがら》はすくなく、信順《しんしゅん》の族《やから》はおほし。しかるに一人《いちにん》の僧山臥云々ありて、動《ややもすれ》ば佛法《ぶっぽう》に怨《あた》をなしつつ、結局害心《けっくがいしん》を挿《さしはさん》で聖人《しょうにん》を時々《よりより》うかがひたてまつる。聖人《しょうにん》、板敷山《いたじきやま》といふ深山《しんざん》を恒《つね》に往反《おうへん》し給《たまい》けるに、彼山《かのやま》にして度々《どど》相待《あいまつ》といへども、さらに其節《そのせつ》をとげず、倩々《つらつら》ことの參差《しんし》を案《あん》ずるに、頗《すこぶる》奇特《きどく》のおもひあり。仍《よつて》、聖人《しょうにん》に謁《えつ》せむとおもふ心《こころ》つきて、禪室《ぜんしつ》に行《ゆき》て尋《たづね》申《もうす》に、聖人《しょうにん》左右《さう》なく出會《いであい》たまひにけり。すなわち尊顔《そんげん》にむかひたてまつるに、害心《がいしん》忽《たちまち》に消滅《しょうめつ》して、剰《あまつさえ》後悔《こうかい》の涙《なみだ》禁《きん》じがたし。ややしばらくありて、有《あり》のままに日來《ひごろ》の宿鬱《しゅくうつ》を述《じゅ》すといへども、聖人《しょうにん》、又《また》をどろける色《いろ》なし。たちどころに弓箭《きゅうせん》をきり、刀杖《とうじょう》をすて、頭巾《ときん》をとり、柿衣《かきのころも》をあらためて、佛教に歸しつつ、終《つい》に素懷《そかい》をとげき。不思議なりし事なり。すなわち明法房是《みょうほうぼうこれ》也《なり》。聖人《しょうにん》、これをつけ給《たまい》き。

第四段

聖人《しょうにん》、東關《とうかん》の堺《さかい》を出《いで》て、花城《かせい》の路《みち》におもむきましましけり。或日《あるひ》晩陰《ばんいん》にをよむで、箱根《はこね》の險阻《けんそ》にかかりつつ、遙《はるか》に行客《こうかく》の蹤《あと》を送《をくり》て、漸《ようやく》人屋《じんおく》の樞《とぼそ》にちかづくに、夜《よ》もすでに曉更《ぎょうこう》にをよむで、月もはや孤嶺《これい》にかたぶきぬ。于時《このとき》、聖人《じょうにん》あゆみよりつつ、案内《あんない》したまふに、まことに齢傾《よはいかたむき》たる翁《おきな》のうるはしく裝束《しょうぞくし》たるが、いとこととく出會《いであい》たてまつりていふ樣《よう》、社廟《しゃびょう》ちかき所のならひ、巫《かんなぎ》どもの終夜《よもすがら》あそびし侍《はべ》るにおきなもまじわりつるに、いまなんいささかよりゐ侍《はべ》ると思《おもう》ほどに、夢《ゆめ》にもあらず、うつつにもあらで、權現《ごんげん》被仰云《おおせられていはく》、只今、われ尊敬《そんきょう》をいたすべき客人《きゃくじん》、此路《このみち》を過給《すぎたま》ふべき事あり、かならず慇懃《いんぎん》の忠節《ちゅうせつ》を抽《ぬきんで》て、殊《こと》に丁寧《ていねい》の饗應《きょうおう》を儲《もうく》べしと云云。示現《じげん》いまだ覺《さめ》をはらざるに、貴僧《きそう》忽爾《こつじ》として影向《ようごう》し給《たま》へり。何ぞただ人《びと》にましまさむ。神勅是炳焉也《しんちょくこれへいえんなり》。感應《かんおう》最《もっとも》恭敬《くぎょう》すと云《い》ひて、尊重崛請《そんじゅうくっしょう》したてまつりて、さまざまに飯食《はんしき》を粧《よそお》ひ、色々に珍味《ちんみ》を調《ととのえ》けり。

第五段

聖人《しょうにん》、故郷《こきょう》に帰《かえり》て往事《おうじ》をおもふに、年々歳々夢《ねんねんせいせいゆめ》のごとし、幻《まぼろし》のごとし。長安洛陽《ちょうあんらくよう》の栖《すみか》も跡《あと》をとどむるに嬾《ものうし》とて、扶風馮翊《ふふふよく》ところどころに移住《いじゅ》したまひき。五條西洞院《ごじょうにしのとういん》わたり、一《ひとつ》の勝地《しょうち》也とて、しばらく居《きょ》をしめたまふ。今比《このごろ》、いにしへ口決《くけつ》を傳《つた(へ)》ひ、面受《めんじゅ》を遂《とげ》し門徒等《もんとら》、をのをの好《よしみ》を慕《した》ひ、路《みち》を尋《たずね》て参集《さんしゅう》たまひけり。其比《そのころ》、常陸國《ひたちのくに》那荷西郡大部郷《なかのさいのこおりおおぶのごう》に、平太郎《へいたろう》なにがしといふ庶民《しょみん》あり。聖人《しょうにん》の御訓《みをしえ》を信《しん》じて、専《もっぱら》貮《ふたごころ》なかりき。而或時《しかるにあるとき》、件《くだん》の平太郎《へいたろう》、所務《しょむ》に駈《から》れて熊野《くまの》に詣《けいす》べしとて、事《こと》のよしをたづね申《もう》さむために、聖人《しょうにん》へまいりたるに、被仰《おおせられてのたまわく》云、夫《それ》、聖教萬差也《しょうぎょうまんじゃなり》、いづれも機《き》に相應《そうおう》すれば巨益《こやく》あり。但末法《ただしまつぼう》の今時《いまのとき》、聖道《しょうどう》の修行《しゅぎょう》にをきては成《じょう》ずべからず。すなわち我末法時中億々衆生起行修《がまつぼうじちゅうおくおくしゅじょうきぎょうしゅ》道未有一人得者《どうみういちにんとくしゃ》といひ、唯有浄土一門可通入路《ゆいうじょうどいちもんかつうにゅうろ》と云云　此皆經釋《これみなきょうしゃく》の明文如來《めいもんにょらい》の金言也《きんげんなり》。而今《しかるにいま》、唯有《ゆいう》浄土《じょうど》の眞説《しんせつ》に就《つい》て、忝《かたじけなく》彼三國《かのさんごく》の祖師《そし》、各此《おのおのこの》一宗を興行《こうぎょう》す、所以《このゆえ》に愚禿勸《ぐとくすすむ》るところ更《さら》にわたくしなし。然《しかるに》に一向専念《いっこうせんねん》の義は往生の肝腑《かんぷ》自宗の骨目也《こつもくなり》。即《すなわち》三經《さんぎょう》に隠顯《おんけん》ありといへども、云文云義《もんといいぎといい》、共《とも》に明哉《あきらかなるをや》。大經の三輩《さんぱい》にも一向《いっこう》と勸《すすめ》て、流通《るづう》にはこれを彌勒《みろく》に付屬《ふぞく》し、觀經の九品《くほん》にもしばらく三心《さんじん》と説《とき》て、これまた阿難《あなん》に付屬《ふぞく》す、小經の一心つゐに諸佛これを證誠《しょうじょう》す。依之論主一心《これによってろんじゅいっしん》と判《はん》じ、和尚《かしょう》一向《いっこう》と釋《しゃく》す。然則《しかればすなわち》、何《いずれ》の文《もん》によりて専修《せんじゅ》の義《を》立すべからざるぞや。　證誠殿《しょうじょうでん》の本地《ほんち》すなわちいまの教主《きょうしゅ》なり。かるが故にとてもかくても衆生《しゅじょう》に結縁《けつえん》の心《こころ》ざしふかきによりて、和光《わこう》の垂迹《すいしゃく》をとどめたまふ。垂迹《すいしゃく》をとどむる本意《ほんい》、ただ結縁《けつえん》の群類《ぐんるい》をして願海《がんかい》に引入《いんにゅう》せむとなり。しかあれば、本地《ほんち》の誓願《せいがん》を信じて偏《ひとえ》に念佛をこととせん輩《ともがら》、公務《くむ》にもしたがひ、領主《りょうしゅ》にも駈仕《くし〔し〕》て、其靈地《そのれいち》をふみ、その社廟《しゃびょう》に詣《けい》せんこと、更《さら》に自心《じしん》の發起《ほっき》するところにあらず。然者《しかれば》、垂迹《すいしゃく》にをきて、内懐虚假《ないえこけ》の身《み》たりながら、あながちに賢善精進《げんぜんしょうじん》の威儀《いぎ》を標《ひょう》すべからず。唯本地《ただほんち》の誓約《せいやく》にまかすべし、穴賢々々《あなかしこあなかしこ》神威《しんい》をかろしむるにあらず、努力々々《ゆめゆめ》冥眦《みょうし》をめぐらし給《たま》ふべからずと云云　これによりて平太郎能野《へいたろうくまの》に參詣《さんけい》す。道《みち》の作《さ》法別整儀《ほうとりわきととのうるぎ》なし。ただ常没《じょうもつ》の凡情《ぼんじょう》にしたがへて、更《さら》に不浄《ふじょう》をも刷事《かいつくろうこと》なし、行住坐臥《ぎょうじゅざが》に本願《ほんがん》を仰《あお》ぎ、造次顛沛《ぞうしてんぱい》に師孝《しきょう》を憑《まもる》に、はたして無爲《むい》に參着《さんちゃく》の夜《よ》、件《くだん》の男夢告云《おとこゆめにつげていわく》、證誠殿《しょうじょうでん》の扉《とびら》を排《おしひらき》て、衣冠《いかん》ただしき俗人《ぞくじん》被仰云《おおせられていわく》、汝何《なんじなん》ぞ我《われ》を忽緒《こっしょ》して汚穢不浄《わえふじょう》にして參詣《さんけい》するやと、爾時《そのとき》かの俗人《ぞくじん》に對《たい》坐《ざ》して聖人忽爾《しょうにんこつじ》として見給《まみえたまふ》。其詞云《そのことばにのたまわく》、彼《かれ》は善信《ぜんしん》が訓《おしえ》によりて念佛する者也と云云　爰俗人《ここにぞくじん》、笏《しゃく》を直《ただ》しくして、ことに敬屈《けいくつ》の禮《れい》を著《あらわ》しつつ、かさねて述《のぶ》るところなしと見《み》るほどに、夢《ゆめ》さめをはりぬ。おほよす、奇異《きい》のおもひをなすことといふべからず。下向《げこう》の後《のち》、貴房《きぼう》にまいりて、くはしく此旨《このむね》を申《もうす》に、聖人其事也《そのことなり》とのたまふ。此又不可思議《これまたふかしぎ》のことなりかし。

第六段

聖人《しようにん》、弘長《こうちよう》二歳《にさい》壬戌仲冬下旬《ちゆうとうげじゆん》の候《こう》より、いささか不例《ふれい》の氣ましします。自爾以來《それよりこのかた》、口《くち》に世事《せじ》をまじへず、ただ佛恩《ぶつおん》のふかきことをのぶ。聲《こえ》に餘言《よごん》をあらはさず、もはら稱名《しようみよう》たゆることなし。しかうして同第八日《おなじきだいはちにち》午時《うまのとき》、頭北面西右脇《づほくめんさいうきよう》に臥給《ふしたまい》て、つゐに念佛の息《いき》たえましましをはりぬ。于時頽齢《このときたいれい》九旬《きゆうじゆん》に満《みち》たまふ。禪坊《ぜんぼう》は長安馮翊《ちようあんふよく》の邊《ほとり》押小路南萬里小路東なれば、はるかに河東《かとう》の路《みち》を歴《へ》て、洛陽東山《らくようひがしやま》の西麓《にしのふもと》、鳥部野《とりべの》の南邊《みなみのほとり》、延仁寺《えんにんじ》に葬《そう》したてまつる。遺骨《いこつ》を拾《ひろい》て、同山麓《おなじきやまのふもと》、鳥部野《とりべの》の北《きた》、大谷《おおたに》にこれをおさめたてまつりをはりぬ。而《しかるに》、終焉《しゆうえん》にあふ門弟《もんてい》、勸化《かんけ》をうけし老若《ろうにやく》、をのをの在世《ざいせ》のいにしへをおもひ、滅後のいまを悲《かなしみ》て、戀慕涕泣《れんぼていきゆう》せずといふことなし。

第七段

文永九年冬比《ぶんえいくねんふゆのころ》、東山西麓《ひがしやまにしのふもと》、鳥部野北《とりべののきた》、大谷《おおたに》の墳墓《ふんぼ》をあらためて、同麓《おなじきふもと》より猶西《なおにし》、吉水《よしみず》の北邊《きたのほとり》に、遺骨《いこつ》を堀渡《ほりわたし》て、佛閣《ぶつかく》をたて影像《えいぞう》を安《あん》ず。此時《このとき》に當て、聖人相傳《しようにんそうでん》の宗義いよいよ興《こう》じ、遺訓《ゆいくん》ますます盛《さかり》なること、頗在世《すこぶるざいせ》の昔《むかし》に超《こえ》たり。すべて門葉國郡《もんようこくぐん》に充満し、末流《まつりゆう》處々に遍布して、幾千萬といふことをしらず。其稟教《そのほんきよう》を重くして彼報謝《かのほうしや》を抽《ぬきんず》る輩《ともがら》、緇素老少《しそろうしよう》、面々《めんめんに》あゆみを運で年々廟堂《ねんねんびようどう》に詣《けい》す。凡《およそ》、聖人在生《しようにんざいしよう》の間《あいだ》、奇特《きどく》これおほしといへども、羅縷《らる》に遑《いとま》あらず。しかしながらこれを略するところなり。

歎異抄

竊《ひそ》かに愚案《ぐあん》を廻《めぐ》らして粗《ほゞ》古今を勘《かんが》ふるに、先師口傳《くでん》の眞信に異ることを歎き、後學相續の疑惑《ぎわく》あらんことを思ふに、幸に有緣《うえん》の知識《ちしき》に依らずば爭《いか》でか易行《いぎよう》の一門に入ることを得ん哉。全《まつた》く自見《じけん》の覺悟を以つて、他力の宗旨を亂ること莫れ。仍《よつ》て、故《こ》親鸞聖人御物語の趣《おもむき》、耳底《みゝそこ》に留まるところ聊《いさゝ》か之を注《しる》す。偏《ひとへ》に同心の行者《ぎようじや》の不審を散ぜんがためなりと。

云々。

一　一《ひとつ》、彌陀の誓願不思議にたすけられまいらせて、往生をばとぐるなりと信じて、念佛まうさんとおもひたつこゝろのおこるとき、すなはち攝取不捨《せつしゆふしや》の利益《りやく》にあづけしめたまふなり。彌陀の本願には、老少《ろうしよう》・善惡《ぜんまく》の人をゑらばれず。たゞ信心を要とするべし。そのゆへは、罪《ざい》惡深重《あくじんじゆう》、煩惱熾盛《ぼんのうしじよう》の衆生をたすけんがための願《がん》にてまします。しかれば本願を信ぜんには、他の善も要《よう》にあらず、念佛にまさるべき善なきがゆへに。惡をもおそるべからず、彌陀の本願をさまたぐるほどの惡なきがゆへにと云々。

二　一、各々十餘ケ國の境をこゑて、身命《しんみょう》をかへりみずして、たづねきたらしめたまふおんこゝろざし、ひとへに往生極樂《おうじょうごくらく》のみちをとひきかんがためなり。しかるに念佛よりほかに往生のみちをも存知《ぞんち》し、また法文《ほうもん》等をも知りたるらんと、こゝろにくゝおぼしめしてはんべらば、大《おゝき》なるあやまりなり。もししからば南都・北嶺《ほくれい》にも、ゆゝしき學匠《がくしょう》たちおほく座《おわ》せられてさふらふなれば、かの人々にも遇《あい》たてまつりて、往生の要《よう》よく〱きかるべきなり。親鸞にをきては、たゞ念佛して、彌陀にたすけられまいらすべしと、よきひとの仰《おゝせ》をかふむりて、信ずるほかに別の子細なきなり。念佛は、まことに淨土にうまるるたねにてやはんべるらん。また地獄にをつべき業《ごう》にてやはんべるらん。惣《そう》じてもて存知《ぞんち》せざるなり。たとひ、法然上人にすかされまいらせて、念佛して地獄におちたりとも、さらに後悔《こうかい》すべからずさふらふ。そのゆへは、自餘《じょ》の行《ぎょう》もはげみて、佛になるべかりける身が、念佛をまうして、地獄にもおちてさふらはゞこそ、すかされたてまつりて、といふ後悔もさふらはめ。いづれの行《ぎょう》もおよびがたき身なれば、とても地獄は一定《いちじょう》すみかぞかし。彌陀の本願まことにおわしまさば、釋尊の説教、虚言《きょごん》なるべからず。佛説《ぶっせつ》まことにをはしまさば、善導《ぜんどう》の御釋《おんしゃく》、虚言《きょごん》したまふべからず。善導の御釋まことならば、法然の仰《おゝせ》そらごとならんや。法然のおほせまことならば、親鸞がまうすむね、またもてむなしかるべからずさふらふか。せんずるところ、愚身《ぐしん》の信心《しんじん》にをきてはかくのごとし。このうへは、念佛をとりて信じたてまつらんとも、またすてんとも、面々《めん〱》の御計《おんはからい》なりと云々。

三　一、善人なをもちて往生をとぐ、いはんや惡人をや。しかるを、世のひとつねにいはく、惡人なを往生《おうじょう》す、いかにいはんや善人をや、と。この條、一旦そのいはれあるににたれども、本願他力の意趣《いしゅ》にそむけり。そのゆへは、自力作善《じりきさぜん》の人は、ひとへに他力をたのむこゝろかけたるあひだ、彌陀の本願にあらず。しかれども自力のこゝろをひるがへして、他力をたのみたてまつれば、眞實報土《しんじつほうど》の往生をとぐるなり。煩惱具足《ぼんのうぐそく》のわれらは、いづれの行《ぎょう》にても、生死《しょうじ》をはなるゝことあるべからざるを哀《あわれみ》たまひて、願《がん》をおこしたまふ本意《ほんい》、惡人成佛《あくにんじょうぶつ》のためなれば、他力をたのみたてまつる惡人、もとも往生の正因《しょういん》なり。よりて善人だにこそ往生すれ、まして惡人は、と仰《おゝせ》さふらひき。

四　一、慈悲《じひ》に聖道《しょうどう》・淨土のかはりめあり。聖道の慈悲といふは、ものをあはれみかなしみ、はぐくむなり。しかれども、おもふがごとく助《たすけ》とぐること、きはめてありがたし。淨土の慈悲といふは、念佛して、いそぎ佛になりて、大慈大悲心《だいじだいひしん》をもて、おもふがごとく、衆生《しゅじょう》を利益《りやく》するを云べきなり。今生《こんじょう》にいかにいとをし不便とおもふとも、存知《ぞんち》のごとくたすけがたければ、この慈悲《じひ》始終《しじゅう》なし。しかれば念佛まうすのみぞ、すえとをりたる大慈悲心《だいじひしん》にてさふらふべきと云々。

五　一、親鸞は父母《ぶも》の孝養《きようよう》のためとて、一遍にても念佛まうしたること、いまださふらはず。そのゆへは、一切の有情《うじよう》は、みなもて世々《せゝ》生々《しようぐ》の父母《ぶも》兄弟なり。いづれも〳〵この順次生《じゅんじしよう》に佛になりて助さふらふべきなり、わがちからにてはげむ善にてもさふらはゞこそ、念佛を廻向《えこう》して父母《ぶも》をもたすけさふらはめ。たゞ自力をすてゝ、いそぎ浄土のさとりをひらきなば、六道・四生《ししよう》のあひだ、いづれの業苦《ごうく》にしづめりとも、神通方便《じんづうほうべん》をもて、まづ有縁《うえん》を度《ど》すべきなりと云々。

六　一、専修《せんじゅ》念佛のともがらの、我弟子、人の弟子といふ相論《そうろん》のさふらふらんこと、もてのほかの子細なり。親鸞は弟子一人ももたずさふらふ。そのゆへは、我はからひにて、ひとに念佛をまうさせさふらはゞこそ、弟子にてもさふらはめ、ひとへに彌陀の御《おん》もよほしにあづかりて、念佛まうしさふらふひとを、わが弟子とまうすこと、きはめたる荒凉《こうりよう》のことなり。つくべき縁あればともない、はなるべき縁あれば、はなるゝことのあるをも、師をそむきて、ひとにつれて念佛すれば、往生《おうじよう》すべからざるものなりなんどといふこと、不可説《ふかせつ》なり。如來よりたまはりたる信心《しんじん》を、わがものがほにとりかへさんとまうすにや。返々《かえすぐ》もあるべからざることなり。自然《じねん》の理《ことわり》にあひかなはゞ、佛恩をもしり、また師の恩をもしるべきなりと云々。

七　一、念佛《（ねんぶつ）》者は無碍《むげ》の一道《いちどう》なり。そのいはれいかんとならば、信心《しんじん》の行者《ぎょうじゃ》には、天神《てんじん》・地祇《じぎ》も敬伏《きょうぶく》し、魔界《まかい》・外道《げどう》も障碍《しょうげ》することなし。罪悪《ざいあく》も業報《ごうほう》を感《かん》ずることあたはず、諸善《しょぜん》もおよぶことなきゆへに、無碍《むげ》の一道《いちどう》なりと云々。

八　一、念佛は行者《ぎょうじゃ》のために非行《ひぎょう》・非善《ひぜん》なり。我《わが》はからひにて行ずるにあらざれば非行といふ。我はからひにてつくる善にもあらざれば非善といふ。ひとへに他力にして自力をはなれたるゆへに、行者《ぎょうじゃ》のためには非行・非善なりと云々。

九　一、念佛まうしさふらへども、踊躍歡喜《ゆやくかんぎ》の心おろそかにさふらふこと、またいそぎ淨土へまいりたきこゝろのさふらはぬは、いかにとさふらふべきことにてさふらふやらんと、まうしいれてさふらひしかば、親鸞もこの不審ありつるに、唯円房《ゆいえんぼう》おなじこゝろにてありけり。よく〳〵案じみれば、天におどり地にをどるほどによろこぶべきことを、よろこばぬにて、いよ〳〵往生《おうじょう》は一定《いちじょう》とおもひたまふべきなり。よろこぶべきこゝろをおさえて、よろこばせざるは、煩悩《ぼんのう》の所爲《しょい》なり。しかるに、佛《ぶつ》かねてしろしめして、煩悩具足《ぼんのうぐそく》の凡夫《ぼんぶ》とおほせられたることなれば、他力の悲願は、かくのごときのわれらがためなりけりとしられて、いよ〳〵たのもしくおぼゆるなり。また浄土へいそぎまいりたき心のなくて、いさゝか所労《しよろう》のこともあれば、死なんずるやらんと、こゝろぼそくおぼゆることも煩惱《ぼんのう》の所爲《しよい》なり。久遠劫《くおんごう》よりいまゝで流轉せる苦惱《くのう》の舊里《きゆうり》はすてがたく、いまだむまれざる安養《あんにょう》の浄土はこひしからずさふらふこと、まことに、よく〳〵煩惱《ぼんのう》の興盛《ごうじょう》にさふらふにこそ。なごりをしくおもへども、娑婆《しゃば》の縁つきて、ちからなくしてをはるときにかの土《ど》へはまひるべきなり。いそぎまいりたきこゝろなきものを、ことにあはれみたまふなり。これにつけてこそ、いよ〳〵大悲《だいひ》大願《だいがん》はたのもしく、往生は決定と存じさふらへ。踊躍歡喜《ゆやくかんぎ》のこゝろもあり、いそぎ浄土へもまいりたくさふらはんには、煩惱《ぼんのう》のなきやらんと、あやしくさふらひなましと云々。

一〇　一、念佛には無義《むぎ》をもて義とす。不可稱不可説《ふかしようふかせつ》不可思議のゆへにとおほせさふらひき。そも〳〵かの御在生《ございしよう》のむかし、おなじこゝろざしにして、あゆびを遼遠《りようおん》の洛陽にはげまし、信を一《ひとつ》にして心を當來の報土《ほうど》にかけしともがらは、同時に御意趣《ごいしゆ》をうけたまはりしかども、そのひとぐ〵にともないて念佛まうさるゝ老若《ろうにゃく》、そのかずをしらずおはしますなかに、上人《しようにん》のおほせにあらざる異義どもを、近來《きんらい》はおゝくおほせられあふてさふらふよし、つたへうけたまはる。

いはれなき條々《じょうゞ》の子細のこと。

二　一、一文不通《いちもんふつう》のともがらの念佛まうすにあふて、なんぢは誓願《せいがん》不思議を信じて念佛まうすか、また名號《みょうごう》不思議を信ずるかと、いひおどろかして、ふたつの不思議の子細をも分明《ふんみょう》にいひひらかずして、ひとのこころをまどはすこと、この條《じょう》かへす〲もこゝろをとゞめて、おもひわくべきことなり。誓願の不思議によりて、たもちやすく、となへやすき名號《みょうごう》を案じいだしたまひて、この名字《みょうじ》をとなへんものを、むかへとらんと、御《おん》やくそくあることなれば、まづ彌陀の大悲大願の不思議にたすけられまいらせて、生死《しょうじ》をいづべしと信じて、念佛のまうさるゝも、如來の御《おん》はからひなりとおもへば、すこしもみづからのはからひまじはらざるがゆへに、本願に相應《そうおう》して、實報土《じつほうど》に往生《おうじょう》するなり。これは誓願《せいがん》の不思議をむねと信じたてまつれば、名號《みょうごう》の不思議も具足《ぐそく》して、誓願名號《せいがんみょうごう》の不思議一《ひとつ》にしてさらにことなることなきなり。つぎにみづからのはからひをさしはさみて、善惡の二《ふたつ》につきて、往生のたすけ・さはり、二様《ふたよう》におもへば、誓願の不思議をばたのまずして、わがこゝろに往生《おうじょう》の業《ごう》をはげみて、まうすところの念佛をも自行《じぎょう》になすなり。このひとは名號《みょうごう》の不思議をも、また、信ぜざるなり。信ぜされども邊地懈慢《へんじけまん》疑城胎宮《ぎじょうたいぐ》にも往生《おうじょう》して、果遂《かすい》の願《がん》のゆへに、ついに報土《ほうど》に生ずるは名號《みょうごう》不思議の力なり。これすなはち誓願不思議のゆへなれば、たゞ一《ひとつ》なるべし。

三　一、經釋《きようしやく》を讀み學《がく》せざるともがら、往生不定《おうじようふじよう》のよしのこと。この條《じよう》すこぶる不足言《ふそくごん》の義といひつべし。他力眞實のむねをあかせるもろ〳〵の聖教《しようぎよう》は、本願を信じ、念佛をまうさば佛になる。そのほか、なにの學問かは往生の要《よう》なるべきや。まことにこのことはりにまよえらんひとは、いかにも〳〵學問して、本願の旨《むね》をしるべきなり。經釋《きようしやく》をよみ學すといへども、聖教《しようぎよう》の本意をこゝろえざる條、もち(っ)とも不便《ふびん》のことなり。一文不通《いちもんふつう》にして、經釋《きようしやく》のゆくぢもしらざらんひとの、となへやすからんための、名號《みようごう》におはしますゆへに、易行《いぎよう》といふ。學問をむねとするは聖道門《しようどうもん》なり、難行《なんぎよう》となづく。あやまて學問して、名聞利養《みようもんりよう》のおもひに住《じゆう》するひと、順次の往生、いかゞあらんずらんといふ證文《しようもん》もさふらふぞかし。當時、專修《せんじゆ》念佛のひとゝ、聖道門《しようどうもん》のひと、諍論《じようろん》を企《くわだ》てゝ、我宗こそすぐれたれ、ひとの宗はおとりなりといふほどに、法敵もいできたり謗法《ほうぼう》もおこる。これしかしながら、みづから、わが法を破謗《はほう》するにあらずや。たとひ諸門こぞりて、念佛はかひなきひとのためなり、その宗、あさしいやしといふとも、さらにあらそはずして、われらがごとく下根《げこん》の凡夫《ぼんぶ》、一文不通《いちもんふつう》のものゝ、信ずればたすかるよし、うけたまはりて信じさふらへば、さらに上根《じようこん》のひとのためにはいやしくとも、われらがためには最上の法にてまします。たとひ自餘《じよ》の教法《きようぼう》はすぐれたりとも、みづからがためには器量およばざればつとめがたし。われもひとも、生死《しようじ》をはなれんことこそ、諸佛の御本意《ごほんい》にておはしませば、御《おん》さまたげあるべからずとて、にくひ氣《け》せずば、たれの人ありてあたをなすべきや。かつは諍論《じようろん》のところには諸の煩惱《ぼんのう》おこる。智者遠離《ちしやおんり》すべきよしの證文《しようもん》さふらふにこそ。故上人《こしようにん》の仰《おゝせ》には、この法をば信ずる衆生もあり、そしる衆生もあるべしと、佛ときをかせたまひたる事なれば、我はすでに信じたてまつる。またひとありてそしるにて、佛說《ぶつせつ》まことなりけりとしられさふらふ。しかれば、往生はいよ〱一定《いちじよう》とおもひたまふべきなり。あやまりて、そしるひとのさふらはざらんにこそ、いかに信ずる人はあれども、そしる人のなきやらんとも、おぼゑさふらひぬべけれ。かくまうせばとて、かならずひとにそしられんとにはあらず。佛のかねて信謗《しんぼう》ともにあるべきむねをしろしめして、ひとのうたがひをあらせじと、ときをかせたまふことをまうすなりとこそさふらひしか。いまの世には學文《がくもん》して、ひとのそしりをやめ、ひとへに論義《ろんぎ》問答をむねとせんとかまへられさふらふにや。學問せば、いよ〱如來の御本意《ごほんい》をしり、悲願の廣大のむねをも存知《ぞんち》して、いやしからん身にて、往生《おうじよう》はいかゞなんどとあやぶまん人にも、本願には善惡淨穢《ぜんまくじようえ》なき趣《おもむき》をも、說《とき》きかせられさふらはゞこそ、學生《がくしよう》のかひにてもさふらはめ。たま〱、なにごゝろもなく、本願に相應して念佛する人をも、學文してこそなんどといひをどさるゝこと、法の魔障《ましよう》なり佛の怨敵《おんてき》なり。みづから他力の信心かくるのみならず、あやまて、他をまよはさんとす。つゝしんでおそるべし、先師の御《おん》こゝろにそむくことを。兼て哀むべし、彌陀の本願にあらざることを。と云々。

三 一、彌陀の本願不思議におはしませばとて、惡をおそれざるは、また本願ぼこりとて、往生《おうじよう》かなふべからずといふこと、この條《じよう》本願を疑ふ善惡《ぜんまく》の宿業《しゆくごう》をこゝろえざるなり。よきこゝろのおこるも、宿善《しゆくぜん》のもよほすゆへなり。惡事《あしきこと》のおもはれせらるゝも、惡業《あくごう》のはからふゆへなり。故上人《こしようにん》の仰《おゝせ》には、卯毛《うのけ》羊毛《ひつじのけ》のさきにゐるちりばかりもつくるつみの、宿業《しゆくごう》にあらずといふことなし、としるべしとさふらひき。またあるとき、唯圓房《ゆいえんぼう》はわがいふことをば信ずるか、とおほせのさふらひしあひだ、さんさふらふとまうしさふらひしかば、さらばいはんことたがふまじきかと重ておほせのさふらひしあひだ、つゝしんで領狀《りようじよう》まうしてさふらひしかば、たとへばひとを千人ころしてんや、しからば往生は一定《いちじよう》すべし、とおほせさふらひしとき、おほせにてさふらへども、一人《いちにん》もこの身の器量にては、ころしつべしとも、おぼえずさふらふ、とまうしてさふらひしかば、さてはいかに親鸞がいふことをたがふまじきとはいふぞと。これにてしるべし。なにごともこゝろにまかせることならば、往生のために千人ころせといはんに、すなはちころすべし。しかれども、一人にてもかなひぬべき業縁《ごうえん》なきによりて、害せざるなり。わがこゝろのよくてころさぬにはあらず。また害せじとおもふとも、百人千人をころすこともあるべし。とおほせのさふらひしは、我等が心のよきをばよしとおもひ、悪《あし》きことをば悪《あし》と思《おもい》て、願《がん》の不思議にてたすけたまふといふことをしらざることを、おほせのさふらひしなり。そのかみ邪見《じゃけん》におちたる人あて《(あって)》悪をつくりたるものを、たすけんといふ願《がん》にてましませばとて、わざとこのみて悪をつくりて、往生の業《ごう》とすべきよしをいひて、やう〳〵にあしざまなることのきこゑさふらひしとき、御消息《ごしょうそく》に、くすりあればとて毒をこのむべからず、とあそばされさふらふは、かの邪執《じゃしゅう》をやめんがためなり。またく悪は往生のさはりたるべしとにはあらず。持戒《じかい》持律《じりつ》にてのみ本願を信ずべくば、我等いかでか生死《しょうじ》をはなるべきや、と。かゝるあさましき身《み》も、本願にあひたてまつりてこそ、げにほこられさふらへ。さればとて、身にそなへざらん悪業《あくごう》は、よもつくられさふらはじものを。また、うみかはに、あみをひき、つりをして、世をわたるものも、野やまに、しゝをかり、鳥をとりて、いのちをつぐともがらも、あきなひをもし、田畠《でんはく》つくりてすぎる人も、たゞをなじことなり、と。さるべき業縁《ごうえん》のもよをせば、いかなるふるまひもすべしとこそ、聖人《しようにん》はおほせさふらひしに、當時は後世者《ごせしや》ぶりして、よからんものばかり念佛まうすべきやうに、あるひは道場にはりぶみをして、なむ〳〵のことしたらんものをば、道場へいるべからずなんどゝいふこと、ひとへに賢善精進《けんぜんしようじん》の相をほかにしめして、うちには虚假《こけ》をいだけるものか。願にほこりてつくらんつみも、宿業《しゆくごう》のもよほすゆへなり。されば善《よき》ことも惡《あしき》ことも、業報《ごうほう》にさしまかせて、ひとへに本願をたのみまいらすればこそ、他力にてはさふらへ。唯信抄《ゆいしんしよう》にも、彌陀いかばかりのちからましますとしりてか、罪業《ざいごう》の身なれば、すくはれがたしとおもふべきとさふらふぞかし。本願にほこるこゝろのあらんにつけてこそ、他力をたのむ信心も決定《けつじよう》しぬべきことにてさふらへ。おほよそ、惡業煩惱《あくごうぼんのう》を斷じつくしてのち、本願を信ぜんのみぞ、願にほこるおもひもなくてよかるべきに、煩惱《ぼんのう》を斷じなば、すなはち佛になり、佛のためには、五劫思惟《ごこうしゆい》の願《がん》、その詮《せん》なくやましまさん。本願ぼこりといましめらるゝひと〴〵も、煩惱不淨《ぼんのうふじよう》、具足《ぐそく》せられてこそさふらふげなれ。それは願にほこらるゝにあらずや。いかなる惡を、本願ぼこりといふ、いかなる惡か、ほこらぬにてさふらふべきぞや。かへりて、こゝろをさなきことか。

一四　一、一念に八十億劫の重罪を滅すと信ずべしといふこと。この條は、十惡五逆の罪人、日ごろ念佛をまうさずして、命終《みようじゆ》のとき、はじめて善知識《ぜんちしき》のおしへにて、一念まうせば八十億劫のつみを滅し、十念《じゆうねん》まうせば十《こ》八《はち》十億劫《こう》の重罪《じゆうざい》を滅《めつ》して往生すといへり。これは十惡五逆《じゆうあくごぎやく》の輕《きよう》重《じゆう》をしらせんがために、一念十念といへるか、滅罪《めつざい》の利益《りやく》なり。いまだわれらが信ずるところにおよばず。そのゆへは彌陀の光明にてらされまいらするがゆへに、一念發起《ほつき》するとき、金剛の信心《しんじん》をたまはりぬれば、すでに定聚《じようじゆ》のくらゐにをさめしめたまひて、命終《みようじゆ》すれば、もろもろの煩惱惡障《ぼんのうあくしよう》を轉じて無生忍《むしようにん》をさとらしめたまふなり。この悲願ましまさずば、かゝるあさましき罪人、いかでか生死《しようじ》を解脱《げだつ》すべきとおもひて、一生のあひだまうすところの念佛は、みなことぐく、如來大悲の恩を報《ほう》じ徳を謝《しや》すと思《おもう》べきなり、念佛まうさんごとに、罪をほろぼさんと信ぜんは、すでにわれとつみをけして、往生せんとはげむにてこそさふらふなれ。もししからば、一生のあひだ、思《おもい》と思《おもう》こと、みな生死《しようじ》のきづなにあらざることなければ、いのちつきんまで念佛退轉《ねんぶつたいてん》せずして往生すべし。たゞ業報《ごうほう》かぎりあることなれば、いかなる不思議のことにもあひ、また病惱《びようのう》苦痛せめて、正念《しようねん》に住《じゆう》せずしてをはらん。念佛まうすことかたし。そのあひだの罪をば、いかゞして滅すべきや。つみきゑざれば往生《おうじよう》はかなふべからざるか。攝取不捨《せつしゆふしや》の願をたのみたてまつらば、いかなる不思議ありて、罪業《ざいごう》をおかし、念佛せずしてをはるとも、すみやかに往生をとぐべし。また念佛のまうされんも、たゞいまさとりをひらかんずる期《ご》のちかづくにしたがひても、いよいよ彌陀をたのみ、御恩《ごおん》を報じたてまつるにてこそさふらはめ。つみを滅せんとおもはんは、自力のこゝろにて、臨終正念《りんじゅしょうねん》といのるひとの本意《ほんい》なれば、他力の信心なきにてさふらふなり。

一五　一、煩惱具足《ぼんのうぐそく》の身をもてすでにさとりをひらくといふこと。この條、もてのほかのことにさふらふ。即身成佛《そくしんじょうぶつ》は、眞言祕教の本意、三密行業《さんみつぎょうごう》の證果《しょうか》なり。六根清淨はまた法華一乘《ほっけいちじょう》の所說《しょせつ》、四安樂《しあんらく》の行《ぎょう》の感德《かんとく》なり。これみな難行上根《なんぎょうじょうこん》のつとめ、觀念成就《かんねんじょうじゅ》のさとりなり。來生《らいしょう》の開覺《かいかく》は他力淨土の宗旨、信心決定の道《どう》なるがゆへなり。これまた易行下根《いぎょうげこん》のつとめ、不簡善惡《ふけんぜんまく》の法なり。おほよそ、今生《こんじょう》にをいては、煩惱惡障《ぼんのうあくしょう》を斷ぜんこと、きはめてありがたきあひだ、眞言・法華を行《ぎょう》する淨侶《じょうりょ》、なをもて順次生《じゅんじしょう》のさとりをいのる。いかにいはんや。戒行惠解《かいぎょうえげ》ともになしといへども、彌陀の願船《がんせん》に乘じて、生死《しょうじ》の苦海《くかい》をわたり、報土《ほうど》の岸につきぬるものならば、煩惱《ぼんのう》の黑雲《こくうん》はやくはれ、法性《ほっしょう》の覺月《かくげつ》すみやかにあらはれて、盡十方《じんじっぽう》の無碍《むげ》の光明《こうみょう》に一味にして、一切衆生を利益《りやく》せんときにこそ、覺《さとり》にてはさふらへ。この身をもて覺《さとり》をひらくとさふらふなるひとは、釋尊のごとく種々の應化《おうげ》の身《しん》をも現《げん》じ、三十二相八十隨形好《ずいぎょうこう》をも具足《ぐそく》して、說《せつ》法利益《ほうりやく》さふらふにや。これをこそ、今生《こんじょう》にさとりをひらく本《ほん》とはまうしさふらへ。和讃にいはく、金剛堅固の信心の、さだまるときをまちえてぞ、彌陀の心光攝護《しんこうしょうご》して、ながく生死《しょうじ》をへだてける、とはさふらへば、信心のさだまるときに、ひとたび攝取《せっしゅ》してすてたまはざれば、六道《ろくどう》に輪廻《りんね》すべからず。しかればながく生死《しょうじ》をばへだてさふらふぞかし。かくのごとくしるを、覺とはいひまぎらかすべきや。あはれにさふらふをや。淨土眞宗には、今生《こんじょう》に本願を信じ、かの土にして覺《さとり》をばひらくとならひさふらふぞとこそ、故上人《こしょうにん》のおほせにはさふらひしか。

一六　一、信心の行者《ぎょうじゃ》、自然《じねん》にはらをもたて、あしざまなることをもおかし、同朋同侶《どうほうどうりょ》にもあひて口論をもしては、かならず廻心《えしん》すべしといふこと。この條、斷惡修善《だんあくしゅぜん》のこゝちか。一向專修のひとにをひては、廻心《えしん》といふこと、たゞひとたびあるべし。その廻心《えしん》は、日ごろ本願他力眞宗をしらざるひと、彌陀の智慧をたまはりて、日ごろのこゝろにては、往生《おうじょう》かなふべからずとおもひて、もとのこゝろをひきかへて、本願をたのみまいらするをこそ、廻心《えしん》とはまうしさふらへ。一切の事に、朝夕《あしたゆうべ》に廻心《えしん》して、往生をとげさふらふべくば、人のいのちは、いづるいき、いるいきをまたずしてをはることなれば、廻心《えしん》もせず、柔和忍辱《にゅうわにんにく》の思にも住《じゅう》せざらんさきにいのちつきば、攝取不捨《せっしゅふしゃ》の誓願は、むなしくならせおわしますべきにや。口には願力《がんりき》をたのみたてまつるといひて、心《こゝろ》には、さこそ惡人をたすけんといふ願、不思議にましますといふとも、さすがよからんものをこそ、たすけたまはんずれとおもふほどに、願力をうたがひ、他力をたのみまいらするこゝろかけて、邊地《へんじ》の生《しよう》をうけんこと、もともなげきおもひたまふべきことなり。信心さだまりなば、往生は、彌陀にはからはれまいらせてすることなれば、我はからひなるべからず。わろからんにつけても、いよいよ願力《がんりき》をあをぎまいらせば、自然《じねん》のことはりにて、柔和忍辱《にゆうわにんにく》のこゝろもいでくべし。すべてよろづのことにつけて、往生《おうじよう》には、かしこきおもひを具せずして、たゞほれ〴〵と彌陀の御恩の深重《じんじゆう》なること、つねはおもひいだしまいらすべし。しかれば念佛もまうされさふらふ。これ自然《じねん》なり。わがはからはざるを自然《じねん》とまうすなり。これすなはち他力にてまします。しかるを自然といふことの別にあるやうに、われものしりがほにいふひとのさふらふよし、うけたまはる。あさましくさふらふなり。

一七 一、邊地《へんじ》の往生《おうじよう》をとぐるひと、ついには地獄にをつべしといふこと。この、條いづれの證《しよう》文《もん》にみえさふらふぞや。學生だつる人の中にいひいださるゝことにてさふらふなるこそ、あさましくさふらへ。經論聖教《きようろんしようぎよう》をば、いかやうに見なされてさふらふらん。信心かけたる行者《ぎようじや》は、本願を疑《うたがう》によりて、邊地《へんじ》に生《しよう》じて、うたがひのつみをつぐのひてのち、報土《ほうど》のさとりをひらくとこそ、うけたまはりさふらへ。信心の行者《ぎやうじや》すくなきゆへに、化土《けど》におほくすゝめいれられさふらふを、ついにむなしくなるべしとさふらふなるこそ、如來に虚妄《こもう》をまうしつけまひらせられさふらふなれ。

一八 一、佛法《ぶつほう》の方《かた》に施入物《せにゆうもつ》の多少にしたがひて大小佛《ぶつ》になるべしといふこと。この條、不可説《ふかせつ》なりなり。比興《ひきよう》のことなり。まづ佛《ぶつ》に大小の分量《ぶんりよう》をさだむることあるべからずさふらふや。かの安養浄土《あんにようじようど》の教主《きようしゆ》の御身量《ごしんりよう》を説てさふらふも、それは方便法身のかたちなり。法性《ほつしよう》のさとりをひらいて、長短方圓《ほうえん》の形にもあらず、青黄赤白黒《しようおうしやくびやくこく》の色をもはなれなば、なにをもてか大小をさだむべきや。念佛まうすに化佛《けぶつ》を見たてまつるといふことのさふらふなるこそ、大念には大佛をみ、小念には小佛を見《みる》といへるが、もしこのことはりなんどにばし、ひきかけられさふらふやらん。かつはまた檀波羅蜜《だんはらみつ》の行《ぎよう》ともいひつべし。いかに寶物を佛前にもなげ、師匠にも施すとも、信心かけなば、その詮《せん》なし。一紙半銭《いつし》も、佛法のかたにいれずとも、他力に心をなげて信心ふかくば、それこそ願の本意《ほんい》にてさふらはめ。すべて佛法《ぶつほう》にことをよせて、世間の欲心もあるゆへに、同朋《どうぼう》をいひをどさるゝにや。

右の條々はみなもて信心の異よりことをこりさふらふか。古上人《こしょうにん》の御《おん》物語に、法然上人のおんとき、御《おん》弟子そのかずおゝかりけるなかに、おなじ御《ご》信心のひとも、すくなくおはしけるにこそ。親鸞、御《ご》同朋《どうぼう》の御《おん》なかにして、御《ご》相論《そうろん》のこと候けり。そのゆへは、善信が信心も、上人の御信心も一《ひとつ》なり、とおほせのさふらひければ、勢観房《せいかんぼう》・念佛房なんどまうす御同朋達《ごどうぼうたち》、もてのほかにあらそひたまひて、いかでか上人《しょうにん》の御信心に善信房の信心、一にはあるべきぞとさふらひければ、上人《しょうにん》の御智慧才覺《おんちえさいかく》ひろくおはしますに、一ならんとまうさばこそ、ひがごとならめ。往生の信心にをいては、またくことなることなし。たゞ一《ひとつ》なりと御返答ありけれども、なほ、いかでかその義あらんといふ疑難ありければ、詮《せん》ずる所上人《ところしょうにん》の御前《おんまえ》にて、自他の是非をさだむべきにて、この子細をまうしあげければ、法然上人のおほせには、源空が信心も、如來よりたまはりたる信心なり。善信房《ぜんしんぼう》の信心も、如來よりたまはらせたまひたる信心なり。されば、たゞ一なり。別の信心にておはしまさんひとは、源空がまいらんずる浄土へは、よもまいらせたまひさふらはじ、とおほせ候しかば、當時の一向専修のひと〴〵のなかにも、親鸞の御信心に一ならぬ御こともさふらふらんとおぼえさふらふ。いづれも〴〵くりごとにてさふらへども、かきつけさふらふなり。露命《ろめい》わずかに枯草《こそう》の身にかゝりてさふらふほどにこそ、あひともなはしめたまふひと〲御《ご》不審《ふしん》をもうけたまはり、上人のおほせのさふらひし趣をも、まうしきかせまいらせさふらへども、閉眼《へいがん》ののちは、さこそしどけなきことどもにてさふらはんずらめと、なげき存じさふらひて。かくのごときの義ども、おほせられあひさふらふひと〲にも、いひまよはされなんどせらるゝことのさふらはんときは、古上人《こしようにん》の御心《おんこゝろ》にあひかなひて、御用《おんもちい》さふらふ御聖教《おんしようぎよう》どもを、よく〲御《ご》らんさふらふべし。おほよそ聖教には、眞實權假《ごんけ》ともにあひまじはりさふらふなり。權《ごん》をすてゝ實をとり、假《け》をさしをいて眞をもちいるこそ、聖人の御《ご》本意にてさふらへ。かまえて〲聖教を見みだらせたまふまじくさふらふ。大切の證文ども、少々ぬきいだしまいらせさふらひて、目安にして、この書にそえまいらせさふらふなり。

上人の常の仰《おゝせ》には、彌陀の五劫《ごこう》思惟《しゆい》の願をよく〲案ずれば、ひとへに親鸞一人《いちにん》がためなりけり。されば、そくばくの業《ごう》をもちける身にてありけるを、たすけんとおぼしめしたちける本願のかたじけなさよ、と御述懐《ごじゆつかい》さふらひしことを、今また案《あん》ずるに、善導の、自身はこれ現に罪《ざい》惡生死《あくしようじ》の凡夫《ぼんぶ》、曠劫《こうごう》よりこのかた、つねにしづみ、つねに流轉《るてん》して、出離の縁あることなきみとしれといふ金言《きんげん》に、すこしもたがはせおはしまさず。されば、かたじけなく、わが御《おん》身にひきかけて、我等が、身の罪惡の深きほどをもしらず、如來の御恩の高きことをもしらずしてまよへるを、おもひしらせんがためにてさふらひけり。まことに如來の御恩といふことをばさたなくして、我も人も、よし惡《あし》といふことのみまうしあえり。上人《しようにん》のおほせには、善惡《ぜんまく》の二《ふたつ》、惣《そう》じてもて存知《ぞんち》せざるなり。そのゆへは如來の御意《おんこゝろ》によしとおぼしめすほどにしりとをしたらばこそ、善《よき》をしりたるにてもあらめ、如來のあしとおぼしめすほどにしりとをしたらばこそ、惡《あしき》をしりたるにてもあらめど、煩惱具足《ぼんのうぐそく》の凡夫《ぼんぶ》、火宅無常《かたくむじよう》の世界は、よろづのこと、みなもて、そらごとたはごと、實《まこと》あることなきに、たゞ念佛のみぞまことにておはします、とこそおほせはさふらひしか。まことに、我も人もそらごとをのみまうしあひさふらふなかに、一《ひとつ》いたましきことのさふらふなり。そのゆへは、念佛まうすについて、信心の趣《おもむき》をも、たがひに問答《もんどう》し、ひとにもいひきかするとき、人のくちをふさぎ、相論《そうろん》をたゝんために、全くおほせにてなきことを、おほせとのみ申こと、あさましくなげき存じさふらふなり。このむねを、よく〳〵おもひとき、こゝろえらるべきことにさふらふなり。これさらに私の言にあらずといへども、經釋《きようしやく》のゆくぢをもしらず、法文《ほうもん》の淺深《せんじん》を心得わけたることも候はねば、さだめてをかしきことにてこそさふらはめども、古親鸞のおほせごとさふらひし趣《おもむき》、百分が一《ひとつ》、かたはしばかりをも、おもひいだしまいらせて、かきつけさふらふなり。かなしきかなや、さひはいに念佛しながら、ぢきに報土《ほうど》にむまれずして、邊地《へんぢ》にやどをとらんこと。一室の行者《ぎようじや》のなかに、信心《しんじん》異《ことなる》ことなからんために、なく〳〵筆をそめてこれをしるす。名づけて歎異抄といふべし。外見《けけん》あるべからずと云々。

帖外和讃

一　四十八願成就して
正覺の彌陀となりたまふ
たのみをかけしひとはみな
往生かならずさだまりぬ

二　極樂無爲の報土には
雜行むまるることかたし
如來要法をえらんでは
專修の行ををしへしむ

三　兆載永劫の修行は
阿彌陀の三字にをさまれり
五劫思惟の名號は
五濁のわれらに付屬せり

四　阿彌陀如來の三業は
念佛行者の三業と
彼此金剛の心なれば
定聚のくらゐにさだまりぬ

五　多聞淨戒えらばれず
破戒罪業きらはれず
ただよく念ずるひとのみぞ
瓦礫も金と變じける

六　金剛堅固の信心は
佛の相續よりおこる
他力の方便なくしては
いかでか決定心をえん

七　大願海のうちには
煩惱のなみこそなかりけれ
弘誓のふねにのりぬれば
大悲の風にまかせたり

八　超世の悲願きさしより
われらは生死の凡夫かは
有漏の穢身はかはらねど
こころは淨土にあそぶなり

九　六八の弘誓のそのなかに
第三十五の願に
彌陀はことに女人を
引接せんとちかひしか

同朋奉讃式　第一

一　讃歌「衆會」または「みほとけは」（原則としてはオルガンを使用する。樂器のない場合は始めの一句を導唱する。一番だけでもよい。讃歌中に開扉する）

一　總禮（總禮中に導師は燒香する）

一　三歸依「パーリ文」（復唱法により合掌のまま唱和する）

一　正信讃

一　和讃（越天樂の旋律により初めの一句は導唱する）

一　聖　句（導師全誦）

一　法話または行事

一　讃歌「恩德讃」（讃歌中に閉扉する）

一　總　禮

（註）　讃歌は場合により他の歌曲を用いてもよい。

衆會

羽田野仁作詩

一、このにわに　あつまる　われら
よのわざの　しなこそ　かわれ
もろともに　めぐみに　とけて
むつみあう　こゝろの　こえに
さんぶつの　うれしき　しらべ

二、みすがたは　こゝろに　うつり
みおしえは　いのちに　かよう
われらいま　やみより　さめて
みほとけの　ひかりの　なかに
のりをきく　たのしき　つどい

ゆるやかに荘厳に ♩=72　　平井康三郎 作曲

みほとけは

仲野良一作詩

一、みほとけは
まなこをとじて　みなよべば
さやかにいます　わがまえに
さやかにいます　わがまえに

二、みほとけは
ひとりなげきて　みなよべば
えみてぞいます　わがむねに
えみてぞいます　わがむねに

心をこめて　♩＝76　　　　信時潔作曲

三　帰　依（パーリ文）

Buddhaṁ　saraṇaṁ　gacchāmi

ぶっだん　さらなん　がっちゃーみ

Dhammaṁ　saraṇaṁ　gacchāmi

だんまん　さらなん　がっちゃーみ

Saṁghaṁ　saraṇaṁ　gacchāmi

さんがん　さらなん　がっちゃーみ

敬虔に ♩＝70 位
（復唱法による）
Bud - dhaṁ　sa - ra - ṇaṁ　ga - chā - mi
ぶっ　だん　さ　ら　なん　がっ　ちゃ　み
Dham - maṁ　sa - ra - ṇaṁ　ga - chā - mi
だん　まん　さ　ら　なん　がっ　ちゃ　み
Sam - ghaṁ　sa - ra - ṇaṁ　ga - chā - mi
さん　がん　さ　ら　なん　がっ　ちゃ　み

正信讃

つきせぬいのちの　ほとけに歸命《きみょう》し
はてなきひかりの　ほとけに歸命《きみょう》す

とわなるみほとけ　たえなるみひかり
ほとけはやむなき　誓《ちかい》をたてまし
むなしくなやめる　もろびといとしみ
救《すく》うとねがいて　あらわれたまえり

大悲《だいひ》のこころを　み名《な》にぞあらわし
ひかりはあまねく　世界《せかい》をてらして
おさめてすてじと　よびかけましわす
久遠《くおん》のみこえよ　本願《ほんがん》かしこし

みことをよろこび　はからいはなれて
まことの一念《いちねん》　おこれるそのとき
さわりのくもきり　おおいてやまねど
こころはやすけし　めぐみのひかりに

とおときみおしえ　うけつぎつたえて
みむねをあかせる　いく世《よ》のひじりよ
かしこきみのりの　ながれはゆたけく
つたなきわれらも　あまねくうるおう

ああげにうれしき　ほとけのみことよ
おもえばとうとき　弘誓《ぐぜい》のめぐみよ
み名《み》よびたたえて　世《よ》のひとももろとも
ひたすらあおぎて　いそしみゆかなん

和讃

彌陀《みだ》の 名號《みょうごう》となえつつ
信心《しんじん》まことにうるひとは
憶念《おくねん》の心《しん》つねにして
佛恩報《ぶつおんほう》ずるおもいあり

正信讃

敬虔に ♩＝70位

（導唱）
つきせぬいのちの ーー ほとけに
ーー きみょうし ー
はてなきひかりの ーー ほとけに
ー ー ー きみょうす
（斉唱）
とわなる みほとけ たえなる みひかり
ほとけは やむなき ちかいを たてまし
むなしく なやめる もろびと いとしみ
すくうと ねがいて あらわれ たまえり
だいひの こころを みなにぞ あらわし
ひかりは あまねく せかいを てらして

おさめて すてじと よびかけ ましますす
くおんの みこえよ ほんがん かしこし
みことを よろこび はからい はなれて
まことの いちねん おこれる そのとき
さわりの くもきり おおいて やまねど
こころは やすけし めぐみの ひかりに
とおとき みおしえ うけつぎ つたえて
みむねを あかせる いくよの ひじりよ
かしこき みのりの なかれは ゆたけく
つたなき われらも あまねく うるおう

あ あ げ に う れ し き　ほ と け の　み こ と よ
お も え ば と お と き　ぐ せ い の　め ぐ み よ
み な よ び た た え て　よ の ひ と　も ろ と も
ひ た す ら あ お ぎ て　い そ し み　ゆ か な ん

和　讃

ゆるやかに ♩＝60
(導唱)
み だ の みょう ご う　と な え つ　つ
(斉唱)
し ん じ ん　ま こ と に　う る ひ と　は
お く ね ん　の　し ん　つ ね に し　て ー ー
ぶっ と ん ほう ず る　お も い あ　り
(恩)

聖　句（教行信證總序）

竊《ひそ》かに以《おもん》みれば、難思《なんし》の弘誓《ぐぜい》は難度海《なんごかい》を度《ど》する大船《たいせん》、無碍《むげ》の光明《こうみよう》は無明《むみよう》の闇《あん》を破《は》する慧日《えにち》なり。然《しか》れば卽《すなわ》ち、浄邦縁熟《じようほうえんじゆく》して、調達《じようだつ》、闍世《じやせ》をして逆害《ぎやくがい》を興《こう》ぜしめ、浄業機彰《じようごうきあら》われて、釋迦《しやか》、韋提《いだい》をして安養《あんによう》を選《えら》ばしめたまえり。斯《こ》れ乃《すなわ》ち、權化《ごんけ》の仁《にん》、齊《ひと》しく苦惱《くのう》の群萠《ぐんもう》を救濟《くさい》し、世雄《せおう》の悲《ひ》、正《まさ》しく逆謗《ぎやくほう》・闡提《せんだい》を惠《めぐ》まんと欲《おぼ》してなり。故《かるがゆえ》に知《し》んぬ。圓融至德《えんにゆうしごく》の嘉號《かごう》は、惡《あく》を轉《てん》じ德《ごく》を成《な》す正智《しようち》、難信金剛《なんしんこんごう》の信樂《しんぎよう》は、疑《うたがい》を除《のぞ》き證《さとり》を得《え》しむる眞理《しんり》なり。爾《しか》れば、凡小《ぼんしょう》修《しゅ》し易《やす》き眞教《しんきょう》、愚鈍《ぐどん》往《ゆ》き易《やす》き捷徑《せっけい》なり。大聖一代《だいしょういちだい》の教《きょう》、是《こ》の徳海《とくかい》に如《し》く無《な》し。穢《え》を捨《す》て淨《じょう》を忻《ねが》い、行《ぎょう》に迷《まよ》い信《しん》に惑《まど》い、心昏《しんくら》く識寡《さとりすくな》く惡重《あくおも》く障多《さわりおお》きもの、特《とく》に如來《にょらい》の發遣《はっけん》を仰《あお》ぎ、必《かなら》ず最勝《さいしょう》の直道《じきどう》に歸《き》して、専《もっぱ》ら斯《こ》の行《ぎょう》に奉《つか》え、唯《ただ》斯《こ》の信《しん》を崇《あが》めよ。噫《ああ》、弘誓《ぐぜい》の强縁《ごうえん》は多生《たしょう》にも値《もうあ》い叵《がた》く、眞實《しんじつ》の淨信《じょうしん》は億劫《おくこう》にも獲《え》難《がた》し。遇《たまたま》行信《ぎょうしん》を獲《え》ば遠《とお》く宿縁《しゅくえん》を慶《よろこ》べ。若《も》し也《また》此《こ》の廻疑網《たびぎもう》に覆蔽《ふへい》せられば、更《かえ》って復《また》曠劫《こうごう》を逕歷《きょうりゃく》せん。誠《まこと》なる哉《かな》、攝取不捨《せっしゅふしゃ》の眞言《しんごん》、超世希有《ちょうせけう》の正法《しょうぼう》聞思《もんし》して遲慮《ちりょ》すること莫《なか》れ。

恩徳讃

如來大悲《にょらいだいひ》の恩徳《おんどく》は
身《み》を粉《こ》にしても報《ほう》ずべし
師主知識《ししゅちしき》の恩徳《おんどく》も
骨《ほね》を砕《くだ》きても謝《しゃ》すべし

中庸の速さで ♩＝76　　清水脩作曲

mp
にょらーい　だいひーの　おんどーく　は
mf
みをーこに　してーも　ほーずーべ　し
p 次第に強く
f
しじゅーー　ちしーきの　おんどく　もー
f
p
ほーねを　くだきても　しゃ すべ し

同朋奉讃式　第二

一　讃歌「眞宗宗歌」
一　總禮（總禮中に導師は焼香する）
一　三歸依（復唱法により合掌のまま唱和する）
一　三誓偈または嘆佛偈
一　念佛（同朋奉讃用）
一　和讃（お早引の型式による六首一組）
一　廻向（無淘）
一　法話または行事
一　讃歌「恩德讃」
一　總　禮

（註）讃歌は場合により他の歌曲を用いてもよい。

眞宗宗歌

一、ふかきみ法《のり》にあいまつる
身《み》の幸《さち》なににたとうべき
ひたすら道《みち》を聞《き》きひらき
まことのみむねいただかん

二、とわの闇《やみ》より救《すく》われし
身《み》の幸《さち》なににくらぶべき
六字《ろくじ》のみ名《な》をとなえつつ
世《よ》のなりわいにいそしまん

三、海《うみ》の内外《うちと》のへだてなく
みおやの徳《とく》のとうとさを
わがはらからに傳《つた》えつつ
みくにの旅《たび》をともにせん

真宗各派協和会作詩
島崎赤太郎作曲

明るく ♩＝60
ふ か きみ のりにあ い ーまつ る
み の さちな に ーにた とう ーーべ き
ひ た すらみ ち をきー き ーひらー き
ま こ とのみ む ーねい た ーだーかー ん

三歸依

○自《みずか》ら佛《ぶつ》に歸依《きえ》し奉《たてまつ》る
自《みずか》ら佛《ぶつ》に歸依《きえ》し奉《たてまつ》る
○自《みずか》ら法《ほう》に歸依《きえ》し奉《たてまつ》る
自《みずか》ら法《ほう》に歸依《きえ》し奉《たてまつ》る
○自《みずか》ら僧《そう》に歸依《きえ》し奉《たてまつ》る
自《みずか》ら僧《そう》に歸依《きえ》し奉《たてまつ》る

（三歸依文と念佛の間に　三誓偈（195頁）
又は歎佛偈（193頁）を讀誦のこと）

念佛

○南無阿彌陀佛
南無阿彌陀佛
南無阿彌陀佛
南無阿彌陀佛
南無阿彌陀佛
南無阿彌陀佛
南無阿彌

○彌《み》陀《だ》成《じょう》佛《つ》のこのかたは　いまに十《じッ》劫《こう》をへたまへ《え》り
法《ほッ》身《しん》の光《こう》輪《りん》きは《わ》もなく　世《せ》の盲《もう》冥《みょう》をてらすなり

智《ち》慧《え》の光《こう》明《みょう》はかりなし　有《う》量《りょう》の諸《しょ》相《そう》ことごとく
光《こう》暁《きょう》かふ《む》らぬものはなし　眞《しん》実《じつ》明《みょう》に歸《き》命《みょう》せよ

解《げ》脱《だ》の光《こう》輪《りん》きは《わ》もなし　光《こう》觸《そく》かふ《む》るものはみな
有《う》無《む》をはなるとのべたまふ《も》　平《びょう》等《どう》覺《かく》に歸《き》命《みょう》せよ

光《こう》雲《うん》無《む》碍《げ》如《によ》虚《こ》空《くう》
光《こう》澤《たく》かふ《む》らぬものぞなき
清《しよう》浄《じよう》光《こう》明《みよう》ならびなし
一《いツ》切《さい》の業《ごう》繫《け》ものぞこりぬ
佛《ぶツ》光《こう》照《しよう》曜《よう》最《さい》第《だい》一《いち》
三《さん》塗《づ》の黒《こく》闇《あん》ひらくなり

一《いツ》切《さい》の有《う》碍《げ》にさは《わ》りなし
難《なん》思《し》議《ぎ》を歸《き》命《みよう》せよ
遇《ぐ》斯《し》光《こう》のゆへ《え》なれば
畢《ひツ》竟《きよう》依《え》を歸《き》命《みよう》せよ
光《こう》炎《えん》王《のう》佛《ぶツ》となづけたり
大《だい》應《おう》供《ぐ》を歸《き》命《みよう》せよ

○

十《じッ》方《ばう》微《み》塵《じん》世《せ》界《かい》の　念《ねん》佛《ぶッ》の衆《しゅ》生《じょう》をみそなはし

攝《せッ》取《しゅ》してすてざれば　阿《あ》彌《み》陀《だ》となづけたてまつる

恒《ごう》沙《じゃ》塵《じん》數《じゅ》の如《にょ》来《らい》は　萬《まん》行《ぎょう》の少《しょう》善《ぜん》きらひつゝ

名《みょう》號《ごう》不《ふ》思《し》議《ぎ》の信《しん》心《じん》を　ひとしくひとへにすゝめしむ

十《じッ》方《ぼう》恒《ごう》沙《じゃ》の諸《しょ》佛《ぶッ》は　極《ごく》難《なん》信《しん》ののりをとき

五《ご》濁《じょく》惡《あく》世《せ》のためにとて　證《しょう》誠《じょう》護《ご》念《ねん》せしめたり

諸《しょ》佛《ぶう》の護《ご》念《ねん》證《しょう》誠《じょう》は
金《こん》剛《ごう》心《しん》をえんひとは
五《ご》濁《じょく》惡《あく》時《じ》惡《あく》世《せ》界《かい》
彌《み》陀《だ》の名《みょう》號《ごう》あたへてぞ
彌《み》陀《だ》の名《みょう》號《ごう》となへつゝ
憶《おく》念《ねん》の心《しん》つねにして

悲《ひ》願《ぐわん》成《じょう》就《じゅ》のゆへなれば
彌《み》陀《だ》の大《だい》恩《おん》報《ほう》ずべし
濁《じょく》惡《あく》邪《じゃ》見《けん》の衆《しゅ》生《じょう》には
恒《ごう》沙《じゃ》の諸《しょ》佛《ぶう》すゝめたる
信《しん》心《じん》まことにうるひとは
佛《ぶっ》恩《とん》報《ほう》ずるおもひあり

○南《な》無《む》阿《あ》彌《み》陀《だ》佛《ぶ》をとなふれば
他《た》化《け》天《てん》の大《だい》魔《ま》王《おう》
釋《しゃ》迦《か》牟《む》尼《に》佛《ぶウ》のみまへにて
まもらんとこそちかひしか

天《てん》神《じん》地《じ》祇《ぎ》はことごとく
善《ぜん》鬼《き》神《じん》となづけたり
これらの善《ぜん》神《じん》みなともに
念《ねん》佛《ぶウ》のひとをまもるなり

願《ぐゎん》力《りき》不《ふ》思《し》議《ぎ》の信《しん》心《じん》は
大《だい》菩《ぼ》提《だい》心《しん》なりければ
天《てん》地《ち》にみてる惡《あく》鬼《き》神《じん》
みなことごとくおそるなり

南無阿彌陀佛をとなふれば
恒《ごう》沙《じゃ》塵《じん》數《じゅ》の菩《ぼ》薩と
無《む》㝵《げ》光《こう》佛《ぶつ》のひかりには《ワ》
化《け》佛《ぶつ》おの〳〵こと〴〵く
南無阿彌陀佛をとなふれば
百《ひゃく》重《じゅう》千《せん》重《じゅう》圍《い》繞《にょう》して

觀《くわん》音《のん》勢《せい》至《し》はもろともに
かげのごとくに身《み》にそへり《ェ》
無《む》數《しゅ》の阿《あ》彌《み》陀《だ》まし〱て
眞《しん》實《じつ》信《しん》心《じん》をまもるなり
十《じつ》方《ぼう》無《む》量《りょう》の諸《しょ》佛《ぶつ》は
よろこびまもりたまふなり

○

釋《しゃ》迦《か》彌《み》陀《だ》は慈《じ》悲《ひ》の父《ぶ》母《も》
種《しゅ》種《じゅ》に善《ぜん》巧《ぎょう》方《ほう》便《べん》し
われらが無《む》上《じょう》の信《しん》心《じん》を
發《はッ》起《き》せしめたまひけり

眞《しん》心《じん》徹《てッ》到《とう》するひとは
金《こん》剛《ごう》心《しん》なりければ
三《さん》品《ぼん》の懺《さん》悔《げ》するひと、
ひとしと宗《しゅう》師《し》はのたまへり

五《ご》濁《じょく》惡《あく》世《せ》のわれらこそ
金《こん》剛《ごう》の信《しん》心《じん》ばかりにて
ながく生《しょう》死《じ》をすてはて、
自《じ》然《ねん》の淨《じょう》土《ど》にいたるなれ

金《こん》剛《ごう》堅《けん》固《ご》の信《しん》心《じん》の
彌《み》陀《だ》の心《しん》光《こう》攝《しょう》護《ご》して
眞《しん》實《じつ》信《しん》心《じん》えざるをば
一《いっ》心《しん》かけたるひとはみな
利《り》他《た》の信《しん》樂《ぎょう》うるひとは
教《きょう》と佛《ぶっ》語《ご》にしたがへば

さだまるときをまちえてぞ
ながく生《しょう》死《じ》をへだてける
一《いっ》心《しん》かけぬとおしへたり
三《さん》信《しん》具《ぐ》せずとおもふべし
願《ぐわん》に相《そう》應《おう》するゆへに
外《げ》の雑《ぞう》縁《えん》さらになし

○専《せん》修《じゅ》のひとをほむるには
雑《ざッ》修《しゅ》のひとをきらふには
報《ほう》の浄《じょう》土《ど》の往《わう》生《じょう》は
化土にむまる、衆《しゅ》生《じょう》をば
男《なん》女《にょ》貴《き》賤《せん》こと〲
行《ぎょう》住《じゅう》坐《ざ》臥《が》もえらばれず

千《せん》無《む》一《いッ》失《し》とおしへたり
萬《まん》不《ぶ》一《いッ》生《しょう》とのべたまふ
おほからずとぞあらはせる
すくなからずとおしへたり
彌《み》陀《だ》の名《みょう》號《ごう》稱《しょう》ずるに
時《じ》處《しょ》諸《しょ》縁《えん》もさはりなし

煩《ぼん》悩《のう》にまなこさへられて
大《だい》悲《ひ》ものうきことなくて
彌《み》陀《だ》の報《ほう》土《ど》をねがふひと
本《ほん》願《ぐわん》名《みょう》號《ごう》信《しん》受《じゅ》して
極《ごく》惡《あく》深《じん》重《じゅう》の衆《しゅ》生《じょう》は
ひとへに彌《み》陀《だ》を稱《しょう》じてぞ

攝《せっ》取《しゅ》の光《こう》明《みょう》みざれども
つねにわが身《み》をてらすなり
外《げ》儀《ぎ》のすがたはことなりと
寤《ご》寐《び》にわするゝことなかれ
他《た》の方《ほう》便《べん》さらになし
淨《じょう》土《ど》にむまるとのべたまふ

○無《む》碍《げ》光《こう》佛《ぶつ》のみことには
大《だい》勢《せい》至《し》菩《ぼ》薩《さつ》に
濁《じょく》世《せ》の有《う》情《じょう》をあはれみて
信《しん》心《じん》のひとを攝《せつ》取《しゅ》して
釋《しゃ》迦《か》彌《み》陀《だ》の慈《じ》悲《ひ》よりぞ
信《しん》心《じん》の智《ち》慧《え》にいりてこそ

未《み》來《らい》の有《う》情《じょう》利《り》せんとて
智《ち》慧《え》の念《ねん》佛《ぶ》さづけしむ
勢《せい》至《し》念《ねん》佛《ぶつ》す、めしむ
淨《じょう》土《ど》に歸《き》入《にゅう》せしめけり
願《ぐわん》作《さ》佛《ぶつ》心《しん》はえしめたる
佛《ぶつ》恩《おん》報《ほう》ずる身《み》とはなれ

智《ち》慧《え》の念《ねん》佛《ぶつ》うることは
信《しん》心《じん》の智《ち》慧《え》なかりせば
無《む》明《みょう》長《じょう》夜《や》の燈《とう》炬《こ》なり
生《しょう》死《じ》大《だい》海《かい》の船《せん》筏《ばつ》なり
願《ぐわん》力《りき》無《む》窮《ぐ》にましませば
佛《ぶつ》智《ち》無《む》邊《へん》にましませば

法《ほう》藏《ぞう》願《ぐわん》力《りき》のなせるなり
いかでか涅《ね》槃《はん》をさとらまし
智《ち》眼《げん》くらしとかなしむな
罪《ざい》障《しょう》おもしとなげかざれ
罪《ざい》業《ごう》深《じん》重《じゅう》もおもからず
散《さん》亂《らん》放《ほう》逸《いち》もすてられず

○彌《み》陀《だ》大《だい》悲《ひ》の誓《せい》願《がん》を　ふかく信《しん》ぜんひとはみな
ねてもさめてもへだてなく　南《な》無《む》阿《あ》彌《み》陀《だ》佛《ぶ》をとなふべし

聖《しよう》道《どう》門《もん》のひとはみな　自《じ》力《りき》の心《しん》をむねとして
他《た》力《りき》不《ふ》思《し》議《ぎ》にいりぬれば　義《ぎ》なきを義《ぎ》とすと信《しん》知《ち》せり

釋《しや》迦《か》の教《きよう》法《ぼう》ましませど　修《しゆ》すべき有《う》情《じよう》のなきゆへに
さとりうるものの末《まツ》法《ぼう》に　一《いち》人《にん》もあらじとときたまふ

三《さん》朝《ちよう》浄《じよう》土《ど》の大《だい》師《し》等《と》
真《しん》實《じ》信《しん》心《じん》すすめしめ
他《た》力《りき》の信《しん》心《じん》うるひとを
すなは《わ》ちわが親《しん》友《ぬ》ぞと
如《によ》來《らい》大《だい》悲《ひ》の恩《おん》徳《どく》は
師《し》主《しゆ》知《ち》識《しき》の恩《おん》徳《どく》も

哀《あい》愍《みん》攝《しよう》受《じゆ》したまひ《い》て
定聚《じようじゆ》のくらいにいれしめよ
うやまひ《い》おほ《お》きによろこべば
教《きよう》主《しゆ》世《せ》尊《そん》は《な》ほめたまふ《も》
身《み》を粉《こ》にしても報《ほう》ずべし
ほねをくだきても謝《しや》すべし

○大《だい》慈《じ》救《く》世《せ》聖《しょう》徳《とく》皇《おう》
父《ち》のごとくにおは《ワ》します
大《だい》悲《ひ》救《く》世《せ》観《くわん》世《せ》音《おん》
母《はわ》のごとくにおは《ワ》します
久《く》遠《おん》劫《ごう》より、この世《よ》まで
あは《ワ》れみましますしるしには
佛《ぶつ》智《ち》不《ふ》思《し》議《ぎ》につけしめて
善《ぜん》悪《まく》浄《じょう》穢《え》もなかりけり
和《わ》國《こく》の教《きょう》主《しゅ》聖《しょう》徳《とく》皇《おう》
廣《こう》大《だい》恩《おん》徳《とく》謝《しゃ》しがたし
一《いっ》心《しん》に歸《き》命《みょう》したてまつり
奉《ほう》讃《さん》不《ふ》退《たい》ならしめよ

上《じょう》宮《ぐ》皇《おう》子《じ》方《ほう》便《べん》し和《わ》國《こく》の有《う》情《じょう》をあは《ワ》れみて
如《にょ》来《らい》の悲《ひ》願《ぐわん》を弘《ぐ》宣《せん》せり慶《きょう》喜《き》奉《ほう》讃《さん》せしむべし
多《た》生《しょう》曠《こう》劫《ごう》この世《よ》まであは《ワ》れみかふ《ム》れるこの身《み》なり
一《いッ》心《しん》帰《き》命《みょう》たへ《ェ》ずして奉《ほう》讃《さん》ひまなくこのむべし
聖《しょう》徳《とく》皇《おう》のおあは《ワ》れみに護《ご》持《じ》養《よう》育《いく》たへ《ェ》ずして
如《にょ》來《らい》二《に》種《しゅ》の廻《え》向《こう》にすゝめいれしめおは《ワ》します

○願《ぐわん》以《に》此《し》功《く》徳《どく》
平《びやう》等《ど》施《せ》一《い》切《さい》
同《とう》發《ほ》菩《ぼ》提《だい》心《しん》
往《おう》生《じやう》安《あん》樂《ら》國《こ》

恩徳讃

如來大悲《にょらいだいひ》の恩徳《おんどく》は
身《み》を粉《こ》にしても報《ほう》
ずべし
師主知識《ししゅちしき》の恩徳《おんどく》も
骨《ほね》を碎《くだ》きても謝《しゃ》す
べし

真宗勤行聖典 ワイド版 …… 不許複製 ……

2002年7月15日　第1刷発行
2023年11月20日　第3刷発行

編　者　川島真量
発行者　西村明高

〒600-8153 京都市下京区正面通烏丸東入
発行所　株式会社 法藏館
振替 01070-3-2743　電話 075(343)5656
印刷・製本　三星社・新日本製本

ISBN 978-4-8318-9008-5 C0015